관점이 있는

한국 방송의 사회문화사

Perspectives on Sociocultural History of Korean Broadcasting

한국방송학회 엮음

한울
아카데미

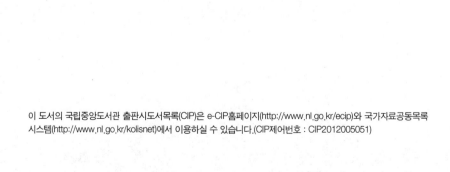
이 도서의 국립중앙도서관 출판시도서목록(CIP)은 e-CIP홈페이지(http://www.nl.go.kr/ecip)와 국가자료공동목록 시스템(http://www.nl.go.kr/kolisnet)에서 이용하실 수 있습니다.(CIP제어번호 : CIP2012005051)

서문

   이 책은 한국방송학회에서 기획한 『한국 방송의 사회문화사』(2011)의 제2편이라고 할 수 있다. 한국방송학회는 커뮤니케이션학의 정체성을 확립하고 분과학문의 장기적 발전을 이끌어가기 위한 방안의 하나로 올해 (2012년)도 미디어-커뮤니케이션 역사 연구 기획을 마련했다. '사회문화사'는 한국방송 역사연구의 주제와 폭, 방법론을 새롭고 다양하게 시도해보고자 하는 접근방법이다. 여기에 더해 올해는 한국방송 역사를 새로운 '관점'에서 탐색해보고자 했다. 연구 공모를 통해 선정된 이번 저술기획에는 방송사 연구를 꾸준히 지속해온 중견학자들과 새로이 역사연구를 시도하는 신진연구자들이 참여했다. 집필진은 봄철학술대회에서 중간발표와 토론의 기회를 가졌고, 이후 모든 집필원고는 두 사람의 심사를 받아 수정 보완하는 과정을 거쳤다. 까다로운 심사와 수정의 과정을 감내해주신 집필자들에게 깊은 감사를 드린다.

   방송의 사회문화사적 접근은 전통적인 실증주의 거시역사와는 대비되어 '맥락 속의 행위주체'를 강조하고, 연구대상과 사료의 범위를 확장하는 해석적인 미시사를 의미한다. 정치, 경제를 배제하는 협의의 문화를 의미하는 것이 아니라 미시권력과 경제적 이해관계가 얽혀 있는 장으로서 사회, 문화를 상정하는 것이다. 공식 자료의 한계를 비공식 기록과 기억으로 보완하고 방송의 수용과 경험지형을 생산과 제도와 권력관계의 맥락 안에서 자리매김한다(이상길, 2011).

이 책에서 '관점'은 넓게는 사회문화사의 서술 전반을 이끌어가는 내러티브로 볼 수 있고, 좁게는 역사적 판단의 시각이나 이론이라고 할 수 있다. 영국의 미디어학자 커런(J. Curran)은 이와 유사한 기획에서 영국의 역사를 보는 관점을 자유주의, 민족주의, 포퓰리즘, 페미니즘, 자유지상주의, 급진주의, 테크놀로지결정론 등으로 나눈 바 있다. 한국의 방송사에서는 이와는 다른 관점들을 새로이 추가하거나 같은 이름의 관점이라 하더라도 영국과는 다른 기준이나 맥락을 의미할 수 있을 것이다(조항제, 2008). 이 책은 한국 방송의 사회문화사 쓰기를 위한 다양한 관점들이 보다 치열하게 시도되어야 한다는 반성으로부터 시작되었다. '관점이 있는 역사'가 역사를 판단·평가하는 시각과 그의 근거가 되는 사실에 대한 연구자들 사이의 여러 차이를 보여줌으로써 역사에 대한 관심을 모으고 생산적인 논쟁을 일으킬 수 있을 것으로 기대한다.

이 책은 3부 9장으로 구성되었다. 제1부는 방송 오락의 문화정치를 다룬다. 제1장 "개발독재체제와 상업방송의 대중성"에서 조항제는 한국 사회에 텔레비전 수상기가 급속도로 보급되던 1970년대 시청자 경쟁에서 가장 선두를 달렸던 상업텔레비전 TBC의 형성과 소멸의 역사를 대중의 기호에 민감한 '시장-포퓰리즘' 관점에서 서술하고 있다. TBC는 정치(개발독재 체제)와 자본(삼성), 시청자(대중)의 서로 다른 실체와 논리가 서로 갈등하고 공존을 거듭하는 재벌 소유의 미디어 복합기업이었다.

제2장 "1970년대 텔레비전 드라마에 대한 신문담론과 헤게모니"에서 김수정은 같은 시기 상업방송국이 양산했던 드라마에 가해진 신문비평의 '저질론'의 지배담론의 구조를 밝히고, 나아가 그것이 신문, 국가, 방송과 어떻게 관계를 맺고 있는지를 탐색하고 있다. 김수정은 방송의 내적 논리

4

에 충실한 시청률 경쟁이 프로그램의 질적 하락으로 정부개입의 필수조건을 형성했다면, 신문의 드라마 저질론은 지배담론을 여론화함으로써 정부의 개입을 유도하는 충분조건이 되었다고 주장한다.

제3장 "제5공화국 시대 공영방송의 정치성"에서 정영희는 '국가와 공익성'의 관점에서 공영방송 드라마의 이데올로기를 해체하고 있다. 정권은 드라마 편성, 제작방향, 조기종영 등의 개입을 통해 드라마의 성격과 방향을 결정하고, 정권정당화, 경제안정화, 계층화합, 민족정신함양을 주제로 하는 드라마들을 공영방송의 '공익성'으로 규정했으며 그렇지 않은 것은 강력히 규제했다는 것이다.

제2부는 방송 프로그램 생산의 사회학을 논의한다. 제4장 "일제강점기 경성방송국 출연 예기(藝妓)들의 방송활동과 방송사적 의의"에서 이종숙은 라디오 음악프로그램에 출연한 기생(예기)에 주목해서 이들의 방송활동이 식민지 근대 조선의 현실에 어떠한 의미를 만들어냈고 그 과정에서 어떤 담론적 충돌과 경합이 이루어졌는지를 '여성주의' 관점에서 탐색하고 있다. 이종숙은 예기들이 성별화된 민족주의적 시선에서 환호와 비판, 찬양과 비하, 선망과 조소가 교차하는 이중적 담론화에 포획되어 있었으며, 엘리트 남성 제작진이 주도하는 신민요의 근대화 기획에 의해 방송에서 배제되는 과정을 밝히고 있다.

제5장 "해방 이후 방송국의 전속가수제"에서 원용진은 '대중음악의 방송주의'라는 관점에서 전속가수제의 출현과 방송가요 장르의 탄생, 음반산업의 활성화와 전속가수제의 소멸을 다루고 있다. KBS가 1947년 전속가수를 선발하며 시작된 이 제도는 부족한 음반자원을 대신하여 전속가수가 직접 출연하며 방송가요라는 새로운 방송 장르를 만들어내고, 곧이어 맞게 될 1960년대 대중음악 황금기에 활약할 많은 가수, 창작자들에게 대중음악 내공을 키울 기회를 제공했다는 것이다.

제6장 "방송과 영화의 재매개 과정"에서 박진우는 1970년대에 본격화

된 라디오 FM의 영화음악 프로그램이 라디오, 영화, 음악의 재매개를 형성하는 과정을 역사적으로 살펴보고 있다. 박진우는 '재매개'라는 흥미로운 관점을 통해 70년대 영화의 사운드트랙 앨범의 등장, 이것으로부터 특정 장르에 편중된 영화음악 청취 대중의 탄생, 이들의 수용관행에 의한 주제가 중심의 영화음악 소비, 그리고 해외 영화음악에 대한 과도한 관심, 영화에 대한 관심 증폭 등으로 표출되는 상호 영향력의 문제를 가시화하고 있다.

제3부는 방송 제작과 언론의 기능에서 전문성과 독립성의 문제를 역사적으로 접근하고 있다. 제7장 "1970년대 KBS 텔레비전 교양 피디의 직무와 직업 정체성"에서 백미숙은 '전문직주의'의 관점을 빌어 국영텔레비전 KBS의 교양 피디들이 유신정권의 정치적 억압과 열악한 제작여건에서 새로이 도입되는 기술과 장비에 힘입어 방송 전문성(speciality)의 맹아를 형성해가는 실천적 주체가 될 수 있었던 것은 그들의 '프로그램 제작정신'이었음을 밝히고 있다. 백미숙은 KBS의 교양 피디들이 국영방송의 공무원과 구별짓기, 상업방송과의 구별짓기라는 두 가지 전략을 통해 자신들의 직무 전문성과 직업 정체성을 형성해가던 초기 과정을 퇴직 교양 피디들의 구술사를 통해 재구성했다.

제8장 "'편집권/편성권'에 갇혀버린 '내적 편집의 자유'"에서 정수영은 방송의 내적 자유라는 '민주주의' 관점에서 「일본신문협회 편집권 성명」에서 규정한 편집권 개념이 국내에 도입되어, 방송법의 관련 조항을 토대로 법적 근거까지 갖추게 되었음을 역사적으로 고찰한다. 정수영은 언론사 사주 또는 경영인, 그들의 위임을 받은 편집인에게 귀속되는 배타적인 권리로 규정된 일본식 편집권 개념은 국내에 그대로 도입되어 주류담론으로서 '내적 편집의 자유'를 억압하고 통제하는 근거이자 기제로 작동해왔음을 밝히며, 한국 사회 방송 '편성권' 관련 논쟁과 갈등에서도 이는 그대로 반복되고 있다고 보았다. 따라서 정수영은 편성권이라는 용어를 둘러싼 담론을 해체하여 그 속에 담겨 있는 억압적 기제와 권력관계에서 비롯된 모

순과 한계를 수정하는 작업이 우선되어야 함을 주장하고 있다.

제9장 "북한 라디오방송의 역사적 기원"은 북한 라디오 방송의 초기 제도화에 관한 보기 드문 연구이다. 아직 탐색적 단계이기는 하지만, 미국, 소련, 일본, 한국의 아카이브 자료를 토대로 구성된 이 연구에서 고바야시 소메이(小林聰明)는 소련 점령군 통치하의 북한에서 라디오 방송은 당과 정부의 선전선동활동을 위한 미디어로 간주되었고, 선전선동활동에 최대한으로 활용할 의도 아래 성립되었음을 밝히고 있다. 특히 고바야시 소메이는 소련이 북조선에서의 점령정책의 원활한 수행과 친소적 성격을 가지는 국가를 탄생시키기 위한 선전선동활동의 실시라는 관점에서 라디오 방송의 성립에 적극적으로 관여했고 북한은 라디오 방송 기자재, 장비, 제작 기술의 노하우에 대한 필요성에 의해 소련의 개입을 수용했다는 것에 주목하여, 앞으로의 연구에서 '소련화'의 문제를 다루어야 할 것임을 제안하고 있다. 소련화의 문제는 해방 후 한국을 비롯한 동아시아 지역에서 나타나는 '미국화'의 문제 인식과 같은 선상에 있으며, 북한 미디어의 역사연구는 사실(史實)을 밝히는 것뿐 아니라 일국사가 아닌 동아시아 미디어 역사서술을 가능케 할 것이라는 주장이다.

이 책이 '관점이 있는 한국 방송의 사회문화사'라는 애초의 기획의도를 충실히 수행했다고 자부하지는 못하겠다. 연구자들이 여전히 일차적 사료의 발굴이나 정리에 더 많은 시간을 쏟을 수밖에 없는 현실이 어려움을 가중시키고 있다. 사회문화사 연구를 위한 사료의 비판적 검증과 해석, 문헌자료와 구술자료의 활용에 있어 사실과 담론 구성을 둘러싼 방법론적 질문들은 아직 더 많은 논의를 필요로 하고 있다. 그러나 한국 방송의 역사연구의 관점들이 좀 더 다양하고 풍부하게 탐색되고 실천되어야 한다는 과제는 오히려 사료의 발굴 및 방법론적 논의를 촉진시키는 활력제로 작용할 수도 있을 것이다. 여성주의, 민주주의, 소비자본주의, 문화적 혼종성 등의 다양한 문제틀 안에서 연구될 방송의 사회문화사는 새로운 사료의 활용과 방법론적 실험을 필요로 하는 동시에 이로부터 새로운 관점들을 발굴하고 다원화하는 기회를 제공할 것이기 때문이다.

이 책이 나오기까지 많은 분들의 노고와 관심이 있었다. 우선, 방송사연구 특별위원회 구성을 이끌어주신 한국방송학회 송해룡 회장님께 감사드린다. 특히 전임 김훈순 회장님이 설치해주신 '한국방송사연구기금'은 이 책의 출발과 진행을 추동해준 귀중한 자원이었다. 한국방송학회와 집필진 여러분, 그리고 한울의 편집진 여러분의 노고에 다시 한 번 깊은 감사를 드린다.

2012년 11월
제24대 한국방송학회
한국방송사연구 특별위원회(백미숙, 이종숙, 윤상길, 임종수, 조항제, 주창윤)를 대표하여
백미숙

차례

제1부 방송 오락의 문화정치

제1장

개발독재체제와 상업방송의 대중성*

TBC약사

조항제 |
부산대학교 신문방송학과 교수 |

1. 한국 방송과 TBC

1980년의 언론통폐합이 가져온 가장 큰 변화는 상업방송인 TBC[1])가 KBS(2TV)에 편입된 것이다. 신문(중앙지)에서도 가장 사세가 약한 ≪신아일보≫가 폐간되었지만 방송에서 TBC가 없어지는 변화와는 차원이 다르다. 그 이유는 TBC의 위상이 결코 ≪신아일보≫에 비견될 수 없기 때문이다. 물론 외형적 규모에서 서울·부산에 국한된 TBC의 커버리지가 전국 네트워크를 가진 다른 두 텔레비전(KBS, MBC)에 미치지 못했음은 부정할 수 없다. 그러나 적어도 한국 사회에서 서울이라는 도시가 가지는 엄청난 비

---

* 이 글은 ≪언론과학연구≫, 12권 3호에 실린 것을 수정·보완한 것이다.

1) 정식 명칭은 '주식회사 동양방송'이다. 1965년 라디오와 텔레비전을 합병해 같은 삼성 계열인 중앙일보와 이름을 통일해 '주식회사 중앙방송'이 되었다. 이후 KBS 중앙방송과 호칭이 혼동된다는 이유로 다시 1966년 주식회사 동양방송으로 개칭했다. 1980년 언론통폐합 조치에 의해 KBS에 합병되었다.

중을 고려한다면, 그리고 최초의 지방(부산)텔레비전이 TBC였고, 당시 텔레비전채널이 불과 3개였다는 점을 감안한다면 아마도 지난 방송의 역사에서 가장 큰 변화라 해도 과언이 아닐 것이다.

1970년대가 한국의 방송역사에서 가지는 가장 큰 의미는 1960년대에 어렵사리 정착한 텔레비전이 비약적으로 대중화되기 시작했다는 점인데, 특히 서울에서 수상기가 집중적으로 보급되는 1970년대 초중반2)에 TBC의 역할은 거의 절대적이라 할 수 있다. 1970년에 TBC에서 방송된 일일연속극 <아씨>의 인기는 당시 40만 대에 못 미치던 텔레비전을 1978년 500만 대를 넘어서게 만들었으며, 당시 TBC는 다른 두 텔레비전과의 치열한 경쟁을 일컫는 이른바 '삼국(三局) 경쟁'에서 늘 주도적 위치를 점유한 방송이었다.

이 주도적 위치는 크게 두 가지 측면에서 의의를 생각해볼 수 있는데, 하나는 긍정적인 측면으로 제작 편성 등에서 혁신을 도모해 시청자의 기호를 선도하고 경쟁에서 우위를 확보하는 '기업가 정신(entrepreneurship)'이고, 다른 하나는 부정적 측면으로 상업적 경쟁에 매몰되어 문화의 질적 저하를 초래하고 방송을 얄팍한 상술의 도구로 삼은 것이다. 한국 방송에서 1970년대는 '황금기'이면서 동시에 '광대한 황무지'였던 미국의 1950년대 텔레비전과 유사하다. 대중화와 치열한 경쟁의 연대이면서 다른 한편으로는 비

---

2) 물론 지방의 중소도시에 TV가 집중적으로 보급되는 중후반에는 KBS나 MBC의 역할이 상대적으로 더 컸을 수 있을 것이다(서울과 지방이 역전되는 해는 49.3:51.7이 되는 1973년이다). 그러나 이런 양적 외형보다는 서울이 가지는 질적 비중, 예를 들어 광고비 등에서 나타나는 TBC 시장의 크기는 이 보급대수에 비해 훨씬 큰 70% 정도였다(뒤에 주 32의 표 참조). TBC를 규정하는 여러 요인 중에 이 '서울 중심'(도시성·엘리트주의)은 '상업방송'(시청률·대중성), '삼성'(재벌·가부장적·성과주의)과 더불어 가장 큰 것으로 꼽을 수 있다. 물론 이 모든 중심에는 특유의 대중성이 핵심인 열린 放자, '放送'이 있다. 정치권력이든 자본이든 쉽게 이 방송의 잠재력을 제한할 수 없었다는 뜻이다.

판 또한 팽배했던 시기였다는 뜻이다.[3]

이 과정에서 TBC는 긍정적이기보다는 훨씬 부정적으로 인식되어왔다. 특히 이 점은 1980년대 이후 우리 사회에서 공영방송이 공식적인 제도가 된 이후, 초기에는 양적인 측면에서, 나중(1987년의 민주화 이후)에는 질적인 측면에서 정착되어야 하는 필요성 때문에 의도적으로 과장된 측면 또한 작지 않았다고 생각된다. 이에는 대체로 네 가지 계기들이 결합하는데, 첫째는, TBC가 시청률경쟁을 주도했으므로 경쟁에서 파생된 여러 다양한 폐해들에 먼저, 그리고 더 많이 책임져야 한다는 측면, 둘째, 1980년 언론통폐합과 그에 따른 제도(전일적 공영제도)를 뒷받침할 명분의 필요성에서 끊임없이 TBC(재벌방송과 상업방송)에 대한 비판이 제기된 측면, 셋째는 민주화 이후 이전의 TBC 측에서 제기한 반환소송이 국민정서상 용인되기 어려웠던 측면, 넷째는 1990년에 시민사회의 반대에도 불구하고 당시 정부가 새로운 상업방송(SBS)을 도입하는 과정에서 불거진 상업방송에 대한 비판론 등을 들 수 있다. 특히 둘째 측면과 넷째 측면이 이후에 좀 더 강한 유산을 남겼다.

이를 통해 'TBC신드롬'이 만들어지는데, 그러나 한 좌담에서 1970년대 당시 TBC의 라이벌인 MBC에 있었던 사람이 "TBC의 폐해가 있던 것은 사실이지만 보도에 있어 가장 비판적이었으며, 연예오락프로그램의 포맷에

---

3) 당시 문화방송의 경영자였던 이환의는 1970년대가 끝나는 해에 발표한 한 주제논문에서 "더 심각하게 지적하고 싶은 것은 …… TV프로그램의 획일적 편성과 그 수준의 저하에 있다. 주로 상업방송의 경우이지만 TV프로의 제작진들이 지나친 시청률과 판매 면만을 생각한 나머지 프로의 성향을 오락 위주의 연파조(軟派調)로 기울이고 경쟁사끼리 서로 비슷한 시간대에 유사한 프로그램을 맞세우는 졸렬성을 드러냄으로써 TV의 사회적 역기능 문제가 70년대 후반에 사회적으로 큰 물의를 일으키게 했다"(이환의, 1979: 164~166)고 술회한다. 물론 이 술회는 한 측면만을 과도하게 '인정'한 것이고, 이를 주도한 TBC에 책임을 더 많이 지우려 하는 것이다.

있어 가장 혁신적이었고, 가장 알찬 경영을 한 것도 사실"(김우룡 외, 1990: 5)이라고 말한 것처럼 TBC의 성과는 상업방송의 악인 '이윤의 창출과 자본 헤게모니의 정치적 효과'(유재천, 1988b)만 낳는 것으로 볼 수 없는 다양한 측면을 지닌다고 볼 수 있다.[4]

이 글의 목적은 이러한 TBC에 대한 적절한 관점을 제시하고 이를 통해 그 역사적 공과를 설명·판단해보고자 하는데 있다. 이를 위해 이 글은 먼저 제3세계의 비교사회적 시각에서 TBC가 출범한 1960년대의 정치적·기술적 조건을 '가능의 조건'이라는 차원에서 살펴보고, 당시 (상업)방송의 맥락을 대중과 시장과의 관계 속에서 놓으면서 '시장-포퓰리즘' 관점을 하나의 전형으로 제시해보고자 한다. 다음으로는 이 관점을 통해 TBC의 역사를 (1) 경위와 비전, (2) 경영과 조직, 그리고 (3) 편성·프로그램으로 나누어 세부적으로 고찰한다. 고찰의 방식은 전체에 대한 판단에 준거가 될 수 있는 시대적 추세와 단면적 사건을 중심으로 하면서 이를 보완할 수 있는 일부 지표들(주로 경영적 측면)을 활용하고자 한다.

---

[4] TBC의 역사성과 관련한 논의에서 빼놓을 수 없는 것은 최근 출범한 종편채널인 jTBC이다. 이름에서부터 TBC의 맥을 잇겠다는 이 채널과 과거 TBC의 관계는 사실 지금 시점에서 TBC를 반추하게 하는 가장 중요한 계기이다. 그러나 결론부터 말한다면, 이 둘은 전혀 관계가 없다. 그것은 이 글이 살펴보고자 하는 TBC가 그저 한 방송사가 아니라 그 방송을 둘러싼 다양한 정치사회적 환경과 방송의 '관계'이기 때문이다. 이 글이 제시하는 역사적 관점인 시장-포퓰리즘은 유신체제 같은 TBC의 정치경제적 지배 조건과 당시 대중의 수용 양상, 그것의 반권위성을 아우르는 말인 것이다. 이렇게 본다면 jTBC는 설사 같은 주체(삼성-중앙일보)에 의한 것이라 하더라도 이전의 TBC와는 전혀 다른 조건과 관계 속에 위치하게 된다.

2. (상업)방송과 시장-포퓰리즘

1) 저발전국의 문제: 시장 형성·적응과 정치적 종속

한국에서 방송 특히 텔레비전의 개발(도입) 및 발전은 서구와 달리 민간이나 시장 스스로가 아닌 국가 주도로 이루어졌다. 그러나 이 국가는 헌정을 파괴하는 집권과정과 장기간의 집권 기도로 정당성을 현저히 잃은 군부권위주의 국가여서 방송은 시작부터 진한 정치성을 띠지 않을 수 없었다.[5) 민주화된 이후에도 방송이 정치화 때문에 계속 고민해왔던 것을 생각하면 이 초기의 문제는 거의 '원죄'에 가까운 것이었다고 하지 않을 수 없다.

제3세계에서 텔레비전은 나라별·사회별로 동인(動因)이 다양함에도 불구하고 시기로는 대체로 1950년대 말부터 1960년대 초중반에 집중적으로 보급된다(Katz & Wedell, 1977). 이로 미루어 한국의 이 시기를 특별히 빠르다거나 느리다고 할 수는 없다. 또 저변의 취약성이나 준비의 조급성과 졸속성, 이면에 깔린 정치적 의도 등을 거론하면서 텔레비전의 파행성을 논하는 것도 그 자체로 의의가 없는 것은 아니나 이는 경제적·정치적·기술적 조건이 양호했던 일부의 몇 나라(미국, 영국 등)를 제외하고는 대부분의 나라들이 겪었던 공통된 조건이다. 즉, 대부분의 제3세계 나라들이 이 시기에, 또 대체로 열악했던 조건에서 텔레비전을 도입하고, 일부 선진국에 속한 소국들까지도 재정·편성(프로그램) 등에서는 전혀 자립할 수 있는 조건이 아니어서 상당한 의식적 노력을 경주해야 했다는 점6)을 비추어 보면 상대적

---

5) 한국에서 이를 보여주는 단적인 사실(史實)은 1956년의 상업방송 HLKZ-TV의 실패와 국영인 1961년 KBS-TV의 성공이다.

6) 예를 들어, 상대적으로 좋은 조건이었지만 편성·프로그램의 자립성을 만들기 위해 노력했던 캐나다, 핀란드의 사례를 들 수 있다(Lee, 1979; Slade & Barchak, 1989).

으로 초기 텔레비전의 어려움은 보편적 조건이라고 해도 과언이 아니라는 것이다.

이런 초창기의 텔레비전에서 살아남기 위한 생존투쟁은 그야말로 '선택사항'이 아니었다. 특히 국가의 보증이 없는 상업텔레비전은 미흡한 수상기 보급으로 인한 광고시장의 미형성으로 상당한 어려움을 겪을 수밖에 없었다. 따라서 초기의 '매몰비용'을 견딜 수 있을 만한 충분한 자본력이 없었다면 시장에서 쉽게 도태되었다.

이들의 생존은 상업방송의 경우 운영주체와 관련해서는 다음의 네 가지 조건 중 대체로 세 가지 이상을 갖추어야 가능했다(조항제, 2003). 첫째는 독점의 조성과 보호 같은 국가의 특혜적 지원이고, 둘째는 광고 등을 통해 직접적으로 지원하는 것을 포함한 일반 자본의 지원, 셋째는 기업 간 교차 보조나 시너지가 가능한 (미디어)복합기업화, 마지막으로 넷째는 합작이나 차관 같은 외국자본과의 적절한 협조와 제휴였다. 이중에서도 가장 절대적인 것은 첫째였다. 왜냐하면, TBC는 나머지 모든 것을 갖추고도 국가 때문에 살아남지 못했고(언론통폐합이라는 국가의 '통치행위'), 대구의 한국FM은 모든 것을 갖추지 못하고도 시장에서 존속했지만 결국 같은 운명이 되고 말았기 때문이다(역시 언론통폐합).

편성·프로그램에서는, 주로 광고주에게 어필하는 도시 중하층 중심의 수용자층을 대상으로, 제작기반이 채 마련되지 못했던 초기에는 영화·드라마를 비롯한 미국 프로그램을 위주로 하고, 기반이 어느 정도 마련된 이후에는 드라마나 버라이어티쇼 같은 자국의 대중성 높은 자체 제작 프로그램으로, 저널리즘에서는 당시 정부(주로는 권위주의)에 종속적이지만 대중에게도 외면받지 않는 형태가 되어야 했다(조항제, 2003). 따라서 이들 나라의 텔레비전에서는 문화적 엘리트층을 중심으로 텔레비전에 대한 강력한 비판이 제기되는 것을 피하기 어려웠다. 그 비판은 앞서의 편성·프로그램에 기인하는 것으로, 문화의 저질화·상업화, 문화의 외래화와 종속화, 문화의 다수화·대중화, 저널리즘의 (정치)종속화 등이 주를 이루었다.

그러나 이러한 비판은 엘리트들의 문화적 기호와 대중에 대한 뿌리 깊은 반발이 일방적으로 반영된 것으로 당시 대중의 텔레비전 소비 또는 향유에는 그람시적 의미의 '의미론적 투쟁'이 치열하게 전개되고 있었다고 보아야 할 필요가 있다. 당시 한국을 비롯해 많은 나라들에서는 장기집권을 도모하는 정부의 이데올로기적 교화 못지않게(또는 그 일환이지만, 그에 머무르지 않는) 대중의 정치의식을 높이는 교육이 진행되었으며, 이는 나중의 민주화투쟁이나 문화운동에 원동력이 된다. 따라서 이 점 등은 제3세계의 대중문화를 단순히 저질의 '상품'이거나 대중문화의 향유를 그저 쓰고 버리는 향락적 '소비'나 '우민화' 정책의 희생물로만 보아서는 안 된다는 점을 일깨워준다고 할 수 있다.

2) TBC와 시장-포퓰리즘

생존이 목적이었던 제3세계의 초기 방송에 가장 중요했던 것은 정부와 시장-광고주였으므로 이들의 이념적 기조는 그대로 방송에도 적용될 수 있다. 우선 경제적 타산에 주력하는 '상업주의'나 다수 시청자의 기호에 민감한 시장적 '다수주의(majoritarianism)'가 검토될 수 있고, '시장에 기반한 자유주의(market liberalism)' 또한 같은 맥락에서 가능하며, 기업이나 산업, 경제발전에 우선적 목표를 두었던 정책과 세태를 반영하는 '기업주의(mercentilism)'나 '산업주의(industrialism)', '발전주의(developmentalism)' 등도 어울리고, 또 특히 재원인 광고(주)에게 주목하는 '소비주의' 등도 대상이 될 수 있다. 그러나 생산 조건에만 주목하는 이러한 '주의'들에는 새로운 매체인 텔레비전에서 당시 성장하는 제3세계 대중의 치열한 문화투쟁이 벌어졌다는 점은 반영되어 있지 않다. 이 점은 오히려 텔레비전에 담긴 '대중의 문화', '대중의 정서'를 비판하면서 역으로 이의 실체는 확인시켜 주었던 엘리트층의 대중문화 비판론에 잘 드러나 있다.

대중의 문화, 곧 "보통 사람의 상징적 경험과 실천이 분석적이고 정치적인 측면에서 '대문자 C'를 가진 문화(Culture)보다 더 중요하다고 간주하는" 관점은 맥기건의 '문화적 포퓰리즘'(McGuigan, 1992: 4)이다.[7] 사실 이 개념은 피스크 같은 문화적 포퓰리즘의 소비(를 강조하는) 분파[8]를 오히려 비판하기 위한 용례[9]로 주로 쓰여 개념의 목표가 불분명한 약점이 있다. 그러나 "신에 대한 경외, 군주에 대한 복종, 귀족제와 군대 및 전문직에 대한 존경, 나이가 가지는 지혜에 대한 인정 등"과 반대되는 현상 자체로서의 포퓰리

---

7) 여기에서 대문자 C를 가진 '문화'(Culture)는 근대에 들어 확립된 고급문화로 '인간이 생각할 수 있거나 알고 있는 것에서 가장 좋은 것' 같은 표현에서 단적으로 볼 수 있는, 영국의 문화학자 아널드나 리비스의 개념을 말한다.

8) 예를 들어 그가 주로 언급하는 연구자는 존 피스크처럼 소비(수용)을 중시하는 문화연구자들이다.

9) 그가 바람직하다고 여긴 태도는 포퓰리즘을 비판적으로 소화하는 '비판적 포퓰리즘'으로, 그에 따르면 이는 대중문화의 두 가지 상반된 측면, 즉 '보통 사람의 매일의 실천'과 '자본-권력에 의한 생산메커니즘'을 온전히 포착하는 것이다(McGuigan, 1992). 전자의 긍정성을 부정적인 후자에 비추어 비판적으로 보고자 하는 것이다. 이런 그람시주의적 문제의식은, 그러나 포퓰리즘의 경우, 그렇게 제한의 수식어('비판적')를 붙여 개념 자체가 공동화되면 아무래도 활용력이 떨어질 수밖에 없다[그런 관점으로 본다면, 대중문화를 좀 더 긍정적으로 포착하는 '문화적 공론장' 개념이 더 잘 어울린다고 할 수 있다(McGuigan, 2005)]. 이를 반영하듯 이후의 문화연구에서 포퓰리즘 용어는 설명적 개념의 용도로는 거의 쓰이지 않는다[예외는 Gibson(2000) 정도인데, 이 역시 소비를 강조하는 문화적 다원주의쯤으로 간주한다]. 그러나 대중이 가진 정치적 중요성에 비추어 '대중의 문화'에 대한 비판일변도 논의는 정치와 문화 사이에 일종의 '양립 불가능성'을 초래할 수 있고(이를테면, 대중의 정치적 참여는 긍정적으로 평가하는 데 비해 대중의 문화에는 비판적이라는 모순!), 이 점에서 중립적 의미를 갖는 문화적 포퓰리즘의 개념은 새삼 검토해볼 만한 가치를 지닌다고 할 수 있다. 물론 이 개념이 오염도가 심각하다는 큰 단점이 있고, 실제 정치학에서도 이 개념은 '일관된 이론을 찾을 수 없다'(Canovan, 1982)는 부정적 결론이 팽배해 있는 상태라는 점이 극복해야 하는 숙제이다.

즘(Curran, 2002)은 현대문화의 중요한 하나의 측면으로 충분히 인정받고 있다.10)

서구 역사에서 이러한 포퓰리즘은 20세기 들어와 보통선거가 확립되고, 대량생산과 소비를 직결시키는 포드주의시스템이 정착되면서, 그리고 이에 따라 노동자, 여성, 이주민 등 '서발턴(subaltern) 계층'의 정치적·경제적 위상이 커지면서 등장하기 시작했다. 그리고 이를 이전과는 전혀 다른 논리와 역학을 가진 (매스)미디어가 주도함으로써 가속화되었다. 이른바 '서발턴-매스'의 조합이 성립된 것이다. 이에 대한 근대의 (미학적) 논리는 '문화의 속류화' 같은 표현에서 볼 수 있는 것처럼 좌우파할 것 없이 비판 일변도였으나(Street, 2000), 적어도 양적 비중의 측면에서는 포퓰리즘을 인정치 않을 수 없었다. 문화에 대한 정의가 기존의 '초월적·보편적'(미학적 정의)인 것에서 '특수한'(인류학적·사회학적 정의) 것으로 이중화(Grossberg, 2010)된 이유도 그러한 문화의 주 향유층이 달라져 간 저간의 사정이 반영된 결과로 볼 수 있다.

이러한 포퓰리즘은 향유층이 수적 다수인 피지배계층이어서 일정한 문화적 민주화의 외양을 띠지만, 이와 더불어 문화물의 생산 측면에서는 매스미디어를 비롯한 (문화)자본의 강력한 영향권 내에 있는 것 또한 사실이다. 즉, 포퓰리즘은 신·군주·귀족·군대·엘리트·노인 등을 망라한 여러 사회적 지배-권위에 반하는 다양한 문화적 실천이 대중문화 상품의 생산과 소

---

10) 이러한 '부정적 정의'는 정치적 포퓰리즘의 이론가인 라클라우의 것과도 유사한데, 라클라우는 민주적 포퓰리즘의 정치성이 지배블록이나 엘리트에 대한 적대로 형성되고, 그 내부에서는 차이보다 등가성(equivalence)에 의해 결정된다고 주장한다(Laclau, 2005). 그러니까 포퓰리즘의 핵심은 반엘리트주의(반체제·비체제주의)이며, 그 내부의 다양한 차이들은 이 반대를 중심으로 연대한다. 반독재를 위해 내부의 차이를 딛고 연합을 시도하는 민주대연합론은 이와 유사하다.

비, 피드백의 단계에서 구현·좌절, 또는 협상되는 과정 전체를 가리키는 개념인 것이다. 그러므로 포퓰리즘에서 문화적 과정의 다양성은 시장적 다수주의와 일정한 갈등과 경(결)합의 관계를 맺으며, 그러한 관계 자체가 포퓰리즘의 한 중요한 구성요소가 된다. 이는 부문문화와 주류문화 사이의 관계에서도 살펴볼 수 있는데, 예를 들어 퀴퍼스(Kuipers, 2006)가 이들 사이를 '적대'·'공존'·'주류/주변'·'분산화' 등으로 구분한 것은 이 관계가 다양하다는 점을 말해준다.[11]

특히 오랫동안 제국주의·권위주의가 지배적이었던 제3세계에서는 서구와 달리 인정받을 수 있는 전통이나 새로운 권위가 부재하고, 서구의 고급문화 역시 대중의 문화로서 기능할 수 있는 여지가 전혀 없으며, 구래의 농경적 민속문화는 '도시·공장'이라는 새로운 (산업)사회의 환경에 맞지 않아 대중문화와 포퓰리즘의 쌍이 갖는 의의는 서구보다 훨씬 긍정적·적극적일 수 있다. 물론 이 점이 '권위에 저항하는 대중문화'가 아닌 훨씬 더 '말초적이고 향락적인 대중문화'를 낳을 가능성도 배제할 수 없지만, 이 점은 포퓰리즘 자체를 부정하는 것이라기보다는 포퓰리즘의 형태와 성격 문제로 볼

---

11) 첫째인 '적대'에서는 각 부분문화들이 서로의 존재를 잘 알면서 스스로를 상대방을 부정하는 식으로 정의한다. 이를테면 부모문화 대 청소년문화, 노동계급문화 대 중산층문화 등으로 관계를 설정하는 것이다. 대안문화나 반문화 등은 이런 설정에서 전형적인 예이다. 세대적·계급적 저항의 함의가 강한 하위문화 개념 역시 이에 가깝다고 볼 수 있다. 둘째는 '공존'인데, 여기에서는 서로 간의 차이를 존중하면서 경쟁하거나 갈등하지 않는다. 다민족국가 내에서 힘이 엇비슷한 민족문화 사이의 관계가 그러하다. 셋째는 '주류와 주변'의 관계인데 주로 규모나 사회적 중요도 정도에서 차이가 큰 경우이다. 둘 사이의 관계는 첫째처럼 적대적일 수도 있고, 아동문화처럼 그렇지 않을 수도 있다. 또 고급문화처럼 규모가 작다고 해서 반드시 지위가 낮은 것은 아니다. 넷째, '분산화'의 모델로 어떤 중심 없이 다양한 문화가 산재되어 있는 경우를 가리킨다. 기존의 하위문화를 라이프스타일의 일부로, 더 개인적이면서 동적인 개념으로 파악하고자 하는 '신부족주의(neo-tribalism)'(Bennett, 1999)는 이에 잘 어울린다.

수도 있다. 즉, 후자의 문화라 해도 앞서 언급한 포퓰리즘의 규정, 즉 보통 사람의 상징적 경험과 실천이 담겨 있고, 소극적인 형태의 저항이라도 발견할 수 있다고 보기 때문이다.[12]

이 점은 서구와 제3세계의 차이를 더욱 크게 하기도 하는데, 서구는 자본주의의 '선취자'로서 사회 전체의 재생산체제가 상대적으로 확고하고 변화보다는 변하지 않는 것에 주력하는 경향성이 강하다. 알튀세르나 (미디어) 정치경제학의 영향을 받은 대중문화·이데올로기연구들이 강한 기능주의·환원주의를 보이는 것(Grossberg, 1995)도 이의 한 예이다. 물론 이는 나름대로 1968년 5월 혁명에 실패한 서구의 현실을 반영한 것으로 서구의 맥락에는 충실한 것이다. 그러나 한국을 비롯한 제3세계의 경우 지난 20세기는 격동의 시대였으며, 이 가운데서 대중문화-포퓰리즘의 체제 재생산 수준은 상대적으로 낮은 것이라 아니할 수 없다. 특히 한국에서 지난 연대는 대중문화에서 국가-민족과 같이 신성시된 영역을 포함해 낡은 권위들이 계속 해체되는 과정에 있었음을 부인할 수 없다.

이 점에서 '포퓰러 컬처(popular culture)'에서 포퓰러의 의미는 결코 고정되거나 보증된 것이 아니며, 중요한 것은 그 안에서 벌어지는 끊임없는 투쟁이라는 홀(Hall, 1981)의 지적은 대단히 유용하다. 홀은 1980년대 대처의 신보수주의가 승리할 수 있었던 것도 여기에서의 투쟁에서 승리했기 때문

---

12) 예를 들어 질 낮은 1970년대의 섹스영화에서 "개인의 정체성에 대한 자의식과 사적 욕망"을 발견하고(유선영, 2007), 상업방송의 드라마에서 "성표현의 경계를 확장해가는 촉진제"(백미숙·강명구, 2007)적 요소를 보는 것이 바로 그런 맥락이다. 포퓰리즘(적어도 한국의 포퓰리즘)에는, 그것이 저열하든 반윤리적이든, 또는 돈벌이의 대상이든 관계 없이 대중의 정서구조에 '진정으로(authentically)' 부응하는 측면이 반드시 있다는 것이다. 그러므로 '그런 측면이 어느 정도인가'('얼마나 이해와 공감을 불러일으키느냐'), '어느 정도 다양하게 대중의 (취향)층에 봉사하느냐', 또 '얼마만큼 (대중을) 수단이 아닌 목적으로 삼느냐'가 포퓰리즘의 성격과 질을 판단하는 기준이 된다.

이라고 주장한다. 물론 그 승리 역시 영구적인 것으로 볼 수는 없지만, 반대 당인 노동당의 집권을 거친 지금까지 영국사회는 대처리즘이 만들어놓은 개인주의, 시장주의 등의 '합의'를 벗어나지 못했다(Clarke, 2008). 포퓰러 컬처 속에서 포퓰리즘이 가지는 반대의 정신은 끊임없이 기존의 권위와 부딪히며 때로는 순응하지만, 때로는 굴절시키거나 해체시킨다.

물론 이 개념이 세 텔레비전 중 가장 상업적 논리에 철저했고, 또 소유주를 중심으로 기업적·가부장적 지배권이 철저하게 확립되어 있었으며, 모기업의 사적 이해에도 민감했던 TBC에 특별하게 또는 온전하게 적용될 수 있다고 보는 것은 아니다. 더구나 TBC가 전성기를 이룬 1970년대는 사실상의 '일인 종신집권-유사 파시즘'인 유신체제로 포퓰리즘의 반권위정신을 살리기 어려운 연대였기도 하다.

그러나 나중에 다시 자세히 살펴보겠지만, TBC는 선행 상업텔레비전 (HLKZ-TV)이 망하고, 국영텔레비전조차 급거 수입·배급된 2만 대의 외상 수상기에 의존해야 하는 어려운 조건에서 출범했으며, 전국 네트워크화에 실패해 서울·부산에 커버리지가 국한된 '국지방송'이라는 큰 약점이 있었다(라디오는 호남 일부를 포함했다).[13] 여기에 '삼성'으로 대변되는 엘리트주의가 더해짐으로써 성과주의나 상업적 혁신에 가장 민감했다. 이 점이 서울·부산의 시청자들을 대상으로 한 경쟁에서 우위를 가져왔고, 방송관이나 조직문화 또한 가장 시장적-대중적이면서 응집력도 강한 형태로 만든 이유였다고 볼 수 있다. 그러니까 포퓰리즘은 모든 방송에 폭넓게 적용이 가능

---

13) 이 약점은 나중에 다시 언급되지만 다른 텔레비전이 모두 전국으로 방송망을 확장하면서 마이크로웨이브를 이용한 동시방송을 하는데 유독 TBC만 그렇지 못하는 박탈감에서 연유한다. TBC-TV는 기존의 부산을 제외한 어떤 지방에도 전파를 보내지 못하고, 동시방송도 못 하며, 심지어는 AFKN의 망을 이용한 1시간짜리 동시방송도 불허당하는 것이다.

하지만, TBC의 경우에는 이 콤플렉스와 엘리트주의의 결합이 하나의 특성적 계기가 되었다고 보는 것이다.

시장-포퓰리즘은 당시의 방송이 시장과 체제 종속이라는 존재조건 위에서 불완전하게나마 표현한 대중의 가치와 열망을 중시하는 관점이며, TBC는 서울·부산 중심의 도시성과 삼성의 엘리트주의·성과주의를 앞세워 대중의 선택(시청률)을 주도하는 과정에서 상대적으로 더 자유롭게 체제의 가부장적 권위나 장기집권의 요구에 대처하는 시장-포퓰리즘을 보여주었다. 이 점을 특별히 과장할 필요는 없지만, '저질·퇴폐'의 일일극을 둘러싸고 벌어진 체제와 TBC를 위시한 방송 간의 줄다리기(조항제, 1994), 당시 성행했던 일일극 비판과 옹호에 담긴 반대중주의와 비체제주의(조항제, 2011)는 이를 예증하는 사례로 볼 수 있다.

서로 공통되는 부분이 많다 해도 '다수주의-시청률'과 포퓰리즘이 완전히 같은 것은 아닌 것처럼 TBC와 포퓰리즘 역시 어울리는 부분에 못지않게 어울리지 않는 부분도 크다. 그것은 물론 권위주의라는 엄격한 표현의 한계체제와 더 절박한 시장 적응에 의해 조건화된 것이므로 포퓰리즘에 더해 '시장'을 강조하면, 당시의 TBC를 설명하는 적절한 관점이 될 수 있다고 생각한다.

3. TBC의 역사

1) 경위 · 비전

삼성의 이병철이 신문(≪중앙일보≫)을 비롯해 언론사업을 시작한 계기는 5·16 이후 부정축재자 처리 문제에서 부당한 대우를 받았기 때문으로 알려져 있다(중앙일보, 1985). 이때 이병철은 정치무대로의 진출도 생각했으나 "언론을 통해 정치 안정에 기여한다"는 이유로 언론을 택했다고 한다. 이 점은 이병철이 언론을 다른 기업들의 '방파제',[14] 곧 삼성 전체의 영향력의 도구로 삼는 일종의 '권력 모델'을 구상한 것으로 볼 수 있다. 그러나 이병철은 결코 이를 '기능의 영역'(영향력)에 국한시키지 않았다. 시종 일관 이병철은 언론이 상업성을 지님으로써 자립하기를 원했다. 기업인인 그에게 '시장-생존'은 처음부터 '필수사항'이었던 것이다.

이병철은 1964년에 라디오(RSB; 라디오서울)와 텔레비전을 개국하고, 이듬해에 ≪중앙일보≫를 창간하며(준비위원회는 1963년에 출범), 1966년에는 서울FM방송까지 합병해서 신문-텔레비전-라디오(AM, FM)를 망라한 종합적 '중앙매스컴센터'를 완성했다.[15] 당시 일본을 본받아야 할 모델로 삼았던 한국의 기업인들은 이처럼 방송과 신문을 겸영하는 형태에 상당히 익숙해 있었다.[16] 특히 ≪한국일보≫의 장기영은 요미우리(신문, 방송, 프로야구

---

14) 이병철은 처음에는 ≪경향신문≫을 인수하려 했으나 여의치 않자 새로 ≪중앙일보≫를 창간했다고 한다. 1970년대 중반의 삼성에 대한 한 분석 자료에 따르면, 삼성의 중앙일보 창립 동기는 ① 삼성의 방파제 역할, ② 삼성 계열사의 각종 부정과 물의사항 해결, ③ 타 언론 견제 및 재계 경쟁자 견제, ④ 방계업체 지원 및 신규 사업의 진원지로 활용 등이었다(이시가와 요이치, 1988). 타 언론 견제는, 4·19 이후 부정축재 처리 때 ≪동아일보≫로부터, 삼분폭리사건(三粉은 설탕, 밀가루, 시멘트를 말한다) 때는 ≪경향신문≫으로부터 집중적으로 비판받은 것에 대한 삼성 입장에서의 대응의 필요성을 언급한 것이다(김주환, 2004). 이는 한국비료사건 때 ≪중앙일보≫나 TBC가 나선 것이 우연이 아니라는 점을 말해준다.

15) 1969년에는 「전자산업육성법」에 발맞춰 삼성전자를 창립, 주력 계열기업까지 만들었다. 방송(소프트웨어)에서 전자(하드웨어)로 발전한 이런 수직-수평적 복합기업화는 비근한 예를 찾기 어렵다.

16) 이 점은 언론통폐합 당시 상당히 불리한 근거로 작용하고, 나중에도 언론독점으로 비판받는 요소가 된다(최창섭, 1985). 이러한 비판에는 심지어는 ≪경향신문≫을 겸영하고 있었던 MBC의 이환의(1979)조차 동참한다. 이 점을 보면, 이환의는 박 대통령의 ≪경향신문≫ 인수 요구에 내심으로는 동의하지 않은 것 같다(조항제, 1994 참조). ≪경향신

구단 등)의 쇼리키 마쓰타로(正力松太郎)를 대표적인 언론기업인으로 생각했고, 이병철 역시 이런 매스컴 센터를 모델로 한 기업형 언론을 처음부터 구상했을 가능성이 매우 높다. TBC로 (나중에) 정리된 방송은 라디오는 가톨릭 계열의 김규환이, 텔레비전은 전 국방장관이었던 김용우가 허가인이었으나 이는 명의만 그랬고, (신청부터 그렇게 의도된 건지는 알 수 없으나 결과적으로는)[17] 이병철이 쉽게 인수할 수 있었다. 처음에는 럭키의 구인회와 합작이었으나 곧 이병철의 단독 소유로 바뀌었다.

당시 이병철은 일본의 사례 등에 비추어 방송사업이 '정치'와 '경제'를 겸비할 수 있다는 나름의 확신을 갖고 있었던 것으로 보인다. 이러한 이병철의 확신은, 1959년 화재 사고 이후 보험금으로 텔레비전(HLKZ-TV)을 다시 시도하지 않은 장기영과 대조되는 부분이다. 물론 그때와 달리 선발주자(KBS-TV)가 생기기는 했지만 그 시기가 불과 4년밖에 지나지 않은 점을 감안하면, 이병철의 방송진출은 모험을 무릅쓴 나름대로 획기적인 용단이었다는 뜻이다. 당시 일본에서는 1950년대의 미군정의 자유화조치로 이미 텔레비전의 상업적 운영모델이 확립되었으며, '미국의 드라마＋프로레슬링(또는 고시엔·프로야구 등의 자국 스포츠)＋자국의 홈드라마＋각종 버라이어티쇼＋뉴스(대부분 겸영 신문과 제휴)'로 이루어진 기본 편성형태 또한 정착되어 있었다.

1966년 한국비료밀수사건[18]은 이러한 TBC의 성격 형성에 큰 영향을 미

문≫ 때문에 MBC는 여의도에 대한 투자도 가장 늦었다.

17) 사사(중앙일보사, 1985: 138)에서는 이 부분을 "천운도 따랐던 것 같다. 때마침 처분하려고 내놓은 라디오회사가 있었다. 그리고 당국의 허가는 받았으나 자금이 없어 계획이 좌절된 텔레비전국이 있었다"고 쓰고 있다.

18) 1966년 당시 삼성이 한국비료를 건설하는 과정에서 리베이트로 받은 일부 대금으로 당시 정부와 짜고 OTSA(사카린) 등을 밀수했다가 들통 난 사건. 아직 전모가 밝혀지지는 않았다. 이 사건은 삼성 측이 한국비료를 국가에 헌납함으로써 종결이 되었지만, TBC를

쳤다. 당시 TBC와 ≪중앙일보≫의 모기업 보호 태도는 왜 기업이 언론을 소유하려 하는지의 이유를 유감없이 보여주었다(강현두·이창현, 1987). 이후 같은 성격의 일이 반복되지는 않았으나 여러 사례가 예증하듯이 모기업(삼성)의 이해관계가 걸린 일에서 TBC는 결코 자유롭지 못했다.[19] 이 점을 단언하는 이유는 물론 사례 때문만은 아니다. 현재까지도 변함없는 삼성 특유의 가부장적 조직문화에 대한 '구조론적' 판단과 삼성 X파일 사건[20]으로 만천하에 드러난 삼성과 언론(중앙일보) 사이의 사익적 커넥션이라는 '행위적'인 사실이 결합될 수 있다고 보기 때문이다. 그리고 이 점은 설사 TBC가 살아남았다 하더라도 삼성과의 관계가 계속 구래의 형태로 있을 수는 없었을 것이라는 예측의 가장 큰 이유이기도 하다.[21] 이 점은 한국사회

비롯한 당시 삼성 산하 언론들이 삼성을 비호하면서 큰 사회적 물의를 빚었다.

19) 미원과 미풍 사건 역시 한비사건 정도의 무게를 가진 것은 아니지만, 이러한 사익 추구의 한 전형이 될 만하다. 1969년 서울미원주식회사는 ≪동아일보≫(1969.4.5)에 의견광고 성격의 '호소문'을 낸다. 그 내용은 라이벌인 미원과 미풍의 특정 원료의 '불법수입' 문제가 관계당국에 의해 같이 저촉되어 있는 마당에 중앙매스컴이 자기 계열사(제일제당)의 미풍에 대한 불리한 정보는 전혀 보도하지 않고 미원에 대해서만 과장보도를 하면서 비판하고 심지어 미원사의 해명광고마저 거절하고 있다는 것이다. 이 역시 앞서의 주 14에서 볼 수 있는 방계업체 지원의 사례이다.

20) 삼성 X파일 사건은 2005년 7월, 문화방송의 이상호 기자가 국가안전기획부의 도청 내용을 담은 90여 분짜리 테이프를 입수하여 삼성그룹과 정치권·검찰 사이의 유착 관계를 폭로한 사건이다. 1997년 대선 당시 중앙일보의 홍석현 회장과 삼성그룹의 이학수 부회장이 서로 만나 이회창 후보에 대한 자금 제공을 공모하고 검사들에게 뇌물을 제공한 것을 보고하는 내용이 담겨 있다.

21) 특히 이러한 주장에는 현실적 증거도 있다. 1978년에 중앙매스컴의 10~14기 기자들이 주동이 되어 '우리의 주장'을 발표하는데 이 주장이 전사적으로 호응을 얻게 된다. 이에 당시 경영진(당시의 협상대표가 이사인 이건희였다)은 기자들의 요구조건을 받아들이는데, 이 주장 중의 첫 번째가 '삼성그룹으로부터의 독립과 제작의 자율성 확보'였다(김태홍, 1984). 사유화가 보다 쉬운 신문 쪽에 좀 더 관련된 것이기는 하지만, TBC 역시 많은 압력을 받고 있었고 이에 대한 불만이 쌓여가고 있었던 것이다. 자서전적 책을 남긴

에서 결코 '재벌방송'이 있어서는 안 된다는 경종을 울리게 만든 계기가 된다. 물론 반대로 TBC 역시 상당한 위축효과를 받게 된다. 이를 기해 TBC는 특정 정치색을 드러내는 데 더욱 조심하지 않을 수 없게 된 것이다.

물론 TBC가 모기업의 도구로만 그쳤다고 볼 수는 없다. TBC는 1960년대 조건이 어려운 시절에 개국하여 광고시장을 개척하고, 수상기의 보급을 앞당겼으며, 다양한 프로그램과 포맷을 실험·정착시켜 외국프로그램을 대체했고, 우수한 방송 전문인력을 육성했다. 이렇게 텔레비전의 대중화를 달성한 공로는 TBC가 '도구'의 역할을 이미 떠났다는 것을 의미한다. 특히 오랜 권위주의를 거친 한국 사회에서 가장 중요한 언론의 역할은 정치권력에 대한 감시인데, TBC가 이에 미흡했다는 비판은 그 자체로 틀린 주장으로 볼 수는 없지만, 먼저 TBC가 대했던 당시 권력체제의 성격을 이해하는 것이 필요하다. 즉, 적어도 체제가 어느 정도 (시민)사회에 저항의 여지를 허용했고, 또 실제 그런 저항의 전범이 있었는지의 여부 등을 감안하면 좀 더 엄밀한 평가가 가능할 수 있다는 것이다. 후자의 예로는 대표적인 '야당언론'인 ≪동아일보≫·동아방송을 들 수 있을 것이다(물론 이 역시 1975년의 '사태' 이후에는 다른 언론과 크게 다를 바 없어졌다).

사실 TBC의 역사를 돌이켜보면, 뚜렷한 정부 비판도 발견할 수 없지만 그렇다고 '유착'이라 부를 만큼 그렇게 사이가 원활했던 것만은 아니다. 물론 허가를 받고, 또 당시로서는 생소했던 미디어복합기업을 만드는 과정에서 TBC는 상당한 정부의 협조와 지원(적어도 방임의 형태로도)을 받았다고 볼 수 있다. 그러나 그 과정은 상당히 험난했다. 먼저 방송을 만드는 데 반드시 필요한 합작투자나 차관 같은 외부의 지원을 허용해주지 않아 라디오

TBC의 전직 종사자들(강용식, 1994; 봉두완, 2004; 전웅덕, 2002)이 대부분 소유주인 이병철과의 특별한 인연에 대해 상당한 분량을 할애한 것으로 미루어 보더라도 소유(주)의 영향력은 상당했던 것으로 짐작할 수 있다.

는 인천 복음주의방송의 노후화된 송신기를 고쳐서 해결했고, 텔레비전은 송출시설을 자체 조립했으며, 극히 필요한 일부의 기자재만 외부구입을 통해 해결했다. 또 1970년대에 들어서는 후발주자인 MBC가 차관을 이용해 우수한 기자재를 공급받고, 지역방송망을 대대적으로 확장해 네트워크를 만드는 과정을 앉아서 바라보아야 했으며[22](이러한 MBC의 네트워크화는 심지어 KBS보다 빨랐다), 특히 주13에서 잠시 언급한 대로 마이크로웨이브의 사용허가를 얻지 못해 1980년에 KBS에 (피)통합되는 날까지 뉴스조차 서울-부산 동시방송을 하지 못했던 점은 매우 치명적이었다.[23]

최근 공개된 한 자료(대통령비서실, 1964a, 1964b)에 따르면, 개국 당시에도 일부 비서관들은 정치권 외에 다른 권력중심이 생긴다는 점에서 많은 우려를 했던 것으로 보인다. 당시 이 업무를 맡은 주성규 비서관은 TBC의 출현이 미칠 영향을 다각도로 점검하면서 최종적으로 "체신부장관과 공보부장관의 공동책임하에 합법적으로 동양TV의 허가를 취소하도록 특별한 지시가 있어야 할 것"(대통령비서실, 1964b: 4)을 건의했다. 그러나 TBC가 한 차례 연기는 했지만 끝내 개국은 한 것으로 미루어 일정한 수준에서 양자의 타협이 있었던 것으로 보인다. 이 타협은 ≪중앙일보≫로 미루어보면, ≪동아일보≫ 등을 견제해 정권 비판을 희석시켜주는 '언-언' 제어의 차원에서 이루어졌을 가능성이 높다[(이는 중앙일보 홍석현회장이 밝힌 바에 따른 것이다(김주환, 2004)].[24] 그러나 이후에도 청와대의 감시 시선은 그치지 않

---

22) 물론 새롭게 스튜디오(운현궁)를 짓고 일부 기자재를 구입하는 등 대응을 했지만 이는 제작에 대한 것이고 배급망 부분은 전혀 손댈 수 없었다.

23) 당시 TBC는 새마을호 기차로 녹화테이프를 옮겨 부산에서는 하루 늦게 방송하는 '새마을 네트워크'를 했고, 뉴스 등은 부산의 중앙일보 지국을 이용하는 편법을 활용했다. 이런 TBC에 대한 부산 시청자들과 전국적으로 TBC를 시청하지 못하는 지방 시청자들의 불만이 상당했다. 특히 지방에 텔레비전 수상기가 빠르게 보급된 1970년대 중후반에 들어서는 TBC의 출연진이나 종사원 역시 '국지 방송'의 한계를 크게 느낄 수밖에 없었다.

았다고 보아야 하며, 특히 한비사건 이후에는 「언론법("신문 등 언론의 공익 보장을 위한 법률안")」 개정안 사건25)에서도 볼 수 있듯이 상당한 내외의 압력이 있었을 것으로 추측된다(김주환, 2004). 그러니까 당시 체제는 민주당 정부에 뒤이어 방송을 다소는 무계획적으로 허가해주었으나 뒤늦게 방송의 중요성을 알고서는 상당히 통제적으로 임했다는 것이다.

(뒤에 자세히 살펴보지만) 정치적 측면에서 TBC는 유신 말기에는 YH여공 사건의 단독보도 등에서 볼 수 있듯이 다른 방송에 비해 약간은 '보여주기'에 충실했던 것으로 보인다. 이 점에서는 서울 시청자들의 입장이 주효했

---

24) 물론 이는 ≪중앙일보≫ 측의 논리를 정부 측에서 받아들인 것으로 볼 수 있다. 그러나 ≪중앙일보≫·정부의 의도가 성공했는지는 의문이다. 유신체제로 가면서는 '어떤 언론'이 아니라 '언론 자체'가 부담스러워졌기 때문이다. 이를 보여주듯 ≪중앙일보≫·TBC 역시 동아나 조선에 미치지는 못하지만 1970년대의 언론자유에 대한 각종 선언에 당당한 일원으로 참여한다(이에 대해서는 이부영, 1983 참조).

25) 이 법의 기본 골격은 첫째, 신문, 라디오, 통신, 텔레비전 중 2개 이상을 겸영하지 못하게 하고, 둘째, 경영과 편집의 분리를 위해 3인 이상으로 구성되는 편집인회를 두어 독립성을 보장하며(이사회는 편집인회를 구성하되 임원이나 출자자는 편집인회에 1명만 참여 가능), 셋째, 산업 전반에 과도한 경제력을 가진 특정인은 언론기관의 임원에 취임 못 하게 하고, 넷째, 언론의 공공성이 침해되지 않도록 특정인(가족 포함)이나 집단의 소유한도를 제한하면서 초과 소유분은 몰수하도록 했다. 또 셋째와 넷째의 구체적 기준은 대통령령으로 정하도록 했다. 당시 이 법안에 대해 공화당은 찬성했지만, 두 야당(민중당, 신한당)은 반대했다. 그 이유는 겸영 금지가 자유기업주의와 이종매체 겸영의 세계적 추세에 위배되며, 이사회에 의한 편집인 임명규정을 둔다면 편집권의 독립이 보장되지 않고, 궁극적으로 개정안이 언론을 권력에 예속시킬 가능성이 높다는 점 때문이었다(≪동아일보≫, 1966.11.12). 지금의 시점에 비추어 볼 때, 이 안은 1980년 언론기본법의 신문/방송 겸영 제한, 1990년대 언론노동조합들의 편집권 투쟁과 재벌의 언론진출 반대, 2000년대 언론개혁운동이 제기했던 일부 족벌언론사들의 사주 권력 제한 등이 모두 들어 있는 선진적 법안이었다. 그러나 이 법은 ≪동아일보≫·≪중앙일보≫를 비롯한 언론관계자들의 반발(상대적으로 방송을 겸영하지 않았던 ≪조선일보≫는 이 법안에 대해 호의적이었다)과 언론의 협조를 필요로 하지 않을 수 없었던 당시 정부와의 이해관계 결탁으로 결국 통과되지 못했다(자세한 것은 김주환, 2004; 유재천, 1988a).

을 것이다.[26] 또 오락프로그램에 대한 제재에도 나름의 목소리를 냈다. 당시 각종 좌담(김홍태 외, 1975; 이동수 외, 1976)에서 TBC 출신들은 규제가 지나치고 지엽적이라고 항의했다. 물론 이 점 역시 반체제적인 것이라고 할 수는 없다. 그러나 적어도 이들의 지향이 체제가 원하는 것은 아니었다는 점에서 '비체제적'인 것임에는 분명했다.

사실 1960년대만 해도 텔레비전은 외화(外貨) 사용문제 때문에라도 정부에 종속되는 것이 불가피했다. 당시 제작기반이 취약했던 텔레비전은 국내외의 영화에 크게 의존하지 않을 수 없었는데 그때마다 외화 문제는 걸림돌이 되었고, 카메라나 안테나용 휘더, 편집기 같은 국내에서 구할 수 없는 기자재 역시 반드시 정부의 허락이 필요했다.[27] 1970년대의 유신체제는 다른 차원에서 텔레비전에 거의 저항의 공간을 허용하지 않았다. 이 점에서 당시의 TBC에게 (지금 시점에서는 매우 중요한) '삼성(재벌)'이라는 본원적 한계는 부차적이었다. 그러나 그런 정부와 자본도 적어도 텔레비전에서는 '대중-시장'이 있어야 의미를 가질 수 있는 것이었다. '저질 일일극'이나 '퇴폐 쇼', 'YH여공 보도'는 그래서 불가피했다.

---

26) 봉두완(2004)의 술회에 의하면, 전라도 쪽 네트워크가 있었던 라디오에서는 자신의 반정부 메시지에 대한 전라도 시청자들의 호응이 컸다고 한다. 물론 TBC의 기본 시장은 '서울/텔레비전'이었다.

27) TBC는 여러 면에서 KBS의 도움을 받지 않으면 개국이 불가능했다. 당시 TBC가 확보한 카메라는 KBS-TV의 카메라가 고장이 났을 때 임시로 쓰기 위해 RCA가 빌려준 것이었다. 반환키로 했던 카메라를 RCA는 TBC에 '합법적'으로 기증했다(만약 RCA가 돈을 받고 팔려 했다면, TBC는 외화를 쓸 수 없어 자칫하면 불법이 될 뻔했다). 그러므로 만약 둘 사이에 있었던 KBS가 이를 넘겨주지 않았다면 TBC의 개국은 어려웠을 것이다. 이 외에도 시외무선전화의 송수신 목적으로 쓰도록 내정된 송신소에 2층 증축을 허가하고 이를 무상으로 쓰게 한 것 역시 특혜에 가까운 '부당한' 행정조치였다(대통령비서실, 1964a). 이런 KBS·관료들의 협조는 고위층의 (적어도) 방관이 없다면 불가능한 일이었다.

2) 경영·조직

텔레비전 수상기의 보급이 미진했던 1960년대만 하더라도 TBC의 경영은 답보상태였다. 그러나 희망을 주었던 것은 높은 성장률이었다. 경영성적에서 볼 때, TBC(TV)의 기반은 대체로 1966년부터 확고해지는데, 이때의 성장률은 1966년 73%, 1967년 60%, 1968년 76% 정도의 고수준이었고, 경쟁자인 MBC-TV가 등장한 이후에도 35~40% 정도의 비약적인 성장을 유지했다. 텔레비전 수상기가 처음 금성사에 의해 조립 생산된 해인 1966년(한국방송회관, 1972)에 서울FM을 인수한 것도 방송매체가 가진 미래적 잠재력을 확고한 것으로 판단했기 때문으로 보인다.

그러나 사업규모가 커짐에 따라 라디오 송신시설, TV 송신시설, 스튜디오시설 등에서 막대한 투자가 이루어지고, 또 영업활동의 확대로 자산규모 또한 매년 증가하여 1966년 8억, 1968년 10억, 1970년 25억 원으로 TBC는 개국 당시에 비해 무려 10배나 되는 자산을 보유하기에 이르렀다. 이에 따라 자본금 규모도 1965년과 1966년 사이에 5차에 걸쳐 4억 원으로 증자했으나 방대한 투자를 충당하기에는 부족해 그 대부분을 차입금에 의존했다. 그 결과 부채가 크게 늘어 1964년 1억 4천만 원이 1970년에는 14억 7천만 원이 되었다. 특히 MBC-TV의 출범에 대비해 스튜디오 증설(운현궁 스튜디오) 등을 다소 무리하게 감행했는데 이로 인해 부채비율이 514.6%에 달할 정도로 경영상태가 나빠졌다. 이 위기는 사채를 동결한 1971년의 8·3조치로 인해 이듬해 162.5%로 획기적으로 감축됨으로써 해소되었지만, 적어도 1971년까지 TBC의 경영은 안정되었다고 보기 어렵다.[28] 그러나 이 투자

---

28) 1971년 기념사에서 이병철은 채무 20억 원과 미수 13억 원이 문제이며 경영에 아직도 개선의 여지가 많다고 강조한다(중앙일보사, 1985).

는 곧 효과적인 것으로 드러났다. 새로운 스튜디오에서 의욕적으로 찍은 일일극 <아씨>가 공전의 히트를 기록했기 때문이다.

이렇게 가장 경제적 사정이 나빴던 텔레비전매체가 궤도에 오르자 TBC는 여러 매체를 거느린 시너지를 내기 시작하는데, 이런 시너지는 비용과 수익 모두에서 고루 나왔다. 비용에서는 '1인 다매체' 형태로 인력을 다각도로 활용한다는 점에서, 그리고 수익에서는 한 매체에 광고를 하면 다른 매체에도 광고를 하게끔 유도하는 것에서였다. 따라서 1966년부터 복합기업의 위용이 드러나기 시작했고, 1970년대 중반에 이르러서는 분리했던 신문과 방송을 다시 합병해 방송사의 이윤을 조절하고[29] 신문까지 연계된 시너지를 목표했다. 기록으로 찾기는 어렵지만, 모기업의 직간접적 지원도 적어도 시장이 형성되는 초기에는 무시할 수 없는 수준이었을 것이다.[30] 물론 이질적인 매체가 하나의 터울에서 공존하는 데에는 단점 또한 작지 않았다. 이를 극복하기 위해 직능별 사업부 책임경영체제가 도입되었고,

---

29) 이를 중앙일보사는 다음과 같이 기록하고 있다. "신문과 방송의 합병으로 당시 신문과 방송이 각각 별도의 회사로서 독립된 결산을 함으로써 빚어졌던 세무사의 불이익을 면하게 됐고 외부로부터의 어떠한 충격에도 견딜 수 있는 경영기반을 확립할 수 있게 됐다"(중앙일보사, 1985: 530), "…… 중앙일보가 동양방송을 흡수합병, 주식회사 중앙일보·동양방송으로 재출범하게 된 것도 신문과 방송 간의 이 같은 불균형의 심화에 기인한다"(중앙일보사, 1985: 531). 그러나 이러한 '경영적' 조치가 가능했던 이유는 이미 이전에 ≪경향신문≫을 MBC(같은 수준은 아니지만 ≪서울신문≫은 KBS)에 맡도록 종용했던 당시 정권의 '정치적' 원죄가 있었기 때문이다. 정치적 필요성과 경제의 왜곡은 여기에서도 어김없이 발생되는 것이다.

30) 나중에는, 낮은 시청률 때문에 스폰서가 붙지 않은 국악프로그램(<TBC향연>)을 모기업의 계열('방계 회사')에서 지원한 정도가 직접적인 지원으로 보인다(이동수 외, 1976). 그러나 방송의 미래가 불투명했던 1960년대만 하더라도 모기업의 존재가 없었다면, 은행의 장기차입보다는 사채가 대부분을 차지하는 단기부채 문제를 비롯해 많은 어려움에 처했을 것이다.

기획실의 기능이 강화되면서 당시로서는 생소한 책임회계제도가 실시되었다(중앙일보사, 1985). 이렇게 볼 때, TBC가 시장에서 살아남을 수 있었던 데에는, 모기업의 자금 지원과 재정 보증, 시장을 형성시켜주고 불안한 재무구조를 건전하게 만들어준 국가, 기업(군) 내의 연계 매체 간 시너지, 운영주체의 혜안 등이 복합적으로 작용했다.

1970년대에는 방송매체의 광고비가 신문매체의 수익을 앞서기 시작하는데 중앙일보와 동양방송의 매출액 대비로 볼 때는 창립 이래 단 한 번도 중앙일보가 TBC를 넘어선 적이 없다(중앙일보사, 1985: 537). 그리고 1974년에 TBC는 무려 25억 3,900만 원의 매출이익을 올리게 되는데 이 수치는 1972년의 총매출액을 넘는 정도였다. 1975년에 방송의 매출액은 신문의 두 배가 넘었다.

물론 TBC는 네트워크를 갖고 있지 않았으므로 상대적으로 라이벌인 MBC에는 불리한 경쟁을 할 수밖에 없었다. 이를 TBC는 수도권에 대한 '사세 확장주의'로 맞섰는데 그 주요 수단이 시청률이었다.[31] 이렇게 TBC는 자신의 약점 때문에라도 더 공격적으로 시청률(조사와 경쟁)에 임할 수밖에 없었는데, 특히 전국 시청자를 상대하는 타 방송에 비해 서울 일원의 시청자들에게만 집중할 수 있는 TBC는 이 조사에서 오히려 상당히 유리해서 광고료를 매출액 전체로 볼 때는 MBC의 70%, 일부 시청률이 높은 프로그램은 90%까지 책정할 수 있었다.[32] 당시(1977년)의 수상기 보급대수(서울+

---

31) 당시 시청률은 지금처럼 조사기구가 따로 없어 방송사가 직접 했고 조사방식 또한 주먹구구식을 벗어나지 못했지만, 본격적으로 광고대행사들(특히 1970년대 후반의 삼성 계열의 제일기획)이 나서기 전까지는 요금기준의 기본 데이터로 활용되었다. 물론 이런 다소는 견강부회적일 수밖에 없는 자체 조사에서 TBC는 늘 선두를 달렸다(예를 들어, 중앙일보사, 1985: 785). 그러나 이 점이 완전히 허구는 아니었는데, 대체로 다른 방송 아닌 곳(광고대행사나 신문)이나 타 방송의 조사에서도 TBC는 상위권을 달리고 있었기 때문이다(정순일·장한성, 2000).

부산:지방은 43.6:56.4)나 인구 규모(27.8:72.2) 같은 기준에 비추어 볼 때, 이는 엄청나게 높은 비중이 아닐 수 없다(한국방송공사, 1983).

그러나 당시 TBC는 여의도스튜디오 건립, 컬러화, 방송시간 확대(특히 아침방송) 등 때문에 많은 투자가 예비되어야 했으므로 이러한 경쟁 우위에도 결코 만족할 수 없었다. 특히 언젠가는 이루어질 네트워크화는 TBC의 큰 숙제로 계속 남아 있었으므로 TBC로서도 당시의 호황을 충분히 이용하지 않으면 안 되었다.[33] 물론 컬러화의 경우는 상대적으로 공영방송보다는 상업방송의 부담이 작았다. 컬러방송은 제작비가 흑백보다 3.5배 정도 많

---

32) 당시 편성실에 있었던 오명환의 회고이다. 다음의 표 1-1은 1970년대 방송사별 TV광고 매출액 추이 및 MBC 대 TBC의 비율을 나타낸 것인데 MBC가 미처 자리를 잡기 전인 1971의 85%를 제외하면 대체로 그런 정도의 평균치가 나온다. 이 표 1-1은 1970년대 방송의 중요한 사실 한 가지를 더 말해주는데, 그것은 후반부에 갈수록, 그러니까 서울/도시가 아닌 지방/농촌에 수상기가 더 많이 보급될수록 오히려 TBC의 광고 비중이 늘어난다는 점이다. 특히 이 비중은 '시간대 편성지침'(주48 참조)이 하달된 1976년에 72.9%로 급증한다. 이 지침의 목적이 '저질 상업성'을 막는 데 있었던 것으로 미루어 볼 때, 그 온상으로 볼 수 있는 TBC의 시청률과 광고 비중은 오히려 커졌으므로 이 지침은 명백히 실패한 것이다.

┃ 표 1-1
1970년대 방송사별 TV광고 매출액 추이 및 MBC 대 TBC의 비율(1971~1979)

(단위: 백만 원/%)

구분	1971	1972	1973	1974	1975	1976	1977	1978	1979
TBC	1,436	1,559	2,286	4,003	6,711	10,482	14,316	20,478	26,928
MBC	1,690	2,341	3,585	5,708	10,502	14,385	18,215	27,890	35,493
TBC/MBC	85	66.6	63.8	70.1	63.9	72.9	78.6	73.4	75.9

자료: TBC 기록은 중앙일보사(1985: 914), MBC 기록은 문화방송(1992: 1295~1297).

33) 사실 MBC 역시 1970년대 초반의 무리한 네트워크화 때문에 증자를 할 수밖에 없는 처지가 되기도 해서(당시 MBC는 재벌들에게 이 돈 7억을 강제로 부담시켰다; MBC의 전체 자본금 10억 중 이 7억에 해당하는 돈, 그러니까 지분의 70%가 현재 방송문화진흥회의 것이다), TBC 역시 긴장하지 않을 수 없었던 것이다.

이 들므로 일거에 컬러화를 하면 광고주의 부담이 너무 커지기 때문이다. 따라서 상업방송은 일정 보급률이 전제될 때까지 단계적으로 컬러화를 할 수밖에 없었다(이환의, 1975). 그리고 당시 한국의 컬러화가 워낙 늦어 방송 측의 준비도 여유가 있었다(1977년 2월에 완공된 KBS의 여의도방송센터는 컬러화가 표준이었다).

그러나 TBC의 자본축적 과정이 순조롭지만은 않았다. 1973년의 오일쇼크 이후 경제적 상황이 좋지 않았고 특히 1974년에는 방송법 시행령의 개정으로 광고량도 줄었다. 이 기간 동안에 매출액을 늘릴 수 있었던 건 비약적 증가일로의 수상기 보급과 높은 광고효과 때문이었다. 바로 이해에만 방송광고가 텔레비전은 226.1%, 라디오가 280.5%라는 엄청난 성장을 한 것이다(조항제, 1994). 그러나 큰 비용을 감당해야 하는 광고주나 라이벌 매체인 신문 등 주변의 압력 때문에 아무리 텔레비전이었다 해도 광고료를 쉽게 인상하지는 못했고, 이는 결국 제작비를 통한 인상이라는 편법을 낳았다(황창규, 1976). 또 이러한 텔레비전광고에 대한 수요는 정책 당국이 이용하기도 했다. 즉, 당시 방송법은 광고량을 대통령령으로 정할 수 있게 했는데, 이 양의 증감은 경쟁매체인 신문에 매우 심각한 것이어서 텔레비전을 갖고 있지 않은 신문은 이 광고량을 통해서도 경제적으로 통제받을 수 있었다(조항제, 2003).

TBC의 조직은 소수 정예를 표방하는 가운데서도 확장 일로를 달렸다. 내부적으로는 시청률 같은 일원적 가치를 바탕으로 가장 적극적인 성과주의를 채택해 무사 안일적 관료 색채가 강했던 KBS나 정권의 비호를 받았던 MBC에 앞서 구성원의 능력과 자발성을 극대화했다. 이 점은 세 텔레비전 중 TBC가 가장 비관료적이면서 아이디어능력 본위의 조직이 되는 데 크게 기여했다. 그러나 이러한 기업적 노동통제 방식[34]은 조직 내에 언론적 전문성이 커지면서 계속 유지될 수는 없었다. 1978년 사원들이 집단행동으로 반발하자 TBC는 제작진에 자율성을 일부 허용하고 인사고과를 상벌고과제로 바꾸는 등의 요구를 받아들였다(김태홍, 1990).

또 TBC는 인력의 매체별·기능별 다중화와 전문화도 추구했다. 당시 TBC와 《중앙일보》에서 요직을 두루 거친 전응덕(2002)에 따르면 다중화야말로 TBC 인력운용의 가장 핵심적인 특징이었다. 매체별(신문-텔레비전-라디오)로 아나운서(리포팅)-기자(취재)-(보도의 경우)뉴스편집과 디렉팅의 기능 등을 모두 할 수 있는 인력은 하나의 매체/기능만을 갖는 것에 비해 큰 시너지를 낸다. 이 점은 처음부터 기업 입장에서는 TBC의 큰 장점이었다. 전문화 역시 유사한 맥락이었다. 아나운서와 MC의 경우 각 프로그램별, 스포츠별로 전문 분야가 정해져 있어 타 방송사에 앞설 수 있었다.

이런 '일등주의'는 TBC의 경우에는 전국방송이 아니라는 콤플렉스, 이의 좌절에 연유하는 상대적 박탈감과 깊은 관련이 있었다(이는 종사원뿐만 아니라 전속제로 묶여 있던 TBC의 연기자도 마찬가지였다). 상대적으로 경쟁사에 비해 정치권력과 거리가 있었다는 점, 경쟁신문(특히 방송을 겸영하지 않았던 조선일보)을 비롯해 텔레비전에 대한 비판이 자신에 집중되었다는 점도 TBC가 시장과 시청자의 취향에 더욱 주력하는 결과를 가져왔다. TBC가 주력했던 서울 시청자의 취향은 편성이나 프로그램에 특유의 성격을 부여했는데, 당시 언론을 지배했던 엄숙주의에 반하는 노골적인 상업성이나 (한 걸음 더 나아간) 적극적 표현, 그 반대의 첨단적 세련성 같은 것이 그것이

---

34) 오명환에 따르면, 당시 TBC에서 유행했던 말은 '혹사'였다고 한다. 이는 소수-엘리트주의-상대적 고연봉을 콤플렉스(국지방송·상업주의)-성과주의(시청률)와 결합시킨 당연한 결과로 볼 수 있다. 당시 중앙매스컴은 '상대 사보다 1원이라도 더 준다'는 것을 슬로건으로 삼았는데, 특히 텔레비전이 호황을 이루고 동아·조선사태가 물의를 빚은 1970년대 후반에는 1975년의 61.6%를 비롯해 1977년 47.3%, 1978년 43.6%, 1979년 27.4%의 가파른 (1인당)인건비 증가율을 기록했다(중앙일보사, 1985: 1150). 물론 이렇게 증가되었어도 모기업인 삼성에 비해 인건비의 절대 액수는 상당히 적었다. 워낙 언론계의 인건비 기준이 낮았던 탓이다.

다.[35] 삼성의 엘리트주의와 콤플렉스·박탈감, 나름의 체제와의 대립, 서울 시청자의 특성 등이 다른 방송에 없는 포퓰리즘을 낳았던 것이다.

3) 편성 · 프로그램

자체 제작기반이 열악했던 1960년대의 텔레비전 편성에서 가장 중요했던 것은 영화와 드라마 등의 기성 제작물이었다. TBC 역시 개국 1년 동안 무려 82편에 이르는 국내 영화를 방송했다. 당시의 슬로건이 '영화를 안방에서 시청'이었음을 실감나게 해주는 대목이다(중앙일보사, 1985). 외화 드라마는 매일 1편씩 매주 6편이 방송되었고, 당시 텔레비전시청자의 성격을 대변해주듯이 가장 시청률이 높았다.

뉴스는 하루 3회(평일 28분, 일요일 23분), 전 방송의 14.6%를 방송했다. 처음에는 《한국일보》 뉴스도 받았으나 《중앙일보》가 창간된 1965년부터는 신문과 방송, 라디오와 텔레비전이 유기적인 협조를 이뤄 보도기능을 확대할 수 있었다.[36] 1968년에는 주요 뉴스의 시간(<TBC뉴스>)을 15분에서 30분으로 확대하고, 1972년에는 텔레비전의 본격적인 뉴스쇼 포맷인 40분 길이의 <TBC석간>을 시작했다. 사실 이 뉴스쇼는 MBC가 먼저 시작했지만, TBC의 대응은 이를 뛰어넘는 것이었다. TBC는 뉴스의 기본 화면부터 "…… 고정화된 종래의 양식에서 과감히 탈피, 스튜디오 카메라

---

35) 이런 상업성-적극적 표현-세련성의 전형적인 사례는 당시 큰 인기를 구가했던 앵커 봉두완이었다. 봉두완은 쇼맨십으로 오해받기도 한 어눌한 말투와 일상적인 언어(상업성)로 정부까지 직설적으로 비판하면서도(적극적 표현), 다른 한편으로는 오랜 특파원 생활에서 비롯된 미국식 영어발음과 해박한 지식(세련성)도 함께 보여주었다. 봉두완을 통해 처음으로 '웃을 수 있는 뉴스', '후련한 뉴스'가 만들어졌다.

36) 이렇게 라디오와 텔레비전의 보도기능이 통합된 것은 KBS에서는 1968년이 되어서야 비로소 가능해진 일이었다.

를 보도국으로 옮겨 분주하게 오가는 기자들, 외신 텔레프린터와 전화벨 소리, 작동 중인 녹음시설, 취재차와 본부와의 카폰 연락 등 뉴스의 산실인 보도국의 생생한 모습"(중앙일보사, 1985: 858)을 담았다.

내용에서는 퍼스낼리티 뉴스를 개발하고 뉴스 진행에도 권위를 부여하기 위해 음성이나 톤이 고정화된 아나운서 대신 방송 논평위원과 신문사 논설위원진을 활용했다. 이들의 목소리는 거칠고 때로 사투리도 있었으며 심지어 어떤 사람은 말도 더듬었으나, 특색이 있었고 진솔함을 주었으며 그만큼 설득력도 컸다. 취재데스크나 기자와의 대담, 현장으로부터의 직접 방송, 뉴스 주인공의 출연 등을 통해 전체적인 구성도 다채롭게 만들었다. 그러나 이 시도는 그렇게 오래 가지 못했다. 그해 10월 비상사태가 선포되면서 기존의 아나운서 진행의 딱딱한 나열식 포맷으로 돌아가고 만 것이다.

1970년대 TBC의 위상을 잘 보여주는 대목은 1979년에 있었던 YH여공들의 신민당사 항의농성 사건이었다. 1979년 8월 9일, 200여 명의 YH여공들이 폐업에 항의해 신민당사에서 농성을 벌인 이 사건은 사흘 뒤 경찰에 의해 강제 해산되는 과정에서 여공 1명이 죽고, 다수가 부상했으며, 기자들과 의원들도 구타당하는 등 불상사가 발생했다. 이 과정을 엄혹했던 시대 상황에도 불구하고 모든 신문들이 대서특필했으며, TBC 역시 이를 10여 분간 현장 화면과 함께 내실 있게 다루었다.[37]

---

37) '내실 있게'라고 표현했으나 다른 방송과 차이는 확실하게 있었던 것으로 보인다. 이는 강용식의 회고(1994)에도 보이고 중앙일보사(1985) 역시 이를 '단독 보도'라고 하면서 비중 있게 다루고 있다. 강용식은 이 보도로 보직 해임된 당시 보도국장이었다. 물론 TBC 역시 일반 기자들의 강력한 요구가 없었다면 이렇게 보도할 수 없었을 것이다. 또 정권 비판의 의도보다는 텔레비전 매체 특유의 '보여주기'의 충격을 의식했을 가능성도 배제할 수 없지만 결과적으로는 그런 비판으로 나타났을 수 있다. 당시 시청자들은 "신민당사를 비추면서 (민주주의의) 조기(弔旗)를 단 모습이 나가고 이어 강당의 연단에 (붙여놓은) '정권 말기적 발악'이라는 표현을"(강용식, 1994: 112; 괄호는 인용자) 보았을

그러나 이의 반대급부로 TBC는 당시 회장(홍진기)이 장관에게 불려가야 했으며, "삼성을 그만 두겠소, 방송을 그만 두겠소"라는 극언을 들어야 했다(강용식, 1994). 결국 이는 보도국장의 보직 해임으로 타협되었으나 당시 TBC의 가능성과 한계를 잘 보여주는 것이 아닐 수 없다. 즉, 재벌방송이었던 TBC에 국민의 알 권리와 이를 지키기 위한 체제에 대한 저항은 분명한 한계가 있었던 것이다. 특히 이 점에서 국가의 (재)허가권 아래 있었던 방송은 그래도 어느 정도는 가능성을 가졌던 신문(≪동아일보≫)에 비해 더욱 큰 압력을 느끼지 않으면 안 되었다.38)

비중이 크지는 않지만 당시의 TBC에서 빼놓을 수 없는 것은 독립된 프로그램인 <일기 해설>이었다. 뉴스 마지막에 캐스터들의 지나가는 한 마디로 그쳤던 이전의 '일기예보'를 TBC의 <일기 해설>은 기상도를 손수 그려주면서 일기가 시청자의 일상에 미치는 다양한 변화까지 설명했던 퍼스낼리티(김동완 통보관)을 통해 '생활기상'프로그램으로 발전시켰다(용어는 중앙일보사, 1985: 860).

개별 장르로 가장 시청률이 높아 편성의 중추가 되었던 드라마는 연기자는 영화와 연극에서, 연출자는 연극에서, 극작가는 라디오에서 수입해 시작했다. 당시 TBC에 있었던 유호석(1968)에 따르면, 처음에는 드라마에서 라디오드라마 대본을 가지고 일일극(격일로 20분씩), 단막극(60분), TV소설

것이기 때문이다. 그러나 '보도지침'(≪미디어오늘≫, 1996.1.3; 유신시대의 보도지침이다; 물의를 일으킨 5공 때의 보도지침은 이를 확대한 것이다)이 있었던 당시는 그런 것에서조차 많은 금기가 있던 시절이어서 어느 만큼은 상당한 용기를 필요로 했다.

38) 이를 단적으로 보여주는 예는 같은 해 8월 23일 이루어진 「전파관리법」 시행령의 개정이다. 개정의 내용은 방송국의 재허가 기간을 3년에서 1년으로 단축하여 각 방송사는 매년 허가를 갱신해야 하고 이 재허가 신청 시 문공부 장관의 추천서를 첨부해야 하는 것이다. 이 개정의 때가 공교롭게도 YH사태 직후이다. "삼성을 그만 두겠소, 방송을 그만 두겠소"는 단순한 엄포만은 아니었던 것이다.

(30분) 등 주로 일본에서 시도되어 성공한 스타일들을 화면으로 옮겨보는 시도를 했다고 한다.[39] 그러다가 당시의 제작조건에 어울리는 단막극과 에피소드시리즈 위주로 정착되었고(1964~1965), 이어 15회 안팎의 주간 사극을 시도했으며(1965~1966), 편집이 가능한 VTR이 수입된 1967년 들어서는 각 요일별 특징을 드라마의 장르별로 배치해 월요일-사극, 화요일-논픽션드라마, 수요일-수사극, 목요일-멜로, 금요일-코미디극, 토요일-홈드라마, 일요일-홈·멜로 등으로 거의 모든 장르를 망라한 주간극 라인을 완성했다(1967~1968). 1970년에는 공전의 대히트를 기록한 <아씨>를 계기로 본격적인 일일극 시대를 열었다. 일일극에 대한 비판이 커진 1970년대 중반 이후에는, 토요드라마를 2회로 늘린 주말 '연속'극을 처음 개발했으며, 각종 계기특집을 통해 시도되어오던 대형드라마를 '테마드라마'라는 이름으로 제작하기 시작했다.

이 중에서도 <아씨>는 한국방송에서 프로그램으로 시대를 나눈다면, 첫 번째 손가락에 꼽힐 수 있을 정도의 큰 성공을 낳았다. 이 프로그램 이후 한국방송에서 외화가 편성의 중추였던 시절이 사라졌으며, 텔레비전 역시

---

39) 이로 미루어 텔레비전에 대한 일본의 영향은 TBC 때부터 본격화되었다고 보는 것이 맞을 듯하다[이와 관련해 우리나라 텔레비전의 산 증인인 최창봉은 초기 텔레비전인 HLKZ-TV에 일본의 영향은 거의 없었다고 증언한 적이 있다(백미숙, 2011)]. 이 점과 관련지어 생각해볼 수 있는 것은 <아씨>가 1964년에 방송된 일본 NHK의 아침드라마인 <おはなはん>(오하나항)을 모방했다는 '설(說)'이다. KBS에서 방송 잔뼈가 굵은 일본통 정순일(1991)이 제기한 이 설은 두 드라마가 모두 한 여인을 중심으로 민족의 수난사를 다루었다는 점에 근거를 둔 듯하다. 그러나 자세히 살펴보면, 그렇게 신빙성이 있지는 않다. <아씨>의 작가 임희재의 극본(라디오드라마)·시나리오 집필사를 보면, 1950년대 후반부터 아씨의 내용에 일부가 되었을 법한 제목이 적잖게 발견되기 때문이다 [<위대한 아씨>, <꽃가마>, <철부지 아씨>, <칠보반지> 등(조항제, 2003 참조)]. 그러니까 <아씨>는 임희재가 그간 써온 극본의 집대성일 가능성이 높다는 것이다. 오명환 역시 이러한 표절설이 근거가 없다고 일축했다.

▌사진 1-1
일일연속극 〈아씨〉의 촬영현장

자료: 중앙일보사.

이전의 방계 매체에서 주류 대중매체로 발돋움하게 되었다.[40] TBC는 첫 방송에서부터 일일극을 시도했다. 한운사 극본, 황은진 연출의 <눈이 내리는데>였는데 편집이 불가능한 VR 660기로 제작했다. 물론 여건의 불비로

40) 소설가이자 당시 ≪조선일보≫의 기획실장이었던 선우휘는 한 기고문에서 다음과 같이 <아씨>를 찬양하는 글을 쓴다. "얼마 전에 대미를 본 '아씨'만 하더라도 사람에 따라서는 …… '신파'라고 흠잡기도 하지만, 신파도 그쯤 되면 가치 있는 예술이라고 아니 할 수 없다. 그만큼 시청자를 끌고 간 작자의 재능도 재능이려니와 텔레비전드라마가 소설과는 다른 종합예술인 만큼 창작 스탭이 보여준 노력이 절묘한 조화를 이루었다고 보아 높이 평가한다"(선우휘, ≪조선일보≫, 1971.1.15). 그러나 이런 고급문화 종사자의 우호적 판단은 이후에는 거의 찾아보기 어렵다. 물론 오락성에 대한 평가는 크게 달라지지 않는다. 일일극을 '19세기의 리바이벌'이라 하면서 퇴영성(退嬰性)을 비판했던 한 논자조차도 "TBC의 인기드라마였던 <연화>와 <윤지경>은 그 오락성에 있어서 한국 텔레비전 사상 가장 완벽한 것이었다. 그렇다고 저속하다는 표현을 붙일 만한 요소는 눈에 띄지 않을 만큼 균형 잡힌 작품이기도 했다"(정경희, 1977: 105)고 호평한다.

20회로 그치고 말았지만 처음부터 일일극의 가능성을 타진한 점은 이미 라디오를 통해 연속극에 대한 대중의 취향을 알고 있었다는 점을 말해준다. TBC보다 훨씬 우수한 기자재로 출범한 MBC 역시 개국 편성부터 일일극을 배치했고, 1969년에 스탠더드VTR을 들여온 KBS 또한 일일극의 가능성을 열심히 타진했으나 성공을 거둔 것은 역시 TBC의 <아씨>였다. 이후 <여로>(KBS), <새엄마>(MBC) 등을 통해 일일극 포맷은 방송사별로도 완전히 정착했다. 당시 일일극은, 제작이나 편성 측면, 경제적 측면 등에서 모두 최적의 장르였고(조항제, 1994), 초기에 성공한 드라마들은 여성-가족(일상)-역사 등을 주로 다루어 '서발턴-매스'의 공감대를 형성시켰다.

그러나 이후 멜로드라마가 성행하면서 당시의 고루했던 윤리규범을 자극했고, 텔레비전의 다수성과 일상성이 고급문화나 국가문화에 저촉되면서 많은 비판이 제기되었다. 열악한 저변에서 양산이 되다 보니 졸속이 되기 일쑤였던 점, 치열한 경쟁이 편성의 과다와 파행을 낳았던 점도 비판에 힘을 더했다. 주로 신문-(남성·식자 위주의)시민사회-당국으로 이루어진 비판자들은 특히 시청률 경쟁에서 앞서가면서 상대적으로 양도 더 많은 TBC에 비판을 쏟아냈다.[41] 당시 TBC는 1960년대에 벌어졌던 라디오드라마 때처럼 많게는 5개까지 편성된 일일극을 두고 '5분 앞당겨 편성하기' 같은 얄팍한 편성전략도 불사했는데[42] 이로써 일일극과 TBC는 텔레비전 상업화의 주범으로 보이게 되었다. 그러나 사실 당시의 비판과 논쟁의 내용을

---

41) 1980년 8월에 KBS가 방송의 장르별 편성비율을 자체 조사한 적이 있는데, 이때에도 TBC는 세 방송 중에서 가장 드라마 편성비율이 높았다(정순일·장한성, 2000). 물론 이러한 편성비율은 1970년대를 통틀어 보면 방송마다 약간의 부침을 보인다. 그러나 시청률이 높으면 상대적으로 양도 더 많다는 인식을 불러일으키므로 TBC는 양과 질에서 모두 '드라마·오락방송'이라는 느낌을 강하게 주었다.

42) 6회 개편한 1973년과 7회 개편한 1974년의 일인데 당시 TBC는 신생 MBC의 드라마가 자리를 잡기 시작하면서 상당한 고전을 했다(중앙일보사, 1985).

잘 따져보면, 방송의 졸속적 상업성에 못지않게 비판하는 측의 반포퓰리즘적 문화지배가 심각하며(조항제, 2011), 특히 유신체제-긴급조치로 이어지는 당시의 체제가 지닌 절박함과 이에 따른 말초적 억압성이 훨씬 더 큰 문제였음을 알 수 있다.[43]

일일극의 형식을 취한 것 중에는 전혀 다른 하이브리드 형태도 있었는데, TBC에서 최장수드라마(4년간 총 789회)로 기록을 세운 <여보 정선달>은 매일 방송하는 형태는 일일극과 같지만 한주에 하나의 에피소드가 끝나는 '일일-주간-에피소드' 식이었다. 이 드라마는 특히 일부 액션도 가미해 남성시청자들에게도 인기가 많았다. 일일극 시대에도 모든 것이 똑같지는 않았다는 것이다. 일일극에 대해 비판 일변도였던 당시의 민간규제기구 방송윤리위도 <여보 정선달>에 대해서만큼은 "롱런한 점에서나 인물(성격) 창조의 면에 있어서나 …… TBC의 독보적인 프로로 타 방송의 추종을 불허했다"(한국방송윤리위원회 조사연구실, 1974: 29)고 평가했다.

일일극에 대한 비판과 규제는 예기치 않은 긍정적인 결과도 낳았다. 그 하나가 '편성 장르'로 볼 수 있는 주말 2회극의 개발이다. 1976년에 TBC가 토요연속극이었던 <결혼행진곡>을 일요일까지 연장함으로써 처음 등장한 주말-연속의 이 포맷은 한국 방송에서 새로운 형태의 연속물로 기록되었다. 이에 자극받은 MBC가 1977년 7월에 주말연속극을 신설해 맞대응했고, TBC 역시 1979년 가을 개편에서 주중드라마도 한 회를 더 연장해 목금드라마를 신설했으며, 이에 다시 MBC가 1980년 춘하계 개편에서 주초연

---

43) 당시 일일극 비판의 가장 큰 이유는 사실 그것이 '인기 있다'는 점에 있었다. 이들은 자신이 원하는 고급문화를 텔레비전에서 볼 수 없는 이유를 일일극의 성행 때문으로 여겼는데, 물론 이는 텔레비전의 대중적 성격을 크게 오해한 잘못된 추론이었다. 문제는 텔레비전이 아니라 텔레비전을 통해 나타난 대중의 '저열(低劣)한' 기호와 취향을 참아내지 못하는 엘리트들과 그들의 저변 없는 고급문화였다.

속극(월·화)을 방송하면서 이제 주간 2회극은 완전히 한국적 연속극의 포맷으로 굳어지게 되었다. 일일연속극의 매력은 매일 일정 부분을 마치 정해진 일을 하는 것처럼 시청하는 데 있는데, 주말연속극은 이런 장점도 살리면서 일일극에 쏟아지는 비난도 면할 수 있는 나름의 해결책이 되었다. 물론 주말극은 연속의 일일 단위는 벗어났지만 작가의 발굴이나 연기자의 활용, 소재의 다양화, 제작여건의 일신 등 같은 드라마의 근본적 측면을 크게 달리한 것은 아니므로 커다란 혁신이라고 볼 수는 없다(한국신문연구소, 1980). 그러나 적어도 드라마 포맷이 일신되고, 일일극의 호흡과는 다른 높은 극성(劇性)을 소화할 수 있는 주간극의 특성이 정착된 점은 인정받을 만한 것이다(나중에 다시 일일극이 복권되면서 평일 오후 7~8시대에는 시트콤을 포함해 일일극이, 평일 10시대와 주말에는 주간 2회극이 고정적인 편성으로 굳어지게 된다). 이러한 한국의 주말연속극은 각 나라나 방송에서 드라마의 기본적인 포맷—주당 횟수나 편당 시간, 편성시간대, 또 시즌별 종결 여부 등—이 '원형'에 비해 어떻게, 왜 달라졌나를 보여주는 전형적인 사례라 할 수 있다.[44]

테마드라마는 주로 일일극이 '테마'가 없다는 비판에 대응한 대형드라마로, 소극적으로는 일일극의 일상성이나 무절제성이 큰 비난을 받으면서, 적극적으로는 1978년에 방송된 <뿌리>의 영향으로 주로 1970년대 후반기부터 제작되기 시작했다. 미니프로그램인 일일극에 식상한 시청자들에게는 여러 면에서 신선한 것이었으나(특히 정기적으로 시청이 어려운 남성시

---

44) 예를 들어 한국 일일극의 원초적 형태로 볼 수 있는 미국의 '낮 시간대 소프오페라(day-time soap opera)'나 일본 NHK의 '아침드라마' 등은 편성시간대나 주요 시청자, 다루는 대상이나 내용이 한국과 상당히 다르다. 미국의 소프오페라를 응용한 라틴아메리카의 세계적 장르 '텔레노벨라' 역시 미국과 많은 차이가 있다. 이 점 등은 방송장르가 각 나라의 사회문화적 특성에 맞게 일정하게 '혼성된(hybrid)' 형태로 정착되었음을 알게 해준다(조항제, 2003 참조).

청자들이 이런 시도에 큰 호응을 보냈다), 제작기반의 취약과 스폰서의 부재 등으로 상업방송으로서는 나름대로 모험이고 제작자에게는 엄청나게 큰 부담이었다(심현우, 1979). 이런 시도들이 쌓여 나중에 KBS의 <TV문학관>으로 2시간짜리 TV영화가 고정 편성되기까지 했는데 이 점 등은 텔레비전의 편성이 방송과 시청자, 방송과 규제 당국 사이의 일정한 관계의 단계를 거치면서 발전하는 것임을 잘 보여준다.

  <쇼쇼쇼>는 TBC를 넘어 이 시기의 방송을 대표하는 버라이어티쇼인데, TBC가 통폐합될 때까지 16년간 계속되었고 TBC가 없어진 이후에도 없어지지 않을 만큼 브랜드가치를 지니고 있었다(박용규, 2007). <쇼쇼쇼>는 시작할 때부터 텔레비전에서 제작되는 프로그램 가운데 시간, 규모, 비용 면에서 최고로 기록되었고(방송조사연구실 편, 1965), 제작기술 면에서도 "종래의 정적인 화면구성의 타성을 깨고 (무용이나 미술, 코미디 등) 동적이고 다채로운 레퍼토리를 구사"(중앙일보사, 1985; 괄호: 인용자)해서 많은 인기를 얻었다. 비록 처음 시작할 때는 체제홍보의 목적성이 두드러졌지만, 나중에는 <신한국기행>이나 <카메라리포트> 등의 휴먼다큐멘터리로 정착한 <인간만세>는 한 프로듀서가 기획부터 녹화까지 한 소재·테마를 담당하고 모두 현장 로케의 필름으로 구성하는 '완작주의'의 산물이었다(중앙일보사, 1985). 스포츠에서도 TBC는 많은 노력을 경주했다. 특히 일본의 모델을 본 따 프로레슬링을 일찍부터 주목했고 1965년에는 김일 선수의 귀국 매치도 중계했으나 나중에는 MBC에 이를 뺏긴 것으로 보인다. 여기에는 정권적 차원의 개입도 있었다. 1969년 당시 박 대통령이 김일 후원회를 조직하고 MBC 측에서 체육관(처음 이름은 김일 체육관, 나중에는 문화체육관)도 제공한 것이다(문화방송, 1992).[45] 이후 TBC는 권투로 주 종목을 바꿔

---

45) 중앙정보부를 통해 김일 선수를 기획 입국시키는 등 당시 박 대통령은 프로레슬링을 정

TBC TV 쇼 프로 〈쇼쇼쇼〉 500회 기념 공연

자료: 중앙일보사.

수많은 기록을 낳았다. 특히 홍수환의 4전 5기로 유명해진 <TBC권투>는 종방 때까지 계속되었다. 해설자 전속제를 실시해 종목별로 해설을 전문화한 점도 TBC의 공적으로 볼 수 있다(중앙일보사, 1985).

TBC의 역사에서는 스스로 만든 것은 아니라도 특유의 대중성 때문에 외화 또한 빼놓을 수 없는데, 1978년에 방송된 ABC의 <뿌리>의 성과는 이를 단적으로 보여준다. 당시 TBC는 미국과 일본에 이어 <뿌리> 8편(12시간)을 매일 연속편성하고 방송 전 2개월에 걸쳐 대대적인 홍보활동을 벌였다. 물론 그 효과 역시 대단해서 당시 시청률이 평균 74.75%(TBC 자체 조사)라는 경이적인 수치를 기록할 정도였다(중앙일보사, 1985).[46]

────────

치적으로 이용하는 데 적극적이었다.

46) 1970년대에는 TBC의 존재 때문에 지방 시청자와 서울(/부산) 시청자 사이에 상당한 괴리가 발생했다. 특히 텔레비전드라마의 새로운 경지를 낳은 <뿌리>는 이런 괴리를 크

재미있는 것은 1976년에 당국이 시간대별로 특정 장르를 강제한 '시간대 편성지침'의 하달 이후에 오히려 시청률에서 TBC가 더 선전하는 결과가 나타난 점이다. 당시의 시청률조사표(제일기획 조사; 정순일·장한성, 2000)에 따르면, 1976년 이후 평일의 시청 경향은 주말에 비해 현저히 줄었으며 MBC의 <묘기대행진>, <타잔>, <수사반장> 정도를 제외하면 TBC가 거의 모든 프로그램에서 우위를 보이는 것으로 나타났다. 시간대 편성지침의 실시 이후 TBC의 시청률은 24.8%(1976.2)에서 40.2%(1977.1)로 대폭 늘어난 것이다.[47] 이로써 텔레비전을 국민교육의 매체로 만든다는 방침('국민교육매체화'[48])은 오히려 상업방송의 인기를 더욱 높이는 역효과를 내고 말았다.

이는 '재미없어진 텔레비전'이 더욱 '재미있는 텔레비전'을 찾게 만든 것이 아닌가 하는 짐작을 낳게 하고, 장르나 표현이 제한되는 가운데에서도 TBC의 '일등주의'가 나름의 빛을 발했음을 알게 해준다. 이는 예를 들

게 심화시킨 계기였다. 당시 지방 시청자들은 주로 MBC의 오락프로그램을 많이 시청했는데[경상북도 지역의 경우 김규환(1977) 참조], 만약 선택이 넓어졌다면 지방 역시 크게 달라졌을 것이다.

47) TBC가 이화여대에 의뢰해 실시한 자체조사라 신빙성이 그렇지는 높지는 않지만 같은 조사의 연도별 비교이므로 나름의 의미를 가진다고 할 수 있다(중앙일보사, 1985, 785쪽).

48) 이 지침은 시간대별로 특정 프로그램 유형을 편성하도록 강제한 것이다. 이 지침에 따르면, 평일의 (오후)6시대는 어린이시간, 7시대는 보도와 가족시간, 8시대는 정책 및 캠페인시간, 9시대는 보도시간으로, 오락은 9시 반 이후에 편성해야 한다. 당시 MBC의 이환의 사장이 당국자에게 타진한 바로 이 지침의 목적은 "지금까지 우리나라 방송편성은 저질인 오락 치중이었기 때문에 이를 시정하고 모든 국내 방송매체를 국민교육 매체화하려는 데 있다"(이환의, 1976: 111에서 재인용)고 한다. 그러고서 이 당국자는 "방송사 측이 이 지침을 준수함으로써 우리나라 텔레비전이 이제 겨우 유럽 수준으로 돌아간 것이다"(이환의, 1976: 109)라고 평했다. 물론 이 '유럽 수준'은 견강부회의 극치를 적나라하게 보여주는 것이다.

면 <인간만세>처럼 당시로서는 시청률이 매우 낮은 프로그램에도 적용된 다음과 같은 시청률 논리 때문이었다. "<인간만세>는 TBC 교양팀이 전력투구한 프로였다. 이 프로는 8시 골든타임의 전략성을 강력히 부여받았고 8시 20분부터 이어지는 주요 프로그램의 시청으로 유도하기 위한 선봉시간대 방송이라는 점에서 큰 비중이 주어졌다"(중앙일보사, 1985: 807). 스스로 기획한 건 아니지만 8시대의 첫 프로라는 전략성 때문에 나름대로 전력투구해서 만들었다는 것이다.

이렇게 볼 때, TBC의 혁신은 대체로 다음과 같은 특성을 지닌다고 볼 수 있다. 첫째, 1960년대의 혁신에는 주로 열악한 환경에서 어떤 일정한 목표를 성취해내는 특성이 있다. 대표적인 예가 버려진 송신기를 고쳐 방송을 가능하게 만들어낸 일일 것이다. 편집이 불가능한 VTR로 일일극을 제작한다든가, 일반 기업에서도 생소한 관리회계제도로 어려운 경제 사정에 대처한다든가 등 같이 불가능에 가까운 것을 다양한 아이디어로 어떻게든 극복해내는 그런 류의 것이다. 어려운 조건에 처해 확대 투자를 감행한 것(FM방송의 인수)도 불가능까지는 아니더라도 상당히 과감한 것이었음에 틀림없다.

둘째, 어느 정도 조건이 갖춰진 1970년대 들어서는 경쟁 환경에서 우위에 설 수 있게 하는 프로그램 혁신이 많다. <아씨> 같은 대중적 일일극이 그렇고, 다양한 아이디어들을 동원해 잃어버린 주도권을 찾아온 <TBC석간>, 일일-주간 시리즈 <여보 정선달>, 무려 8년을 이어오면서 '완벽한 오락성'이라는 비판 겸 찬사도 들었던 <이조 여인 5백년사> 등이 그러하다. 1960년대 후반 라디오에서 압권을 이루었던 5분을 앞뒤로 벌이는 편성 싸움도 저급하기는 하지만 이 아이디어 중의 하나로 볼 수 있다. 텔레비전을 최고의 대중매체로 발돋움하게 한 TBC의 시장-포퓰리즘은 주로 이 시기에 만들어졌다.

셋째는 주로 1970년대 후반에 등장한 것으로 규제를 피하거나 때로 규제를 넘나드는 혁신이다. 편성 장르인 주말연속극 포맷의 개발이나 당시의 집권층을 자극한 YH여공 사건의 보도, 위로부터 강제되었지만 나름의 대중적인 것으로 바꾸어낸 휴먼다큐멘터리 <인간만세>, 남이 한 것을 그대로 따라 하기는 했지만 큰 반향을 일으킨 <뿌리>의 매일 편성, '편성권의 반납'49)이라 해도 과언이 아닐 시간대 편성지침 아래에서도 볼 만한 프로그램으로 시청률을 선도한 점 등이 그것이다. 사실상 ≪중앙일보≫를 합병시켜 다양한 이익을 챙긴 기업구조 변화도 이의 예가 될 수 있다.

그러나 이 점 등이 '성공의 위기'로 비화되어 TBC가 없어지는 데 결정적인 역할을 했던 점은 참으로 역사의 아이러니가 아닐 수 없다. 사실 5공 세력의 입장에서 보면 완전 상업방송인 TBC의 통폐합은 방송판 전체를 공영으로 만드는 데 핵심적인 것이다. 그 이유는 '시간대 편성지침'의 실패가 잘 보여주는데, TBC는 존재 자체가 반 또는 비체제성을 포함하는 대중성의 산물이었기 때문이다. 그러나 한 방송을 '매입'하고(물론 최소한만을 지불하는 강제였다), 이를 컬러화하며, 배급망까지 전국화하는 데 들어가는 비용은 엄청나게 컸다. 그래서 통폐합 조치가 단행된 불과 며칠 전의 청와대 출입기자 간담회까지만 해도 방송은 '막대한 재원이 소요돼 통폐합이 불가능하다'는 인식이 팽배했다(강용식, 1994: 134). 그러나 1970년대 보여준 텔레비전의 비약적 성장과 TBC의 컬러TV에 대한 나름의 착실한 대비는 불운하게도 언론통폐합에 TBC가 포함되는 가장 큰 이유가 되었다. 컬러화가 가져올 수 있는 재원 측면의 여러 이점(광고, 시청료) 역시 마찬가지 차원이었다. 광고만 유지한다면 얼마든지 감당할 수 있다는 셈이 가능했던 것이다. 실제 통폐합 이후 KBS 2TV가 된 TBC는 컬러화와 네트워크화에 들어가는 큰 비용을 그렇게 어렵지 않게 조달할 수 있었다. TBC는 결국 시대의 한계를 극복해내지는 못했던 것이다.

---

49) 이 표현은, 직전까지 KBS의 부사장을 지내던 최창봉(1976)의 것이다.

4. 결론

TBC는 한국방송사에서 극단적인 평가가 교차하는 독특한 존재이다. 재벌방송이자 기업집중의 산물이고, 시청률경쟁의 주범이지만, 경쟁에서의 우위, 혁신적 경영, 독특한 포맷의 개발 등으로 경영과 창조성의 측면에서는 기록될 만한 가치가 있는 방송이다. 이러한 TBC는 비록 통폐합을 통해 없어졌지만, 구성원들은 대부분 KBS에 이어져 뿌리 깊은 관료문화를 바꾸는 데 일조했고, 다른 아이디어들도 모든 방송에 고루 남겨져 한국 방송의 역사적 유산이 되었다.

TBC가 활약했던 1960~1970년대는 주지하는 바대로 표현의 자유에 큰 한계가 있는 군부권위주의의 시대였으며, 그 가운데 TBC는 척박했던 조건 아래에서 '정치적 안정에 기여한다'는 재벌 회장의 뜻으로 탄생했다. 한국 사회에서 텔레비전은 1970년대 초반 들어 수상기가 국내에서 본격적으로 생산·보급되면서 주도 매체로 발돋움했으며, 서울과 부산 일원의 시청자들을 대상으로 하는 로컬방송인 TBC는 세 텔레비전 중에서 가장 도회적이었고, 더 자유분방했으며, 더 적극적이었다. 그러나 텔레비전에 쏟아진 높은 사회적 관심이 불러온 저질화의 비판은 체제와의 연계가 약하고 가장 상업적인 TBC에 집중되었고, 재벌과 신문의 (복합)소유라는 태생적 한계는 결국 '통치행위'의 희생양이 되게 했다. 열악했던 초기를 견디게 해준 여러 조건들이 나중에는 부메랑이 되어 자신을 해친 것이다.

당시 TBC 안에는 정치(유신체제)와 자본(삼성), 시청자(대중) 등의 서로 다른 실체와 논리가 있어 서로 갈등과 공존을 거듭했다. 종말로 치닫고 있던 체제는 텔레비전을 끊임없이 자신의 도구로 삼으려 했고, 자본 역시 한편으로는 수익과 재투자 같은 기업의 일반적 행태를 요구하면서도 다른 한편으로는 계속 모기업의 기수 노릇을 하기 원했다. 시청자들은 텔레비전에 재미와 진실을 요구했고, 기대치는 높은 상승곡선을 타고 있었다. 그 가운데에서 내부 종사원들은 대중에 충실하면서 체제와 자본을 소화하려는 노력을 경주했다. 편성 자체를 강제하는 엄혹한 표현의 한계와 끝물의 흑백 TV, 커버리지의 국지성과 새마을 네트워크, 아침방송조차 없는 최소한의 방송시간 등에 갇혀 있었던 TBC에 1980년대는 이 모든 것의 탈출구를 찾을 수 있는 희망의 연대였지만, 오히려 희망은 절망으로 변해버렸다.

당시 서울은 엄혹한 압제와 온갖 욕망, 이에 대한 저항과 부추김이 공존하면서 탈출구를 찾지 못하는 모순의 도시였으며 콤플렉스와 엘리트주의의 상반된 얼굴을 가진 TBC와는 전형적인 상동성(homology)의 관계였다. 생존의 절박성이 바탕에 있으면서 대중의 기호에 대해 민감한 시장-포퓰리즘은 이런 TBC를 표현할 수 있는 전형적인 '주의'였다.

이러한 TBC가 만약 살아남았다면 어떠했을까? TBC의 역사적 공과를 따져 묻는 자리에서는 한 번쯤 나올 만한 질문이다. 이후의 한국 사회의 여러 변화를 감안해볼 때, TBC 역시 1970년대의 모습을 그대로 유지하기는 어려웠을 것이다. 특히 민주화 이후에는 삼성과의 커넥션이나 시청률 경쟁에 대한 태도, 노동통제의 강도 같은 것이 큰 진통을 겪었을 것이다. 컬러화나 네트워크화, 글로벌화 등을 거치면서 서울 시청자에 주력하던 모습도 상당히 달라졌을 것이다. 그러나 한 가지 분명한 것은 시장-포퓰리즘 그 자체는 큰 변화가 없었을 것이라는 점이다. TBC는 전형적인 상업방송이고 시장을 비롯해 주변에 민감했으며 그만큼 적응력이 높았기 때문이다.

참고문헌

강용식. 1994. 『당신의 미래는 방송에 있다』. 서울: 중앙일보사.

강현두·이창현. 1987. 사기업적 상업방송의 공익 침해에 관한 연구. ≪언론정보연구≫, 24호, 1~27쪽.

김규환. 1977. 「TV의 시청률 및 프로그램 평가에 관한 조사: 경상북도 지역을 중심으로」. ≪언론정보연구≫, 14집, 7~48쪽.

김주환. 2004. 「한국사회 재-재 갈등의 언-언 갈등으로의 전환」. ≪경제와 사회≫, 64호, 234~266쪽.

김우룡 외. 1990. "좌담 방송구조 개편." ≪신문과 방송≫, 235, 2~13쪽.

김태홍. 1984. 「80년 전후의 자유언론운동」. 『민중과 자유언론』. 서울: 아침.

김홍태 외. 1975. "내·외부에서 정화바람 획일성 탈피에도 노력." ≪신문과 방송≫, 61, 38~41쪽.

대통령비서실. 1964a. 「동양 테레비 방송국」. 보고번호 473호.

_____. 1964b. 「동양TV」. 보고번호 517호.

≪동아일보≫, 1969.4.5.

문화방송. 1992. 『문화방송 30년사』. 서울: 문화방송.

≪미디어오늘≫, 1996.1.3.

박용규. 2007. "한국 텔레비전 음악 버라이어티의 성쇠." 한국방송학회 세미나 발표문.

방송조사연구실 편. 1965. 『방송연감 '65』. 서울: 한국방송사업협회.

백미숙·강명구. 2007. 「'순결한 가정'과 건전한 성윤리: 텔레비전 드라마 성표현 규제에 대한 문화사적 접근」. ≪한국방송학보≫, 21권 1호, 138~181쪽.

백미숙. 2011. 「1950년대 생방송텔레비전 HLKZ」. 한국방송학회 편. 『한국방송의 사회문화사』. 파주: 한울.

봉두완. 2004. 『앵커맨』. 서울: 랜덤하우스중앙.

심현우. 1979. "대형드라마 제작상의 문제점." ≪신문과 방송≫, 100, 125~127쪽.

유선영. 2007. 「동원체제의 과민족화 프로젝트와 섹스영화: 데카당스의 정치학」. ≪언론과 사회≫, 15권 2호, 2~56쪽.

유재천. 1988a. 「공영방송체제의 당위성」. ≪방송연구≫, 7권 3호, 41~51쪽.

_____. 1988b. 「언론노조와 편집권」. ≪신문연구≫, 겨울호, 250~284쪽.

유호석. 1968. 「한국의 TV드라마」. 조항제 편. 2000. 『방송사사료집』. 서울: 방송위원회.

이동수 외. 1976. "전화시대, 방송시대 어떻게 대처할 것인가." ≪신문과 방송≫, 73, 18~26쪽.

이부영. 1983. 「70년대 한국사회와 언론」. ≪언론과 사회≫, 서울: 민중사.

이시가와 요이치. 1988. 『이병철과 삼성왕국: 비운의 황태자 이맹희의 증언』. 서울: 돌샘.

이환의. 1975. 『매스컴 경영론』. 서울: 열화당.

_____. 1979. 「70년대 한국 미디어경영의 결산」. ≪한국언론학보≫, 12호, 143~168쪽.

전응덕. 2002. 『이 사람아 목에 힘을 빼게』. 서울: 중앙 M&B.

정경희. 1977. 「19세기의 리바이벌」. ≪신문연구≫, 25호, 100~108쪽.

정순일. 1991. 『한국방송의 어제와 오늘』. 서울: 나남.

정순일·장한성. 2000. 『한국TV 40년의 발자취』. 서울: 한울.

조항제. 1994. 『1970년대 한국텔레비전의 구조적 성격에 관한 연구』. 서울대학교 박사학위논문.

_____. 2003. 『한국방송의 역사와 전망』. 서울: 한울.

_____. 2011. 「1970년대 신문의 텔레비전드라마 비판」. 한국방송학회 편. 『한국방송의 사회문화사』. 파주: 한울.

중앙일보사. 1985. 『중앙일보 20년사·동양방송 17년사』. 서울: 중앙일보사.

중앙일보·동양방송. 1975. 『중앙일보·동양방송 10년사』. 서울: 중앙일보·동양방송.

최창봉. 1976. 「외국TV가 한국TV에 미친 영향」. ≪월간 대화≫, 6월호, 33~39쪽.

최창섭. 1985. 『한국방송론』. 서울: 나남.

한국방송윤리위원회 조사연구실. 1974. 「TV드라마 성격분석」. ≪방송윤리≫, 100, 8~30쪽.

한국방송공사. 1983. 『KBS 통계연보』. 서울: 한국방송공사.

한국신문연구소. 1980. 『한국신문방송연감 80』.

황창규. 1976. "방송광고 요금제도상의 문제점." ≪신문과 방송≫, 68, 69~75쪽.

인터뷰: 오명환(당시 TBC편성실 근무. 2012.4.6).

Bennett, A. 1999. "Subcultures or neo-tribes? Rethinking the relationship between youth, style and musical taste." *Sociology,* 33(3), pp. 599~617.

Canovan, M. 1982. "Two strategies for the study of populism." *Political Studies,* 30(4), pp. 544~552.

Clarke, J. 2008. "Living with/in and without neo-liberalism." *Focaal,* 51(1), pp. 135~147.

Curran, J. 2002. *Media and power.* 김예란·정준희 역. 2005. 『미디어파워』. 서울: 커뮤니케이션북스.

Gibson, T. 2000. "Beyond cultural populism: Notes toward the cultural ethnography of media audiences." Journal of *Communication Inquiry,* 24(3), pp. 253~273.

Grossberg, L. 1995. "Cultural studies vs political economy: Is anyone else bored with this debate." *Critical Studies in Mass Communication,* 12(1), pp. 72~81.

_____. 2010. *Cultural studies in the future tense.* Durham, NC: Duke Univ. Press.

Hall, S. 1981. "Notes on deconstructing 'the popular'." In R. Samuel(ed.). *People's history and socialist theory.* Boston: Routledge & Kegan Paul, pp. 227~240.

Katz, E., & G. Wedell. 1977. *Broadcasting in the Third World.* Cambridge: Harvard Univ. Press.

Kuipers. 2006. "Television and taste of hierarchy: The case of Dutch television comedy." *Media, Culture & Society,* 28(3), pp. 359~378.

Laclau, E. 2005. *On populist reason.* London: Verso.

Lee, C. C. 1979. *Media imperialism reconsidered: The homogenizing of television culture.* Beverly Hills, CA: Sage.

Luther, C. A., & D. A. Boyd. 1997. "American occupation control over broadcasting in Japan, 1945-1952." *Journal of Communication,* 47(2), pp. 39~59.

McGuigan, J. 1992. *Cultural populism.* London: Routledge.

_____. 2005. "The cultural public sphere." *European Journal of Cultural Studies,* 8 (4), pp. 427~443.

Shunya, Y. 2003. "Television and nationalism." *European Journal of Communication,* 6(4), pp. 459~487.

Slade, J. W., & L. J. Barchak. 1989. "Public broadcasting in Finland: Inventing a national television programming policy." *Journal of Broadcasting & Electronic Media,* 33(4), pp. 355~373.

Street, J. 2000. "Aesthetics, policy and the politics of popular culture." *European Journal of Cultural Studies,* 3(1), pp. 27~43.

제2장

1970년대 텔레비전 드라마에 대한 신문담론과 헤게모니*

김수정

충남대학교 언론정보학과 부교수

1. 들어가면서

1970년대라는 시기에, 텔레비전 드라마를 살펴본다는 것, 그리고 그 드라마에 대해 쏟아내는 신문의 담론들을 고찰한다는 것은 무엇을 의미하는 것일까? 이 글은 텔레비전 드라마에 대한 신문 보도를 고찰함으로써, 텔레

---

* 이 글은 「1970년대 텔레비전 드라마에 대한 신문담론과 헤게모니 구성」이란 제목으로 한신대학교 인문학연구소 편, 『1960~70년대 한국문학과 지배: 저항 이념의 헤게모니』(역락, 2007)에 실린 필자의 글을 대폭 줄이고 명료하게 다듬은 것이다. 이 책은 출간된 지 얼마 지나지 않아 절판되어서 사실상 독자들에게 읽힐 기회가 없었다. 그런데 이 글을 이곳에 다시 실어 독자를 만날 수 있는 귀한 기회를 갖게 된 것은 전적으로 백미숙 선생님의 덕이다. 이 자리를 빌려 진심으로 깊은 감사의 뜻을 표한다. 그리고 필자의 원 글을 읽고 많은 격려를 주신 조항제 선생님께도 진심으로 감사를 드린다. 필자의 이 글은 조항제 선생님의 한국방송 연구의 깊이와 폭에 감히 근접하지 못하지만, 1970년대 텔레비전에 대한 관심과 그것을 바라보는 관점의 측면에서 조항제 선생님의 최근 글인 「1970년대 신문의 텔레비전 드라마 비판」, 『한국 방송의 사회문화사』(한울, 2011)와 많이 닮아 있다. 그 글은 필자가 조명하지 못한 1970년대 드라마의 내용과 성격에 대한 명석한 분석을 담고 있다.

비전 문화에 대한 비평담론 형성자로서 신문이 어떻게 기능하며, 텔레비전 방송, 신문, 그리고 정권의 이해관계와 각자의 실천들이 어떻게 상호 접합되고 또한 균열되는지를 추적하고자 한다.

사실 한국 현대사에서 어느 한 시기도 중요하지 않을 리 없지만, 1970년 대는 한국 사회를 오랫동안 규정해온 여러 구조적 문제들이 박정희 정권 아래 형성된 시기이다. 국가 주도의 경제개발을 통해 한국이 산업사회와 대중사회로서 골격을 갖춰가는 압축적 근대화의 시기였지만, 동시에 18년의 군사독재라는 폭압적 정치를 통해 한국의 민주주의를 정체와 질곡에 놓았던 이중적 시기였다. 박정희로 표상되는 1960년대 경제개발, 그리고 1970년대 국가비상사태, 계엄령, 긴급조치 등으로 점철된 유신독재체제는 한국 사회 전체와 국민 구성원들의 삶에 깊은 영향을 끼쳤다. 그리고 이 시대에 대한 평가는 아직도 현실 정치계에서나 학술계에서 현재 진행형일 만큼 논쟁적이다. 그런데 텔레비전은 바로 이러한 박정희 시대와 함께 개막해서, 독재정권의 독기가 맹렬한 1970년대에 서민들의 중요한 대중 오락매체로 부상하며 본격적인 '텔레비전 시대'를 열었다.

따라서 한국 텔레비전의 성장과 성격 역시 박정희 정권을 떼놓고는 생각할 수 없다. 텔레비전의 양적 성장은 거시적으로는 박정권의 경제개발의 성과로서 전반적인 산업 발달과 소득수준의 향상에 의해, 그리고 미시적으로는 텔레비전의 국내 생산이나 수상기 구매촉진을 위한 정부의 여러 조치와 밀접히 관련된다. 그러나 동시에 국민계몽과 정권유지의 수단으로서 텔레비전을 통제하고자 하는 유신정권의 의도에서 완전히 자유로울 수 없었다. 그것은 유신체제가 한편으로는 텔레비전에 대한 산업적 지원을, 그러나 다른 한편으로는 주로 텔레비전의 내용을 규제하는 이중적 통제정책 아래 텔레비전을 두고 있었음을 의미한다(조항제, 2003: 269). 특히 3선 개헌과 유신체제로 인해 박정희 정권이 정당성을 구축하기가 더욱 어려워진 1970년대에, 텔레비전에 대한 정부의 통제는 텔레비전 논의에 중요한 부분을 구성한다.

방송계 자체에 눈을 돌려보면, 1970년대는 KBS, TBC(동양방송), MBC가 드라마를 중심으로 치열한 시청률 삼파전을 벌이면서, 그때를 '드라마의 홍수시대'(최창봉·강현두, 2000: 218)로 특징짓고 있었다. 특히 일일연속극은 당시 '드라마의 꽃'으로 불리며 "개별 방송사의 사운을 거머쥔 시청률의 총아"로 여겨졌다(오명환, 1994: 77). 이러한 드라마의 높은 인기 덕으로 1963년에 채 1%도 못 미쳤던 TV 수상기 보급률은 1975년 가구당 보급률 30%로 급격히 증가하게 되었고(한국방송공사, 1987: 752), 텔레비전은 명실상부한 대중매체로서 한국 사회에 우뚝 서게 되었다. 따라서 1970년대 텔레비전의 부상과 드라마의 인기는 그 자체로 중요한, 1970년대 한국 사회를 구성하는 대중문화적 사건이기도 하다.

그러면 당시 신문매체는 이런 텔레비전과 드라마와 어떤 관계를 가지는 것일까? 1970년대는 대중이 자신의 의견을 직접 반영할 수 있는 인터넷 같은 매체를 가지기는커녕, 권위주의적인 군사정권 아래서 의사소통의 자유로움도 희박한 상황이었다. 이러한 환경에서 신문은 정보의 제공을 통해 사회를 운영가능하게 해주는, 국가와 시민을 매개하는 가장 중요한 사회적 소통의 공간이자 권위를 지닌 대중매체로서의 위상을 지녔다. 또한 신문은 여론 형성에 막강한 영향력을 행사할 수 있는 담론의 생산자였다. 따라서 1970년대 신문 담론이 당시 텔레비전 드라마를 어떻게 표상했는가를 연구하는 것은, 신문이 어떻게 방송 드라마를 규정하고 위치 지우며 시청자들의 반응을 특정방식으로 구조화하는지에 대한 연구를 의미하기도 한다. 즉, 텔레비전 드라마에 대한 신문의 담론을 고찰하는 것은 대중문화의 주요한 두 행위주체로서 신문과 텔레비전의 각각의 문화실천을 상호 관계 속에서 살펴보는 것을 의미한다.

그런데 여론형성 매체로서 신문의 사회적인 중요성은 역으로 1970년대 유신정권의 규제와 통제와 무관하게 신문매체가 존재할 수 없었음을 뜻한다. 국가의 통제는 신문 산업 자체뿐 아니라 신문기사, 특히 정치 및 사회와 관련된 내용에 있어서 밀도 높게 이뤄졌다. 즉, 1970년대 텔레비전과 신문은, 유신정권이 대중의 동의를 구축하는 주요한 헤게모니 장치로서 통제하고 이용하고자 하는 정권의 의도 밖에서 자유롭게 존재할 수 없었다. 그러나 이러한 설명이 곧 텔레비전이라는 문화적 제도나 실천이 쉽게 조작될 수 있다거나, 또는 통제나 규제가 곧 곧바로 방송에 대한 헤게모니 구축임을 의미하지는 않는다. 방송과 신문과 같은 문화적 기구들은 자신의 장(field)에서 고유의 이해관계와 논리에 따라 문화적 실천을 행하면서 국가로부터 일정 정도 상대적인 자율성을 지닌다. 그리고 각각의 문화적 실천은 자기의 장에서 정당화를 필요로 하기 때문에, 비단 국가만이 대중의 동의라는 헤게모니 구축이 필요한 것이 아니라, 문화적 기구들 역시 헤게모니 투쟁에 참여하게 된다. 따라서 헤게모니는 다차원에서 벌어지는, 우연적인 접합을 내포하는 복잡한 과정이자 실천으로 이해되어야 한다. 안토니오 그람시의 헤게모니 개념은 텔레비전과 신문을 도구주의나 정치주의적 시각으로만 설명하는 위험에서 벗어나게 도와준다. 그리고 대신 신문과 텔레비전이 국가와 갖는 관계를 주시하면서도, 국가로부터 상대적인 자율성을 지닌 행위주체로서 이해하고 접근하도록 돕는다.

이 글의 구성은 먼저 1970년대 텔레비전의 특성을 기술하는 것으로 시작한다. 둘째로, 박정희 정권과의 관계 속에서 텔레비전을 살펴보며, 특히 방송에 대한 국가규제의 구체적인 모습을 간략히 기술할 것이다. 이어서 세 번째로, 방송에 대한 국가규제에 대한 제반 학술적 주장들을 분류하고 비판적으로 검토할 것이다. 네 번째로는 드라마에 대한 신문의 지배담론인 '드라마 저질론'의 형식적 특성을 개관하고, 그러한 지배담론을 떠받치고 있는 여타 담론구성체를 분석할 것이다. 마지막으로는 유신정권 아래서 텔레비전과 신문의 문화적 실천의 역학관계를 드러내고, 그 성격을 규명하는 데 초점을 맞출 것이다.

드라마에 대한 신문 담론은 1970년 1월 1일부터 1979년 12월 31일까지 10년 동안 ≪조선일보≫에 보도된 드라마 관련기사를 분석 대상으로 삼았다. ≪조선일보≫는 오랜 역사를 지닌 지배적 신문 가운데 하나로서 선택했으며, 분석자료는 도서관에 비치된 제본된 신문을 이용했다. 분석된 기사 건수는 모두 535건이다. 하지만 이 건수는 신문의 방송비평이 정착되기 전, 한두 줄의 방송비평이 실린 프로그램 소개 코너까지 모두 포함한 것이다. 따라서 사례건수를 신문의 방송비평이 매우 풍부하고 활발했던 것으로 오해하지 않도록 주의할 필요가 있다. 1970년대 신문은 모두 8면에 불과했던 점도 기억할 필요가 있다. 신문에서 방송비평의 형식과 양은 불규칙적이고 극심한 변화를 보이기 때문에 일관된 내용분석 방법을 사용하기에는 무리가 따랐다. 따라서 양적인 내용분석방법을 사용하지 않고, 텔레비전 드라마 관련보도의 담론적 특성을 일일이 메모하고 분류하고 맥락화하는 방식으로 분석했다.

2. '텔레비전 시대'의 개막과 드라마의 인기

"건국 후 30년, 이 땅에 가장 큰 변화가 있었다면, 그것은 TV의 출현이다"(≪조선일보≫, 1978.9.1, 5면)라고 언급될 만큼, 불과 10여 년의 역사를 가진 텔레비전이 1970년대 자기의 전성시대를 알리기 시작했다. 박정희 군사정권이 1961년 집권 후 바로 급조해낸 KBS의 개국에 이어서, 1964년에는 TBC(동양방송: 1980년 KBS로 통합), 1969년에는 MBC(문화방송)가 차례로 개국했다. 박정희정권은 '언론을 기업으로 육성하고 그 내용을 향상시킨다'는 초기의 언론정책 기조를 유지하며 1970년대에도 텔레비전 지원정책을 적극적으로 전개했다. 이러한 흐름을 타고 5·16 장학회가 인수한 MBC는, 당시 부산에만 지역국을 가졌던 TBC와는 달리, 4개 주요 도시의 지방국을 직영체제로 허가받고 순식간에 전국 네트워크를 형성해 1971년 전국 동시 방송을 시작한다(정순일, 1991: 158, 163~164).[1] 따라서 1970년대 한국 텔레비전은 KBS, TBC, MBC가 경쟁하는 '텔레비전 삼국시대(三局時代)'가 되었다.

그렇다면 1970년대 텔레비전에서 특기할 만한 점들은 무엇일까? 세 가지로 정리해볼 수 있다. 첫째로 텔레비전이 대중화되며 지배적인 대중매체로 부상했다는 점이다. 이는 일차적으로 텔레비전 수상기 보급률의 급속한 증가의 결과이다. 1961년 KBS 개국 당시 불과 8천 대였던 TV 수상기는 1968년에 약 12만 대로 늘었지만 아직 가구당 보급률은 3.9%에 불과했다. 그러다가 10년 만인 1970년에 이르러 37만 대로 증가하더니, 드라마 <아씨>(1970)와 <여로>(1972)의 폭발적인 히트에 힘입어 1973년에는 약 128만여 대로 20.7%의 가구보급률을 달성하게 된다. 정부의 「전자산업육성법」(1969)의 시행 및 월부제 실시, 물품세 인하(1972, 1975), 그리고 '새마을 TV' 보급(1974)[2] 역시 1970년대 텔레비전 수상기 생산과 보급에 기여했다. 1975년에는 주택용 및 업무용 전화를 모두 합쳐 100만 대가 보급된 상황에서, TV 등록대수는 200만 대에 진입하며 가구당 보급률 30.4%로 결정적 임계규모를 달성하고 1970년대의 대표적 매체로 군림하게 된다(임종수, 2003: 68~70에서 재인용). 1975년의 이러한 수상기 보급률은 세계적으로도

---

1) 박정희 정권은 또한 1969년 22여만 대의 수상기 보급으로 KBS 시청료 수입이 증가하자 광고를 중단하고 재정을 국고운영으로 전환함으로써, 당시 출범한 MBC가 기존 광고를 이어받는 호황을 누리게 되었다(정순일, 1991: 178).

2) 새마을 TV는 1973년 있었던 1차 에너지 위기에 대한 대처로 발효된 1974년 '국민생활의 안정을 위한 대통령 긴급조치 제3호'인 1·14 조치로 텔레비전 수상기가 중과세되어 수상기 가격이 올라가자, 정부가 투자한 기업에서 보다 싼값의 대중용 텔레비전 수상기를 표준 생산하여 보급하려는 정책이 취해졌는데, 이 표준형 TV 수상기를 '새마을 TV'라고 불렀다.

뒤처지지 않는다. 당시 가장 선두인 미국(55.6%)을 제외하면, 한국은 캐나다(34%), 스웨덴(34.7%), 영국(31.7%), 서독(31.2%)과 큰 차이를 보이지 않으며, 프랑스(25.4%)보다 오히려 앞서 있었다(≪조선일보≫, 1976.5.12, 5면). 1977년부터는 농촌에도 보급되면서 1979년에 78.5%에 이르게 되었다(한국방송공사, 1987: 752). 1970년에서 1979년까지 라디오의 보급이 3.7배 인데 비해, 텔레비전 보급은 13.5배나 빠른 속도로 증가한 것이다(김승현·한진만, 2001: 57). 텔레비전의 대중화는 한국인들의 여가소비 패턴이 1970년대 들어와 TV 중심으로 바뀐 것을 의미한다. 1960년대 대표적 여가생활을 주도했던 영화 관람은 1970년대에 들어와 꾸준히 감소하게 되며, 1975년을 기점으로 큰 폭으로 하락하게 된다.[3]

두 번째 1970년대 텔레비전의 특징은 바로 TV 드라마가 한국 텔레비전을 대표하는 장르로 인식될 만큼 드라마 전성시대였다는 점이다. 텔레비전 시대의 도래는 앞서 언급한 것처럼 정부의 적극적인 육성정책에 의한 지원도 큰 역할을 했으며, 또한 당시 개발경제의 성과로 인한 근대적 가전소비 제품에 대한 국민들의 구매력 증가도 지적하지 않을 수 없다. 하지만 1970년대의 텔레비전의 급속한 대중화에 무엇보다도 일일연속극의 인기가 큰 기여를 했다. 1969년 <개구리 남편>(MBC)에서 점화된 드라마의 인기는, 1970년 85.1%(서울지역)라는 경이적인 시청률로 1위를 차지한 <아씨>로 폭발되었다. 그리고 드라마의 인기는 곧이어 <여로>(1972)로 확대되면서 소비자들의 텔레비전 구매욕망을 추동하는 데 결정적인 역할을 수행했다(정순일·장한성, 2000: 90).

1971년 초 방송문화연구원의 전화조사에 따르면, 서울거주 시청자들은

---

3) 1966년 전국에서 1인당 평균관람횟수가 5.4회이던 것이, 1970년 5.3회, 1970년 2.9회로 떨어졌고, 서울을 기준으로 봤을 때는 전국의 3~4배 높은 수치로(1966년 19회, 1970년 14.5회, 1975년 5.6회) 평균이 하락하는 경향을 보인다(≪조선일보≫, 1976.2.15).

저녁시간대에 드라마(60.5%)를 가장 많이 보며, 다음은 쇼와 외화(15.5%), 그리고 단지 8.8%만 뉴스를 시청하는 것으로 나타나, 드라마의 압도적인 시청 흡인력을 보여준다(≪조선일보≫, 1971.2.11, 5면). 1978년 조사에서 선호하는 프로그램 질문에서 드라마가 뉴스에 밀려 2위를 차지하기까지, 1976년 조사에서도 여성의 경우 88.1%가, 남자의 경우 56.4%로 일일연속극을 가장 선호하는 장르로 꼽았다(임종수, 2003: 80). 특히, 1975년 이후 주말 연속극이 인기몰이를 하기 전까지는, 일일연속극 장르가 1970년대 전반부의 텔레비전 문화를 장식한다. 일일드라마는 1960년대 라디오 멜로드라마의 유산을 이어받은, 여성 취향의 애정소재 멜로물이었다(조항제, 2005: 39). 일일연속극의 성공은 "안방에 동일한 수용의 감수성을 전달함과 동시에 일상적 대화소재를 제공함으로써 바야흐로 텔레비전을 일상생활의 중심매체로 부각"(임종수, 2003: 90)시켰다.

홈멜로 일일극의 성공은 조항제(2003: 281~283)가 잘 정리하고 있는 것처럼 .드라마를 둘러싼 여러 역학관계의 결과이기도 했다. 즉, 높은 시청자 접촉도, 주부들의 높은 충성도, 시청의 정기성, 그리고 연속극이 소구하는 보편적 정서라는 드라마 장르의 특성이 여성과 어린이를 목표소비자로 하는 당시 광고산업(식품, 음료산업, 의류, 화장품)의 이익과 잘 부합했다. 따라서 이러한 계기 속에 방송사는 내부적으로는 드라마 제작비용의 절감과 외부적으로는 광고물량의 증대라는 이중의 방송자본의 이윤추구논리를 따라 정권의 규제에도 불구하고 상업적 일일드라마의 양산을 꾀하게 된 결과로 볼 수 있다.

그러나 근대적 기기로서 텔레비전은 드라마 대부분의 연애·불륜 중심의 소재와 주제내용으로 인해 좁게는 드라마, 넓게는 텔레비전에 대해 '저속·저질'이라는 이중적 이미지를 지니게 되었다. 당시 일일연속극에 대한 시청자들의 매료는 단순히 이야기를 들려주는 이야기꾼의 역할을 넘어서 범속한 서민으로서의 시청자들의 '통속적인 삶의 이야기'를 풀어내주었으며,

주인공에 있어서도 헌신적 여인이나 사회가 필요로 하는 전형적인 모범 또는 영웅을 주인공으로 하는 '낭만적 특성'을 지니고 있었다고도 후세에 평가되기도 한다(김승현·한진만, 2001: 75). 그러나 다음 절의 신문담론에서 살펴보겠지만, 당시에는 인쇄매체가 주도하는 텔레비전 드라마에 대한 부정적 평가가 지배적인 담론이었다. 한국 방송사에서 일일극이 올린 성과만큼 그 폐해도 컸는데, 조항제(2003: 209~211)는 첫째로 시청률 제일주의로 인한 졸속과 파행의 반복, 둘째로 방송사 간 동일 편성 위주의 경쟁 패턴이 유산으로 남겨졌다는 점을 지적한다. 셋째로는, 오락 프로그램 전체에 대한 '공분'을 불러일으켰고, 마지막으로 특정 제작인력에 중심을 둔 "드라마 생산요소시장의 독과점화를 초래"하게 된 점을 들고 있다. 이처럼 1970년대 드라마의 중요성은 이후 한국 텔레비전에 끼친 영향력에서도 드러난다.

세 번째 특징은 국영방송이던 KBS가 공영방송체제로 전환된 것이다. 1972년을 마감하느라 분주한 12월 30일에 유신체제하의 비상국무회의가 「한국방송공사법」을 공포하고, 한국방송공사를 발족시킴으로써 현재의 모습인 공·민영의 이원 방송체제로 한국방송시스템이 규정되었다는 점이다. 그러나 국영에서 공영으로의 전환을 오늘날 우리가 생각하는 것처럼, 방송의 정치·자본으로부터의 독립성이나 전파의 공공성에 대한 제도적 실현이었다고 해석하는 것은 무리일 수 있다.[4] 당시 공영화는 시민단체나 방

---

4) 예를 들어, 노정팔은 "방송의 공영화는 KBS에 종사하는 모든 방송인의 소망이요 꿈이었다"라고 기술하고 있다(노정팔, 1995: 637). 그러나 실제로 공사설립에 참여한 정순일(1991: 208)의 회고를 보면, 당시 KBS 내부에 국영방송 개혁을 필요성을 느끼는 사람은 내부의 최창봉 국장 외 소수뿐이었고 대부분의 직원은 공사화 후에 원래의 공무원으로 남고 싶어 했을 정도로, 국영 KBS 공무원으로서 공영화의 절박성을 별로 느끼지 않고 있었다고 한다. 오히려 이를 답답하게 느낀 윤주영 문공부 장관이 KBS 간부들에게 "눈만 뜨면 NHK, BBC를 찾더니 왜 방송공사를 만든 생각은 안 하느냐"고 일갈했다는 일화가 담겨 있다.

송사 내부의 운동의 결과가 아닌 정부 주도의 변신이었다. 그리고 공영방송사로의 전환을 실행하게 된 주요 필요성은 주로 운영의 합리성과 효율성을 제고하기 위한 것으로서, 국영체제하의 KBS로는 기존의 행정부의 문화공보부 산하에서의 운영 경직성, 그리고 방송 비전문가인 문공부 관료들로 인해 방송 기능이 적절히 발휘될 수 없었던 점, 또한 유능한 인재 확보를 막는 직제 및 급료제도의 불균형 등을 극복하려는 시도였다(정순일·장한성, 2000: 87; 노정팔, 1995: 639~640). 즉, 공영방송을 세우는 데 있어서, 공영제도에 본질적인 자율성과 같은 제도윤리나 전파자원의 공공성에 대한 인식이 부재하고, 또한 그러한 문제제기도 부재했다.[5] 따라서 공영화는 영국의 BBC나 일본의 NHK의 외형만을 흉내낼 뿐인 '행정적 경영의 공공화'와 다를 바 없었다. 다시 말해, 정치권력의 예속성과 홍보 도구책으로서 방송의 역할은 바뀌지 않았다는 것이다(이범경, 1994: 379~381). KBS 공사화의 궁극적 목적은 "정부의 통제력을 줄이지 않는 가운데 조직 내부의 효율화·전문화를 통해 시청자에 대한 '공영'방송의 영향력 강화를 꾀하는 데 있었다"는 조항제(2003: 176~177)의 평가 역시 동일선상에 있다. 그러나 윤주영 문공부 장관 등을 비롯한 몇몇 고위층에서는 영국 BBC와 일본의 NHK 방송에 대한 경외심을 분명 갖고 있었고, 기존의 국영 KBS와는 다른 새로운 매체가치를 확립하고 싶었던 욕구 역시 감지된다는 점에서, 공사로의 전환을 처음부터 효율적인 유신체제하의 통제를 목적으로 한 것이라는 설명은 의심스러운 면이 없지 않다. 그럼에도 불구하고 그것이 장기집권의 유신체제를 확립하고자 하는 국면에서 발생되었고, 또한 KBS 운영과정과 성격, 그리고 그 결과를 놓고 볼 때는 공영화가 효율적 통제를 위한 것이었다는

---

5) 한국에서 언론 관련 학과로서 신문방송학과가 1972년에 처음 연세대학교에 설립된 것을 고려할 때, 당시 방송체제나 공영방송의 의의를 주장하거나 문제를 제기할 학계의 적극적인 목소리가 부재했음을 추측할 수 있다.

평가는 피하기 힘들다.

　그렇다면 1970년대 박정희 유신체제는 텔레비전에 어떠한 한계와 조건으로 작동하며, 정치사회적 맥락을 형성하고 있는지 다음에서 간략히 살펴보자.

3. 1970년대 박정희 정권과 텔레비전 규제

1) 텔레비전 규제의 양태

　박정희 군사정권체제는 5·16 쿠데타로 상실된 정당성의 회복과 북한과의 경쟁에서 승리라는 이중과제를, 위로부터의 권위주의적인 경제개발을 통해 해결하고자 했다(최장집, 1996: 26~33). 1962년 시작된 국가주도 근대화 프로젝트는 1960년대 노동집약적 수출주도전략으로 높은 성과를 낳았고, 1970년대에는 중화학공업국가로 선회하면서 한국경제를 놀랍게 성장시켰다. 박정희 정권은 이러한 한강의 기적과 세계 냉전 및 분단체제가 가져다준 반공주의에 기초해 대중의 동의를 창출하는 정치적 리더십을 획득할 수 있었다. 그러나 수출주도형 산업이 가져온 높은 대외의존도와 국민경제의 불균형, 대량 도시빈민과 농촌빈민의 양산 등과 같은 깊은 사회구조적 문제가 독재정권 아래서 분출되기 시작했다. 특히 3선 개헌에 반대하는 민주화 운동 등이 확산되면서 정치적 불안정성과 위기의식은 더욱 심화되었고, 박정희 정권은 비상계엄령 선포나 긴급조치와 같은 강압정책 아래 한국 사회와 국민의 일상생활을 일일이 감시, 억압, 통제하고자 했다. 또한 1970년대 후반에는 정권 유지를 위한 도덕적 리더십을 확보하기 위해, 도박 추방, 퇴폐 일소, 정화, 국민교육 등의 정신개조 운동을 통한 '국민주체 만들기'에 매진했다(황병주, 2000, 2005: 129, 144).

박정희 정권은 집권 초부터 텔레비전을 정권 유지의 효과적인 수단일 뿐 아니라 텔레비전 보급 자체를 조국근대화의 중요한 내용이자 상징으로 여겼다. 박정희 유신정권은 본격적인 문화정책 개발로서 「문화예술진흥법」과 '문예중흥 5개년 계획'(1974~1978)을 수립했다. 이러한 문화정책은 '국가주의'와 '민족문화 담론'의 교육과 홍보를 그 핵심으로 삼고, 연극과 음악 등의 공연예술과 텔레비전과 영화와 같은 대중매체를 모두 동원하는 것이었다. 특히, 국가와 민족의 발전을 위한 국민정신 계몽의 명분 아래, 텔레비전과 신문 같은 대중매체는 퇴폐적이고 향락적인 외세문화의 청산과 건전한 정신함양을 위한 정신개조를 수행하도록 요구받았다(박승현, 2005: 47~48에서 재인용). 박 정권의 언론정책은 방송에 대해서는 상업방송의 계속적인 허가와 관련법 정비를 통해 적극적으로 매체육성책을 실행한 반면, 신문 등 정기간행물은 매체축소라는 이중정책(강대인, 1997: 24~26)으로 나타난다. 그러나 박 정권 시대를 전체적으로 보면, 미디어의 기업화 지원과 동시에 규제라는 '채찍과 당근'의 양면정책이 신문과 텔레비전에 공히 적용되었다고 볼 수 있다(조항제, 2003: 265).[6]

박정희 정권의 텔레비전 규제는 주로 프로그램 심의라는 내용통제의 형태를 띠었다. '방송윤리위원회(이하 방송윤리위)'는 1962년 공보부에 의해 발족된 후,[7] 이듬해 새로 제정된 방송법에 명문화되면서 방송 자율규제기

---

6) 텔레비전에 대해 주로 내용적 통제가 채찍이었다면, 신문언론에 있어서는 갖가지 법, 제도, 관행, 법외적 테러를 통한 다각적 통제와, 회유책으로서는 신문 카르텔 조장 및 묵인, 언론기업의 과두화와 거대화, 언론인의 정치인 충원, 언론인금고의 설치와 같은 것을 들 수 있다(조항제, 2003: 265).

7) 위원회는 1963년 1월 18일 '방송윤리규정'이 성안되자 매달 정기적으로 위원회를 열고, 방송국 개별프로그램에 대한 심의를 수행했다. 초대 위원장은 강원용 목사, 비방송인 위원은 김기석(교육), 조풍연(언론), 이혜구(음악) 이병용(법조), 우대규(실업) 씨였다(정순일, 1991: 93).

관에서 법정기구로 변모하게 되었다. 몇 차례의 지위 변경 이후(이범경, 1994: 381), 1973년 방송법에 의해 방송윤리위는 임의단체에서 다시 법정 자율기구가 되었으나, 방송국에 심의실을 두어 사전심의를 의무화했다. 그리고 심의규제 이행을 문화공보부 장관의 요구권한으로 명시함으로써, 방송윤리위는 사실상 국가 통제기구의 기능을 담당하게 되었다(백미숙·강명구, 2007: 148~149). 유신정권의 체제수호를 위해 개정된 1973년 방송법은 첫째, 문화공부의 관리를 강화하고, 둘째, 교양프로그램을 20%에서 30%로 이상으로 상향 조정시키며, 셋째, 방송윤리규정과 심의규정을 강화하는 특징을 지닌다(최창봉·강현두, 2001: 200~201). 방송윤리위는 심의결과에 따라, 주의, 경고, 해명, 정정, 사과의 조치, 그리고 제작자 개인에게 집필정지 및 근신, 출연정지, 연출자 경고등 중징계를 내릴 수 있었으나, 이는 실질적 제재효과라기보다는 '가시적 제재효과'로 여겨졌다. 텔레비전 규제는 방송 윤리위를 통해서뿐만 아니라, 대통령이나 문공부 장관의 지침이나 담화의 형태로 법체계 바깥에서 일상적으로 행사되었다(최창봉·강현두, 2001: 200~201).

모든 신문을 장식했던 1970년대 첫 방송규제는 바로 1971년 1월 박정희 대통령이 히피족의 방송출연을 금지시키라는 법체계 외적인 직접지시였다. 1960년대 종종 있었던 문공부장관의 방송 비판은 국영방송인 KBS에 대한 감독권 행사로 봐 넘길 수 있었지만, 국가최고 통치권자인 대통령이 방송을 노골적으로 비난한 것은 이때가 처음이었다(정순일, 1991: 191). 이때부터 외래문화를 퇴폐문화로 규정하는 등의 구체적인 내용규제가 시작된다. 같은 해인 1971년 6월 16일, 새로 취임한 문공부 장관은 '방송의 저속성'을 비난하는 초강력 담화문을 직접 발표한다. 이때가 박정희 7대 취임을 2주 앞둔 시점이라는 점에서, 이 담화는 분명 방송을 길들이기 위한 정권의 의도임을 감지하기 어렵지 않다. 당시 정부 개입의 빌미가 된 것은 하루 12~15편의 일일극 방영으로 나타나는 방송 3사의 치열한 시청률 경쟁과 그로 인한 오락일변도 프로그램의 질적 저하였다. 물론 인기드라마인 <아씨>(TBC)나 <꽃동네 새동네>(KBS), 그리고 <북간도>(KBS)처럼 좋은 호응을 끌어낸 건전드라마도 존재했으나, 드라마 <정>(MBC)처럼 유신정권의 윤리의식으로는 허용하기 힘든 불륜을 중심으로 한 자극적이고 흥미 위주의 드라마가 적잖았다.

흥미로운 점은 당시 정부의 강도 높은 담화나 조치, 그리고 호통과 자숙 요구에도 텔레비전의 관행은 크게 변화되지 않았다는 것이다. 같은 해인 1971년 12월, 국가비상사태가 선포되면서 문공부는 방송매체의 개선을 요구하는 방송시책을 발표했는데, 그 골자는 "오락방송의 안보 위주의 새 가치관 확립과 퇴폐풍조 및 무사안일주의의 일소"였다. 그러나 국영인 KBS만 이를 약간 반영했을 뿐, 민영방송국들은 주간연속극을 줄이는 대신 일일연속극을 하루 4편으로 하면서 이전대로 치열한 대치편성을 통한 경쟁을 지속했다(정순일·장한영, 2000: 92~93). 이는 강압적 국가 개입에 있어서, 방송의 "자본논리가 국가의 개입을 일정하게 굴절"시키는 모습으로 볼 수 있다(조항제, 2003: 286).

그해 한국 사회를 드라마 열기로 몰아넣은 것은 일일드라마인 KBS의 <여로>와 MBC의 <새엄마>였다. 후세에 와서 <여로>의 성공이 서민이 공감할 수 있는 드라마였기 때문(정순일·장한영, 2000: 93)이라거나 또는 '드라마와 시청자들과의 교감을 이루고' 한민족의 정서인 '한'을 잘 담아내었기 때문(김승현·한진만, 2001: 71~75)으로 평가되기도 한다. 하지만 당시에는 아이들이 <여로>의 저능한 주인공을 흉내내는 등, 방송이 저속화를 부추긴다는 비판이 흔했고(정순일, 1991: 197), 그것이 신문 논조의 주류를 차지한다. 그러나 신문 비판이나 정부 규제가 무색할 만큼 이들 드라마의 인기는 날로 치솟았고, 모방 아류작이나 더 자극적인 일일극이 생산되며 드라마 경쟁은 계속되었다.

1973년 문공부장관은 '드라마를 줄이고, 하루 1편 이상 교양프로그램을 편성토록 하라'는 요망사항을 방송사에 전달했다. 이를 두고 신문은 비록 강요가 아닌 권장사항이지만 드라마 2편의 축소는 천만 원 수입의 감소를 가져오기 때문에 방송사를 긴장시키고 있다는 해설과 함께 '방송계가 충격'을 받았다고 보도했다(≪조선일보≫, 1973.7.19, 5면). 그러나 실제로 민영 방송의 시청률 추수주의는 크게 변화된 것이 없었다. 1975년에는 무려 6차례에 걸쳐 문공부가 정화지침을 하달하고, 방송윤리위는 MBC 일일연속극 <안녕>과 <갈대>, 그리고 TBC의 <아빠>를 불륜물의 '퇴폐풍조'의 대표적 사례로 도중하차시킨다. 방송윤리위원회는 <아빠>의 경우 불륜, 사치심, 요행심 조장, 퇴폐적 연기를 문제로 삼고, <안녕>은 불건전한 애정 행각, 호화로운 배경, 내용 전개의 저질성을 지적하며 "소재와 내용이 가정의 순결성, 생활기풍을 진작하기 위한 취지에 어긋"난다는 요지를 발표했다(≪조선일보≫, 1975.5.18, 5면).

　방송에 가장 큰 영향을 준 정부 규제는, 방송의 편성권을 침해하는 1976년 문공부의 '시간대 편성지침'이었다. 이는 민영방송조차 정책동원에 끌어들이는 것으로서, 세 차례에 걸친 지침의 주요 내용은 체제홍보와 국민 동원의 정책프로그램을 당시 골든아워인 저녁 7시부터 9시 30분까지 편성하라는 것이었다. 'TV 드라마 및 코미디 내용 정화'라는 1차 지침에 따라 일일극과 오락 쇼프로그램이 골든아워에서 밀려났고, 2차 지침으로 가족 시간대와 민족사관 정립을 위한 프로그램이 신설되어 교양 위주로 내용이 바뀌었다. 3차에서는 광고와 일일극을 축소하고, 대신 농어민, 주부, 어린이광고를 강화하라는 지침이 전달되었다. 이러한 편성개편 결과, 방송의 오락적 기능이 약화되고 교육적 기능은 강화되었지만 방송이 재미없어졌다는 시청자의 불평과 함께 평일 시청시간이 현저히 줄어들었다. 그리고 오히려 MBC의 몇 개 프로그램을 제외하고는 'TBC에 시청률을 몰아주거나 평일 저녁의 시청시간을 TV시청 외의 생활로 전환시킨 의외의 결과'를 초래하게 되었다(정순일·장한영, 2000: 121). 1977년 이후는 방송의 제작이나 편성을 근본적으로 수정하게 하는 충격적인 지침은 더 이상 없었지만, 매달 지침이 하달될 만큼 방송윤리위 규제나 문공부 당국의 개입은 일상화되었다(정순일, 1991: 250 참조). 따라서 1978년 당시의 인기가수인 '남진'이 장발 때문에 출연정지 당하거나, 송창식의 <왜불러>가 방송 금지되는 일들은 더 이상 놀라운 사건에 속하지 않았다.

드라마에 대한 신문 보도는 국가의 텔레비전 규제를 지지하거나 옹호할지언정 비판하는 내용은 찾아볼 수 없다. 오히려 정부에 앞서 드라마의 폐해와 저속성을 질타하는 '드라마 저질론'이 절대적 주류를 이루고 있으며, 드라마의 인기나 긍정적 효과에 대한 논의는 찾기 힘들다. 예를 들어, "보기 거북한 텔레비 드라마와 영화"라는 제목의 신문 사설은 다음과 같이 드라마에 대한 개탄을 쏟아놓고 있다.

> 어떤 위인의 집인지 테니스 코트만 한 응접실에서 일류 호텔 같은 계단을
> 오르내리고, 등장인물들은 속만 상하면 으레 양주를 숭늉처럼 퍼마시고,
> 일이 뜻대로 안 되면 훌쩍 미국이나 프랑스로 떠나버린다. 이것이 싸우면
> 서 일해야 하고「새마을운동」을 하고 있는 안보 우선주의 사회의 국민들
> 이 보아야 하는 텔레비전 드라마이다"라고 개탄하며 그 전형을 보여준다
> (≪조선일보≫, 1972.4.2, 2면).

그렇다면 이러한 1970년대 '드라마 저질론'으로 요약할 수 있는 방송매체의 방송비판과 국가 규제 간의 관계를 학계는 어떻게 파악하고 있는지 다음 절에서 비판적으로 검토해보자.

2) '저질 드라마론'과 국가규제에 대한 해석들

1970년대 전반에 걸쳐 끊임없이 지적된 '드라마의 저질화'와 이에 대한

정부의 방송규제 간의 관계를 설명하는 데 있어서 방송 역사 관련 학자나 전문가들은 약간씩 서로 다른 관점들을 드러내는데, 이를 대략 다섯 가지로 구분해볼 수 있겠다. 첫째는 방송사의 '규제 자초론'으로 지칭할 수 있다. 이는 1970년대 시청률의 경쟁은 지나칠 정도였고, 실제로 그 결과 프로그램의 질이 저하되었으며 그 저속함은 '차마 눈뜨고 볼 수 없었다'는 당시의 여러 인쇄매체들의 지적을 객관적 사실로 인정하는 입장이다. 특히, 가장 비난의 핵심이 되는 일일연속극이야말로 시청률 제일주의가 체화되어 있는 '철저한 상업적 장르'(조항제, 2003: 209)였기에 이러한 관점은 비교적 널리 퍼져 있다. 이 해석을 방송 드라마의 성격과 정부의 방송규제 간의 관계의 유일한 설명으로 취급할 경우, 방송규제의 전체 책임을 방송사에 돌리게 되는 우를 범할 수 있다. 다시 말해, 당시 '드라마 저질론'을 분석하지 않은 채 드라마의 저질성을 객관적으로 주어진 사실로만 간주하는 것은, 유신정권에게 방송규제에 대한 면책효과를 일정 정도 주는 위험성이 있다.

두 번째 해석은 드라마 저질화를 획책한 것은 바로 국가라는 '국가 음모론'이라 할 수 있다. 이러한 입장은 여러 신문방송학 개론책에서 정권의 언론통제를 연대기적으로만 기술하는 경우, 흔히 한두 줄로 제시되어 있는 관점들이다. 이는 드라마의 질적 평가나 방송의 내적 논리 등에 대한 분석이나 고려 없이, 유신정권의 폭압성과 언론탄압의 의도에서 곧바로 도출된 입장이다. 예를 들어, 유신체제가 텔레비전에 부여한 두 가지 기능은 바로 권력의 정당성 유지를 위한 '선전 및 상징조작기구'로서의 기능과(추광영, 1986) "텔레비전의 상업성에 편승하는 국민적 오락을 통해 탈정치화와 탈이데올기화를 수행하는 기능"이었다는 식의 설명이(조항제, 2003: 277에서 재인용) 이에 해당한다. 이러한 시각은 결과론적 해석이기 쉬우며, 모든 것을 정치음모론 또는 정치결정론적으로 바라보는 편향성을 지닌다.

세 번째 해석은, 정부의 규제가 유신체제하의 정권유지의 의도에서 나온 것이라는 점은 앞의 입장과 같지만, '드라마 저질론'의 평가에 대해서는 암묵적으로 반대하는 입장으로서 '능동적 수용자론'이라고 부를 수 있다. 이 시각은 통상 받아들여지던 부정 일변도의 드라마 평가를 드라마 편견론 또는 엘리트주의로 간주하며 1990년대 후반에 등장한다. 예를 들어, 1970년대 TV 드라마 시기를 '낭만적 전유기'(김승현·한진만, 2001)로 보거나 "일상과 통속으로 탈출을 시도하는" 시청자들의 "순종과 저항의 맥락"(정영희, 2003)에서 보는 시각이 여기에 속할 수 있다. 이러한 관점은 그 시각을 정권이나 방송사가 아니라 시청자에 둔다는 점에서 획기적일 수 있지만, 객관적인 지형에서 상호관계를 살펴보기보다는 손쉽게 시청자의 즐거움을 시청자의 저항과 등치시켜버리는 낭만적 해독의 위험을 지닌다.

네 번째 시각은 일종의 '복합론적 관점'으로서, 임종수(2003)의 연구를 예로 들 수 있다. 복합론적 관점은 정권과 방송사와 시청자의 관점을 골고루 취해가면서, 각 행위 주체들의 이해관계와 역할을 다각적으로 파악하려는 장점을 지닌다. 그러나 그 관계가 복합적인 만큼 관계에 대한 설명의 명료성이 떨어지는 단점이 나타난다. 예를 들어, 임종수는 드라마 저질론을 '부추겨진 데카당스'로서 명명함으로써 '부추긴' 주체를 방송사의 상업주의로 암시했다가, 다시 국가인 듯 음모론적 뉘앙스도 띤다. 그뿐 아니라, 정권에 대한 시청자의 '데카당스적' 저항으로 보는 관점까지도 덧붙이고 있다. 따라서 주체뿐 아니라 주체행위의 구체적 관계가 모호하게 기술된다. 그럼에도 불구하고 이 시각은 방송과 국가라는 기존의 양자구도를 벗어나, 시청자의 심성과 일상세계를 포함하며 다수 행위자의 상호작용을 고려했다는 점에서 논의의 지형을 넓히는 데 기여했다고 생각된다.

다섯 번째 해석은 방송사의 자본의 논리와 정권의 정치규제 간의 '갈등론'으로 지칭할 수 있겠다. 조항제(2003: 270)는 국가의 지속적인 드라마에 대한 비난과 규제는 바로 시청률에 근거한 텔레비전의 상업전략과, 드라마를 "산업현장에 동원되어야 하는 국민의 건전한 정서를 저해하는 적"으로 간주하는 지배계급의 통치이데올로기 간의 갈등의 표출이라고 해석한다.

이 관점에 따르면, 한국 텔레비전의 자본논리는 국가의 개입과 규제로 인해 상당히 제한적으로밖에 작동할 수 없었다. 하지만 자본의 논리는 그 반작용으로서, 유신체제가 방송윤리위원회를 포함한 다양한 통제를 통해 국민의 일상 수준에서 헤게모니를 형성하려는 것을 어렵게 만들었다(조항제, 2003: 271)는 것이다. '갈등론'적 해석은 국가와 방송사 각자의 이해논리를 치밀하게 파고들며 그 둘의 절합과 갈등의 실천작용을 살핀다는 점에서, 미디어산업과 국가 간의 관계와 성격을 보다 정세하게 설명하고 있다. 그러나 이 시각 역시 '드라마 저질론'을 신문이 선도한 담론실천의 구성물로서 받아들이기보다는 주어진 실체로 다루고 있으며, 방송과 국가의 양자구도의 틀 안에서 머무는 모습을 보인다.

그렇다면 국가규제와 방송은 드라마에 대한 비판담론에 의해 어떻게 실제로 매개되고 작용하게 되는지, 그리고 신문의 개입을 어떻게 이해해야 하는지 살펴보기 위해, 다음 절에서 드라마에 대한 신문비평을 구체적으로 분석해보자.

4. 신문에 나타난 '드라마 저질론'

1) 텔레비전에 대한 신문 담론의 형식적 특성

1970년대 동안 신문지면상에 일어난 큰 변화 중 하나는, 텔레비전에 대한 비평이 신문지상에 점차 본격적으로 나타나기 시작했다는 것이다. 이는 텔레비전 프로그램이 비평의 대상으로 주목받기 시작했다는 것을 뜻한다. 특히 신문의 형식 면에서 두 가지 가시적인 변화가 일어났는데, 첫째는 TV 프로그램과 관련된 기사가, 오늘날 신문의 '문화면'에 상응하는 지면(당시 ≪조선일보≫는 5면)에 등장하기 시작했다는 점이다.[8] 1972년 전후에도 신문의 방송 비평은 TV 편성표 옆의 연예·오락(≪조선일보≫는 6면이나 8면) 코너에서 그날의 프로그램을 예고하는 도중 한두 줄의 촌평에 불과했었던 것과 비교하면 큰 변화이다. 그렇다면 방송 비평이 얼굴을 내밀기 시작한 당시 신문의 '문화'면은 어떤 성격의 지면이었을까?

신문의 '문화'면은 1970년만 보더라도 흔히 순수예술 분야로서 문학, 음악, 미술, 연극 및 공연 관련 내용이 실렸고, 그 비평 수준도 높아서 일반 서민과는 상당히 유리된 내용이었다. 예를 들자면, "세계의 명화—살바도르 달리, 기억의 잔상" 같은 현대 회화 시리즈(≪조선일보≫, 1970.3.1) 같은 기사들이 기획 연재 형태로 자주 등장한다. 이는 당시 신문 제작진이 갖고 있는 '문화'에 대한 관념이 고급문화와 순수예술 경향임을 드러낸다. 신문의 독자 또한 그러한 취향을 공유할 수 있는 엘리트 계층이라고 볼 수 있으며, 그렇지 못하더라도 신문이 교양으로서 문화를 독자에게 교육시키는 역할을 수행하고 있음을 알 수 있다. 1971년 이전까지 문화면에서 다뤄진 대중매체라고는 1960년대에 전성기를 누렸던 영화가 유일했으며, 국내영화보다도 극장상영 중인 외국영화나 화제의 외국 영화배우에 대한 기사가 주류였다. 따라서 이전에 문화면에서 볼 수 있었던 텔레비전 프로그램과 관련된 기사라면, 실상 <주말 시네마> 또는 <주말TV>라는 텔레비전 매체로 전달되는 영화가 대부분이었다. 이런 점에서 텔레비전 프로그램에 대한 방송비평이 문화면에 진입했다는 것은 눈에 띄는 변화였다.

이러한 문화면의 특성이 1971년 1월부터 매우 변화된 모습을 보이기 시작한다. 순수예술을 다루더라도 외국보다는 국내 작품과 국내 문화활동 관련 기사가 더 빈번하게 다뤄졌고, 더불어 평가자들도 국내 평단이나 전문

---

8) 방송 편성표 역시 1970년에는 지면이 고정되지 않고 불규칙했다. 프로그램 가이드 형식인 연예·오락란의 경우, 1970년에는 주로 6면에, 1971년에는 8면에 게재되다가, 1972년부터 8면으로 고정된다.

가들이 필자로 빈번하게 등장하게 된다. 이러한 급작스러운 변화는, 당시 박정희 대통령이 1971년 1월 연두기자회견에서 문예중흥을 위한 문예진흥 5개년 계획의 구상을 발표하면서, 정부의 문화정책이 민족문화의 강조와 민족정신의 고취라는 점을 강조한 것과 무관하지 않을 것이다.

문화면에 진입한 방송비평은 1970년대 중반까지도 불규칙하게 등장했지만, 후반에 들어서 TV 비평섹션이 고정코너로 신설되어 비교적 정기적으로 등장한다. 또한 텔레비전 관련 기획연재와 특집도 보다 자주 눈에 띄는데, 신문의 방송비평의 형식적 특성은 시기에 따라 다음의 세 단계로 구분해볼 수 있다.

먼저, 1970년 초반부터 1973년 중반까지는 비평의 초기 '형성 단계'로서, TV 비평이 독립적인 코너로서 형태를 갖추고 있지 못하고, 고정 지면 역시 확보되지 못한 상태이다. 주로 TV 하이라이트 식의 프로그램 예고에 한두 줄의 촌평의 형태로 간헐적으로 등장한다.9) ≪조선일보≫의 경우, 주로 연예·오락의 제목으로 구분되는데, 1970년 4월 이후 비교적 정례화된다. 5단 내외의 지면에 대중음악과 영화 등 대중문화 전반을 포함하며, 방송의 경우도 전 장르를 다 다루기 때문에 드라마 관련 글은 일주일에 겨우 한두 차례 등장한다. 그러나 1970년 일일극 <아씨>의 성공 여파인지 1971년부터는 연예·오락 섹션 내에 다시 'TV'라는 하위섹션 제목이 비교적 정규적으로 등장하게 되어 텔레비전 드라마에 대한 소개가 더 빈번해진다. 단순히 프로그램의 줄거리 소개뿐 아니라 때로는 제작비, 출연료도 상세히 소개되며, 출연 배우와의 인터뷰를 싣는 등, 다양한 소재와 양식이 혼합되어 자유롭게 제시된다. 이따금씩은 한 프로그램에 대한 소개를 위해

---

9) 연예오락 섹션이나 TV 섹션 이외 지면에서는 방송 관련 비평이 드문데, 기존의 <문화가
산책>이나 <일사일언> 집필자가 텔레비전 관련 소재로 하는 문화 비평이 문화면(5면)
에 실리는 경우가 있다.

섹션 전체가 사용되기도 한다. 이러한 형식과 내용의 자유로움은 기자의 방송 촌평에서도 반영되는데, 예를 들어, 괄호와 물음표가 빈번하게 사용되는 것이 그러하다(다음에 제시된 신문들의 괄호와 물음표는 모두 원자료 그대로이고, 필자의 강조는 고딕체로 표기하였다).

> TBC-TV의 「굿모닝」(월~토, 7시 30분~8시 30분) 제작비는 이만 오천 원 정도지만 이것은 스폰서 없는 자주프로그램이기 때문에 대부분, 아니 거의 전액이 출연자에 대한 사례 및 출연가수, 악단에의 개런티(?)로 나간다. 1 인당 일천 원에서 일천 오백 원까지 …… 아나군-(미소공존의? 질문으로) 꽃과 더불어 50년, 재미있는 얘기도 많으실 텐데 얼마나 부러운 평생이십니까? 앞으로도 계속 꽃과의 여생을 보내시겠지요?『아유 무슨 말을 그렇게 하슈. 지긋지긋합니다. 돈만 벌면 당장 내일이라도 집어치우고 싶은데……』어느 날의 「굿모닝」 스케치지만 이런 경우로 보아 모닝쇼프로의 진행이 쉽지 않다는 걸 알 수 있다 ……(≪조선일보≫, 1970.4.16, 6면).

1970년대 ≪동아일보≫는 프로그램 내용을 객관적인 정보 제공 수준으로 간결하게 전달하는 모습을 보이는 데 반해 ≪조선일보≫는 프로그램 소개에 담당 기자의 주관적인 촌평을 한두 문장씩 덧붙인다. 기자의 개성과 관점이 거침없이 드러나며, 종종 신랄한 비평도 제공된다.

> 만천하의 홍루파팬을 의식하고 신파 멜로드라마의 대표처럼 이야기를 엮어온 TBC 「동기」 …… 어쩌면 이토록 **네가티브한 어머니**만에 집착하는지 모르겠구나 할이만큼 우리나라 방송극은 **신파병**에 걸려 있다(≪조선일보≫, 1971.9.4, 5면).

> 범람하는 **천편일률적 쇼**-TBC <톱스타>는 나훈아편, 어느 채널을 돌려

도 같은 노래, 같은 가수의 얼굴이 줄을 서고 동류항(?)에 속하는 低IQ의 멜로드라마·사극이 무한궤도처럼 브라운관을 누비는 우리나라 텔레비전이고 …… 게스트 하춘화와 함께 「잘했군 잘했어」(이 묘곡?은 지난해 백치가요곡의 챔피언격 노래다)도 이중창으로 들려준다(≪조선일보≫, 1972.4.19, 8면).

≪조선일보≫는 몇몇 기간을 제외하고는 1970년대 전반에 걸쳐 한 명의 기자가 텔레비전을 담당했는데, 이는 다른 신문사의 경우도 크게 다르지 않다. 그런데 '신파병', '저(低)아이큐(IQ)', '백치가요곡의 챔피언' 등의 용어에서, 대중문화를 폄하하는 기자의 시선을 느낄 수 있다. 또한 '네가티브한 어머니'란 표현처럼, 외국어의 잦은 사용은 기자가 엘리트 식자계층의 일원으로서 자의식을 가지고 있는 점을 보여준다.

두 번째 단계는 1973년 6월부터 1976년 말까지 비록 불규칙적이나마 문화면에 방송비평이 다뤄지는, 방송비평의 '활성화 단계'(1973.6~1976.12)라고 할 수 있다. 기자뿐 아니라, 기획연재나 좌담, 특집의 형태에서 외부 지식인, 특히 학자나 저명인이 필자로 참여하기도 한다. 방송 관련 학술발표나 세미나 내용들이 기사화되는 간접적인 방식으로도 이뤄지는데, 이는 매스컴 관련 학문의 대학 내 제도화와 관련된다. 1971년 7개 대학이 신문방송학과를 창설하는 등, '각광받는 학문으로' 부상(≪조선일보≫, 1971.4.7, 5면)하며, 텔레비전의 증대하는 사회적 영향력을 간접적으로 드러내 보여준다.

세 번째 단계는 1977년 이후 신문 내의 TV 비평이 보다 전문화되는 '정착 단계'라 부를 수 있다. 이때부터 텔레비전 비평을 위한 고정섹션이 신설되기도 하고, 고정 필자가 나타난다. 1977년 1월부터 문화면에 <방송> 섹션이 마련되어 TV 비평을 비정기적으로나마 게재하기 시작했고, 1978년 1월부터 <TV 주평>이 신문방송학과 교수에 의해 매주 한 번씩 비교적 고정적으로 집필되기 시작했다. <방송> 코너가 방송 관련의 이슈에 주목하

TV비평의 활성화

자료: ≪조선일보≫(1973.8.18).

거나 특정 현상을 취급하는 데 비해, <TV 주평> 코너는 본격적인 TV 프로그램에 대한 전문 비평의 형태와 성격을 띠었다.[10]

이처럼 신문의 텔레비전 비평담론이 1970년대에 신문의 문화면에 정기

---

10) 그러나 후자는 다시 4개월이 채 못 되어 <TV 기자석>(1978.5.7)으로 바뀌어, 외부필진
이 아닌 ≪조선일보≫ 문화담당 기자가 집필한다.

적인 모습으로 정착되어가는 과정은, 신문이 텔레비전의 사회적 중요성에 주목하고 텔레비전을 '비평의 대상'으로 인정하는 과정이라고 볼 수 있다. 물론 신문이 텔레비전을 대부분 부정적으로 비평하기 때문에, 오명환(1985) 은 1970년대 중반 이후 주요 일간지들이 텔레비전 고정 비평란을 신설해서 텔레비전에 대한 "공격을 위한 무대"로 이용하고 있다고 주장한다(임종수, 2003: 118에서 재인용). 그의 말대로 신문이 텔레비전을 폄하하고 비판하고 있음을 쉽게 느낄 수 있다. 그러나 비록 부정적인 내용이라 할지라도 신문 이 적극적으로 텔레비전이라는 대중문화를 다른 순수예술과 함께 같은 지 면에서 논의함으로써, 텔레비전을 '문화'적 범주 내로 용인하며 텔레비전 대중문화를 정당화하는 데 기여했다고 생각된다. 또한 문화지면에서 텔레 비전 관련 비평을 정례화하는 것은, 텔레비전 시청자가 날로 증가하는 상 황에서 신문의 고정독자를 확보해내는 과정일 수도 있다. 그뿐 아니라 장 기적인 측면에서 볼 때, 엘리트주의가 두드러졌던 기존 신문의 문화섹션을 보다 대중화하는, 그래서 대중문화의 일부로서 신문의 성격을 변화시키게 되는 상호구성적 효과를 초래했다고 생각해볼 수 있다.

다음은 1970년대 텔레비전의 꽃으로서 '드라마'가 어떻게 비평되고 있 는지 내용적 측면을 고찰해보자.

2) '드라마 저질론'의 담론 구조

앞으로 살펴볼 ≪조선일보≫를 포함해서, 텔레비전 드라마에 대한 신문 들의 담론은 전반적으로 부정적인 논조가 압도적이며, 그 내용은 '드라마 저질론'으로 압축될 수 있다. 특히 일일연속극 모두가 '비윤리적이고 퇴폐 적인 내용'이라는 비난은 모든 인쇄매체에 공통적인 것이었다(정순일·장한 성, 2000: 117). 기사나 비평에 일부 긍정적인 내용을 담고 있을 때조차도 헤 드라인은 과장이라고 할 만큼 '저속, 저질, 불륜, 퇴폐, 저능' 등의 부정적인 용어만 제시되어 있다.

이처럼 부정적인 담론이 주류가 된 것은 텔레비전 드라마가 기존 규범에서 금기시하거나 또는 규범으로부터 일탈된 소재와 주제를 빈번하게 다룬 것과 일차적으로 관련된다. 한 예로, MBC가 개국하자마자 시작한 <개구리 남편>은 직장에서 바람을 피우는 남자의 이중성을 다루는 내용으로, 주부들의 비상한 관심을 끄는 데 성공했다. 그러나 이러한 주제가 "가정생활의 순결성과 건전한 생활풍조를 저해한다"는 이유로, 방송윤리위원회는 1970년 3월 11일 방송사에게는 경고조치를, 작가에게는 근신처분을 내리며 종영을 앞두고 드라마를 중단시켰다(정순일·장한성, 2000: 102). 하지만 MBC의 개국 이후 더욱 격화된 방송 3사의 시청률 경쟁은 그러한 초기의 강경조치에도 불구하고 그러한 소재 사용을 주저하지 않았다.

비록 부정적인 비평이 대다수이지만 긍정적인 방송비평이 완전히 부재한 것은 아니었다. 텔레비전 프로그램 비평이 본격적으로 발달하지 않는 1970년대 초반, 연예·오락(주로 8면) 섹션에서는 공영방송인 KBS가 제작한 드라마에 대해 이따금씩 긍정적인 비평들이 발견된다.

> 방송이 시작된 지 1주일 만에 이상한 무드의 뜨거운 반응을 불러일으킨 KBS 일일연속극 「꿈나무」(한운사 작, 이성행 연출) …… 10대 자녀를 가진 부모, 시청자, 그리고 사춘기 젊은이들의 관심을 모은 …… 재미있으면서도 교훈적인, 그리고 우리생활과 절실한 상관관계를 가진 연속극이라고 호평이다(≪조선일보≫, 1971.2.23, 8면).

> KBS <북간도> …… 대하문예드라마 …… 함경도 사투리로 사실적인 로컬 컬러를 살리면서 민족수난사의 한 페이지를 담는 이 일일연속극은 감상적인 통속멜로드라마가 범람하는 우리 현실을 볼 때 하나의 청량제적 기획(≪조선일보≫, 1971.10.22, 8면).

그러나 긍정적 논평은 1973년 이후, 즉 연예·오락(8면) 섹션을 벗어나 문화면(5면)에서 본격적으로 방송비평이 행해진 후 더욱 찾기 힘들게 된다.[11] 드라마에 대한 신문의 부정적인 비평은 간헐적이 아닌 상시적으로, 상대적이기보다는 절대적으로, 다차원적이기보다는 소재에 치중하는 일차원적인 방식으로 이뤄지며 지배담론을 형성했다. 물론 TV 드라마가 전반적으로 소재의 건전성을 담보하지 못한 것은 사실이다. 그러나 드라마는 소재만으로 평가할 수 없는 다차원성을 지니며, 높은 인기가 보여주듯 대중의 정서와 성공적으로 공명하고 있었다. 또한 10년 동안 텔레비전 드라마가 항상 퇴폐적이고 저질인 것만은 아니었는데, 왜 신문은 텔레비전에 대해 부정적인 비평만을 거의 절대적으로 쏟아내게 된 것일까? 그것은 단순히 집필자의 의도로서 설명될 수 없는 것이다.

신문이 전개하고 있는 '드라마 저질론'은 다음의 여섯 가지 관점과 논리들이 접합되어 구성된 담론구성체로 이해될 필요가 있다. 첫째는, TV 매체관, 둘째, 대중문화관, 셋째, 규범주의, 넷째, 민족주의, 다섯째 엘리트주의, 여섯째, 가부장제적 시청자관이다. 지식인과 방송비평 기자는 바로 이러한 담론들을 담지하고 동시에 매개하는 실행자들이다. 그리고 방송사와 정부/규제기관은 그러한 담론들이 작동할 수 있게 하는 물질적 토대이자 매개자로서 기능한다. 이제 '드라마 저질론'을 떠받치고 있는 담론들을 상세히 살펴보자.

① TV는 교육매체

'드라마 저질론'은 기본적으로 텔레비전을 오락매체라기보다는 교육매

---

11) 1978년 상반기 <TV 주평>이 신설되어 교수에 의해 집필되던 약 4개월은 거의 예외적인 기간이라고 할 수 있는데, 이때는 텔레비전 드라마에 대한 평가가 소재 중심주의를 벗어나 다면적으로 이뤄지고, 그 가운데 드라마에 대한 전폭적인 찬사도 발견된다.

체로 간주하고, 드라마의 역할을 교육기능을 보조하는 것이라고 본다. 1960
년대 중반, 신문매체들이 레슬링 방송을 두고 비교육적인 것이라고 일제히
성토하는 모습에서 그러한 관점은 단적으로 드러난다.[12] 여기서 방송의 교
육적 기능이란 시청자/국민을 교육하고 교양을 키우며 계몽하는 것을 뜻하
는데, 방송을 한국사회의 근대화의 수단으로 보는 도구적 관점을 말한다.
텔레비전의 교육적 기능에 가장 부합하는 장르는 저널리즘이나 교육 및 교
양 장르라고 할 수 있고, 오락은 건전한 문화와 '교훈적' 감동을 제공함으
로써 그것들을 보조해야 하는 것이다. 교육과 오락 간의 이러한 확고한 위
계는, 방송 장르에서 뉴스와 교양 및 교육 프로그램들을 드라마보다 더 가
치 있는 것으로서 취급하는 양태로 나타난다.

이러한 텔레비전 매체관은 매스컴 관련학과 교수에 의해서도 옹호된다.
1978년 어느 신문방송학과 교수는 방송계를 결산하는 기고문에서, "방송
의 주기능은 교육, 문화, 보도에 두고, 오락, 흥미제공은 부차적인 기능으
로 주기능의 효과도를 높이기 위한 것이 되어야 한다"고 주장한다(≪조선일
보≫, 1978.12.15, 5면). 방송윤리위원회 역시 드라마가 "생활도 주제도 없는
드라마"이며 "예술성을 무시하고 오락 편향"적이므로 "계도 기능을 확충"
해야 한다는 주장을 펼친다(≪조선일보≫, 1978.8.26, 5면).[13]

---

12) 1965년 11월 "KBS가 TBC를 의식하고 시청률을 올리고자 25일부터 사흘간 레슬링을
특집 편성했는데, 레슬링의 (각본된) 난투극을 보고 활자매체들이 '왜 이런 반교육적인
방송을 KBS가 하느냐'고 일제히 비난을 퍼부었다"(정순일, 1991: 161).

13) 그런데 1970년대 신문이 주장하는 텔레비전 매체 인식과 정면으로 배치되는 흥미로운
기사가 실린다. 그것은 외국의 연구결과를 소개한 내용으로 "TV 캠페인 효과 없다, 美,
미시건대 로저스교수 연구, TV는 본질이 「오락매체」 - 긴장풀기 원하는 사람에 오히려
반작용 유발시켜"(≪조선일보≫, 1974.1.10, 5면)라는 기사이다. 한국에서는 암묵적으
로 최고의 권위를 부여받게 되는 미국의 저명한 학자가 텔레비전 매체의 본질이 '오락
매체' 라고 주장하는 것을 신문이 소개하는 것은 의외의 사건일 수 있다. 그러나 이는 모

② 저급한 대중문화, 저속한 드라마

'드라마 저질론'은, 문화를 고급문화 대(對) 저급문화, 순수예술 대(對) 대중문화로 이분화하고 이들 간에 위계를 설정하는 엘리트주의적이고 본질주의적인 문화관 위에 기초해 있다. 즉, 대중문화는 문화산업에 의해 상업적으로 대량생산되어 익명의 대중에게 무차별적으로 전파되는 것이므로 작가정신이 부재한, 고상하지 못한 저급문화라는 논지이다. 그리고 그 대표적인 것이 텔레비전이며, 그중에서도 드라마인 것이다. 반면, 순수예술(문학, 회화, 클래식 음악)은 정서를 순화시키고 인간정신을 고양시키는 고급문화라고 간주한다. 한 예로서, 1970년 다음의 기사를 볼 수 있다.

> 서울시립교향악단이 (중략) 서곡, 조곡, 콘체르토, 오페아 아리아, 발췌곡 등 세미클래식을 연주하는 '동아제약 콘서트' …… 교양 오락 겸용의 40분을 주말 저녁 안방의 어른 아이 공존?의 즐거운 시간으로 …… 대개의 오락 방송프로그램이 지나치게 저급하다고 말이 많은 요새 이런 좋은 시간이 ……(≪조선일보≫, 1970.6.28, 4면).

대중문화는 수용자적 측면에서 보더라도, 문화적 소양을 갖추지 못한 교육받지 못한 자들이 소비하는 문화이기 때문에 저속·통속적인 것이라고 주장된다. 신문의 이러한 대중문화관은 지식인들의 학술발표회 등에 대한 보도를 통해 정당화된다. 다음 기사는 '대중문화와 가치관의 문제'를 주제로 열린 학술연구 발표회에 대한 보도이다.

든 미디어에 재갈을 물린 1974년 1월 8일의 긴급조치가 발동된 지 이틀 후에 나온 기사이다. 따라서 이 기사는 텔레비전에 대한 신문의 매체관이 변한 것이기보다는, 텔레비전을 정책홍보와 정권유지의 도구로 삼으려는 정부를 의식한 것으로도 추론해볼 수 있다.

오늘날 대중문화의 지배권에 …… 지식수준은 저하되고 비판능력은 둔화된다. …… 매스미디어는 대중을 높은 수준으로 이끌지 못하고, 안이, 피상, 저속화로 흐른다. 건전한 대중문화의 형성을 위하여 성의의 통제조절이 이념과 식견을 겸비한 전문문화 창조엘리트에 의해 간단없이 수행돼야 한다(≪조선일보≫, 1970.6.11, 5면).

여기서 한 신문방송학 교수가 "매스콤의 과대평가는 금물이며, 지나치게 비판적으로 볼 수 없다. 개인적인 변화를 일으키는 것은 매스미디어가 아니고 개인적인 관계이다"라고 주장한 것은 아주 간략히만 기사화되고 표제와 소제목들에도 전혀 반영되지 못한다. 이처럼, 당시의 신문방송 관련 지식인들이 실제로 얼마나 부정적 대중문화관을 지녔는가라는 문제와 별도로, 중요한 점은 신문에는 '저급한 대중문화'론이 텔레비전 드라마 논의의 전제로 사용된다는 점이다. 한 칼럼에서 어느 지식인은 공전의 히트를 친 <여로> 드라마 총 211회를 모두 보는 데 드는 시간이 70시간 20분이라고 계산해낸다. 그러고선 "이만한 시간이면「전쟁과 평화」나「까르마조프의 형제들」같은 거작 장편도 충분히 읽을 수 있는 시간"이라며 드라마 인기를 한탄한다(≪조선일보≫, 1972.12.29, 5면).[14] 여기에는 지식인층과 신문기자가 공유하는 문자우월주의가 담겨 있다.[15] 다음과 같은 신문의 표제

---

14) 텔레비전 비평 중에서 지식인 자신이 TV를 즐기고 있다는 사실과 TV가 "아주 드물게나마 '지혜의 상자'로 바뀌기도 한다"는 감탄을 솔직하게 쓴 TV 옹호론은 소설가 조해일 씨가 기고한 기사가 유일했다(≪조선일보≫, 1976.8.19, 5면).

15) 실제로 드라마 연출자나 극작가는 개별 시청자들에게는 우월적인 태도를 취하면서도, 지식인과 기자들과 비해서는 스스로를 변호하지 못하는 더 낮은 위계적 위치를 스스로 드러낸다. 이는 일일드라마의 개선방향을 위해 학계와 언론, 그리고 제작진이 함께 참가한 세미나에서 연출가와 연기자가 침묵을 지켜서, 다음날 "연출가 연기자들의 의견제시가 전혀 없었다는 것이 이번 모임의 흠이었다"라고 기사화되는 것에서도 극명하게 표출

가 보여주듯 텔레비전의 저속성을 비난하는 담론은 1970년대 신문담론에서 일관되게 관철된다. "TV와 시청자—저속화를 막기 위한 시리즈, 발휘 못하는 TV기능"(≪조선일보≫, 1973.8.14, 5면), "드라마 홍수, 성격 내용 없는 바보놀음, 저속규제에 안일한 통속"(≪조선일보≫, 1975.11.16, 5면), "TV 이대로 좋은가—바보상자, 재미없지만 안 볼 수 없는 '저질'"(≪조선일보≫, 1978.9.1, 5면).

③ 규범(도덕)주의

신문은 드라마가 불륜과 부정을 다루면 바로 '일탈'이나 '타락'이란 비난을 쏟으며, 드라마에 엄숙한 도덕주의를 요구한다. 신문이 권장하는 모범적인 드라마는 '건전함과 윤리성'을 담보하는 '가슴 훈훈한' 드라마이다. 따라서 공적 영역이나 사적 영역이나 사회적 규범이 모두 잘 구현되면서 인간애가 발휘되어야 하며, 그렇지 못한 드라마는 사회윤리를 파괴하는 것으로서 비난의 대상이 된다. 드라마에 대한 이러한 인식과 태도는 방송인 세미나에 참석한 교수들의 발표를 요약 보도한 신문기사에서 잘 드러난다.

> [드라마들이] 지나치게 오락성에 치중하여 값싼 눈물, 황당무계한 풍자, 관능을 자극하는 에로티시즘, 퇴폐분위기 묘사, 얄팍하고 값싼 호기심만을 충족시키는 줄거리 전개를 경쟁적으로 감행할 때는 사회윤리를 파괴하고 건강한 생활기풍을 해치는 정반대의 역기능을 일으킬 위험성(白痴性)이 있다(≪조선일보≫, 1975.6.15, 5면).

이 자리에서 다른 신문방송학과 교수가 "텔레비전 드라마를 예술적인

된다(≪조선일보≫, 1975.9.6, 5면).

기준에서 보는 시청자나 제작진의 관점이 문제"라며 신문에서 보기 드문 텔레비전 매체관을 펼치지만, 그 역시 대안으로서 "소박하고 건전한 윤리성"과 "사회에 면면히 지속돼 내려오는 전통적인 도덕관"을 담는 드라마를 주장함으로써 기본적인 인식이 크게 다르지 않음이 드러난다.

규범(도덕)주의 관점은 마치 수용자가 텔레비전 내용을 수동적으로 그대로 따라하는 것과 같은 미디어의 강력한 효과를 가정하고 있다. 그리고 드라마의 즐거움이 주인공이 느끼는 감정들에 시청자들이 상상적으로 공감함으로써 얻게 되는 리얼리즘, 즉, '감정적 리얼리즘'에 기초하고 있다는 것 역시 이해하지 못한다. 따라서 '드라마 저질론'의 주장자들은 내용의 비현실성이나 반규범성에 집착한다. 이러한 도덕주의의 옹호는 현재가 갖는 정상성이나 도덕질서를 철저하게 지킴으로서 기존 질서의 유지에 봉사한다. 따라서 드라마에서 인내와 순종으로 고난을 이겨내는 헌신적인 여주인공은 근대화와 상반되는 전근대적인 여성상을 표상함에도 불구하고, 남성 중심의 전통적 지배질서에 순종하기 때문에 비난에서 비켜 있다. 비난받는 것은 혼외의 이성적 관계이다. 드라마에서 남성의 혼외 연애는 가장으로서의 도덕적 우월성이나 권위를 깎기 때문에 부정되어야 하며, 여성의 혼외 연애는 대개가 주부인 여성시청자들에게 가정의 질서를 벗어나는 일탈을 상상적으로라도 허용한다는 점에서 '풍기 문란한 것'이고 금지되어야 하는 것이다.

드라마에 대한 신문담론의 도덕주의적인 규범주의는 규제기관인 방송윤리위원회의 규제원칙과 일치한다. 백미숙·강명구(2007: 174)에 따르면, 1969년부터 1987년까지 방송윤리위원회는 텔레비전 드라마의 성 표현을, '성 표현이 부재하는 남녀 간 사랑,' '일탈적 성풍속의 금지', '불륜의 금지와 순결한 성'으로 규제해왔다. 상기 연구자들은 규제의 이유가 "순결한 가정"이야말로 한국의 "근대화 과정에서 요구되는 가족부양체계의 문화적 기반"이었기 때문이라고 설명한다.

흥미로운 사실은 남성 중심, 그리고 기존 지배질서를 유지하는 이러한 규범(도덕)주의가 당시에 여성 일반과 여성단체들의 동의를 이끌어내는 데 성공했다는 사실이다. 분명, 불륜드라마의 인기는 당시 가부장제 아래서 삶을 유지하는 주부들이 그런 드라마를 통해 기존 질서를 뛰어넘는 상상의 즐거움을 느꼈음을 방증해준다고 할 수 있다. 그러나 동시에 주부들이 자신의 사회적 가치와 존재방식을 정당화하고자 하는 심리적 기제 아래, 규범주의에 의존해서 주부와 가정의 가치를 사수하고자 했음을 이해할 수 있다.

당시 여성들을 대표하는 여성단체들 역시 신문에 나타나는 규범주의를 지지했다.

> 한국여성단체협의회는 22일 「TV 드라마가 가정에 미치는 영향」을 주제로 세미나를 열었다. …… 요즘 TV 드라마는 안방극장에서 유행을 만들고, 언어를 조작하고, 풍기를 문란케하는 등 때로는 그 본질적인 사명을 망각한 유희로 가정을 유흥장으로 만들고 있다(≪조선일보≫, 1972.3.25, 8면).

이들 여성단체들은 대부분 자신들이 대변하는 '여성 일반'을 '주부'와 동일시했고, '주부'의 이익을 '가정의 수호'와 등치시켰다. 이로써 여성단체나 일반 주부들은 남성이 주도하는 신문의 규범주의 담론에 쉽게 호명되었다.

④ 전통문화 중심의 민족주의 담론

드라마 저질론을 구성하는 또 다른 하위담론은 민족주의 담론이다. 이 민족주의 담론은 '전통문화=좋은 문화' 대(對) '외래문화(서구문화)=퇴폐문화'의 이분법적 사고에 근거하는 민족주의 담론이다. 신문이나 지식인들은 '근대화'를 '서구화'와 동일시하지만, 대체로 그것은 서구의 물질적·경제적 측면에 한정된다. 즉, 정신적·문화적으로는 한국의 전통과 민족문화

를 고수하는 민족주의 정체성론을 전개한다. 이때 민족문화는 고급문화와
동류로 취급되고, 서구문화는 대중문화와 동류로 취급된다. 지식인들의 민
족문화 담론은 신문에 의해 빈번하게 매개되었고, 이것은 텔레비전에 대한
기준으로 제시된다. 예를 들어, 학자들의 세미나를 기사화해서 "전통적인
민족문화의 개발로 건강한 대중예술을 발전시켜야 할 것"을 제시한다(≪조
선일보≫, 1972.9.19, 5면). 또, TV 3국 가을프로 개편에, "모방 아닌 「한국적
인 것」의 개발"로 "주체성 없는 방송을 지양하여 순수한 의미의 민족적인
방송을" 도모해야 한다는 주장이 그러하다(≪조선일보≫, 1975.8.24, 5면).

　이처럼 1970년대에 신문에서 빈번하게 주장되는 '전통의 민족문화를 계
발하자'는 민족문화 중심의 민족주의 담론은 당대 지식인층에서 흔히 발견
되는 공통담론이었다. "우리는 우리 것을 얕잡아 본다/ 체질화된 「민족비
하」 전통경시 「외래추종」"(≪조선일보≫, 1975.8.23, 5면)이라는 지식인들의
자성이나, 신문에 실린 신문방송학과 교수의 칼럼 역시 그러한 점을 보여
준다.

　　대중문화는 고급문화, 민속문화와 달리 …… 이윤추구나 특수한 사회 경제
　　적 목적을 지닌 상품문화라 …… 모든 사람이 가지고 있는 최대공약수적인
　　관심에 어필함으로써 …… 작품내용은 비속해지고 이른바 드릴, 서스펜스,
　　액션, 섹스, 넌센스, 에로티시즘, 새디즘, 그로테스크 등으로 가득 찬다.
　　…… 비생산적이고 회피적인 상품문화를 배포하는 데 사용할 것인가, 아니
　　면 민족문화와 고급문화를 보급하는 데 사용할 것인가 하는 것은 우리들
　　인간에게 달렸다. …… 우리에게도 훌륭한 민족문화와 전통문화가 계속되
　　어왔다. 그럼에도 불구하고 하필이면 퇴폐적이고 해괴망칙한 외국의 상품
　　문화들을 직수입해서 보급하고 있다면 이것은 놀라운 현실이라고 아니할
　　수 없다(≪조선일보≫, 1971.6.19, 5면).

지식인들의 민족전통을 중심으로 한 민족주의 담론은 박정희 정권의 '민족중흥' 및 '전통의 복원' 정책이라는 정치상황을 빼고 생각할 수 없다. 박정희의 초기 민족담론은 민족의 부정적 측면을 강조한 '정신개조'였으나, 1960년대 말 이후에는 민족의 긍정적 측면을 적극적으로 부각하는 것으로 변모한다(전재호, 1999; 황병주, 2005). 박정희의 서구(외래)문화에 대한 경계와 저항감은 개인적으로는 서구화, 장발족, 퇴폐성에 대한 극도의 거부감으로 드러났고, 상업주의에 빠진 민영방송에 대한 규제는 전통 및 민족문화 옹호담론에 의해 정당화되었다. 1970년대 들어 가장 가시적이었던 방송규제는 1971년 1월 22일, 히피족의 방송 출연금지라는 박정희로부터 내려온 직접 지시에 의한 것이었다. 곧이어 6월 16일 이렇게 "방송이 집중적인 비난을 받은 적은 방송 사상 일찍이 없었다"라고 평가될 만큼 강도 높은 문공부장관의 담화가 이어졌다. 취임 날, 신임 장관은 "방송이 저속한 외래풍조를 무분별하게 받아들여, 내용의 저속화는 물론 퇴폐풍조를 확산하고 있다"고 호되게 질책하고, 11가지 방송지침을 내렸는데, 그 첫째가 민족문화의 계승이고 둘째가 외래문화의 무분별한 도입의 억제였다(정순일, 1991: 190).[16] 그런데 여기서 주목해야 할 점은, 문공부 장관의 이러한 방송정화에 대한 담화가 "여론의 높은 지지를 받았다"(정순일, 1991: 190)는 이후의 기록이다. 이때 '여론의 지지'가 진정 일반 국민에게서 표출된 지지를 기록한 것인지, 아니면 인쇄매체와 지식인들이 대변을 자처해 표현한 지지였는지는 분명하지 않다. 다만 분명한 것은 그러한 지지가 '저급한 대중문화=드라마 퇴폐성=외래문화 영향=민족·전통문화 결여'라는 알고리듬 위에

---

16) 나머지를 살펴보면, ③ 대중가요의 외국어 가사 사용억제, ④ 저질 저속 프로그램 배제, ⑤ 공서양속과 사회질서 존중, ⑥ 히피광란 등의 추방, 사회환경 정화, ⑦ 퇴폐풍조를 쓸어낼 것, ⑧ 음란 또는 선정적인 묘사를 막을 것, ⑨ 성실, 근면, 협동, 단결심을 높일 것, 그리고 ⑩ 사회 명랑화를 위한 분위기 조성과 ⑪ 바르고 고운 말 보급이다.

서 있다는 것이다.

⑤ 지식인 엘리트주의

신문 기자나 논설위원은 한국사회의 대표적 지식인층에 속하며, 특히 문화면을 담당하는 기자들이 접촉하고 교류하는 정보원 역시 학계의 지식인이거나 순수 예술분야 관련자들이 다수이다. 신문의 문화면은 기자가 직접 특정 주제를 취재해서 정보로서 보도하기도 하지만, 학계 지식인들을 불러 좌담회를 열거나 학술회의의 결과를 보도함으로써 간접적으로 특정 이슈에 대한 대중의 관점과 인식을 형성하는 기능을 한다. 그런데 흔히 문화면 신문기자와 신문에 매개되는 지식인들은 고급 순수문화를 지향하고 전통 중심의 민족주의와 도덕주의에 기초해서 텔레비전을 위시한 대중문화를 저속한 문화로 보는 세계관을 공유하고 있다. 그리고 지식인 자신들이, 무지하고 텔레비전의 영향에 취약한 시청자를 지도해야 한다는 엘리트 의식을 가지고 있는데 이는 신문의 곳곳에 나타난다. 한 예로, '외래문화의 수용자세'라는 주제로 3인의 교수가 가진 좌담회를 기획연재한 기사를 보자. 마지막 기사를 보면, 교수들은 "국민들이 건강한 양식을 갖는 것이 중요"한데, 여기서 "결국 외래문화를 받아들이는 기준을 누가 만들고 결정하느냐는 문제"가 생긴다고 말한다. 그에 대한 답변은 다음과 같이 제시된다.

> 나는 여기에 지식인의 역할이 크다고 봐요. 지식인들이 음미 검토한 후, 내린 판단이 국민들 속으로 스며들어가 그들을 계도하는 방향이 돼야 할 것으로 봅니다. 지식인이 규범을 만들어 줄 수 있지 않을까요?(≪조선일보≫, 1973.6.12, 5면).

신문의 문화면에 드러난 엘리트주의는 비단 교수뿐만 아니라 기존 예술분야의 종사자인 30세의 젊은 시인의 가요(대중문화) 비평에서도 나타난다.

"모럴이 없는 세상에서, 부도덕한 TV"라는 표제 아래, 이 시인은 1977년에 히트한 <피리 부는 사나이>와 <나는 못난이>, 이 두 곡을 "추방해야 마 땅한" "타락적이고 전근대적이고, 비현실적이며, 퇴폐적인" 노래라고 힐책 하며, 방송가요 심의위원회의 규제를 호소하고 있다(≪조선일보≫, 1977.5.8, 5면). 당연히 이 젊은 시인의 눈에는 이러한 노래를 애창하는 대중들은 판 단능력 없는 몽매한 사람일 수밖에 없으니, 규제기관이 나서 대신 정화시 켜야 한다고 주장하고 있는 것이다.

지식인들의 권위주의나 엘리트주의는 남성 중심적 시각이기도 한데, 여 성 지식인이라고 해서 다르지 않다. 1970년대 신문의 대중문화 비평에 매 우 드물게 등장한 한 여성교수는 1979년 인기 주말드라마인 <사랑도 미움 도>에 대해 "주인공들 언제 제정신 차리나─비현실적인 얘기 …… 볼수록 고루하고 답답해"라는 표제 아래 다음과 같이 글을 시작하고 있다.

> 좀처럼 TV를 잘 안 보지만 어쩌다가 <사랑도 미움도>는 …… 대개 다 보
> 아온 셈이다. …… 이때까지 내가 보아온 유일한 연속극이기에, 우리나라
> 안방 인구들이 도대체 어떤 연예프로들을 보나, 또 그 프로들이 국민 전체
> 의식에 미치는 영향 또한 지대한 것이기에, 싫다고 눈만 가려버릴 수는 없
> 기 때문이다(≪조선일보≫, 1979.7.8, 5면).

이 칼럼의 전반부는 평소 자신은 TV 연속극과는 관계없이 살아온 사람, 즉 "우리나라 안방 인구"와는 근본적으로 다른 부류임을 강조하고 있다. 그리고 사회 지도층인 지식인으로서 대중에 대한 계도적 의무를 외면만 할 수 없어서 어쩔 수 없이 연구 대상으로 드라마를 보고 평가한다는 엘리트 주의를 강하게 드러내고 있다. 당시 여성시민단체들이 교양 매체로서 텔레 비전을 인식하고 도덕 규범주의 아래 텔레비전 드라마를 격렬히 비난했다 면, 여성 지식인은 엘리트주의 속에서 텔레비전 드라마와 그 시청자를 내

려다본다. 여기서 항상 변호받지 못하고 던져지는 대중은 바로, 다음에 살펴볼 드라마 시청자들이다.

⑥ 가부장제적인 시청자관

드라마 저질론을 전개하는 신문의 지배담론은 드라마 시청자를 수동적이며, 계도되어야 할 대상으로서 바라본다. 더 긴 역사를 가진 서구의 커뮤니케이션 학계에서도 1980년대에 와서야 수동적이고 취약한 수용자관에서 능동적이고 비판적인 수용자관으로 인식론적 전환을 이루며 '수용자 연구'를 활성화시키게 된다(Ang, 1985; Fiske, 1987; Hall, 1980; Hobson, 1980; Lewis, 198; Morley, 1980, 1986). 그런 점에서 보면, 텔레비전의 위력을 나날이 새롭게 체감해가는 1970년대, 그것도 근대화 과정 중의 한국 사회에서 시청자를 계도의 대상으로 간주한다는 것은 그리 놀라운 일이 아닐 것이다. 이 점은 당시 "방송드라마의 사회적 기능"이란 주제로 열린 극작가 세미나에 참석한 어느 저명한 드라마 작가의 다음의 언급에서 잘 드러난다.

> 각 방송국도 민중을 계도하는 역할을 인식하면서 그 독자성을 지킬 수 있다면 …… 오늘 우리는 시청자를 훈련시켜놓고, 내일 순수오락을 즐기게 해야 한다(≪조선일보≫, 1975.11.21, 5면).

이들이 말하는 계도와 훈련의 대상은 사실상 모든 시청자라기보다는 '여성' 그리고 '청소년/어린이'라고 할 수 있다. 1970년대 텔레비전의 주 시청자들은 여성과 아이들이었으며, 특히 드라마는 세계 어디서나 그러하듯 여성, 그중에서도 주부들에게 가장 인기 있는 장르였다. 신문의 '드라마 저질론'은 그 담론의 주요 생산자들이 기자와 학자라는 계층(계급)적 요인 이외에도, 이들의 절대 다수가 남성인 반면 드라마의 주 시청자인 여성은 남성에 비해 교육의 기회를 갖지 못하고, 사회적 또는 공적 세계에 진입이 제약

되었던 당시의 불평등한 젠더 질서와 무관하지 않다. 특히 주부는 근대화의 과정에 생산자로서 참여하지 않는 무능력한 소비자로서만 취급되며, 근대 경제의 기본단위로서 노동력의 재생산을 가능하게 하는 주부의 역할은 전적으로 무시된다. 여성이 무지하고 비이성적이기 때문에, '아이들'과 마찬가지로 저질 드라마로부터 보호되고 계도되어야 한다는 논리는 다시 드라마에 대한 규제를 정당화하는 논리가 된다. 따라서 모든 도덕적 우월성은 남성은 '저질'로 정의한 '드라마'를 여성이 즐긴다는 이유로 여성을 무시하며, 동시에 역으로 여성이 즐기기 때문에 '드라마'는 저질이라는 비난을 순환론적으로 전개한다. 즉, 여성차별과 드라마 저질론은 동전의 양면을 이룬다. '드라마나 보고 찔찔 짜고 있다'는 남성들의 흔한 조롱은 드라마 장르와 여성 시청자를 동시에 경멸하는 말임에도, 주부는 그에 대해 분개하거나 저항하기보다는 그 비판을 정당한 것으로 내면화하며 드라마 시청의 즐거움에 수치심과 죄책감을 느낀다. 이는 동시대 서구사회에서도 유사하게 나타난다.

여성 시청자에 비해, 어린이 시청자를 구실로 한 '드라마 폐해론', 넓게는 '텔레비전 유해론'은 1970년대 초반 이후 1970년대 말까지 분명하고 일관되게 나타난다. 1970년대 초반까지도 아이들에 대한 TV 효과에 관한 기사는 비교적 중립적인 태도를 보인다. 예를 들어, 1970년대 들어 첫 TV 관련 기획연재물인 1971년 11월의 <TV와 어린이>(1971.11~1972.2)를 보면, 비록 제목은 TV의 부정적 효과를 강조하지만 실제 기사본문에서는 TV 시청의 긍정적 효과를 제시하고 있다. 어린이들은 날마다 '전자적 역사'를 배워, "어린이가 학교에 입학할 때의 수준이 TV가 나오기 전보다 훨씬 높아졌다"거나 '어린이 교육프로인 「세사미스트리트」를 시청해온 아이들의 수준이 초등학년의 교육수준을 능가하고 있다'는 내용이 그러하다(≪조선일보≫, 1972.12.3, 5면). 또 기사의 표제는 "책을 안 읽게 해 결국 문화의 후퇴 초래, 우려론 많아"처럼 부정적이지만, 본문 내용에서는 미국의 연구

결과를 인용하며 "TV를 지지하는 사람들과 TV를 해독의 매체로 보는 사람들 사이의 의견차는 매우 크다"며 양론을 소개하고 있다(≪조선일보≫, 1973.2.15, 5면). 기사의 제목을 보면, 신문의 편집 경향이 분명 어린이들에 대한 TV 부정론에 기울고 있음을 알 수 있지만 내용은 외국의 학술연구결과나 국내 의학전문가를 정보원으로 하고 있어서 TV 효과에 대해 비교적 중립적인 보도를 담고 있다.

이러한 초기 모습은 1973년 이후 어린이에 대한 TV 유해론으로 선회하게 되는데, 이때는 정부 개입이 강화되고 동시에 텔레비전 비평담론의 생산자가 신문기자와 신문방송학과 교수를 위시한 소수의 지식인들로 한정되는 시기이다. 1975년 불륜극으로 비난받으며 중도하차하게 된 드라마 <안녕>(김수현 작)과 <아빠>(나연숙 작)에 대해, "유부남-여대생의 퇴폐성만을 부각, 유치한 4각 외도 애들 볼까 두려워"라는 표제의 기사가 보여주듯, '어린이들'은 어김없이 드라마에 대해 비난과 강력한 규제를 정당화하는 기제로 사용된다.

> 「아빠」는 불륜의 스토리를 안방에까지 몰고 온 문제 외에도 외설스런 슬랭이 판을 치는 퇴폐적 행동묘사로 어린이와 청소년에게 끼치는 영향이 사회적으로 문제가 되고 있다(≪조선일보≫, 1975.5.11, 5면).

아이들에 대한 유해론을 앞세운 TV 드라마에 대한 공격은 1977년 8월 인기 외화인 <6백만 불의 사나이>를 흉내내다가 어린이가 사망한 사건으로 더욱 격화된다. 신문들은 교수들의 발표를 보도하며 이러한 TV 부정론을 확산시킨다.

> 이대로 가면 어린이들이 TV 중독에 걸려 TV바보가 될 뿐 아니라 주체적 능력이 약화된다. …… (이를 막는) 방법으로 부모들이 강력한 압력 단체구

실을 하여 TV내용을 샅샅이 검토, 역기능적이고 부정적인 내용을 고발하고 저질내용을 추방해야 할 것이다(≪조선일보≫, 1977.10.1, 5면).

이처럼 어린이와 주부는 계도의 대상이지만 동시에 비판능력이 없기 때문에 보호의 대상이기도 하며, 자신의 쾌락을 절제할 줄 모르므로 규제가 요구되는 무능력자라는 점에서 동일하다.[17]

당시 여성단체조차도 여성의 취향의 권리를 주장하기보다는, 여성에 대한 교육과 계몽을 통해 여성의 사회적, 정치적 권리를 확보하려는 근대화 담론에 포섭되어 있었다. 그뿐 아니라 앞서 지적한 것처럼, 가정에서의 주부의 위치와 '가정의 순결성'을 방어하는 것에 치중해 신문의 '드라마 저질론' 비판과 입장을 같이하고 있었다. 여성단체와 TV 드라마와의 이러한 적대적 입장을 보여주는 한 흥미로운 사건이, 1970년대 히트 드라마 작가들(한운사, 김수현,[18] 나연숙)과 시청자와의 대화라는 행사에서 벌어졌다. 그런데 이 행사가 기사표현대로라면 "작가와 시청자가 터놓고 의견을 교환하여 드라마 발전을 기해보자는 주최의도와 달리, 작가 측의 신경질적인 반응으로 입씨름 판"이 되어버린 것이다. 먼저 시청자로서 발언한 두 여성은 모두

---

17) 그러나 커뮤니케이션 학자인 엘렌 세이터(Ellen Seiter, 1999)는 어린이들 역시 비판적 사고를 하며 나름대로 다양한 해독능력이 있다고 주장한다. ≪조선일보≫ 역시 표제는 부정적이지만, 아이들이 획일적으로 텔레비전 프로그램을 수용하는 것이 아니라 현실과 연결하여 다양하게 해독한다는 사실을 미국 아동들을 대상으로 한 미국연구를 소개하며 간접적으로 드러내고 있다 (≪조선일보≫, 1975.3.2. 5면, 1975.4.21, 5면).

18) 김수현의 <새엄마>(1972, 방송대상 수상), <강남가족>(1974), <신부일기>(1975), <여고동창생>(1976), <당신>(1977), <후회합니다>(1977), <청춘의 덫>(1978)은 장안의 화제를 뿌리며 절정의 인기를 구가했다. 그러나 <안녕>(1975)과 <청춘의 덫>(1978)은 불륜과 혼전동거의 소재 등으로 퇴폐적이고 비윤리적이라는 신문의 비난과 방송윤리위원회의 지적에 따라 중도하차되었다.

YWCA의 간사였는데, 신문기사 내용은 다음과 같다.

[시청자 김씨] '드라마를 많이 보는 편은 아니지만 어쩌다 보려 해도 별로 보고 싶지 않은 것이 솔직한 심정'이라 했다. 그 이유로 김씨는 '주인공들 이 한결같이 20대 젊은 층으로 한정되어 …… 감칠맛은 있으나 공감을 주 지 못하는 점'을 들었다. 또 '재미있는 장면은 지나치게 엿가락처럼 늘리는 경향이 있는데 이는 제작자나 스폰서의 요구인지는 모르나 시청자로서 아 주 짜증스럽다'고 했다. 이에 작가 나연숙 씨는 …… '드라마를 열심히 보 지도 않는 시청자와는 얘기하고 싶지도 않다'고 답변했다. 또 다른 가정부 인인 정씨는 '인물설정에 종살이하는 것도 서러운데 병신을 만드는 등 지 나친 데가 있고, 출가한 딸이 친정부모에게 반말을 하는 등 …… 교육상으 로 좋지 않은 것 같다'고 지적했다. 이 의견에 김수현 씨는 '작가가 교육문 제까지 책임져야 하느냐' …… '듣기 거북하면 시청자 쪽에서 채널을 돌리 는 수밖에 없다'고 답변했다 ……(≪조선일보≫, 1978.12.10, 5면).

이 사건은 시청자 일반과 여성단체, 그리고 여성작가라는 세 주체가 모 두 같은 여성이지만, 상이한 입장으로 권력지형에 위치하고 있음을 보여준 다. 즉, 당시 여성 지위향상을 내걸고 일반 시청자를 대표하고 나선 여성단 체와 실제 일반 주부 시청자 간에 놓인 격차, 그리고 사회적 명성을 지닌 여 성작가와 사회적 인정과 존중이 박탈된 주부 간의 격차, 동시에 생산자로 서 작가와 수용자로서 시청자 간의 권력 차이가 복합적으로 얽혀 있는 것 이다. 따라서 1970년대 당시 여성작가와 여성단체 간의 대화는 텔레비전 드라마에 있어서 연대할 수 있는 지점을 찾는 데 실패하게 된다.

드라마 저질론이라는 신문의 지배적 담론에서, 시청자는 항상 타자로서 토론의 대상일 뿐이고, 스스로는 발언하지 못하고 언제나 대변되어야 하는 존재로 나타난다. 그러나 동시에, '시청률'의 이름 뒤에 거대하게 존재하는

신문의 '드라마 저질론'의 담론구조

```
┌─────────────────────────────────────┐
│      신문의 지배담론=드라마 저질론      │
└─────────────────────────────────────┘

┌───────────────────────────────────────────────────┐
│   TV 매체관-교육매체(vs. 오락매체)                    │
│   대중문화관-저속문화(vs. 고급문화/순수예술)          │
│   민족주의-우리의 전통(vs. 퇴폐적 외래문화)           │
│   규범주의-도덕주의(vs. 일탈성)                       │
│   엘리트주의-지식인의 지도적 역할(vs. 시청자의 비지성) │
│   시청자관-교육대상이자 보호의 대상(vs. 능동적 주체)  │
└───────────────────────────────────────────────────┘
```

덩어리로서 중요한 듯 취급되며, "여론을 무시한 주먹구구식의 프로개편" (≪조선일보≫, 1974.10.31, 5면)이란 기사의 제목처럼 시청자는 '여론'으로도 명명된다. '시청률'과 '여론'의 이름 안에 구체적 개인들의 삶의 흔적은 없으며, 시청자들이 취하는 다양한 시청행위와 다양한 해독의 차이는 무시된다. 이러한 점에서 시청자는 "독특성을 결여한 집합적 존재"일 뿐이며, 주어진 실체라기보다는 "사회적으로 구성되고, 제도적으로 산출된 불확정한 담론적 구성물"로 이해할 수 있다(Ang, 1991: 3). 그래서 시청자는 구체적 삶이 사상된 동질적이고 추상적인 구성물로서, 방송사, 방송사, 신문사, 정부, 지식인 등 각 집단들이 자신의 이해를 위해 호명하고 포섭하고 통제하려는 대상이 되는 것이다. 지금까지 논의한 담론구성체로서 '드라마 저질론'을 정리해 나타낸 것이 그림 2-1이다.

3) 신문의 지배담론의 외적 구조: 경쟁자로서 텔레비전 매체

신문의 텔레비전 비판은 신문매체의 강력한 경쟁자로 텔레비전이 미디어시장에서 부상하는 데서 오는 위기의식과 무관하지 않다. 즉, '드라마 저질론', 또는 '저속한 텔레비전'이라는 신문의 지배담론은 그 외부구조로서 한국 매스미디어의 산업적 지형을 고려할 필요가 있다. 1970년대에 텔레비전 광고량은 급속히 증가하게 되어, 4대 매체의 광고비 점유율이 변화를 겪는다. 방송사 내적으로는 1973년부터 텔레비전 광고비가 라디오 광고비를 추월하고, 1974년부터는 광고비에 있어서 텔레비전이 신문 광고비를 추월하기 시작한다(임종수, 2003: 56~57). 1977년의 경우를 보면, TV 광고비는 409여억 원으로 신문 광고비인 376여억 원을 앞질러, 광고재원비율이 높은 신문 산업을 긴장시킨다(정순일·장한성, 2000, 124~125에서 재인용).

1970년대 중반 이후, 광고시장의 대표적 주자였던 신문 산업이 방송 산업에 의해 그 몫을 크게 위협받기 시작하면서, 신문의 드라마 저질론은 그 초점이 변화하기 시작한다. 1970년대 중반까지만 해도, 드라마 저질론은 주로 드라마 내용이나 작가의식의 부재에 초점을 맞추었다. 그러나 그 이후에는 방송사의 빈약한 투자와 열악한 제작환경이 드라마 저질화의 주요 원인으로 지적되기 시작한다. 1976년 5월 30일 5면 기사에서는 "TV 드라마의 虛/實—알맹이도 재미도 없는 내면을 들여다본다"란 표제 아래, "막대한 수입 … 과감한 제작 왜 피하나?"란 부제가 뒤따른다. 그리고 드라마 작품의 빈곤은 역량 있는 작가의 부재 외에도, 흑자임에도 투자를 안 하는 방송사가 주요 원인이라고 지적된다. 그리고 근거로서 KBS와 민영 방송사들의 광고수입과 드라마 제작비용의 대차대조표를 제시하고 있다. 1978년 9월 1일에는 "TV 이대로 좋은가"란 주제로 시리즈가 기획되는데, 첫회에서 TV를 '바보상자'로 규정하고 "재미없지만 안 볼 수 없는 저질"이란 표제에 "속이 빈 외형 비대증, 2가구 1대, 역기능 드라마, 유행어 남발, 사치-

낭비 조장, 개인의 돈벌이 수단만 될 수는 없어"라는 소제목 아래, 방송의 이윤추구를 비판하는 내용이 전개된다. 다음 날, 「거대기업 편」에서는 "제 값 보여주지 않는 시청료 200억 원, 두 민방 광고료 수입 연 3백억 넘겨, 단 20초에 40만 원, 제작비 불과 20%"라는 소제목 아래 KBS와 민영방송에 대한 강도 높은 비판이 이어진다. 그리고 5일, 「방송종사자 편」에서는, "돈 안 쓰는 흑자기업, 재투자 않는 흑자기업, 사람대접 못 받는다, 재투자 않는 경영은 많은 사람을 타락시켜, A급 가수 2곡 만 5천 원, 보너스 없고, 미용-의상비도 안 되고 생계도 곤란"이란 내용요약이 머리기사로 제시된다. 신문이 텔레비전 산업의 부정적인 측면을 과감히 드러내고 있음을 보여준다. 이처럼 방송과 신문 미디어 산업 간의 경쟁이 신문의 '텔레비전 저질론'의 산업적이며 구조적인 배경으로 작용하고 있음을 알 수 있다.

5. 유신정권, 텔레비전, 그리고 신문의 헤게모니적 문화정치학

1) 신문의 '저질론' 담론과 정부 개입의 접합

지금까지 1970년대 ≪조선일보≫에 게재된 텔레비전 드라마 비평의 지배적 담론으로 '드라마 저질론'의 형식적 특성과 '드라마 저질론'의 내적·외적 구조를 살펴보았다. 여기서는 '드라마 저질론'을 방송에 대한 국가 개입이라는 전체 지형 위에 놓음으로써, 국가의 방송규제가 신문에 의해 일정 정도 촉발되고 다시 정당화되는 과정을 살펴볼 것이다. 결론부터 말하면, 텔레비전에 대한 신문의 '드라마 저질론'이라는 부정적 담론은 문공부나 방송윤리위원회의 방송 규제를 정당하게 또는 적어도 자연스럽게 보이게 했다. 그리고 정부의 규제에 대해 긍정적인 평가를 내림으로써 정부의 행위뿐 아니라 신문 자신의 정당화를 수행했다.

방송에 대한 국가의 규제는 장발족 단속이나 히피족 출연 금지와 같이 정권 자체의 동기와 즉흥적 판단에 의해 발동되기도 하지만, 대부분 국가 개입은 스스로의 정치행위를 정당화할 수 있는 근거를 필요로 한다. 그리고 실제 독재정권 아래 국가라고 할지라도 민주국가를 표방하고 있는 한에서는, 흔히 국가는 모호한—어쩌면 모호하기 때문에—'여론'이라는 것을 근거로 취한다. 그것은 긴급조치가 빈번히 내려진 1970년대의 한국 사회에서도 예외가 아니었다. 1970년대 정부의 방송 정화조치 등은 정부가 방송의 저속성에 대한 국민의 비판여론을 보다 못해 나섰다는 식으로, 즉, "급기야 문공부 장관이 1971년 6월 16일 TV 프로그램의 저속성을 비판하는 담화문을 발표하고 방송계의 자숙을 요청하기 이르렀다"(정순일·장한영, 2000: 91)는 식의 인식과 평가가 만들어진다. 방송에 대한 정부의 조치들은 대부분 방송 내용에 대한 신문의 비판이 요란하게 제공된 뒤에 발생한다. 다음 기사는, 신문이 그간 신문에 게재되었던 드라마 저질론을 바로 '여론'으로 등치시키며 정부의 방송규제를 정당화하는 것을 보여준다.

> 당국이 이처럼 드라마를 규제한 것은 내용 없는 드라마들이 시청자들의 말초신경만 자극하고 국민의 윤리나 정서에 해로운 영향을 끼친다는 여론에 따른 것이다. 당국의 지속적인 정화방침에도 아랑곳없이 민방들은 시청률 경쟁에 눈이 어두워 계속 저질 드라마를 방영했다(≪조선일보≫, 1977.11.6, 5면).

정보나 사실에 접근할 수 있는 다양한 매체가 부재하던 당시, 신문은 시민들의 시각에 영향을 주며 여론을 형성할 수 있는 가장 강력한 언론매체였다. 따라서 실제로 방송이 저질이었는가의 문제나, 실제로 대중이 그러한 저질성에 분개했는가라는 문제와는 별개로 신문이 전개한 '드라마 저질론' 담론은 큰 사회적 영향력을 행사한다. 그리고 이는 드라마를 위시해 방송에 대한 부정적인 기사가 먼저 수차례 이어진 후 방송조치가 내려지는 방식에서도 감지된다. 그 예들을 살펴보면, 1974년 신문에 불륜·저질로 드라마 <안녕>과 <아빠>를 신랄하게 비판하는 기사가 실린 지 얼마 되지 않아, 바로 방송위원회가 비건전성을 이유로 두 드라마를 중도하차하게 만든다. 또 신문이 드라마 사극의 고증이 "허술할 뿐 아니라 황당무계"하며 저질이라고 강도 높게 수례에 걸쳐 비평하자(≪조선일보≫, 1974.6.8, 5면, 1974. 9.3, 5면, 1974. 10.18, 5면, 1975.1.16, 5면), 결국 문공부에서는 연예오락을 줄이고 정부시책방송을 늘리라는 지시와 함께 **"사극의 경우 고증을 철저히 하고 간신배, 음모 등 권력암투나 모함하는 내용은 빼라"**는 구체적 지침을 하달한다(≪조선일보≫, 1975.2.23, 5면, 강조는 필자). 1977년에는 방송이 걸핏하면 고부간의 갈등을 소재로 삼는다는 비판이 신문에 실리자, 방송윤리위는 '방송윤리기준'을 제정하면서 고부간 갈등을 담지 말도록 구체적으로 주문한다. 다음 해에는 김수현 극본의 드라마들이 '지나친 말장난'에 기댄 흥미 위주이며, 방송에서 지나치게 "순박성 잃고, 저열함을 강조하는 사투리"가 많다는 부정적인 기사가 나가고 난 뒤, 방송윤리위는 "유행과 소비성을 조장한 사치스러운 복장, 자극적이고 지나친 교태의 율동, 남자의 장발, 비속어 은어와 무분별한 외래어 및 소재 및 사투리 사용, 경박한 소재 및 지나친 말장난을 삼가줄 것을 당부"하는 권고사항을 제시한다(≪조선일보≫, 1979.2.25). 이는 문공부나 방송윤리위에서 신문의 비판 문구를 거의 그대로 사용하는 모습을 보여주어, 신문이 정부의 조치를 유도하고 있다는 인상을 줄 정도이다.

정부의 방송규제가 있고 나면, 신문은 정부의 조치를 두고 정부가 '국민의 여론'을 반영한 결과로 해석하거나, '학자의 의견'이나 '시청자' 또는 '여론'의 이름 아래 정부조치에 대해 긍정적인 논평을 게재한다. 예를 들어, 1973년 7월 일일연속극을 단축하고 하루 1편 이상의 교양프로를 편성하라는 정부의 권고가 시달되자, 신문은 "그동안 TV 매일연속극이 소재 빈곤에다 주제의식의 한계를 보인다 하여 식자의 빈축을 받아온 것이 사실"
이라고 정부조치의 타당성을 인정한다(≪조선일보≫, 1973.7.19, 5면). 1975
년 12월에는 문공부가 현재 방영중인 드라마들의 편수를 일률적으로 제한
하는 강력한 조치를 담은 <TV 드라마 및 코미디 내용정화>를 각 방송국
에 통보하게 된다. 그러자 신문은 "시청자들은 …… '치기 어린 난센스 코
미디나 지리멸렬의 엉터리 드라마가 줄어든다니 바람직한 일'이라는 반응
을 보였다"는 기사를 통해 '시청자들'의 견해를 대변하는 식으로 정부 조
치를 옹호하며 정당화한다(≪조선일보≫, 1975.12.14, 5면).

이처럼 신문매체는 방송에 대한 비평담론을 통해 방송을 견제할 뿐 아니
라 여론 형성자 또는 여론 대변자로서의 자신의 문화적 권력을 제조하고
확대했다. 이러한 과정에서 신문은 상당 정도 유신정권의 동조자로서의 역
할을 수행한 것이다. 드라마 저질론을 단순히 ≪조선일보≫라는 한 개별
신문사의 특정 사례에 불과하다고 치부할 수 없는 것은, 당시 신문 기사의
주제 및 내용은 신문사 간의 큰 차이 없이 비교적 유사했다는 점으로 반박
할 수 있다. 그렇다면 왜 신문매체들은 방송에 대해 유사한 비판논조를 보
였을까? 당시 독재정권의 강압적 정치 상황만으로 설명하는 것은 부족하지
않을까? 이 점을 좀 더 파고들어 보자.

2) 헤게모니 투쟁과 상대적 자율성

방송 프로그램에 대한 신문의 강도 높은 비판으로 정부가 개입할 수 있
는 길이 보다 쉽게 마련되었음을 앞서 지적했는데, 왜 이러한 결과가 발생
했는지를 다시 근본적으로 짚어볼 필요가 있다. 물론 유신 독재정권이 당
시 모든 행위자들의 실천 행위에 구조적인 제약과 한계로 작용했을 거라는
점을 여기서 다시 강조할 필요는 없을 것이다. 다시 말해, 신문이 자신의 판
단에 따라 정부나 정치 비판적인 담론을 자유롭게 펼쳐낼 수 있는 정치상

황이 아니었으며, 다른 매체처럼 정권의 눈치를 살피며 조심스레 처신할 수밖에 없었을 것이라는 점을 인정한다. 그러나 당시 유신정권의 언론통제와 압력 때문에, 신문이 의도적으로 정부의 비위를 맞추려고 그런 드라마 저질론을 양산했다고만 볼 수는 없을 것이다. 그렇다고 실제로 방송 드라마가 그렇게 저질이었기 때문에 신문은 그것을 반영한 것에 불과하다고 순진하게 방송 탓을 할 수도 없다. 문화나 취향의 평가는 판단자나 기준에 따라 다를 뿐 아니라, 신문 역시 정보의 취사선택과 글쓰기를 통해 현실을 반영하는 것이 아니라 구성한다는 사실은 익히 알려진 바이기 때문이다. 그렇다면 신문매체를 상대적인 자율성을 지닌 주체로서 인식하고, 드라마 저질론을 신문의 적극적인 담론실천 행위로서 접근해볼 필요가 있을 것이다. 이럴 때 다음과 같은 점들을 지적할 수 있다.

첫째, 신문담론의 생산자인 기자, 논설위원, 편집자들은, 신문이 인용하거나 매개하는 교수나 방송윤리위 관계자, 또는 전문가들과 함께 지식계층에 속하며, 공통의 세계관과 윤리를 상당 정도 공유하고 있었다는 점이다. 구체적으로는 앞서 논의했던 것처럼, 그것은 TV 매체관, 대중문화에 대한 폄하, 외래문화에 대항하는 민족주의 담론, 도덕적 규범주의, 지식인의 엘리트주의, 그리고 가부장적인 시청자관으로 요약될 수 있다. 이것들은 이들 지식인의 문화적 습속과 성향체계, 즉 아비투스(habitus)로서 볼 수 있다. 당시 "박정희 지배담론인 '조국 근대화'가 지식층의 광범위한 지지와 동참을 이끌어내었고, 지식인들은 근대화 담론에 압도당했다"(황병주, 2000: 53)는 주장처럼, 지식인들의 아비투스는 여러모로 당시 유신정권의 정신과 맞닿아 있었다. 허은(2007: 248)에 따르면, '1960년대 후반 한국 지식인들은 크게 '전통계승' 지식인과 '탈전통' 지식인의 두 집단으로 나눠질 수 있는데, 이들은 서로에게는 비판적이지만 함께 "박정희 정권의 지식인 호명에 화답하며", 조국근대화의 이데올로기 주조를 위해 박정희 정권과 결합했다고 지적한다. 즉, 이 두 지식인 집단들은 전통의 계승과 단절이라는 첨예한 대립에도 불구하고, "수동적이며 '탈정치화'된 근대 주체를 양성하고자" 했고, 정신적 측면을 강조하며 국민을 계몽의 대상으로 취급한 점에서 일치되었다. 따라서 1976년 한 해에 세 차례나 텔레비전 프로그램의 편성권을 침해하는 정부조치에 대해서도, "꼼짝 못하게 편성권을 챙겨가 버린 문공부에 말 한 마디 못하는 방송 현업에 동정은커녕 그동안 방송의 타락상을 나무라며 오히려 잘되었다고 말하는 '식자'도 많았다"(정순일, 1991: 231~232)는 증언은 그러한 맥락에서 이해될 수 있다.

둘째, 방송에 대한 신문의 부정적인 담론생산은 한국 사회에서의 매체영향력이라는 사회적 측면과 광고시장의 배분이라는 산업적 측면에서―이 둘은 물론 서로 밀접히 연관되어 있다―신문매체가 방송매체의 강력한 도전을 받고 있던 당시 정황과 무관하지 않을 것이다. 특히 방송광고 점유율이 신문광고 점유율을 넘어선 1977년부터, 그간 방송의 내용을 비판하던 신문이 방송의 흑자재정, 투자결핍, 방송 제작환경과 종사자 처우의 열악함 등 제작과 운영을 집중적으로 비판하기 시작한 사실이 그러한 정황적 판단에 무게를 실어준다.[19]

셋째, 방송 초기부터 상업주의의 기세 아래 시청률 경쟁에 몰입한 방송사 역시 신문의 드라마 비판을 동기화시키고 세력 관계를 형성한 주요 행위자로 지적하지 않을 수 없다. 당시 한국 사회에서 의제를 설정하고, 여론을 형성할 수 있는 가장 강력한 매체였던 신문에 비해, 1970년대 후반에 들어와서야 보도기능을 어느 정도 확충할 수 있었던 방송매체는 직접적인 정치적 영향력이 미비했다고 볼 수 있다. 이러한 상황에서 방송은 드라마를 앞세우고, 새로운 여가와 오락 매체로서 시청자를 사로잡으며 자신의 영향

---

19) 물론 방송 제작을 둘러싼 여러 조건들에 대한 비판은 단순히 프로그램의 내용만 비판하던 이전에 비해 신문이 전반적으로 보다 다면적인 비판을 제기한 것이라고 긍정적으로 볼 수도 있다.

력을 키워갔다고 할 수 있다. 즉, 시청료 및 광고매출 증가에 따른 이윤확보 등 산업적 성장뿐 아니라, TV에 의존하는 시청자의 증가는 방송매체에 대한 사회적 권위와 영향력의 증대로 이어졌다고 볼 수 있다. 시청률 경쟁을 통한 방송사들 간의 자존심 대결이 양념처럼 가미되며, 드라마를 통한 시청자 확보는 방송에게는 놓칠 수 없는 문화 권력의 확보라고 할 수 있다. 따라서 '저질'의 비난 속에서, 그리고 정부의 수많은 조치에도 불구하고 텔레비전은 대중적이고 통속적인 드라마 생산에 계속 매진하고자 하는 자기의 내적 동력을 가지고 있었다.

이러한 세 가지 해석은 박정희 정권이 유신체제를 유지하기 위해 선정적인 드라마로 국민들의 정치적 관심을 마비시키려 했다는 방송 조작론 또는 정치 음모론적 시각에 도전한다.[20] 물론, 방송의 내적 논리나 문화적 실천을 강조한다고 해서, 박정희 정권이 근대화와 유신체제의 헤게모니 구축을 위해 방송을 수단으로 이용했다는 점을 부정하는 것은 아니다. 여기서 주장하는 바는, 국가가 방송이나 신문을 완전히 꼭두각시처럼 강제하고 통제할 수 없는 상대적인 자율성을 방송과 신문이 지니고 있다는 점이다. 즉, 방송매체와 신문매체는 각각 자신의 영역을 온존시키는 내적 논리를 갖고 있으며, 자신에게 영향을 주는 외부 존재와의 역학관계 속에서 자신을 보존하고 확장하려는 문화적 실천을 일정 정도 전개해 나갔다. 사실, 방송이나 신문의 상대적 자율성을 운운하지 않더라도, 정치 음모론은 유신정권의 시

---

20) 1972년 9월, 제1회 'KBS배 쟁탈 전국 장사 씨름대회'가 열려 장안의 화제가 되었을 당시, 정국은 7·4공동성명과 비상계엄령이 선포된 상황이라서 그 경기중계가 국가의 스포츠를 통한 탈정치화를 위해 준비된 것이라는 음모론적 주장이 제기되었다. 그러나 당시 이를 기획한 정순일(1991)은, 그것이 박종국 TV 부장과 손영호 제작 1과장팀에 의해 급하게 만들어진 것으로서 당시의 경직된 정국과 "우연히 겹친 일이지, 민심을 탈정치 내지는 무관심으로 몰고 가기 위한 고등전술로 등장한 것은 아니었다고 생각된다"(정순일, 1991: 209)며, 방송을 통한 국가 음모론적 해석을 부인한다.

각에서 보더라도 논리적인 설득력이 약하다. 왜냐하면, 선정적이고 통속적인 드라마가 탈정치화의 효과가 있을지는 모르지만, 탈정치화를 위한 방법이 꼭 선정적이고 통속적인 드라마만 있는 것은 아니기 때문이다. 특히 근대화를 위한 국민적 계몽이나 전통적 민족문화를 강조해온 유신정부가 굳이 자신의 논리와 반대되는 비현실적인 연애나 불륜의 통속적 드라마를 조장했다는 것은 논리적으로도 쉽게 옹호되기 힘들다. 이는 정권이 나름대로 방송의 저질성이나 퇴폐성을 막으려는 조치를 방송에 끊임없이 강제한 점에서도 뒷받침된다. 정권이 항상 방송에게 원하며 주문했던 것은 국가의 발전을 홍보할 수 있는 '건전 드라마'나 민족중흥의 감동을 줄 수 있는 계도 프로그램이었다는 점도 상기할 필요가 있다.

방송의 상대적 자율성의 측면에서 정치음모론에 대한 반박은, 방송이 강압에 의해 어쩔 수 없이 수동적으로나, 아니면 정권의 하수인으로서 적극적으로 정권의 비위를 맞추기 위해 통속적 드라마와 향락적 프로그램을 생산했다고 볼 수 없다는 뜻이다. 자유롭고 비판적인 상상과 창의가 허용되지 않는 1970년대 정치와 사회 상황에서, 그러한 드라마들은 방송이 자신의 영리를 위해 취할 수 있는 것 중 가장 효과적인 것이었을지 모른다. 그리고 그러한 드라마들이 유신정권의 정치적 지배에 치명적인 위협이 되지는 않는다고 판단했기에 정부의 지속적인 개입과 통제에도 불구하고 통속 드라마를 계속적으로 시도했던 것은 아닐까?

그렇다고 국가의 지원과 직접적인 통제 아래 놓였던 방송이 자신의 영리만을 위해 국가의 조치를 무시하며 통속드라마만을 고수할 만큼 절대적인 자율성을 가졌다는 말은 물론 아니다. 오히려 상대적인 자율성은 정권의 요구를 수용하면서 그 한계 내에서 자신의 이익을 일정 정도 추구할 수 있는 것을 의미한다.

상대적 자율성을 지닌 그러한 문화적 실천은 공영방송인 KBS가 보여준 모습에서 좀 더 쉽게 이해될 수 있다. KBS는 민영 방송사들과의 시청률 싸움과 정부의 정부시책적 프로그램 제작이라는 이중적 압력 속에서, 1970년대 초반 반공드라마(예, <실화극장>)에 극적 스릴을 더하여 반공드라마를 일약 인기드라마로 등극시켰다. 또한 정부의 근대화시책을 찬미하는 드라마(예, <꽃피는 팔도강산>)를 오락적인 재미까지 가미한 인기 홈드라마로 변환시켜 시청자의 사랑을 받는 장수 프로그램으로 만들었다. 1970년대 중후반에는, 민족 영웅 중심으로 국가주의나 민족주의를 높일 수 있는 역사/시대극을 제 작하라는 정부의 지침이 내려오자, 시청자와 비평가들 양자의 높은 호평을 받는, 성공적인 대형 특집 단막극을 제작해내는 성과를 보였다. 그 결과 단막 극의 수준을 한 차원 높임으로써 한국 방송문화의 질적 향상에 기여했다는 신문 평가가 나오게 되었고, 민영 방송사들도 뒤따라 유사프로그램을 만들 게 되었다. 이로써 텔레비전은 정권의 요구를 수용하고 자신의 영리적 목적 에도 봉사하면서, 동시에 자신의 매체적 존재가치를 시청자와 여론지도자들 에게 입증할 수 있는 계기를 만들었다. 국가만이 자신의 지배를 정당화하기 위해 국민의 동의가 필요한 것은 아니다. 자신의 지배에 대한 국민의 동의를 얻기 위한 헤게모니 구축은 방송이나 신문 모두에게도 적용된다. 즉, 어느 사회문화적 기구나 국가나 다른 권력집단으로부터 상대적 자율성을 확보 하며 성장하려면 그 구성원의 최소한도의 지지와 동의를 획득해야 한다.

이 점은 신문의 행위에서도 발견된다. 유신정권과 일정 정도의 일체감을 만들어내던 신문이, 방송에 대한 정부의 세세한 간섭 이후 방송이 실제로 재 미없어지고 시청자들이 정책 프로그램을 피하면서 간접적으로 정부의 방송 규제를 비판하기 시작한다. 단적인 예는, 1979년 정부의 시청료 인상에 대 해 "납득 안 가는 시청료 인상, 질 향상 없이 요금 20% 올려"라는 제목의 기 사에서 볼 수 있다(≪조선일보≫, 1979.2.3). 이 기사에서 신문은 방송공사의 시청료 사용 내역을 분석하면서 "난시청 해소는 정부에서 해야"지 왜 방송 공사가 시청료를 인상해가며 시행하느냐며 강도 높게 비판한다. 그뿐 아니 라 '시청자'의 이름을 빌어, 정부 규제로 TV가 재미없어졌다고 비판하는 비평들이 연이어 게재된다. "개편 TV—건전한 경향은 좋으나 내용 재미없어 질까 우려"(≪조선일보≫, 1978.10.21, 5면)가 그렇고 다음의 기사도 그러하다.

가뜩이나 획일된 편성으로 침체된 TV프로가 더 무미건조해지지 않을까 하는 염려도 없지 않다. TV의 오락적 기능은 무시될 수 없기 때문이다. 또 PD들이 제작의욕을 상실하지 않도록 세심한 배려도 필요 …… 당국이 편성에서부터 세부내용에 이르기까지 일일이 간섭하는 듯한 인상을 주는 것도 곤란하다(≪조선일보≫, 1978.9.16, 5면).

이 시기는 여기저기 정치적 문제가 터져 나오고 민중집단의 저항이 분출하면서, 유신정권 말기의 독기에도 불구하고 그 헤게모니가 와해되기 시작하는 1970년대 후반이다. 이때부터 신문매체는 정부로부터 거리를 두며 시청자의 입장을 옹호하고 이들의 지지를 얻기 위한 담론 실천을 전개한다. 즉, 신문매체 역시 국가로부터 상대적인 자율성을 일정 정도 확보하며 자신의 매체적 영향력과 정당성을 유지하기 위해서는 시청자·독자들의 동의와 지지라는 헤게모니 구축이 필요하게 된 것이다. 이러한 설명들을 도식화해 나타내 본 것이 그림 2-2이다.

▌그림 2-2
신문담론의 외적 관계와 영향력

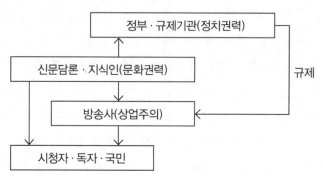

6. 마무리

지금까지, 드라마에 대한 1970년대 신문비평의 지배적 담론이 무엇이고, 그것이 어떻게 다른 담론들과 접합하여 작동했는지를 국가와 신문과의 관계지형 위에서 살펴봄으로써 방송비판이라는 신문매체의 문화실천과 그것이 지닌 문화정치적 함의를 밝히고자 했다.

먼저 이 글은 유신정권과 텔레비전 방송 간의 관계에 대한 기본적인 지형인식으로부터 시작했다. 1970년대 한국 사회 전반은 강력한 유신독재정권의 체제 아래서 강력히 조정, 통제받고 있었지만, 방송은 시작부터 근대적 성과물의 하나로서 정부의 적극적인 육성지원을 받았다는 점에서 신문에 대한 정부의 강력한 통제 관계와 대비된다. 그러나 MBC 개국과 함께 전개된 세 방송사의 치열한 시청률 경쟁은 드라마를 위시한 오락프로그램의 질에 대한 비판을 불러오며, 1970년대 유신정권의 직접적인 내용규제를 받게 된다.

그러나 방송에 대한 국가의 개입과 규제를 이처럼 방송과 정부의 양자구도에서만 이해하는 것은 당시의 유신체제하의 문화적, 사회적, 그리고 미디어 산업적 지형의 복잡한 역동성을 간과하게 만든다. 그뿐 아니라 양자 구도적 접근은, 1970년대 방송사의 시청률 경쟁에 따른 저질 프로그램의 양산이 정부 개입을 자초했다는 논리를 도출시키며 유신정권에 대해 일정 정도의 면죄부를 주게 된다. 또는 당시 유신정권의 집권 유지를 위해 시시콜콜 방송의 모든 행동을 규제하게 되었다는 국가 중심적인 해석이나, 국민의 탈정치화를 위해 방송의 저질화를 온존시켰다는 정치음모론적 해석을 가능하게 할 위험이 있다.

국가가 강제적이고 억압적일 때도, 국가는 국민의 지지를 획득하며 최소한의 정당성을 확보하고자 한다. 따라서 비록 유신체제를 고안해야 할 만큼 동의보다는 강압적 수단에 의존할 수밖에 없던 국면이었다 하더라도,

박정희 정권이 국민의 동의나 지지를 염두에 둔 헤게모니적 정당화에 무심했다고 말할 수 없다. 이러한 맥락 위에 이 글은 국가와 방송의 양자적 관계를 신문매체와 시청자를 포함한 다자적 관계로 볼 것을 주문한다. 자본축적의 논리에 충실한 방송사들은 시청률 경쟁을 벌임으로써 드라마 질을 일정 정도 하락시켰고, 그것이 조국근대화와 국민계도를 목적으로 하는 국가의 규제를 불러오는 조건을 형성하게 된다. 그리고 신문매체가 텔레비전 비판담론을 생산해내고 지배담론으로 여론화함으로써 정부 개입을 유도했다. 그리고 동시에 국가 개입의 책임소재를 방송에 확실하게 전가시킴으로써, 시청자(국민) 앞에서 국가의 방송규제의 정당화를 구축해주었다. 즉, 방송의 시청률 경쟁에 따른 프로그램의 질적 하락이 정부개입을 불러온 하나의 필수조건을 형성했다면, '드라마 저질론'으로 대표되는 신문의 방송 비판담론은 정부개입의 충분조건을 마련했다고 할 수 있다.

그러나 TV에 대한 신문 담론의 이러한 역할을 정권에 대한 신문의 '의도적인 협조'의 결과로 보는 것은 적절치 않다. 그것은 부상하는 방송매체와 세력을 다툼하는 매체들 간의 관계 지형에서, 신문매체가 자체의 성격과 논리 아래 국가로부터의 상대적 자율성을 가지고 전개한 실천의 결과라고 보는 것이 타당할 것이다. 그 근거로서 우선, 1970년대 당시 신문매체는 매체관, 도덕관, 대중문화관, 민족주의관, 엘리트주의, 그리고 시청자관에 있어서 당시 지식인층, 그리고 나아가 유신정권의 정서와 상당한 공명을 이루고 있었음을 지적할 수 있다. 또한 방송이 산업과 대중영향력 모두에서 무시할 수 없는 경쟁매체로서 급속히 부상한 사실과 폭압적 정권의 존재가 신문 자신의 담론실천을 특정한 방식으로 수행하도록 하는 조건과 압력으로 작용했다고 얘기할 수 있다.

요약하자면, 이 글은 신문이 방송비판 담론을 통해서 국가의 방송 개입을 적극적으로 매개했음을 주장한다. 그뿐 아니라 상대적 자율성을 확보하고 자신의 존재가치를 확대하려는 신문매체와 방송매체의 실천행위에는 언제나 시청자/독자의 지지를 획득하려는 헤게모니 투쟁이 내포되어 있음을 드러내고자 했다. 그리고 그러한 역동적 실천들이 국가/정권과의 끊임없는 상호 접합과 균열, 그리고 의도하지 않은 효과를 산출한다는 것을 강조하고자 했다.

신문기사에 주로 의존해서 국가, 방송, 신문의 다자간 행위와 관계를 구성하고 그 의미를 살펴본다는 것은, 신문에 활자화되지 못한 당시 맥락의 정황과 여러 실천들을 사상하거나 누락하는 위험을 부담으로 지니게 된다. 이러한 점에서 이 연구가 풍부한 사료와 신문사와 방송사, 그리고 정부규제기관과 관련된 많은 행위자들의 구술자료에 의해 보강될 수 있기를 기대하며, 부족한 대로 여기서 마무리하고자 한다.

참고문헌

강대인. 1997. 「한국방송 70년의 정치·경제적 특성」. 한국방송학회(편). 『한국방송 70 년의 평가와 전망』. 서울: 커뮤니케이션북스, 13~48쪽.

김승현·한진만. 2001. 『한국사회와 텔레비전 드라마』. 파주: 한울.

노정팔. 1995. 『한국방송과 50년』. 파주: 나남.

박승현. 2005. 「대중매체의 정치적 기제화: 한국영화의 건전성 고양(1966~1979)」. ≪언론과 사회≫, 13권 1호, 46~74쪽.

백미숙·강명구. 2007. 「'순결한 가정'과 건전한 성윤리: 텔레비전 드라마 성표현 규제에 대한 문화사적 접근」. ≪한국방송학보≫, 21(1), 138~181쪽.

임종수. 2003. 『1970년대 한국 텔레비전의 일상화와 근대문화의 일상성』. 한양대학교 대학원 박사논문.

전재호. 1999. 「박정희 체제의 민족주의」. ≪한국정치학회보≫, 32(4), 89~109쪽.

정순일. 1991. 『한국방송의 어제와 오늘: 체험적 방송현대사』. 파주: 나남.

정순일·장한성. 2000. 『한국 TV 40년의 발자취: TV 프로그램의 사회사』. 파주: 한울.

정영희. 2003. 『한국사회의 변화와 텔레비전 드라마』. 서울: 커뮤니케이션북스.

조항제. 2003. 『한국 방송의 역사와 전망』. 파주: 한울.

_____. 2005. 「한국방송의 근대적 드라마의 기원에 관한 연구: <청실홍실>을 중심으로」. ≪언론과 사회≫, 13권 1호, 6~45쪽.

최장집. 1996. 『한국민주주의의 조건과 전망』. 파주: 나남.

최창봉·강현두. 2000. 『우리방송 100년』. 서울: 현암사.

황병주. 2000. 「박정희 시대의 국가와 민중」. ≪당대비평≫, 12호(가을호), 46~68쪽.

_____. 2005. 「국민교육헌장과 박정희 체제의 지배담론」. ≪역사문제연구≫, 15호, 129~175쪽.

허은. 2007. 「1960년대 후반 '조국근대화' 이데올로기 주조와 담당지식인의 인식」. ≪사학연구≫, 247~291쪽.

문화공보부. 1979. 『문화공보 30년』.

제일기획. 1989. 『광고연감 89』.

한국방송공사. 1987. 『한국방송60년사』.

≪조선일보≫, 1970.1.1.~1979.12.31.

Ang, I. 1985. *Watching Dallas: soap opera and the melodramatic imagination*. London: Routledge.

_____. 1991. *Desperately seeking the audience*. London: Routledge.

Fiske, J. 1987. "British cultural studies and television." in Robert Allen(ed.). *Channels of Discourse*. London: Methuen.

Hall, S. 1981. "Encoding and Decoding." in S. Hall et al. *Culture, media, Language*. London: Hutchinson, pp. 128~138.

Lewis, J. 1991. *The Ideological octopus: An exploration of television and its audience*. New York: Routledge.

Morley, D. 1980. *'Nationwide' audience: Structure and decoding*. London: British Film Institute.

_____. 1986. *Family television: Culture, power, and domestic leisure*. London: Comedia Publishing Group.

제3장

제5공화국 시대 공영방송의 정치성

TV드라마를 통한 고찰

정영희

고려대학교 정보문화연구소 연구원

1. 들어가는 말

1980년대 한국의 방송제도를 한마디로 정의하면 '공영방송체제'이다. '공영방송'이라는 긍정적 가치에도 불구하고 어떤 학자들은 1980년대의 방송을 1960~70년대보다 후퇴한 산물로 평가하기도 한다. 이는 1980년대의 방송이 공영방송의 외피를 둘렀음에도 불구하고 그 개념 자체에 내재된 '공영방송'으로서의 역할을 제대로 수행하지 못했음을 의미하기도 한다. 또한 공영임에도 불구하고 광고영업을 통해 생존해야 했던 방송의 모호한 정체성에 대한 비판이기도 하다. 이 글은 1980년대에 공영방송제도로 수렴된 한국의 방송이 특수한 정치적 환경에서 그 공영성이 어떤 식으로 왜곡되었는지, 공영방송의 정치성과 목적성을 고찰하기 위한 것이다. 특별히 당대의 TV드라마를 분석하면서 정치권력의 목적의식이 보편적인 사회구성원들의 생활문화와 의식 속으로 침투하는 과정을 추론하고자 한다.

일반적으로 TV드라마는 사적 공간에서 개별적으로 시청되지만, 시청자들은 당대의 경험과 시간을 공유하면서 그 시대의 집단의식을 생산하기도 한다. 따라서 TV드라마는 한 시대 구성원들의 공통된 경험이기도 하다. 뉴스가 사건·사고에 대한 객관적 기록이라면 드라마는 주관 및 감성에 대한 그 시대의 대표적인 기록이다. 그러므로 TV드라마에 대한 연구는 필연적으로 정치적, 사회문화적 맥락에 대한 이해를 요구한다. 정치적 환경과 방송정책, 그 결과로 나타난 편성 등의 공식적 구조 속에서 TV드라마는 어떤 목적을 가지고 어떤 내용으로 생산되었는가를 살펴볼 것이다. 즉, 공영방송의 틀 속에서 생산된 방송 프로그램을 고찰하면서 공영방송이라는 명분을 통해 구현된 TV프로그램의 정치성에 대해 논하고자 한다.

정치변동이 TV드라마의 변화를 설명하는 유일한 요소라고 단언할 수는 없지만, 그것이 전반적인 방송환경을 규정짓는 것은 사실이다. 일반 수용자는 방송제도나 정책적 차원의 변화보다는 구체적인 산물에서 그 변화된 환경을 경험한다. 정치변동, 방송환경의 변화, 편성의 변화 등이 수용자 수준에서 경험될 수 있는 차원으로 구체화된 것이 TV드라마라는 텍스트이다. 제5공화국의 방송은 공영제도뿐 아니라 두 채널이 경쟁해야 하는 상업성이 강제된 조건이지만 이 글에서는 제도가 주창한 방송의 공익성, '공영제도'의 측면에 집중하여 TV드라마를 고찰하면서 '공영성'의 정치성에 대해 논할 것이다.

논의에 활용된 자료는 제5공화국의 언론정책 및 편성에 관한 논문 및 서적, 방영드라마의 개요(시놉시스), 드라마 시청평이나 사회적 영향에 대한 신문글, 잡지글 등이다. 당대 드라마를 직접 살피는 것은 현실적으로 불가능하기 때문에 2차 자료에 의존했다.[1]

---

1) 부분적으로는 필자의 학위논문에서 인용했으며, 이러한 부분은 출처를 명기했다.

2. 제5공화국 시대개관

1) 정치, 사회문화적 환경

한국의 근대 연구에서 제5공화국은 박정희 시대 다음으로 연구주제가 풍부하다. 하지만 한국의 방송을 논할 때는 그 관계가 역전된다. 지상파 민영방송이 출범하고 종합편성채널이 개국했지만 2000년대 현재의 방송환경의 원형은 언론통폐합이 일어난 제5공화국에서 찾을 수 있기 때문이다. 제5공화국의 국정지표는 정치적으로 민주주의 토착화, 경제적으로는 복지사회건설, 사회적으로는 정의사회구현, 문화적으로는 교육개혁과 문화창달(임영태, 1998)이었다. 권력은 언론에 대해서도 통제력을 높이기 위해 여러 가지 방안을 시도했다. 언론기본법 제정과 언론통폐합, 언론인 대량해직을 통해 언론을 장악한 정권은 언론을 정권유지의 도구로 활용하고자 했다.

그러나 모든 것을 강압적 규제만으로 통제한 것은 아니었다. 폭력적 출발에 걸맞게 정치적으로는 억압적이었으나 문화적으로는 느슨하고 향락적인 이중적 잣대가 작동했다. 그에 따라 국민들은 정치만 벗어나면 자율화, 탈규제를 맛볼 수 있었다. 교복자율화가 이루어지고 야간 통행금지가 전면 해제되었다. 그 이전에는 1년에 두 번 크리스마스와 12월 31일에만 야간통행이 허용되었었다. 1982년부터 통금이 본격적으로 해제되면서 제5공화국이 비공식적으로 권장한 밤 문화, 향락문화가 호황을 누릴 수 있었다. 한강에는 유람선이 떠다니고(1986.10), 도시인들은 피자헛(1985), 맥도널드(1986), 코코스(1986) 등 국내에 진출한 해외 외식업체 레스토랑을 즐겼다. 10대를 겨냥한 주니어 패션, 브랜드 운동화가 유행했다. 여전히 땡전 뉴스 속에서 말이다. 주말이면 <애마부인>(1982), <어우동>(1984), <깊고 푸른 밤> (1985), <씨받이>(1986) 등의 에로물을 연인과 함께 즐겼다.[2] 조용

▌사진 3-1
통금 해제를 앞두고 등장한 서울 야경 관광 상품

자료: ≪조선일보≫(1982.1.9).

필의 <창밖의 여자>(1980)가 심금을 울리고, 도시의 빌딩 사이로 윤수일의 <아파트>(1981)가 울려 퍼졌다. 10월 마지막 날에는 어김없이 <잊혀진 계절>(1982)을 흥얼거렸다. 정수라의 <아! 대한민국>(1983)을 힘차게 부르며 이선희의 <J>를 그리워했다.

하지만 혹자는 대중문화에서의 이러한 규제완화가 선별적이었다고 말한다. 한 예로 영화 검열의 경우 주로 '저급한' 영화에서만 규제완화가 이루어졌고, 사상적으로 '불온한'문화는 여전히 금지되었다. 1981~1983년 사이에는 불온한 문화에 대한 규제가 더욱 강화되었다. 1970년대의 대중문화 정책은 원칙적으로 외래 퇴폐문화를 금지하면서 실제로는 모든 문화에 대해 규제를 단행한 반면, 1980년대는 퇴폐문화에 대해 선별적 해금을 실

---

2) <꼬방동네 사람들>(1982)처럼 산비탈 달동네인 꼬방동네에서 살아가는 빈민들을 다룬 영화들은 수정을 강요받거나 금지되었다.

| 사진 3-2
영화 〈애마부인〉 포스터

시하면서 이러한 조치가 체제와 그리 불편하지 않게 어울리도록 관리했다
는 것이다. 즉, 퇴폐적이지만 위협적이지는 않은 것이었다. 제5공화국은 퇴
폐를 부추기면서도 그것으로 인한 결과를 빌미로 통제를 시도하는 이중적
인 대중문화정책을 구사했다(강준만, 2003b: 53~55)고 평가된다. 생활사 측
면에서 보면, 명절날이면 서민들은 참치통조림을 선물로 들고 다녔고 봉고
승합차가 거리를 누볐다. 63빌딩과 도심 중앙의 오피스텔이 도시의 외관을
화려하게 바꾸어놓았다. 정치만 비켜간다면 누가 보아도 풍요롭고 활기찬
대한민국의 모습이었다.

풍요롭고 향락적이며 느슨해진 대중문화의 정경은 제5공화국의 억압적
인 정치환경을 효율적으로 감추었다. 제5공화국이 정치의 문화화 혹은 문화
의 정치화를 통해 사회를 어떻게 효율적으로 통제했는가를 보여주는 단적
인 사례가 있다. 1987년까지 국가보안법, 반공법, 정치정화법, 사회보호법,
집회 및 시위에 관한 법률 등으로 검거된 정치범, 양심범의 수가 무려 1만

┃ 표 3-1
제5공화국 사회제도와 갈등

목적의식	실현을 위한 제도	반응, 저항과 충돌
정권정당화	· 정치정화법, 언론기본법, · 각종 국제대회 개최	· 반정부, 반외세(반미) 시위 · 지역갈등 표출
경제 안정화	· 산업 구조조정, 부실기업 정리 · 대기업 특혜, 노동관계법('80) · 물가안정책	· 정경유착, 권력형 비리 · 노사갈등, 농민운동
사회통합 (유화·통제 정책 병행)	· 각종 규제완화와 해금 (교복·두발 자유화, 해외여행 자유화, 대학교육 확대)	· 향락소비산업·사회범죄 증가 · 암울한 현실 비판, 고발극 유행 · 대학자율화로 저항세력 확대

자료: 정영희(2005: 135) 재구성.

2천여 명에 달한다. 이는 유신시대 18년 동안의 정치범, 양심범 수를 능가한 것으로, 이 시대가 어떠했는가를 잘 보여준다. 박정희 정권이 근대화 프로젝트에 라디오를 동원했듯이, 제5공화국은 출범과 함께 방송을 정치쇼에 대거 동원하면서 TV프로그램을 통한 정치, 일종이 미디어 정치에 나선 것이다. <전두환 국보위 상임위원장 특별회견>처럼 의도가 명확하게 드러나는 것도 있지만, 프로그램의 대부분은 시청자들이 인식하지 못하는 차원에서 행해진 것으로, 정권의 압력과 방송 제도를 통해 전체 프로그램의 성격과 방향을 결정함으로써 이루어진 것이었다.

2) 언론 환경: 언론통폐합과 컬러TV의 출현

제5공화국의 방송환경은 언론기본법에 의거한 언론통폐합과 컬러TV방송으로 대변된다. 신군부는 1980년 12월 26일, 이전까지 시행되던 「신문·통신 등의 등록에 관한 법률」, 「방송법」, 「언론윤리위원회법」 등을 통합하여 언론기본법을 제정했다(강준만, 2003a: 282). 같은 해 12월 31일 발표된 「언론기본법」은 ① 방송의 공영제, ② 방송에 대한 운용·편성의 기본사항을 심의할 독립기관인 '방송위원회' 설치, ③ 방송국 내에 '방송자문위원회'설치·운영의 의무화, ④ 현행 '방송윤리위원회'를 대신하는 '방송심의위원회'의 설립을 골자로 하고 있다. 유럽식의 공영방송제도를 채택하여 민간이 소유한 방송사들을 공영방송체제로 통합하면서 언론의 사회적 책임이나 방송의 공익성, 공공성을 강조했다. 1980년 당시 미국, 유럽, 일본 등지에서는 신자유주의 정권이 등장하여 민영화와 규제완화, 국제화 정책이 추진되고 있었지만 한국은 암울한 정치적 환경으로 인해 커뮤니케이션, 커뮤니케이션 정책 연구에서도 자유주의의적 논의의 여지가 없었다(정윤식, 2009: 832 참고).

언론통폐합을 방송에 한하여 논하면, 동양방송, 동아방송, 서해방송, 전일방송, 대구의 한국 FM방송은 KBS에 흡수되고, 기독교 방송은 보도기능이 폐지되었으며 그 인원은 KBS로 흡수되었다. MBC는 신아일보와 전국 21개 문화방송 가맹사를 계열화해 전체의 51% 이상을 소유함으로써 경영권을 인수했다. 또한 MBC 주식의 70%를 KBS가 소유하게 함으로써 공영방송체제를 완성했고, 이 모든 작업의 명분은 '언론의 공익성 제고'였다. 이렇게 만들어진 공영방송을 유지하기 위하여 방송광고를 독점적으로 운영하는 '방송광고공사'가 설립되면서, 광고공사에서 조성된 광고비는 KBS와 MBC의 주운용자원이 되어서 공영방송의 논리적 모순을 안게 되었다(김학천, 1995: 39). 그러한 모순에도 불구하고 공영방송이라는 이름으로 '정치의 문화화'(임종수, 2007: 470)가 행해지기 시작했다.

1990년 2월 발행된 ≪신동아≫에 의하면, '언론을 장악해야 천하를 얻는다'고 주장한 허문도의 조언을 전두환이 수용한 결과가 언론통폐합의 동력이 되었다. 따라서 언론통폐합의 명분이 무엇으로 포장되던 간에 그 내막은 언론장악의 음로로 이해된다. 조상호는 언론통폐합이 "언론매체시장의 독과점을 제도화시킴으로써 박정희 정권 시기부터 이미 진행되어 온 언론의 거대기업화를 심화시켰다. 이로 인해 막대한 이득을 얻은 언론사들은

자료: ≪중앙일보≫(1981.5.29).

권위주의 통치에 순응했고, 1980년대에 들어와 국내 최고 수준으로 뛰어오른 언론사 급료체계는 언론의 비판적 기능저하를 부추기는 요인의 하나가 되었다"(조상호, 1999: 394)라고 평가한다.

제5공화국 시대 한국 방송의 또 다른 특징은 컬러방송 개시이다. 한국의 첫 컬러 방송은 1980년 12월 1일 KBS-TV가 방송한 '수출의 날' 기념식 중계방송이다. 그 후 하루 세 시간씩 시험방송을 거쳐 KBS 1·2 TV와 MBC-TV 모두 컬러방송을 개시한 것은 같은 해 12월 22일이었다. 사실, 한국의 컬러방송은 매우 늦은 것이다. 미국은 1951년, 영국과 홍콩은 1967년, 대만은 1969년, 북한도 이미 1974년에 컬러방송을 시작한 상태였다. 당시 아시아에서 컬러방송을 실시하지 않는 나라는 한국, 네팔, 라오스뿐이었다(강준만, 2003a: 273~274 재인용). 하지만 박정희 정권의 반대로 지속적으로 연기되다가, 미국이 한국 국내에서도 판매되지 않는 컬러TV를 미국으로 수출하는 것은 부당하다고 시비를 걸면서 한국 수상기 미국 내 수입을 연 30만 대로 규제해버리는 바람에, 한국은 남은 물량을 내수 시장으로 돌려야 했고 그 결과 컬러방송이 시작되었다(강준만, 2003a: 275).

컬러 방송의 시작은 광고시장을 활성화하고, '색의 혁명'을 가져와 화장품업계가 활황을 누리게 되었다. 또한 색채감각이 발달하면서 사람들의 복장부터 도시의 외관도 화려해지기 시작했다. 프로야구와 프로축구, 월드컵과 세계청소년 축구대회, 86아시안 게임과 88올림픽 등 스포츠의 생동감을 생생하게 전달하며 스포츠의 대중화에도 기여했다. 컬러방송은 새로운 대중문화를 창출하고 선도하며 긍정적인 기능을 수행했지만, 한편으로는 대중에 대한 상징조작과 이미지조작을 용이하게 했다. 대표적인 미디어 이벤트로 '국풍81'과 '이산가족을 찾습니다'를 들 수 있다. 1981년 여의도에서 개최된 '국풍 81'은 한국신문협회가 주최하고 KBS가 행사준비와 공연장 설치, 행사운영을 주관한 대규모 이벤트였다. 개막행사, 민속제, 전통예술제, 젊은이 가요제, 연극제, 학술제 등 다양한 행사를 통해 대학생들의 참여를 유도한 이 행사는 사실상 정권의 홍보행사였고, 이에 가장 유효하게 동원된 것이 컬러방송이었다. 정권의 의도를 간파한 대학생들의 반대시위가 지속되고, 사회여론도 긍정적이지 못하자 이 행사는 지속되지 못했지만, 1983년에는 '이산가족을 찾습니다'가 컬러방송의 생동감을 극적으로 보여주었다(임영태, 1998: 225). 컬러방송은 시청자들이 이전에는 노출된 적 없었던 스펙터클한 이미지를 생산하기 시작하면서 대중적 상징조작에 동원되었다.

3. 제5공화국 방송편성

1) 방송계 전반

제5공화국 시대 TV방송 편성의 특징은 ① 대형 이벤트 개발과 프로그램 대형화, ② 스포츠 방송 확대,[3] ③ 기획 특집극의 양산으로 요약될 수 있다. 명분은 방송의 공익성을 위한 것이었지만, 무엇보다도 큰 특징은 정권이 편성을 통제할 수 있었다는 점이다.

1980년대 초반의 방송편성은 언론통폐합과 그로 인한 공영방송체제로의 전환, 컬러방송에 의해 크게 영향을 받았다. 우선 「언론기본법」에 의해 공영방송체제가 정착하면서 정부가 '공익성'을 명분으로 방송을 직간접적으로 통제하는 것이 가능해졌다. 문공부를 통해 행정적으로 방송 편성을 직접 조정하는가 하면, 법정기관인 방송위원회, 방송심의위원회, 언론중재위원회 등을 통해 간접적으로도 통제할 수 있었다. 이러한 기구들이 방송을 심의·규제하는 것은 당연한 것이었지만, 그 기준이 무엇이었는가는 충분히 문제될 수 있다. 방송 편성에 대한 직접 통제의 선례는 1980년 8월 16일, 공보부 차관실에서 국보위가 마련한 TV방송 개편 및 방송 정화 지침을 방송사에 시달하면서, KBS와 MBC의 기본 방송순서 일부를 조정하게 함으로써 이루어졌다(정순일·장한성, 2000: 133).[4]

그뿐 아니라 KBS-TV는 8월 초부터 저녁 프라임타임에 정책특집 프로그램을 수시로 편성했는데, <국보위 상임위원장을 위한 기도회>, <새 시대를 창조하는 지도자>, <정화운동추진 결의대회>, <새 시대가 오고 있다>, <전두환 국보위 상임위원장 특별회견> 등의 특집 방송이 이에 해당

---

3) 86아시안게임, 88서울올림픽 등 국제 스포츠 이벤트가 유치되기도 했지만, 프로야구 출범, 축구, 농구, 배구, 씨름 등의 슈퍼리그, 점보시리즈, 백구의 제전, 장사씨름대회 등과 각종 국제 경기가 방송되었다. 일부는 정규편성되었다.

4) 1980년 8월 25일 자 「편성 1761-3706」 "제목: 텔레비전 주간 기본방송순서 일부 조정"으로 문공부에서 발송한 공문으로서 주요 내용은 정화계획의 목표와 기본 방침에 따라 교양 프로그램을 방송시간의 47.5%로 비율을 높이고 새마을, 청소년, 국군의 방송을 강화하고, 반공, 경제, 과학 프로그램을 강화하는 반면 연속극과 쇼, 외화 프로그램을 감축하라는 지침이다.

된다. MBC-TV 또한 <새시대의 지도자상>, <국보위 60일 혁신의 현장>, <국가와 민족을 위한 조찬 기도회>, <MBC TV 단독회견-전두환 국보위 상임위원장과의 회견>을 방송했다(정순일·장한성, 2000: 133~134).

또한 신군부는 정권 창출에 성공하자 정국의 안정과 국민적 주목을 끌기 위해 대형 이벤트를 기획하고, 스포츠 이벤트를 정규 방송화하는 데 노력을 기울였다. 1986년의 아시안 게임과 1988년 올림픽을 기획·유치하고 이를 대대적으로 홍보하는가 하면 세계 미인대회를 개최했다. 광주항쟁 1주년 즈음에 기획된 <국풍81>은 전국 대학생들의 관심을 여의도로 끌어 모으면서 폭력에 의해 창출된 정권의 모태적 범죄에 대한 상기를 희석시켰다. 그뿐 아니라 <100분 쇼>, <민족중흥의 대잔치> 등의 대형 쇼프로그램을 기획했고, <100분 드라마>, <3시간 드라마> 등 드라마가 특집화 및 대형화되었다. 그러한 드라마의 대형화 추세는 1시간 이상 방영되는 문예물의 부흥을 가져와서 문학적 완성도가 높고 뛰어난 영상미를 갖춘 문예 드라마 시대를 가져온 긍정적 측면도 있었지만, TV프로그램을 교육·교양 매체로 활용하고자 한 정권의 인식이 강하게 배어 있는 드라마 양식이었다.

방송 통폐합 이후 이루어진 1981년 2월의 편성개편을 보면 1980년대 방송 콘텐츠의 방향을 알 수 있다. 이때 편성의 핵심은 KBS가 제3TV를 신설하면서 KBS와 MBC에 있던 고교교육방송과 KBS2의 교육교양방송 프로그램을 이관한 것이다. 이에 따라 KBS1과 MBC는 종합편성의 성격을 고수하면서 오락 프로그램을 늘린 반면, KBS2 TV는 교육, 교양 성격에서 오락방송으로 면모를 바꾸었다. 드라마, 코미디, 쇼 프로그램이 대폭 늘어난 이러한 지상파 방송의 모습은 상업채널이 생긴 1990년대는 물론이고 그 이후 한국 방송 프로그램의 기본형태가 되었다고 해도 과언이 아니다(임종수, 2007: 466~467 참고).

이렇게 제5공화국 시대의 방송 편성은 정부의 직접적 간섭으로 인해 자율성이 저해되었다. 그럼에도 불구하고 다양하고 창의적인 프로그램이 개

| 표 3-2 |
방송법규상의 편성 강제규정 추이

1964년 방송법 시행령		1973년 방송법시행령		1981년 언론기본법시행령	
방송부문	편성비율	방송부문	편성비율	방송부문	편성비율
보도방송	10% 이상	보도방송	10% 이상	보도방송	10% 이상
교양방송	20% 이상	교양방송	30% 이상	교양방송	40% 이상
오락방송	20% 이상	오락방송	20% 이상	오락방송	20% 이상

자료: 정순일·장한성(2000: 153).

발되었다고 평가하기도 한다. 컬러방송 개시 또한 편성에 큰 영향을 미쳤다. TV프로그램이 더욱 다양화되었고 쇼 프로그램의 비중이 높아졌다. 제작에 있어서는 드라마나 쇼 등 오락 프로그램의 구성이 다채롭고 화려해졌으며, 보도 및 다큐멘터리 등 사실적 프로그램이 다양화, 심층화되는 경향을 보여주었다(정순일·장한성, 2000: 144). 컬러화가 방송에 미친 영향은 ① 대형 프로그램의 집중편성, ② 보도 프로그램의 광역 심층화, ③ 화려한 쇼·오락 프로그램의 활성화, ④ 어린이 프로그램과 교양 프로그램의 신설 및 강화이다(한국방송공사, 1987: 678).

1980년대 초반의 편성 특징은 주간 드라마가 개발되고 2시간 드라마가 정규편성된 점이다. 오락물이 대형화되고 장기기획물이 편성되면서 공영방송의 모습을 서서히 갖추어갔다. 또한 아침방송이 개시되면서 생활 정보 프로그램이 강화되었고 정책홍보성 생방송과 캠페인 프로그램도 활성화되었다(정순일·장한성, 2000: 149 참고). 1983년 당시 가을개편을 앞두고 당시 문공부에서 각 방송사 편성책임자에게 보낸 유인물에는 '개선사항'이라는 제목으로 ① 중점 개선사항, ② 프로그램별 개선사항, ③ 참고사항 등 3개 항으로 되어 있으며, 중점 개선사항에는 아침 드라마를 10월 중에 종영하라는 지시가 들어 있고 프로그램별 개선사항에는 프로스포츠 편중 지양, 외화는 10% 이내로 편성할 것이 지시되어 있었다. 또한 참고사항으로는 11월 중 84춘계 개편사항을 시달한다는 내용이 있었다(정순일·장한성, 2000: 214~215). 편성 관여는 참으로 구체적이고 세부적으로 이루어졌다. 오명환 (1995)은 1980년대 한국 방송의 편성 특징을 다음과 같이 밝히고 있다.

> 1980년대 TV편성의 특징은 언론통폐합에 의한 TV 방송사의 재편성과 재정비부터 시작된다. …… 80년대가 갖는 방송 변화는 제도, 기술, 편성, 제작, 시청자, 광고, 수상기에 이르기까지 그 폭과 강도가 엄청나게 컸다. 방송위원회 및 방송광고공사의 설립은 TV 방송 20년 시스템을 일시에 무너뜨리면서 쿠데타에 의해 출범한 제5공화국의 경영·홍보 수단으로 예속되었다. 상업방송 폐지와 광고대행 및 요율 시스템 정부 관장, KBS로 건너간 TBC, DBS, CBS 등 인력 재편과 해직, 방만한 KBS 운용 형태는 80년 초 통폐합에 따른 공영방송의 숱한 폐단을 키워놓았다(한진만, 2011: 137 재인용).

1980년대 초의 방송통폐합이 MBC의 편성에는 직접적인 영향을 주지 않았으나 KBS의 다채널화와 컬러화 시점이 겹치면서 1980년대 초 잦은 개편과 편성 조정을 실시했다(한진만, 2011: 138~139).

2) 드라마 편성

'자율적인 조정'의 명분으로 시작된 방송통폐합은 드라마의 편성과 제작환경에 곧바로 영향을 주었다. 이 시기 한국방송은 공영방송이라는 부담으로 인해 건전한 내용의 프로그램을 개발하고 제작하는 데 몰두했고, 내용도 많이 변했다. 표 3-4를 비교하면 1980년과 그 이후 드라마 편성비율이 어떻게 변했는가를 추정할 수 있다. 1987년을 기준으로 구분되지 못해서

표 3-3
1980년, 방송3사(KBS, MBC, TBC) 드라마 편성 비율

(%)

구분	보도	교양	외화	드라마	오락	기타	계
KBS	34.4	21.6	15.4	20.8	7.5	0.3	100
TBC	19.1	10.1	19.4	33.1	20.3	0.3	100
MBC	24.2	10.5	20.1	27.1	17.8	0.3	100

자료: 정순일·장한성(2000: 153) 재구성.

표 3-4
방송사별 드라마 편성비율의 변화

(%)

구분	1962~1964	1965~1968	1969~1972	1973~1975	1976~1980	1981~1988
KBS	9.0	12.3	17.1	22.7	18.0	11.0
TBC	-	18.0	23.8	23.7	26.8	15.9
MBC	-	-	22.1	22.2	28.0	16.9

자료: 표재순(1992: 81) 재구성.

아쉬움이 있지만, KBS1의 경우 1980년에 드라마 비율이 20.8%인 반면, 1981~1988년은 11%에 불과하다. MBC와 이후 KBS2로 흡수된 TBC의 경우도 확연하게 줄었다. 이러한 결과는 1980년대 초·중반의 특집 프로그램 강화, 일일드라마 폐지의 영향이기도 하다.

TV드라마는 편성비율에서도 변화가 있었지만 무엇보다도 공영방송이라는 이름에 맞게 건전한 내용을 방송해야 한다는 부담을 안게 되면서 그 내용이 크게 변하기 시작했다. 드라마 내용의 변화는 바로 포맷의 변화로 이어져, 그동안 애정·멜로 중심으로 이야기를 길게 끌어가던 일일연속극이 급격하게 퇴조하고 주제의식이 뚜렷하고 내용의 완성도가 치밀한 단막시리즈나 특집극이 드라마의 주류를 이루는 현상이 나타났다. 또한 컬러방송 시작과 올로케이션 촬영이 가능해지면서 드라마 영상예술을 새롭게 개척하는 계기가 마련되었다(표재순, 1992 참고).

내용 면에서는 기존의 홈드라마, 애정물, 사극뿐만 아니라 서민 드라마, 정치 드라마, 기업드라마, 지역드라마, 문예물 등으로 그 소재를 확대해가는 경향을 보였다. 1980년 가을개편에서 <100분 드라마>를 정규편성하며 드라마 대형화를 시도했고, 같은 해 12월 18일에는 <TV문학관>이 신설되었다. 일일연속극은 <달동네>, <보통사람들>처럼 영세민, 도시서민들의 삶을 소재하는 일상극이 등장하여 인기리에 방영되었다.

1980년대 초반 드라마 편성에서는 1970년대 공·민영방송 제도하에서 이루어진 일일드라마의 지나친 경쟁상황에서 벗어나 주간 드라마를 개발하고 2시간 드라마를 정규 편성했다. KBS의 <100분 드라마: 꽃구름 속에>를 필두로 2시간 정규 드라마가 방송되기 시작했고 12월에는 <100분 드라마 다큐멘터리-왜>를 편성하면서 대형 드라마 편성이 본격화되었다. 1981년에는 3시간 드라마 <옛날 나 어릴 적에>가 방송되면서 대형화를 가속화시켰다. MBC는 <제1공화국>을 매주 목요일 85분 편성하면서 정치드라마의 막을 열었고, 1983년에는 90분 단막 드라마 <베스트셀러극장>을 일요일에 편성했다. KBS는 한국 역사의 지도자를 부각시킨 <대명>, <풍운>, <개국> 등의 대하드라마를 집중 편성했다. 1980년대 중반에는 정부의 편성 통제가 완화되고, 대형 프로그램도 점차 후퇴한 반면 방송사의 자율적인 편성과 프로그램 개발이 활성화되었다(정순일·장한성, 2000: 150~151). 그 결과 주간 연속극이나 코미디 프로그램 등 오락물에 의한 프로그램 경쟁이 심화되면서 비판이 일기도 했다.

1980년대 드라마 편성의 특징을 다음과 같이 장르별로 정리해볼 수 있을 것이다. 우선, 사극은 1980년대 초반 드라마의 핵심 장르이며, 형식에서는 드라마 대형화 시도와 맞물려 있고 주제 면에서는 제5공화국의 출발을 지원하는 정치적 의도에 잘 부합한다. 1960~1970년대 사극이 야사, 옛날

이야기가 중심이었다면, 1980년대 초반은 사극의 중심이 궁중사, 정사로 이동했다. 그 대표적인 사례가 KBS의 <개국>, MBC의 <조선왕조 오백년>으로 대형화된 대하드라마가 등장한 것이다. 이 두 드라마는 이성계의 역성혁명을 지지하는 맥락으로 이해되면서 신군부의 정권획득 과정을 정당화하려는 이데올로기적 의도가 내재한다는 의심받았다. <조선왕조 오백년>은 1990년대까지 8년간 장기 방송되면서 사극 드라마사의 큰 획을 그었다. 다음으로는 문학 작품이 드라마화된 경우이다. 1980년 12월 KBS가 <TV 문학관>을 개시한 데 이어 1983년에는 MBC가 <베스트셀러극장>으로 문예물 장르 시대를 열었다. 다채로운 영상표현을 이어가면서 'TV영화시대'의 가능성을 열었다고 평가하기도 한다. 반공 드라마는 외연에서 다소의 변화가 있었다. 1970년대 남북의 냉전분위기를 반영하며 정부의 적극적 권장과 지원하에 생산되었던 반공 드라마는 1970년대식의 감상주의적, 과장된 표현에서 벗어났고, 그동안 금기되었던 인공기, 김일성 찬양연설, 평양 시가지, <피바다> 공연장면 등이 TV화면을 통해 보여지면서 사실적인 표현이 가능해졌다. MBC의 5부작 드라마인 <동토의 왕국>이 그 사례이다. 북한은 여전히 남한의 '주적'이며 반공이 대한민국의 '제1국시'이지만, 1980년대 반공 드라마는 1960년대, 1970년대식의 절대적 적대감에서 벗어나고 있었다. 가정·가족을 주요 소재로 다루는 일일연속극은 1980년대에 큰 변화를 겪었다. 이때는 반백년을 넘어선 한국의 드라마사에서 일일연속극이 가장 침체되었던 시기이기도 하다. 1980년대 초반에는 대형화, 특집극에 밀려서 약화되었지만, 1984년에는 급기야 일일연속극이 전면 폐지되었다. MBC는 <그리워>를 마지막으로 1984년 일일연속극을 전면폐지하고, 주간극과 주말 연속극 방영에 몰두했다. KBS 또한 1, 2채널 모두 1985년 일일연속극을 1편으로 줄이면서 1980년대 중반 일일연속극사가 잠시 단절된다. <사랑과 진실>, <사랑과 야망>등 애정, 불륜, 배신, 복수 등을 다룬 감각적이고 자극적인 주말연속극의 등장으로 한동안 주말연속극은 양 방송사의 시청률 경쟁의 장이 되었다.

4. 제5공화국 시기 TV드라마의 정치성

방송, 방송 프로그램이 권력에 동원되는 방식은 두 가지로 정리될 수 있다. 자발적 참여와 강제 폐지이다. 방송이 정권에 자발적으로 동의하고 지원했는지 여부를 판단하기는 어렵지만, 정부의 편성지침이 방송사 내에서나 제작 일선에서 특별한 잡음 없이 작동했다면 암묵적 합의나 동조가 이루어진 결과로 이해될 수 있다. 형식 차원에서 대형화 및 특집화 권장, 그에 가장 알맞은 대하드라마의 개발과 인기는 대표적인 사례가 될 것이다. 반면 강제 폐지, 혹은 금기는 주로 드라마 소재 혹은 이야기 방식과 관련된 경우이다. 서슬 퍼런 제5공화국 초기에는 드물었지만 말기에 그런 사례가 잦았다.

TV드라마에서 목적극은 1980년대에도 계속되었다. 1970년대 목적극이 시청자를 근대적 사고의 틀로 끌어들이고 이념적으로 무장시키기 위한 것(계몽·계도, 반공)이 대부분이었다면, 1980년대의 목적의식은 상당 부분 정권 지지를 향해 있었다. 이성계를 긍정적 인물로 부각시킨 사극을 장려하면서 정권을 옹호하는가 하면, 경제활동에 주력하는 해외주재관, 기업인들을 집중조명하면서 경제활동을 고무했다. 또한 민족의 얼과 민족정기를 부각시키면서 공동체의 단결을 강조했다. 1970년대의 연장에서 반공은 여전히 중요한 주제였으며, 총선을 앞두고도 반공의식을 고취시키는 데 드라마가 활용되었다. 1985년 2월 12일 총선 당시 KBS는 총 15편의 연속드라마를 통해 야당후보를 찍지 말라는 취지의 소위 '총선 홍보드라마'를 방영했다. 이러한 목적극은 '땡전 뉴스'와 함께 1980년대 친정부 방송의 대표적인 사례라고 할 수 있다(임종수, 2007: 465~466 참고). MBC의 경우 광고수입에 의존해야 하는 공영방송으로서의 정체성 혼란이 있었지만, 정권주도적인 프로그램 주제영역을 크게 벗어나지는 못했다. 제5공화국이 말한 '방송의 공익성'이 드라마 차원에서는 이러한 주제를 강조하고 있었다.

제5공화국은 TV드라마가 ① 국가발전과 민족정기를 고취하고, ② 시청자의 의식을 개선하며, ③ 건전한 오락성을 지향할 것을 권장했다(오명환, 1993: 356 참고). <일요사극-맥>은 민족의 자부심과 우수성을 긍정적으로 부각하면서 여전히 각광을 받았고, 1981년 10월에 개시한 <민족풍속도>는 우리 민족 고유의 풍속과 미담 그리고 장인들의 이야기를 2, 3회 시리즈로 엮어내면서 시청률과 무관하게 공익성 차원에서 방송되었다. 이 드라마는 오락보다는 교육적 내용에 충실하여 전통을 계승하고 뿌리를 찾는 데 비중을 둔 프로그램이다. 또한 방송의 공영화 이후 오락 위주를 탈피, 교육적인 내용과 전통계승이라는 측면에서 기능하면서, 드라마의 이미지를 넓히고 공영방송 이미지를 구축하는 데 기여했다(≪경향신문≫, 1982.4.14).

1) 참여, 합의와 동조

이 시기에 정부가 장려한 드라마는 대략 정권정당화 기여, 경제안정화 기여, 계층화합 강조, 민족정신 함양을 위한 드라마로 구분될 수 있다. 초반에 대형드라마로 제작된 역사극들은 정책적으로 장려된 면이 많았다. 따라서 역사적으로 뛰어난 인물들을 극화한 대하드라마와 정치드라마 등이 의욕적으로 제작·방송되었다.

<개국>, <조선왕조 500년>은 명백하게 정변의 정당성을 암시하는 드라마들이다. <개국>과 <조선왕조 500년: 추동궁 마마>에서 이성계는 긍정적인 인물로 묘사되었고, 위화도 회군에서의 충신 제거, 대권 장악, 새 왕조 창업 등의 과정에서는 불가피한 시대의 흐름이 강조되었다. 이성계의 회군과 혁명의 필연성을 강조하면서 새 정권의 출발에 동조했다. 또한 <대

명>, <풍운> 등 급변하는 시기, 위기에 대응하는 지도자의 모습을 긍정
적으로 보여주는 드라마들이 사극의 많은 부분을 차지하고 있었다. 1983년
역사적인 인물들의 전기를 드라마로 만든 <한국인의 재발견>은 1987년
방송대상대통령상을 수상한 바 있다. 사극, 특히 대하드라마는 지도자, 역
사적 인물 1인을 영웅으로 부각시키는 영웅극이 대부분이었다. 격동기를
인내와 희생으로 살아간 서민들을 드라마화한 드라마, 예를 들면 <토지>,
<노다지> 같은 것은 1980년대 후반에 방영되었으며, 1980년대 초반에는
민족의 지도자, 지배계급의 성공담을 다룬 사극이 우위에 있었다.

또한 <현대입지전>, <개성상인>, <북청물장수> 등 선조나 성공한
기업인의 경제정신을 다루면서 정부의 경제안정화 정책을 뒷받침하는 드
라마들이 많았다. 현대극은 산업역군들, 해외 종합상사원들, 수출 역군들
을 소재로 그들의 노력과 성공을 다룬 특집극 형식으로 방영하기도 했다.
<내일은 태양>, <산울림>[5], <모닥불>[6] 등이 그 사례이다. 경제적 안
정화를 강조한 사회분위기를 반영하듯 기업 건설, 재기와 관련된 개인의
의지들이 중점 조명되었다.

그리고 <전원일기>, <해돋는 언덕>, <고향>같이 도-농 간의 이해와
조화를 모색하는 농어촌 드라마들이 1980년대 도-농 갈등, 농민운동의 와
중에도 인기리에 방송되었다. <매천야록>, <독립문> 등 민족정신을 담
은 드라마를 방영하여 민족적 정체성에도 긍정적으로 기능했다. 이러한 드
라마들은 대부분 정권의 요청에 의해 장려된 정책 드라마였다.

---

5) 우수기업체로서 1981년도 공장새마을 포상을 받은 바 있는 삼보금속의 사장과 종업원들
의 '인간승리'를 그린 드라마로 실화를 바탕으로 했다.
6) 1970년대 초기에 신설된 수출업체 공장들이 겪어야 했던 공통의 문제점들을 극복하고 메
이드인 코리아가 세계시장을 누빌 수 있었던 저력이 무엇이었던가에 초점을 맞춘 드라마
이다.

| 표 3-5
TV드라마의 정치성-합의와 동조

드라마명	주요 내용	목적의식
<개국><조선왕조 오백년: 추동궁 마마>	조선 개국을 다루며 사상 혁명과 새로운 왕조 건설의 당위성에 초점을 둠	혁명의 당위성 강조
기업드라마 특집-<산울림><내일은 태양><모닥불>	기업·산업드라마, 어려운 여건을 헤쳐 나가는 기업활동을 사실적으로 보여주면서 치열한 경제활동과 기업의 노고를 칭송	경제, 기업정신 강조
<현대입지전><거부실록>	국부와 개인의 역할을 강조한 드라마	
<개성상인><객주>	상업정신을 실현하고 민족자본을 형성하는 민초들의 이야기	
<해돋는 언덕><고향><갯마을>	농어촌드라마, 땅을 지키는 농민	농어촌에 대한 이해 증진, 계층 간 이해 및 화합
<전원일기>	전통적 가치관의 우월성을 반영함	
<독립문><객사><대명><매천야록>	민족시련기 열사들의 삶을 내용으로 함 국난 극복	민족정신, 민족의 얼 강조 (민족정신함양)
<한국인의 재발견>	역사인물의 전기드라마 (1987년 방송대상 대통령상 수상)	
<두 여인><100분 드라마: 함정><동토의왕국><100분드라마: 이산별곡>	조총련을 다룬 반공극 등, 이전의 반공극과는 다른 접근	반공, 체제우월
<수사반장>	범죄 실화를 다룸	질서 강조, 권선징악/ 사필귀정의 주제
<전설의 고향>	충, 효, 예를 주제로 하는 고전과 야사를 다룸	
<포도대장><암행어사>	권선징악, 사필귀정, 파사현정(破邪顯正) 주제의 야사극	
<민속풍속도><아내는 회장님>	민속 풍속 및 미담, 장인이야기/새마을 특집(새마을 수기 당선작)	캠페인드라마
<베스트셀러극장><TV문학관>	소설, 희곡, 시나리오 등 베스트셀러들을 각색하여 극화. 정부의 제작비를 지원하기도 함	교육 교양 목적

정부가 장려한 바는 없지만, <전설의 고향>, <수사반장>, <포도대장>, <암행어사> 등은 사필귀정, 권선징악의 이데올로기를 실현하고, 시청자들이 탐관오리 처벌이라는 대리만족을 경험하게 함으로써 장수한 드라마이다. 특히 <수사반장>은 1971년 개시되어 1989년까지 장수한 MBC의 대표 드라마이다. 생활고로 인한 단순 범죄를 주요 소재로 출발했던 수사반장은 '범죄와의 전쟁' 선포 후 <수사반장>의 역기능을 우려해 완전해 자취를 감추었다(오명환, 1995: 92).

MBC 드라마 연출가였던 유길촌의 말에 의하면, 1980년대 유길촌이 연출한 한 사극에서 극의 클라이막스 부분이 10분 정도 삭제, 편집된 채 방송된 적이 있다. 극의 내용이 노비와 양반의 갈등을 묘사한 장면이었는데 그 내용이 계층 간의 갈등을 유발할 수 있다는 이유로 편집방송되었다는 것이다. 그러한 경우는 1980년대에 보편적이었다고 유길촌은 전한다(유길촌, 1999).

각 방송사의 연감을 통해, 1980년대 TV드라마의 '공영성'을 연대기적으로 살펴보는 것도 재미있다. 『KBS 연지』에 의하면 '1980년은 KBS-TV드라마에도 도약의 한 해였다'(한국방송공사, 1981: 49). 가을철 편성과 동시에 <100분 드라마>를 신설하여 와이드화 및 대작시대로 접어들었고, 제1탄으로 노교수의 눈을 통해 조국을 재조명한 <꽃구름 속에>를 방송했다. 『KBS 연지』는 이 드라마를 '정책홍보 드라마가 자칫 빠지기 쉬운 일방통로적 함정을 극본에서 재치 있게 지양시킨 작가의 노고가 돋보인 드라마'(1981: 49)라고 재미있게 평가하고 있다. 같은 해 방송된 <을화>는 당시로는 큰돈인 총제작비 2,000만 원이 투입된 대작이며, <을화>의 집중 지원에 힘입은 PD들이 <TV문학관> 시리즈와 3시간 드라마, 대형 테마 드라마에 정열을 쏟을 것으로 예상된다고 적고 있다. 당시 정부가 제작비 지원을 통해 드라마 제작에 적극 개입했으며, 방송사 또한 그에 동의 및 동조하는 분위기가 형성되어 있음을 알 수 있다.

1982년 KBS1은 <보통사람들>, <엄마의 일기> 등 도시 서민의 생활 주변을 소재로 한 일상적인 이야기를 다룬 드라마를 개시했다. <탈춤>, <너는 누구냐> 등의 반공 드라마가 여전히 방송되면서 반공의식을 고취시켰고, KBS2는 창업주의 일대기를 드라마화한 <현대입지전>을, MBC는 최초의 경제드라마를 표방하며 <거부실록>을 개시했다. 공주의 김갑순, 한국 최초의 주식회사 설립자인 안희재 등을 다룬 <거부실록>에 이어 기업드라마가 제작되었다. 이 해는 부를 이룬 역사적 인물들의 성공기를 다룬 것 이외에도, 개성인들의 생활력과 독립정신을 재현하여 근대 상업자본의 형성과정과 협동정신을 그린 드라마 <개성상인>이나, 북청인들의 생명력과 독특한 정신 및 교육이념을 다룬 <북청물장수>를 통해 근대 창업주의 정신과 민족정신을 조명한 드라마가 많았다. 외채 증가, 물가 상승, 빈부 격차 등 개발 후면과 경제 재구조화 상황에서 개인정신 고취에 역점을 두었던 것으로 보인다.

1983년 KBS1은 "…… 82년도에 개발한 프로그램을 정착시키며 시청자들의 생활환경, 생활습관 등을 합리적이고 선진적인 모양으로 바꿔 국민의 식교육의 교재가 되도록 한다는 기본방침을 추진, 실현"(한국방송공사, 1984: 113)시키고 "주제와 목적이 뚜렷한 드라마로 발전시켜 그 안에 모범적인 한국인의 성취감을 수용"(같은 쪽)하고자 했다. 이 해 KBS의 대표적 드라마는 1982년에 이은 <보통사람들>과 <개국>이었다. <개국>은 정부의 드라마 정책을 잘 수행하고 있을 뿐 아니라 정변을 통한 정권 획득을 정당화하는 대표적인 드라마라고 할 수 있다. 공민왕, 신돈, 노국공주 등을 통해 고려 말기 부패와 혼란상을 표현하면서 최영, 정몽주와 이성계의 상충된 보혁관을 비교한 이 드라마는, 이성계의 정치사상 혁명과 새로운 왕조 건설을 다루며 새 왕조 탄생의 필연성에 초점을 맞추었다. 이것은 당시의 시대적 상황에 비추어 정변에 의한 정권획득을 정당화하는 것으로 해석될 수 있었다. 이 시기의 드라마는 이렇게 역사적 사건을 재해석하면서 현대 정치상황을 정당화해가는 사극이 주를 이루었다. MBC의 <조선왕조 500년> 시리즈 제1화 <추동궁 마마>도 마찬가지이다. 이 드라마는 이성계의 회군과 혁명의 필연성을 주장했다. KBS2에서는 <이산가족을 찾습니다>라는 프로그램의 분위기를 이어 <남매>를 11월에 개시하여 대치·대결·갈등에서 민족 아픔을 포용하는 방식으로 드라마를 풀어갔다. 반공드라마도 종래의 간첩 잡는 드라마를 끝내고 흑백 TV시대의 <전우>를 다시 편성하여 박진감 있는 전투장면과 인간애를 컬러화면에 재연시켰다(한국방송공사, 1984: 116). MBC의 <간난이>도 이산을 주제로 한다. 1953년부터 1970년대 중반까지 한 여성의 삶을 다큐멘터리적으로 다룬 실화극으로 종래의 일일극과는 달리 여러 명의 주인공을 내세우지 않고 한 여자아이와 그 남동생을 중심으로 이야기를 전개했다. 11월에 <백색인간>으로 개시한 <베스트셀러극장>도 MBC의 간판드라마로서 좋은 반응을 얻으며 장기간 방영되었다.

1984년 KBS1은 일상성과 소시민윤리가 바탕이 되는 홈드라마가 자리를 굳힌(한국방송공사, 1985: 70) 시기이다. 1982년부터 계속된 <보통사람들>이 490회로 종영되었으며, 후속으로는 여전히 소시민적 윤리를 주제로 하는 홈드라마 <사랑하는 사람들>이 방영되었다. 특집에서는 5부작, 7부작 등의 대형특집극을 지양하고, 계기특집 등이 다양하게 제작되었다(한국방송공사, 1985: 71). 영상사극 <마돈나여 광야에서 별을 노래하라>는 민족저항시인 3인을 시와 영상으로 표현한 드라마로 민족정신 함양에 목적을 두고 있었다. 이 해 KBS2는 <드라마 게임>을 개시했다. 가정에서 발생할 수 있는 문제를 다룬 것으로 드라마 내용을 즉석에서 토론하는 형식의 <드라마 게임>은 부부문제, 고부갈등 등 가정문제를 다루면서 결론을 시청자의 참여와 토론에 맡기고 '시청자=당사자' 의식을 자극하여 현실감을 높였다(오명환, 1991: 250 참고). <드라마 게임>은 제시된 가정문제가 단순한 '그 집 사정'으로 그치지 않고 '우리 집 문제', '지금의 문제', '잠재적 문제'

로 환원됨으로써 가정과 가족을 '문제의 야기처'로 설정하고, 드라마를 통해 현대 가정의 문제를 집어보면서 현실사회의 문제를 발언하는, 말하자면 홈드라마의 사회극화를 실현하고 있었다(오명환, 1991: 250 참고). 이 드라마는 90분 내외의 대형 드라마이면서도 스튜디오에서 경제적으로 제작, 고액의 광고수입으로 가장 수익성이 높은 드라마로서 인기가 있었다(정순일, 2000: 91). 한편 반공극에서는 이전과 다른 접근방식을 보여주었다. <동토의 왕국>은 반공드라마에 대한 새로운 접근의 한 예가 될 수 있다. 종전의 반공드라마들은 감상주의적 관점이나 과장된 연출로 제작되었지만 <동토의 왕국>은 TV드라마 사상 처음으로 북한기, 김일성 찬양연설, 오페라 <피바다> 공연장면, 평양 시가지 모습 등 그동안 금기되어온 북한 실상을 원형에 가깝게 재현했다(표재순, 1992: 52). 또한 미공개 북한 필름들을 드라마에 삽입함으로써 사실성을 높였다(문화방송, 1985). 그리고 <북으로 간 여배우>, <3840유격대>등의 드라마로 반공드라마의 시대는 종료되고 한국 TV드라마는 '반쪽 이데올로기 시대'를 청산하게 되었다.

『KBS 연지』에는 1985년이 "시청자들의 기호와 기대수준이 눈에 띄게 향상됨에 따라 점점 TV드라마의 질적 향상이 요구됨을 절감한 한 해"(한국방송공사, 1986: 70)로 평가되어 있다. 이러한 평가는 KBS 드라마가 더 이상 시청자들의 공감을 얻지 못하고 있음을 말한다. 1985년 한국 사회는 제5공화국 출범 초기에 비해 많은 부분이 변해 있었다. 야당 지도자가 귀국하고, 2월 총선에서 신민당이 제1야당으로 부상했다. 미문화원 점거농성, '학원안정법' 파동에 이어 8월에는 KBS 시청료 거부운동이 확산되었다. 방송을 불신한 것이다. TV드라마 주제만으로 고찰했을 때 제5공화국 시대 TV드라마의 변화는 1985년 기점으로 변화가 있다. 그전에도 <고운님 여의옵고>, <파천무>, <제1공화국>처럼 정권의 심기를 건드린 내용이 종종 있었지만, 빈도로 봤을 때는 그리 많지 않다. 하지만 제5공화국 말기에 가까워지면서 사회비판극, 정치현실 비판극, 이데올로기의 허구성 폭로 등이 서서히 등장하기 시작했다. 6·29 이후에는 본격적으로 정치현실 비판, 사회현실 비판극이 등장했다. 사회비판 소설을 원작으로 한 미니시리즈가 방영되고, 환경오염, 권력비리를 다룬 드라마가 대거 생산되었다.

2) 재갈물리기, 금지와 금기

오명환(1993)은 TV드라마 30년을 회고하면서 TV드라마가 방영 중간에 내용이 변질되거나 중단된 사례를 "'불륜, 퇴폐, 저속'의 멍에", "'폭력, 폭행, 범죄'의 덫", "특정인, 특정직업, 특정지역의 분노", "'체제보호, 정치압력'의 손" 등등 몇 개의 범주로 나누면서 정리한 적이 있다. 그중에서 정치적 압력이 작동한 경우는 눈에 보이지는 않지만 강력하기 때문에 그 영향력이 TV드라마 정책자까지 미치고, 따라서 TV드라마가 '아웃사이더'들의 목소리를 대변하기 어렵다고 말한다. 드라마의 편성이나 주제, 방향 역시 제도권의 체질에 의해 형성된다는 것이다. TV드라마에 정치적 압력이 작동한 경우는 일반적으로 '국민 간의 이질감 조성', '계층 간 위화감 조성', '사회불안감 조성'이라는 죄목이 씌워진다(오명환, 1993 참고). 정치적 압력이 작동한 경우는 주로 정권을 비판하거나 정변에 대해 부정적인 이미지를 상기시킨 경우, 반공정신에 위배된 경우, 사회현실을 비판하는 내용이 다루어졌을 때이다. 그러한 사례는 많다. 초반에는 특히 정치적인 경우가 많았다. 사극에서도 몇 개의 사례가 있고 현대 정치드라마도 제재가 가해졌다.

1980년 3월과 4월 MBC와 KBS는 공교롭게도 같은 시대를 묘사한 드라마를 선보였다. MBC의 <고운님 여의옵고>와 KBS의 <파천무>는 단종의 폐위와 수양대군의 권력 찬탈과정을 다룬 것으로서, 최규하 대통령이 사임하고 전두환 장군이 대통령으로 취임하는 과정 속에서 방영되었다. 문종의 요절, 나이 어린 단종 즉위, 수양대군의 야망, 집현전 학자들의 명분론 등이 묘사되고 단종의 폐위, 수양의 찬탈, 사육신, 신세력들의 논공행상 등이 차례차례 묘사되면서 이것이 최규하의 사임, 새로운 통치자의 집권구조, 대권개혁을 둘러싼 정치적 수순이 드라마의 것들과 비교, 암시되면서 문제가 되었다. 결국 KBS의 <파천무>는 중도하차하고 <고운님 여의옵고>는 아슬아슬하게 종영하면서 TV드라마가 방송 의도와는 무관하게 시대의 특수한 상황과 마주치면서 겪게 되는 비운을 보여주었다. 새로운 시대가 열리는 시점으로서의 1980년에 한국의 TV드라마는 한편으로는 강요당하고 다른 한편으로는 재갈이 물려지면서 나름대로의 처세 방법을 모색하고 있었다.

재미있는 사실은 1983년 제1화 <추동궁 마마>로 시작한 <조선왕조오백년>은 방송 시작 후 7년 동안 여러 문중으로부터 약 50여 건의 항의를 받았음에도 불구하고, 그러한 이유가 아니라 잦은 정변의 묘사가 TV드라마로는 적합하지 않다는 지적을 받으면서 1987년 1년 동안 중단될 수밖에 없었다는 것이다. 정권의 입장에서 보면 이성계의 왕위찬탈은 마땅하나 이후의 잦은 정변은 심히 불쾌한 것이었다. 이에 따라 방송사는 당쟁 등 역사의 부정적인 면을 묘사하는 내용의 사극을 지양한다는 방침을 세우기도 했다(정중헌, 1988).

제5공화국 시대의 TV드라마 중도하차 논란의 중심에는 MBC의 정치드라마가 있다. 해방 이후부터 자유당까지 정치적 사건을 시츄에이션 형식으로 다루면서 자유당 붕괴, 이승만 추방, 학생시위와 혁명, 정치인들의 술수, 정치깡패들의 유착관계 등을 묘사한 <제1공화국>은 1982년 1월 39화를 마지막으로 방송되면서 실제 하이라이트인 4·19 이후는 방영되지 못했다. 정치 드라마는 정치 현실에 대한 성찰을 자극하면서 일부 정치집단을 끊임없이 고발했다. 그 결과 당시 일각에서는 ① 정치 드라마의 시기상조론 ② 정치드라마의 위해론 ③ 인물과 사건해석에 대한 편향론을 주장하면서 혼란한 정치상황을 TV로 극화하는 것은 국민화합과 정국안정에 득이 될 것이 없다고 주장했다. '공화국 시리즈'는 1989년 7월 민주화의 분위기 속에서 제1공화국 말기의 혼란상과 5·16의 정치상황이 다뤄지면서 비로소 <제2공화국>으로 부활할 수 있었다.

　<제1공화국>과 더불어 <야망의 25시> 또한 삼성, 대우, 현대라는 한국의 3대 재벌 이야기를 풍자하고 권력결탁과 금권비리를 다루면서 정권을 자극하는 바람에 조기 종영되었다. 본격 기업 드라마인 <야망의 25시>는 1970년대 한국경제를 배경으로 재벌들의 이야기를 다큐멘터리 형식으로 꾸민 드라마로서, 당시의 실존인물과 흡사하다는 여론 때문에 사회적 파장이 컸다. "나 돈 없시요", "당신 미인이야요" 등의 유행어를 만들어내며(오명환, 1993) 인기리에 방송되었지만 6월 14일 22회 방영으로 예고 없이 종영하여 외압이 있었다는 의혹이 제기되었다. 정치, 사회문제를 다룬 드라마는 일반적으로 권력층의 보수적인 성향과 갈등하기 쉬우며, 그렇기 때문에 유형·무형의 압력에 비교적 쉽게 노출된다. 따라서 <제1공화국>과 <야망의 25시>는 방영 당시 관련자 대부분이 생존하여 사회지배층을 이루고 있었기 때문에 드라마 방영이 순탄치 않을 것임은 어느 정도 예견되었을 것이다. <야망의 25시> 이후에도 경제드라마는 계속해서 제작되었는데, 이것은 1980년 이후 소득분배를 둘러싼 경제유통과 질서가 혼란을 겪고, 그에 따른 갈등이 사회문제로 표면화되어 경제가 사회적 관심거리로 부상한 데 기인한다고 볼 수 있다(오명환, 1993 참고). 여기에는 정경유착의 큼직한 사건들도 결부되었으며, 부동산투기, 증권바람 등의 이상과열현상도 부의 불평등을 가속화했다. 이러한 드라마는 어떤 면에서는 시대가 잉태한 드라마이기도 하다. 산뜻하게 결론을 내리지 못하고 종영했지만 <야망의 25시>가 한국 드라마사에서 의미하는 바는 크다. 즉, 사회성이 짙은 드라마가 대중에게 미치는 충격과 대중의 반응이 어떠한지를 실증적으로 입증한 사례가 될 것이다.

　다른 사례로는 <홍변호사>의 종영이 있다. <홍변호사>는 1980년 3월 목요단막극으로 개시된 '인권옹호드라마'인데, 신군부의 집권과 함께

막을 내렸다. 당시 <수사반장>, <형사> 등의 드라마는 범죄자를 잡는 경찰관의 고충과 애로사항을 시청자들에게 알리면서 경찰상을 부각하고 범죄예방에 중점을 두었는데, <홍변호사>는 경찰의 시각이 아니라 변호사의 시각에서 각종 범죄사건을 조명하고 범죄자의 인간성 묘사에 중점을 둔 드라마였다. 하지만 신군부의 집권과 함께 방송이 중지되었는데, 당시 검찰 쪽에서 강력하게 항의했다고 한다. 정권이나 당국의 압력이 작용했는지 여부를 확인할 수는 없지만 제5공화국의 정치사회적 환경을 고려할 때 '인권'은 관심의 대상이 아니었다. MBC는 1988년 초 이 드라마를 부활시키면서 각종 범죄사건은 물론, 인권, 빈곤문제, 부천 성고문 사건등 시국 사건도 밀도 있게 다룰 것이라고 밝힌 바 있었다(≪한겨레≫, 1989.1.10, 12면).

　TV드라마가 이념논란에 휩싸이면서 강제 폐지된 적도 있다. 드라마 <새벽>이다. 1980년대의 대하드라마는 주제와 내용에서 알 수 있듯이 당시의 지도자를 상징하는 선대의 지도자를 영웅적으로 그린 드라마이거나 민족정신을 함양하는 드라마, 또는 반공정신에 합당한 드라마가 주를 이루었다. 대하드라마 <새벽>은 광복 이후부터 정부수립 전후에 활동한 민주 세력과 친공 세력 간의 알력과 투쟁을 그린 정치역사 드라마이다. 하지만 <새벽>이 자유 세력들의 지도자보다는 친공 세력을 미화한 느낌을 준다고 하여 중도하차했다. <새벽>의 폐지는 대하드라마의 주제 선별에도 영향을 주어 그 후 대하드라마는 지도자상을 그리기보다는 <노다지>, <이화>, <토지>등 서민과 민중의 애환을 다룬 드라마가 뒤를 잇게 되었다(정순일·장한성, 2000: 212 참고).

　TV드라마가 사회현실을 적나라하게 묘사하거나 비판하면서 당국의 제재를 받은 사례도 있다. 1982년 가을에 일어난 '양파사건'을 다룬 <전원일기>이다. 1982년에 양파의 경작초과로 인해 양파가격이 폭락하자 함평군에서 한 농민이 자살하는 사건이 발생했다. 당시 MBC는 <전원일기>에서 이 문제를 다루면서 <괜찮아유>편을 방영했다. 드라마에서 농민이 구덩

이에 양파를 갈아엎으면서 당국을 원망하며 분노하는 장면은 "드라마마저 농정실책을 공격하고 전 농민의 사기를 일거에 무너뜨린 있을 수 없는 일"로 비화되어 농수산부를 포함한 다섯 군데 기관에서 항의하고 나섰다. 다행히 드라마 폐지로까지 연결되지는 않았지만, 작가와 연출자가 당국의 조사를 받고 거처제한조치까지 내려지는 등 중징계가 이루어졌다. 알려지지 않은 더 많은 사례가 있을 것이지만 비공식 채널로 이루어진 통제는 알 수도 없다. 하지만 당국이 방송 프로그램의 편성에 직접 관여하고 드라마의 제작 방향을 설정하여 주제영역을 제한한 것만으로도 제5공화국 시대 TV 드라마의 정치성을 그려낼 수 있을 것이다.

제5공화국 말기에는 정치, 경제 부분을 제외하고는 현실비판극이 활성화되었다. 1984년에 <굴레>, <해 저무는 들녘에> 등이 방영되었는데, 어린이날 특집극인 <굴레>는 어린이 정신병인 TIC증세에 대한 원인·과정·결과를 보여주며 과잉보호, 과잉통제의 결과인 TIC 증세를 말에 씌우는 굴레에 비교하여 극화한 것으로 방영 후 90분간 토론회를 실시한 실험적인 프로그램이다. <해 저무는 들녘에>는 부모를 모시는 장남가족과 차남가족의 갈등을 통해 현대 노인문제를 다루고 있었다(문화방송, 1985). <굴레>와 <해 저무는 들녘에>는 입시경쟁, 산아제한의 환경에서 자라나는 아동에 대한 과잉보호와 전후 30년간 재건과 성장의 주축이며 희생자였던 현재의 60대가 핵가족화로 인해 미래를 보장받지 못하게 된 당시 사회상을 잘 반영하고 있다. 정치드라마를 통한 권력형 비리의 노출에는 극도로 민감했으나 일상과 연결되는 사회문제들, 예를 들면 청소년교육, 노인, 가족해체, 인간성 상실 등은 이 시기부터 서서히 표면화면서 공론화의 길을 열었다.

5. 글을 마치며

　1970년대의 한국에서는 내·외(자유주의 vs 공산주의)를 명확하게 구분함으로써 국가의 정체성을 확립하는 것이 중요한 과제였다면, 1980년대는 내적 결속을 다지는 것이 더 중요했다. 무엇보다도 정변을 통해 권력을 잡은 정권을 정당화하는 것이 시급했다. 따라서 TV드라마도 변혁의 당위성을 주장하고 현실을 정당화하는 내용들이 주를 이루었다. 그 역할을 가장 잘 담당할 수 있었던 장르가 정통사극이다. <조선왕조 오백년>은 이러한 점에서 장수할 수 있었던 드라마였다. 1970년대의 TV드라마의 목적성이 계몽, 반공 및 근대화로 요약된다면, 제5공화국 시대에는 정권의 정당성 확보, 균열된 사회계층의 봉합이 주요 목적이었다. 따라서 사극을 통한 정권 정당화, 민족정체성 함양, 민족정서 고취를 위한 화합의 드라마들이 제도적으로 권장되었다. 정치 갈등이나 사회모순을 드러내는 드라마는 직·간접으로 규제되었다.

　타의에 의해서든 자발적이든 정권안정화에 동원된 제5공화국의 공영방송은 1980년대 내내 텔레비전 시청자 운동과 방송 민주화 운동에 노출되었다. 정치에 동원된 공영방송, 쇼화된 텔레비전 프로그램, 방송의 편파성과 불편부당함에 분노한 국민들은 시청료 거부운동을 전개하고 TV안보기 운동을 펼쳤다. 1987년 6월 부산, 광주 등지에서 KBS와 MBC가 물리적으로 공격당하는 사례도 발생했다. '문화의 정치화', 혹은 '정치의 문화화' 중 무엇이라고 부르든 간에, 제5공화국의 입장에서는 방송의 정치적 활용이 불가피하기도 했다. 전두환 시대는 박정희 정권과 달리 국민의 의식수준이 훨씬 높아졌기 때문에 그만큼 정권에 대한 저항도 강했다. 박정희의 5·16보다 훨씬 더 잔인하고 대중적인 학살이 자행된 '광주사태'라는 원죄를 안고 출발한 제5공화국은 권력을 유지하기 위해 박정희 시대보다 더 정교한 통치술이 필요했다. 따라서 언론에 대한 통제가 어느 시기보다도 더 철저했으며, 언론을 무력화시키면서도 언론을 통한 여론정치에 더 몰입했다(임영태, 1998: 147 참고). 방송통폐합과 언론인 대량해직, 출판사의 허가제 도입, 언론기본법과 보도지침을 통한 기사 통제 등으로 인해 방송과 신문은 정권의 홍보기구로 전락할 수밖에 없었다. 하지만 방송 자체가 이미 자본주의 사회에서의 산업체로 성장한 이때는 국가주의나 공영성의 이념으로는 통제되지 않는 새로운 가치가 중요했다. 바로 시장과 상업성이다. 사실 KBS와 MBC는 공영방송이라는 굴레 속에서도 끊임없이 경쟁하고, 정권의 눈치를 보면서 시청자의 기호에 부합하는 프로그램을 개발하기 위해 노력했다. 제5공화국 시기의 TV드라마를 분석하면서 한국방송의 이러한 노력을 무시하거나 경시한 것은 아니다. 다만 제5공화국이 주장한 '공영제도'의 편파성과 왜곡된 공익성에 논의를 맞췄다. 관점을 내포한 분석의 특징이기도 하다.

제5공화국이 주창한 '방송의 공익성'의 성격을 TV드라마를 통해 모두 간파할 수 있다고 장담할 수는 없다. 쇼·오락 프로그램, 뉴스, 스포츠 방송, 다큐멘터리 등 1980년대 한국방송 프로그램의 현실을 특정할 수 있는 장르는 많다. <이산가족을 찾습니다>의 장기 방송도 한국방송사에 큰 족적을 남겼으며, '땡전뉴스'는 세계 방송사에도 유례없는 신기한 경우이다. 따라서 TV드라마만이 그 시대 방송 프로그램을 대변한다고 할 수는 없을 것이다. 하지만 TV드라마에 특별하게 주목해야 하는 것은 일반 시청자들이 가장 일상적으로 접하는 장르이며, 이야기에 내재된 이데올로기도 쉽게 간파되지 않기 때문이다. 특히 사극은 '우리' 공통의 과거로 이해되고 역사적 사실로 인식되기 때문에 시청자들은 이야기가 의존하는 관점을 의심하지 않는다. 이것이 제5공화국 시대 특별히 사극이 권장·장려된 맥락이리라. 제5공화국은 공영방송제도의 '공익성'을 명분으로 방송에 재갈을 물렸고, 방송은 이야기로서의 TV드라마를 통해 시청자를 동원함으로써 시대에 적응해갔다.

참고문헌

강준만. 2003a. 『한국 현대사 산책: 1980년대편 1권』. 인물과 사상사.

_____. 2003b. 『한국 현대사 산책: 1980년대편 2권』. 인물과 사상사.

≪경향신문≫, 1982.4.14. "우리 것 되돌아보는 『민족풍속도』." 12면.

김학천. 1995. 「광복 50년과 방송제도」. ≪방송연구≫, 겨울호, 26~44쪽.

문화방송. 1985. 『문화방송 연지』.

오명환. 1995. 「방송 프로그램 편성 50년 변천사」. ≪방송연구≫, 겨울호.

_____. 1993. 「TV드라마 30년 수난사」. ≪방송시대≫, 봄/여름호, 327~394쪽.

_____. 1991. 「TV가족대상 드라마 신화의 붕괴와 전환기의 모색」. ≪방송연구≫, 여름.

유길촌. 1999. "21세기 방송 프로듀서의 과제." ≪PD연합회보≫, 1999년 12월 23일,
    8면.

임영태. 1998. 『대한민국 50년사 2』. 들녘.

임종수. 2007. 「텔레비전의 사회문화사」. 『한국의 미디어 사회문화사』. 한국언론재단.

정순일. 2000. 「드라마로 해가 뜨고 졌던 80년대」. ≪방송과 시청자≫, 1월호.

정순일·장한성. 2000. 『한국 TV 40년의 발자취』. 한울.

정영희. 2005. 「한국사회의 변화와 텔레비전 드라마에 대한 연구」. 고려대학교 박사학
    위논문.

정윤식. 2009. 「커뮤니케이션 정책연구 50년」. 『한국언론학회 50년사』, 825~ 861쪽.

정중헌. 1988. "재개된 「조선왕조…」 중단 절차 밟지 말아야." ≪신문과 방송≫, 2월호.

조상호. 1999. 『한국언론과 출판저널리즘』. 나남.

표재순. 1992. 「텔레비전드라마 편성의 시대적 특성과 변천에 관한 연구」. 연세대학교
    석사학위논문.

≪한겨레≫. 1989.1.10. "인권옹호극 <홍변호사> 부활 추진", 12면.

한국방송공사. 1987. 『한국방송60년사』.

_____. 1986. 『KBS 연지』.

_____. 1985. 『KBS 연지』.

_____. 1984. 『KBS 연지』.

_____. 1981. 『KBS 연지』.

한진만. 2011. 「한국 텔레비전 방송 프로그램 편성 추이와 특성」. 『한국 텔레비전 방송
    50년』. 커뮤니케이션북스.

| 부표 3-1
제5공화국 연표

연도	정치적 이벤트 및 방송계 동향
1979	10.26 박정희 대통령 피격 10.27 전국 비상계엄령 선포 12.12 12·12사태 발발 12.21 최규하 대통령 취임
1980	1. 1 TV시청료 800원 인상 1.16 KBS, 개헌공청회 녹화중계 3.26 정부, 컬러TV 조기 허용 시사 3.31 드라마 <고운님 여의옵고> 개시 4.13. 드라마 <파천무>개시 5.14 서울시내 대규모 학생 시위 5.17 비상계엄 전국 확대 5.18 5·18 발발 5.24 MBC, 서울국제가요제 개최 5.31 국가보위비상대책위원회 발족 7. 4 김대중 등 37명 내란음모사건 발표 7. 8 TBC, 미스유니버스 대회 중계 7. 9 공직사회 정화 발표 8. 2 컬러TV 수상기 시판 개시 8.11 MBC, <특집 MBC 단독회견: 전두환 국보위상임위원장과 함께> 8.16 최규하 대통령 사임 9. 1 전두환 11대 대통령 취임 9.28 <100분 쇼>개시 10.21 드라마<전원일기> 개시 11.15 방송협회, 방송통폐합 결의 11.30 TBC 방송 종료, 동아방송 종방 12. 1 민영방송 통폐합, 컬러 시험방송 개시 12.26 언론기본법, 노동관계법 개정
1981	1.15 민정당 창당 1.22 한국방송광고공사 발족 3. 3 전두환 12대 대통령 취임, 제5공화국 출범 3. 7 KBS, 광고방송 개시/ 방송위원회 발족 3.25 11대 국회의원 총선

	3.31 TV시청료 2,500원으로 인상
	5.28 국풍81 개막
	5.25 TV아침방송 재개
	9.30 88올림픽 유치 결정
1982	1. 1 중고생 교복자율화 발표
	1. 5 통행금지 해금
	1.10 '땡전 뉴스' 유행, 드라마 <풍운> 개시
	2.15 드라마 <거부실록>개시
	3.18 부산 미문화원 방화사건
	3.27 프로야구 출범
	9.14 드라마 <보통사람들> 개시
1983	1. 2 드라마 <개국> 개시
	3.26 드라마 <조선왕조 500년: 제1화 추동궁 마마> 개시
	6.12 한국 청소년 축구 세계4강
	6.30 <이산가족을 찾습니다> 개시(→11.14)
	9. 1 KAL007편 피격
	10. 9 아웅산 사건
	11.16 드라마 <베스트셀러극장> 개시
	12. 5 정부, '유화조치' 발표
1984	2.25 정치활동 금지 2차 해금
	5.12 드라마 <사랑과 진실> 개시
	5.18 민주화추진협의회 발족
	6.27 88올림픽소속도로(광주-대구) 개통
	7.28 LA 올림픽 컬러 중계
	9.12 드라마 <동토의 왕국> 개시
1985	2. 8 도미 중이던 김대중 귀국
	2.12 12대 국회의원 총선, 신민당 제1야당 부상
	2.27 대하드라마 <새벽> 개시
	5.23 서울 미문화원 점거농성
	8.17 「학원안정법」 파동
	8.27 KBS 시청료 거부운동 확산
	9.20 남북 상호 고향방문단
1986	5.3 5·3인천사태

	5.28 MBC, 프로야구 중계 정규편성(수, 토, 일)
	7. 2 부천 성고문 사건
	9.20 서울 아시안게임 중계
	11. 3 드라마 <노다지> 개시
	11. 9 드라마 <한지붕 세 가족> 개시
	11.26 평화의 댐 건설 발표
1987	1.10 드라마 <사랑과 야망> 개시
	1.14 박종철 고문치사
	1.17 평화의 댐 건설 모금 개시
	4.13 전두환 대통령, 4·13호헌조치
	5.18 박종철 고문치사사건 은폐조작 폭로
	5.22 서울대 교수 122명 시국 선언
	6. 5 가수 연예인 88명 시국 선언
	6. 9 이한열, 최루탄 맞고 사망
	6.10 6·10 항쟁
	6.29 노태우 민정당 총재, 6·29 선언
	10.28 「개정방송법」 공표, 「언론기본법」 폐지
	11.29 KAL기 미얀마 근해에서 공중폭발
	12. 9 MBC, 노조 결성

1980~1987년 주요 TV드라마

연도	주요 드라마
1980	1월. (K)<전설의 고향>100회/(M)가상드라마<석유> 　　　(M)일일연속<나리집>(→81.9.12, 총 200회) 3월. (M)일일사극<고운님 여의옵고>/(M)주간시츄<홍변호사>(중도하차) 4월. (K)일일연속<순영의 시대>, (K)<파천무>(중도하차) 10월. (M)주간극<전원일기>(→2002.12)/(K)<100분 드라마> 12월. (K)일일연속<달동네>/(M)주간단막극<TV문학관: 을화>로 개시(→87.10)
1981	1월. (K)일일연속<두 여인>(반공극)/(M) 주간시츄<암행어사>(→84.6.16) 2월. (M)주간연속<한강> 3월. (M)방영500회 기념<수사반장> 4월. (K)일일연속<표적>/(K2)주간시츄<포도대장>/(M)주간연속<제1공화국> 5월. (K2)주간단막<매천야록>(→12.27) 7월. (M)주간연속<성난눈동자>(원작 이연) 9월. (M)일일연속<사랑합시다> 10월. (K)주간연속<서울의 지붕밑>/(M)주간연속<여인열전: 1화 장희빈> 개시 11월. (K)주간연속<야행열차> 12월. (K2)산업드라마특집<모닥불>
1982	1월. (K)주간연속<풍운>/(K)신춘특집<봄에는 개나리> 2월. (K)주간연속<탈춤>(반공드라마)/(K2)<현대입지전>/(M)일일시츄<시장사람들> 3월. (K)기업드라마 특집<산울림>(M)주간연속<거부실록: 1화 김갑순> 개시 5월. (K)주간극<너는 누구냐>(반공드라마)/(K)기업드라마 특집<내일은 태양> 8월. (K2)주간연속<개성상인> 9월. (K)일일연속<보통사람들>(→ 83. 총 370회)/(K)일일연속<엄마의 일기> 11월. (K2)주간연속<북청물장수>, (K2)주간연속<사랑의 조건> 12월. (M)가족계획특집<잃어버린 땅>(가족계획 캠페인)
1983	1월. (K)주말 대하드라마<개국>/(K)주간연속<지금 평양에선> 3월. (M)<조선왕조 500년: 1화 추동궁 마마>로 개시(→90.12) 　　　/(K)일일연속<고교생일기>(→86.10.31)/ (K2)주간연속<객주> 　　　/(M)<한국인의 재발견 시리즈: 2화 광대가(3부작)>(→85.), 　　　(M)주간연속<야망의 25시> 6월. (K)<이산가족을 찾습니다> 8월. (M)일일연속<간난이>/(M)8·15특집극<엄복동> 9월. (K2)주간시츄<전우>(반공극) 10월. (M)일일시츄<갈채>/(M)일일연속<어제 그리고 내일>

	11월. (M)주간단막<베스트셀러극장: 백색인간>으로 개시(→89.7.9)
	/(K2)일일연속<남매>(→84.9.9), (K2)일일연속<금남의 집>
1984	1월. (K)대하드라마<독립문>(→12.20)/(K2)주간연속<야망의 계절>
	/(M)일일연속<애처일기>
	2월. (M)<조선총독부>/(K)미니시리즈<불타는 바다>(2, 16-17)
	3월. (K)미니시리즈<객사>(3.1-2)/(K)미니시리즈<정선아리랑>
	4월. (K)특집드라마<꽃피는 봄이 오면>
	/(K2)<드라마 게임: 달리는 부부> 개시(→1997)
	5월. (M)주말연속<사랑과 진실: 1부>(→11.25)/(M)사회문제제기극<굴레>
	/(M)가정문제제기극<해 저무는 들녘에>
	6월. (K)일일연속<사랑하는 사람들>/(K)<100분드라마: 함정>
	10월. (M)주말단막<여성극장>/(M)<수사반장> 680회로 종방(85.5.2 방송 재개)
	12월. (K)영상사극<마돈나여 광야에서 별을 노래하라>
1985	1월. (M)주말연속<사랑과 진실>2부/(M)주간연속<엄마의 방>
	/(K2)주간연속<젊은 그들>/(K2)주말연속<열망>
	/(K)단막극<100분 드라마: 따뜻한 겨울>
	2월. (K)대하드라마<새벽>
	3월. (M)<조선왕조 500년: 제4화 풍란>
	5월. (K)가정기획<100분 드라마: 가시고기>,
	(M)주말사극<아무렴 그렇지 그렇고 말고>,
	(M)주간시츄<갯마을>(본격 어촌드라마)
	6월. (K)<100분 드라마: 이산별곡>/(K)6·25특집극<광장>
	7월. (K)주간연속<현장드라마>
	9월. (K)일일연속<은빛여울>/(K2)일일연속<꽃반지>/(K2)주간연속<태평무>
	10월. (K)<TV문학관> 300회 특집/(K)2시간 드라마<13세 소년>(반공극),
	(K) 특별기획 3부작<오성장군 김홍일>/(M)주말극<남자의 계절>
	11월. (K2)주간극<즐거운 나의 집>/(K2)주말극<초원에 뜨는 별>
1986	1월. (M)주간연속<첫사랑>/(K)특집극<멀고 먼 사람들>(반공극)
	2월. (K)주간시츄역사드라마<선구자>(→8.24)
	3월. (K)주간연속<나타리아>(반공드라마)
	5월. (K2)일일연속<임이여 임일레라>
	6월. (M)주간극<억새풀>
	8월. (M)특집극<어둠 속의 위대한 빛 서민 이호구>
	9월. (K)한강종합개발특집<아리수 별곡>/(K)아시안게임 특집극<원효대사>
	/(K)일일극<은빛 여울>/(M)한강개발준공기념<갈매기>
	10월. (K)주말극<노다지>/(K)주간시츄<형사25시>
	/(K2)주간연속<이화에 월백하고>

	11월. (M)주간시츄<한지붕 세가족>(→94.11.13)/(K2)일일단막<여보 미안해> 12월. (K)주간극<해돋는 언덕>
1987	1월. (M)주말연속<사랑과 야망> 2월. (M)<MBC미니시리즈: 불새>로 개시 3월. (K2)주간연속<욕망의 문>(→88.2.25)/(K2)주말연속<애정의 조건> 10월. (K2)주간시츄<TV손자병법>(→93.10.14, 296회) 　　/(K)박경리 원작<토지>(→89.8.13) 　　/(K)특집극<시냇물 흘러흘러 어디로 가는가>

자료: 정영희(2005: 137~138) 재구성.

제3장 제5공화국 시대 공영방송의 정치성 153

제2부 방송 생산의 사회학

제4장

일제강점기 경성방송국 출연 예기(藝妓)들의 방송활동과 방송사적 의의

이종숙

고려대학교 미디어학부 강사

1. 문제제기: 여성은 어떻게 방송인이 되었는가?

한국 방송사에서 최초의 아나운서는 1926년 7월 체신국 시험방송[1]부터 참여한 이옥경이었다. 그녀는 시험방송 당시 기술부원이었던 노창성[2]의

---

1) 조선 총독부 체신국이 시험 방송용 송신기와 수신기를 들여와서 50KHz, 50W의 출력으로 시험방송을 시작한 것은 1924년 11월이었다. 체신국은 첫 시험방송을 시작한 이듬해인 1925년 6월 21일부터는 매주 4회 오후 7시부터 8시 반까지 음악, 일기예보, 뉴스 등을 정규방송하기 시작했다. 이때 직업적인 아나운서로 처음 방송을 하게 된 이가 이옥경이었다. 당시 이옥경에 대한 신문기사로는 ≪조선일보≫, 1927년 1월 7일 자, 1월 9일 자 참고. 이와 함께 ≪삼천리≫, 1935년 8월호(제7권 제7호)에는 "아릿따운 아나운사"라는 제목으로 당시의 여성 아나운서들에 대한 자세한 이력을 소개하고 있다.

2) 노창성은 경성방송국 개국 당시부터 가장 크게 활약한 한국인이며 개국 시 기술부원으로 일했고 그 후 사업부장, 지방방송국장, 중앙방송국장 등을 역임했으며, KBS의 위상을 관료형태로 확립한 사람으로 평가받기도 한다. "20세기 문명의 대발견 무선전화의 리치, 노창성 씨 담", ≪조선일보≫, 1926년 4월 20일 자; 신경석(1980); 문시형(1989)를 참조.

부인으로 일종의 '내조'를 위해 특채되었다고 전한다. 그리고 최초의 공채3) 아나운서는 경성방송국(JODK) 개국 직전인 1927년 1월 채용된 마현경이었다. 그녀는 경성방송국 문서 계원 최승일4)의 부인이었다. 두 여성 모두 결혼한 '직업부인'이면서 조선에서 여성교육이 허용된 뒤 첫 여성 고등교육을 받고 이전에는 볼 수 없었던 새로운 가치와 태도를 추구하는 존재로 등장한 소위 '신여성'들이었다. 당시의 신문과 잡지기사를 읽어보면 이두 여성들은 '아나운서'라는 새로운 직업인의 등장이라는 점에서 소개되기도 하지만, "아름다운 목소리"와 "애교 있는 웃음"을 띠우는 "꽃 같은" '여성'이라는 존재로 더 주목받고 있음을 알 수 있다. 한국 방송사를 다루는 공식적인 역사 기록들5)과 연구들 또한 이러한 관점을 크게 벗어나 있지 않다. 역사 속의 최초 '방송인'으로서 그들을 한국방송사의 계보 속에 기록하기보다 여성이기에 더 주목받는 한편의 '일화' 속 인물들로 적어두고 있는 것이다. 왜 이들 최초의 아나운서들은 '방송인'이기 이전에 '여성'으로 기억

---

3) 우리나라 최초의 방송국인 경성방송국은 1927년 2월 16일에 개국하기 앞서 1월 5일에 아나운서 공개 채용 시험을 실시했다. 이 공채모집에는 20여 명이 응시했는데 상식, 성량, 웅대 등을 테스트하여 한국인 1명과 일인 3명을 선발했다. 이때 합격한 한국인이 마현경이었다. 문시형(1990) 등을 비롯하여 여러 자료에서 최초의 공채 여자 아나운서를 1932년 공채된 김문경으로 꼽았는데, 정진석(1990)은 최초의 공채 아나운서가 마현경임을 바로잡고 있다.

4) 최승일의 방송이력에 대해서는 자료상 많은 사실들이 확인되지 않은 채 남아 있다. 1926년부터 총독부 경성체신국 무선방송소 문서계에서 근무했다고 나오며, 아나운서로 말해지기도 하고 최초의 프로듀서(김성호, 1997: 26)로 기록되어 있기도 하다. 최승일에 대한 자세한 사항은 이상길(2010)을 참조할 것.

5) 대표적으로 1977년 한국방송공사가 한국방송 50년을 기념해 편찬한 『한국방송사』는 방대한 자료를 통해 처음으로 한국방송의 역사를 체계적으로 정리했다는 점에서 한국방송사의 공식 역사로 많은 방송사 서술에 영향력을 가지며 언급되고 인정받고 있다고 할 것이다.

되며 한 시대 '역사'가 아니라 한 편의 '이야기'속에 남아 전해지는가? 그리고 그 여성들의 이야기들은 그 자체로서 전체적인 이야기를 구성하고 있는가? 즉, 한국 방송사에 처음 등장하는 여성 방송인으로서 여성 아나운서들은 당시 방송에 출연했던 여성 방송인들을 대표하는가? 그것은 지금의 여성 아나운서가 여성 방송인들을 대표하는 것과는 어떻게 같고 또 다른가? 그 당시 방송에 출연한 여성 방송인이라면 그들 아나운서 외에 또 누가 있었으며 그들이 아나운서만큼 주목받지 못한 이유는 무엇인가? 그것은 어떤 역사적 구성과 관련되어 있는가? 한국방송사에서 처음 방송에 출연했던 여성 방송인은 누구인가? 그 여성들은 어떻게 방송인이 되었는가? 이 연구는 한국방송사에서 제대로 기록되지 못한 초기 여성 방송인에 대해 이 질문들을 통해 접근해보려고 한다.

여성 방송인의 역사를 추적할 수 있는 사료의 대부분은 앞서 언급했듯이 공식적인 역사적 기술에서도 잘 나타나지 않을 뿐 아니라 (주로 그 시대 남성적 시선에서의) 감상적 일화나 소수 여성의 회고록 속 먼 기억들로 전해지기 때문에 이러한 파편적인 역사적 사실들을 수집하고 확인하여 역사적 논의의 장으로 끌어내는 데는 많은 어려움이 따른다고 할 수 있다. 그것은 무엇보다 여성의 존재와 여성의 문제에 대한 역사적 사실 그 자체를 밝혀내지 못한다는 점이다. 공식적 사료의 부족은 그 시대 역사를 해석하는 지배적 관점에 따라 사실을 재구성할 위험을 내포하며, 그 지배적 관점 속에 여성, 젠더의 관점은 결코 중심적인 분석의 범주가 되지 못한다는 점에서 여성에 관한 역사연구의 어려움은 한국 방송사 연구에서도 결코 예외일 수가 없기 때문이다.

이 연구는 우리나라 최초의 방송국인 경성방송국 라디오프로그램에 출연한 여성 방송인 가운데 초창기 가장 두드러진 활동을 보인 기생, 특히 음악프로그램에 출연한 예기들의 방송활동에 대한 고찰을 통해 한국 방송사에서의 여성 방송인의 역사를 추적해보려고 한다. 시험방송 시기부터 방송

편성에서 중요한 부분은 소위 '방송기생'들이 부르는 남도잡가, 가야금 병창, 가곡, 민요 등이었으며, 이후에도 경성방송국 전체 라디오 프로그램에서 기생 출신의 여성 명창, 가수들은 주요한 출연자들이었다. 이 여성들은 한국 방송사에서 어떻게 기억되고 어떤 의미로 남았는가? 공식적이고 중심적인 역사 서술의 한켠에 주변적 이야기로 남아 있는 여성 방송인으로서 기생들의 역사적 의미는 자연스럽고 필연적인, 그러므로 객관적인 역사의 결과이며 기록인가? 이 연구는 한국 방송사에서 축소되고 주변화된 여성 방송인으로서의 기생의 존재를 실증적 자료를 통해 드러내 보이고, 그 과정에서 한국 방송사 서술에서 여성 방송인으로서의 예기들의 족적을 추가하는 것만이 아니라 한국 방송사의 토대가 되는 개념과 가치들을 재배치해 보는 여성주의적 관점에서의 새로운 방송사 쓰기[6]를 시도해 보고자 한다.

이 연구는 큰 틀에서 한국 방송사에서 여성은 어떤 과정을 통해 방송인으로 선택[7]되었고 혹은 방송의 특정영역에서 배제[8]되었는지를 당시의 사

---

[6] 언론학계에서는 최근 5~6년 내에 방송사, 방송의 사회문화사 연구가 비교적 활발하게 이루어져 왔다고 볼 수 있다. 그러나 방송제도, 조직, 정책, 편성, 수용자를 중심으로 한 연구가 중심을 이루고 있는 데 반해 방송인에 대한 연구는 매우 드물다고 할 수 있다. 김보형·백미숙(2009)의 「초기 여성 아나운서의 직업 성격과 직업 정체성의 형성」이 최초의 연구이며 유일하다고 볼 수 있다. 신문기자에 대한 연구는 박용규(1997), 최이숙(2009, 2011) 등을 비롯하여 다수가 있다. 한편, 언론학 분야에서 여성주의적 관점에서의 글쓰기, 새로운 역사쓰기와 관련된 연구가 극히 소수의 연구자들에 의해 시도되고 상대적으로 생산적인 측면도 보이고 있으나 아직 여성주의 글쓰기, 여성주의적 역사쓰기가 가진 정치적 함의와 여성주체의 역사화에 대한 고민이 깊지 못하다는 점이 지적되고 있다(백미숙·이종숙, 2011: 203~204).

[7] 이 연구는 여성이 방송인으로 선택되는 과정, 그리고 방송이라는 영역에서 자신의 업무를 맡고 수행하는 것에서 비롯되는 차별, 배제 혹은 선호가 필연적 결과가 아닌 특정한 역사적 선택의 결과라는 점에 주목하고자 한다.

[8] 역사적으로 여성과 남성의 생물학적 차이를 들어서 배제를 합리화했을 때, 그러한 '성차'는 자연적인 사실일 뿐 아니라 사회적이고 정치적인 차별의 존재론적 근거로 말해졌다.

회문화적 맥락과 방송환경에 대한 이해를 통해 해석해볼 것이다. 그 중심에 한국의 근대적 여성주체로서의 기생이 방송인으로 살아가게 된 궤적을 쫓아가보려고 한다. 일제강점기 식민지라는 역사적 조건에서 기생은 방송인으로 그 상황들을 어떻게 인식하고 이용하며 대응했는지, 그러면서 자신의 정체성을 어떻게 변화시켜 나갔는지 하는 문제를 당시의 사회적 담론을 구성하는 여러 기록들, 당시의 신문과 잡지의 기사, 이후의 회고록, 인물평전, 연표, 사사, 각종 사료집, 연구논문 등을 통해 종합적으로 검토해볼 것이다.

2. 여성주의적 관점에서의 새로운 방송사 쓰기

한국의 방송사 연구에 있어 관점의 문제는 다양하게 쟁점화되지 않았다고 할 수 있다. 이는 한국 방송사 연구 내에서 관점의 문제를 논의할 필요성을 느끼지 못할 만큼 합의된 어떤 하나의 관점을 공유하고 있었거나 혹은 관점의 문제 자체를 논의할 만큼 학문적 발전을 이루지 못했다는 의미로 생각해볼 수 있다. 또 무엇을 관점이라고 말할 수 있는가에 대한 근원적인 질문을 하고 보면 과거를 회고함에 있어 어떤 연구도 관점을 갖지 않을 수 없고 또 역설적으로는 특정한 방향과 결과를 우선해 사실에 선별과 강조를 불러오는 관점을 갖는 것 자체가 역사 연구의 태도로는 적절치 않다고도

페미니즘은 여성을 정치적으로 배제하는 것에 맞선 항변이었고, 그 목표는 정치에서 '성차'를 제거하는 것이었다. 하지만 페미니즘은 '여성'의 편에서 권리를 요구해야 했다. '여성'을 대변한다는 점에서, 제 자신이 없애버리고자 했던 바로 그 '성차'를 생산해냈던 것이다. 조앤 스콧은 '성차'를 받아들이고 또한 거부해야 하는 이러한 역설이 오랜 역사를 통틀어 페미니즘을 하나의 정치운동으로 구성해왔다고 주장한다(스콧, 2006).

주장할 수 있다. 어떤 이유에서이든 한국 방송사 연구에서 관점에 대한 문제제기와 논의는 최근까지 거의 이뤄지지 못했다.[9] 그러나 역사연구에 있어 관점의 차이와 다양성을 가지는 것은 특정 관점에서의 그 역사적 주장의 근거와 서술의 적실성을 다투는 과정에서 역사의 단면이 아니라 다면(적 진실)이 살아난다는 점에서 중요한 의의가 있다. 그러한 다양한 관점들 간의 경합은 역사연구의 영역과 주제, 소재에서 그 어떤 배제나 편향, 공백을 줄여감으로써 역사역구를 더 풍부하게 만들어갈 것이다.

이 연구는 한국 방송사 연구에 여성주의적 관점의 필요성을 제기하고자 한다. 이를 통해 한국 방송사에서 배제된 여성사 쓰기를 시도해보려고 한다. 1990년대 이후 한국 근대사 연구에서는 '문화사적 전환'이라고 일컬어질 수 있는 변화들로서, 일상적이고 미시적인 경험세계를 역사학의 연구대상으로 수용하기 시작했고, 근대 민족주의 역사담론의 해체를 시도하며 식민지 근대성 문제가 중심 과제로 부각되었다(허영란, 2010). 역사의 대중화, 경험세계의 역사화를 표방하는 이러한 신문화사적 연구의 경향들은 여러 인문사회과학 분야에서 대중의 일상적 문화가 흘러드는 매스미디어와 인간 커뮤니케이션에 대한 역사 연구들을 쏟아냈다. 그렇지만 정작 대표적인 매스미디어인 방송 미디어를 중심적으로 연구하는 방송학 분야에서는 오랫동안 역사 연구 자체가 관심을 받지 못했고 민족주의적이고 실증주의적인 거시사적 관점이 아닌 새로운 문화적 관점의 역사연구는 더욱 활성화되지 못했다. 이는 비단 방송사뿐만 아니라 언론학, 커뮤니케이션학 분야 전체에서의 역사 연구의 지속적인 감소 혹은 빈곤과 맥을 같이하고 있다고 할 수 있다.

---

9) 조항제(2008)의 연구는 한국의 방송역사를 서술하는 데 적절한 관점들에 어떤 것이 있는지 탐색적 단계의 연구라고 할 수 있지만 한국방송사 관점에 대한 문제제기로서는 거의 유일하다고 할 수 있다.

한국방송사에 관한 연구가 언론학 분야에서 이루어진 것은 2000년대 들어서 주로 1950~1960년대를 중심으로 방송제도와 정책, 프로그램 편성 및 내용과 관련된 연구들이 나타나기 시작하면서부터이다. 문제는 주제나 관점의 다양성 부족을 말하기 이전에 연구 시기의 편중성이 심하다는 점인데, 일제강점기와 해방 직후의 방송역사에 대한 연구가 거의 이루어지지 못했다는 점이 그러하다. 두 경우 모두 사료에 대한 접근이 어렵다는 점에서 문제가 되었다고 할 수 있으며, 특히 일제시기 방송역사에 대한 연구는 일제 총독부의 지원 아래 일본인이 주도하여 설립한 경성방송에 대한 정체성을 두고 한국방송사에 편입시킬 수 있는지의 논란이 끊이지 않았기 때문에 이 시기에 대한 연구의 공백은 당연한 것으로 받아들여진 측면이 있었다. 1927년 2월 17일 경성방송국이 개국하고 단일채널을 통해 조선어와 일본어를 혼합편성했던 단일혼합방송시기는 1933년 4월 26일 조선어방송을 별도의 채널로 분리, 송출했던 이중방송 시기에 비해 더욱 '조선인의 방송'으로서의 정체성이 더 약하고 불분명한 것으로 이해되었기 때문에, 어느 정도 경성방송국 개국을 한국방송사의 기점으로 잡는 데 학문적 합의가 이루어진 현재의 상황에서도[10] 이 단일혼합방송시기에 대한 연구와 관심은 더욱 적은 게 또한 사실이다.[11] 한진만(2004)의 라디오 프로그램 편성에 관한 연구와 방송문화의 변화를 중심으로 한 이연(2011)의 경성방송국과 식민지 문화정책에 관한 연구 등은 기존의 통사적 서술방식을 보이면서도 일제의 언론탄압이나 식민지통치, 이데올로기 차원에서의 접근에 머물지 않고 방송 미디어가 가져온 변화의 역사를 중심으로 검토하고 있다는 점에서

---

10) 정진석(2008b: 11~15)과 박용규(2008: 179~214), 임종수(2004: 374~375)에서 이러한 기점에 대한 논란과 합의점에 대한 자세한 논의를 참조할 수 있다.

11) 단일혼합방송 시기 연구에 대한 상대적인 간과와 무관심, 그리고 이중방송기에 집중된 이러한 연구경향에 대한 문제제기는 이상길(2012)의 연구에 잘 지적되고 있다.

한국방송사를 위한 세부적인 주제의 가능성을 열어놓았다. 이와 함께 식민 당국의 방송 정책과 경영, 편성과는 다른 측면으로서 라디오가 사회에 수용되고 점차 정착하면서 라디오 청취자로서 조선인의 수용양식이 형성되고 그에 따라 새로운 커뮤니케이션 현상이 나타난 점에 주목한 김영희(2002)의 라디오 청취자 연구를 비롯하여 박용규(2010)의 1930년대를 중심으로 한 음악프로그램의 수용연구, 경성방송국 초창기 단일혼합방송기의 연예 프로그램의 제작과 편성에 관한 이상길(2012)의 연구 등이 일제강점기 방송에 대한 역사연구에 새로운 문제제기와 함께 그 관심영역을 점점 확대시켜가고 있다.

앞서 언급했듯이 인문사회과학 분야 전체를 두고 본다면, 일제강점기 방송의 역사에 관한 연구와 관심이 부족했다고만 볼 수는 없다. 국문학 분야에서 근대 방송문예물과 초기 연예방송에 대한 서재길의 일련의 연구들(2006a, 2006b, 2008a)은 일제강점기 방송프로그램/텍스트의 특성을 문예물로서의 가능성을 통해 검토했다. 또 식민지 라디오방송에서 조선어가 가졌던 의미에 대한 연구(서재길, 2011)에서는 대다수 조선인이 일본어를 해독하지 못하는 상황에서 효율적인 식민 통치를 위해 방송에서의 조선어 사용이 불가피했을 뿐 아니라 조선어 이중방송이 식민지의 민족 정체성 확립에 핵심적 기능을 담당할 수 있었음을 주장했다. 서재길과 같은 방송 프로그램에 대한 문학사적 문제제기는 이 시기 야담과 시조창에 관한 고은지(2008, 2009)의 연구와 방송소설에 관한 강현구(2005)의 연구에서도 보인다. 이들 국문학 분야에서의 연구들은 다소 일화적이고 인상기적 서술을 보이기도 하지만 문학연구를 통해 축적된 텍스트 해독력과 방법들로 식민지 시기 라디오프로그램/텍스트를 중심으로 수행된 많은 시도와 변화들을 세밀히 포착해내고 그 시대 라디오 방송프로그램 속에 내재된 사회적 가치들을 꼼꼼하게 읽어가려는 노력이 돋보인다. 그러나 문학적 범주나 장르를 방송프로그램에 적용시켜 검토하는 과정에서 당시의 라디오 프로그램을 그 자체가 완결된 작품으로 가정하게 됨으로써 그 프로그램들이 경성방송국이 개국되던 당시의 사회문화적 맥락 속에서 다양한 제작시도와 실험들을 통해 불안정하게 발전한 하나의 산물이라는 사실을 간과하는 경향이 있다(이상길, 2012).

일제강점기 방송프로그램 연구에 있어 단연 독보적인 연구 성과를 올리고 있는 분야는 송방송을 중심으로 한 음악사적 연구들이라고 할 수 있다. 경성방송국 음악프로그램과 출연 음악인에 대한 연구가 2000년 이후 지속적으로 이루어져 왔을 뿐 아니라 경성방송국 국악방송곡 목록에 대한 색인작업과 일제시기 음악 관련 기사 색인 및 모음집 등이 이들 음악학 분야에서 축적되어왔다.[12] 이들 음악사적 연구들은 라디오를 매개로 한 전통음악의 전승이라는 관점에서 방송된 곡목, 음악장르와 명칭의 변천, 연주자의 특성 등을 상세하게 논의하고 있다(송방송, 2000a, 2000b, 2001a, 2001b, 2002a, 2002b; 김명주, 2003; 이재옥, 2003; 김진경, 2010). 그러나 방송사적 관점[13]에서 보면 이들 연구들에서는 국악방송의 성격과 국악의 방송장르로

---

[12] 목록자료집으로는 한국정신문화연구원에서 펴낸 『경성방송국국악방송곡목록』(2000)이 있다. 신문기사자료모음으로는 《한국음악사학보》 제9집에 실린 송방송(1992)의 「매일신보 음악기사 색인: 1941년 1월1일~45년 8월 15일」, 제12집과 제13집에 실린 김성혜(1994)의 「조선일보의 국악기사: 1920~1940년(1)·(2)」, 그리고 제13집과 제14집에 실린 이수창(1994, 1995)의 「동아일보의 국악기사: 1921~1940(1)·(2)」 등을 참고할 수 있다.

[13] 새로운 라디오 미디어 그 자체가 커뮤니케이션 변동 또는 사회변동 전체를 이끌었다는 결정론적인 논의로 환원되는 것에는 유의해야 하지만, 라디오를 매개로 한 방송 미디어가 식민지 조선사회의 커뮤니케이션 변동과 사회변동 과정에 매우 중요한 요인들 가운데 하나였다는 점은 충분히 주목할 가치가 있다. 김영희(2009)는 커뮤니케이션사 연구에서 문제가 되는 것은 방법론이 아니라 관점의 결여에 있다는 점을 강조한 셧슨(Schudson, 1991)을 인용하며, 한국 미디어사, 커뮤니케이션사에서 미디어 기술과 문화적 형태의 불가분성을 인식하는 역사적 연구가 거의 없다는 사실을 지적한다. 일반적으로 역사연구

서의 형성 및 변화과정, 음악프로그램 제작과정, 음악인의 방송출연과정에 대한 논의가 거의 이루어지지 않아 아직도 많은 숙제를 남겨놓고 있다. 특히, 음악사적으로는 1927년 경성방송국 개국 초기 출연한 전통음악인들로서 이왕직아악부와 기생(예기)들이 1930~1940년대에 이르러서 국악방송이 점점 대중화되어가면서 전통음악의 품격과 그 정통성을 잃어가고 있는 것으로도 볼 수 있으나, 방송사적으로는 그 대중화 과정에서 어떤 음악과 음악인들이 선택되고 배제되었으며, 어떤 생산과정과 소비과정을 라디오가 매개해내고 있는가라는 문제가 중요하게 떠오르는 것이다. 송방송 등의 연구에서 예기들은 전통음악인 혹은 그 계승자로서 기생의 존재를 새롭게 호명하고 되살려내고 있다는 점에서 음악사적으로 매우 의의가 있지만, 방송사적으로 그 의미는 다를 수밖에 없을 것이다.

일제강점기 기생에 대한 연구 또한 새로운 문화사적 전환의 맥락에서 최근에 주목받게 된 주제이지만, 이러한 사회사적·여성사적 연구가 당시 기생들의 삶을 통해 드러나는 식민지 근대성의 모순뿐 아니라 현재에도 소위 노래하고 춤추는 (연예인)여성들의 성적 정체성을 규정하는 부분에 대해 많은 역사적 이해를 이끌어내고 있음에도 불구하고, 방송이라는 근대적 미디어를 통해 그들이 수행했던 역사적 실천의 가능성에는 많은 관심을 두지는 못했다. 이것은 한국 근대사에 대한 방송사적 관점에서 그리고 여성주의적 관점에서 새롭게 접근될 수 있을 것이다.

의 주요 연구과제인 사회적, 경제적, 정치적, 문화적 변동의 핵심문제들과 미디어 역할을 통합시켜 접근하는 데에 대한 감각이 결여되어 있다는 것이다. 여기서 방송사적 관점은 이러한 미디어에 대한 이해와 접근, 인식을 통해 방송 미디어의 역할과 영향을 살펴본다는 것이다. 나아가 당시의 라디오 방송이 출판과 잡지, 연극, 영화, 유성기 같은 다른 미디어를 재매개하는 상호미디어적 차원, 상호텍스트적 차원을 고려해 본다는 의미를 포함한다. 이를 통해 볼 때 음악사적 관점에서의 일제강점기 국악프로그램에 대한 연구들은 좋은 참조사항이 되면서 우리에게 많은 과제를 안겨주고 있다는 것이다.

이 연구가 한국 방송사 연구에 여성주의적 관점이 필요하고 그 관점에서의 역사적 분석을 하려는 것은 '젠더'[14]를 중요한 한국 방송에 대한 역사적분석의 범주로 인식한다는 것을 전제한다. 이 연구는 일제 강점기 방송의역사를 연구하는 데 있어 여성과 방송, 방송인에 대한 의미를 주어진 것, 고정된 것, 불변적인 것이 아니라 사회적으로 구성된 것으로 이해하고, 식민지 조선이라는 특정한 역사적 맥락에서 여성 방송인이 되었던 예기들을 호명한 젠더 담론을 통해 한국 방송사를 새롭게 읽어보려고 한다. 그 예기들은 어떻게 방송인으로 표상되었는가? 그들의 여성적 정체성은 방송인으로서 정체성과 어떤 방식으로 접합되고 있는가? 그들의 방송활동은 누구를중심으로 어떤 필요에 의해 선택되었고 그들은 어떤 권리를 요구할 수 있었고 또 요구했는가? 그때의 정치적 논리와 맥락은 무엇이었는가가 주요한연구문제가 될 것이다.

3. 식민지 담론장과 여성주체로서의 기생

1927년 경성방송국이 개국하던 당시 식민지 조선의 담론장은 한국역사에서 여성이 가장 공적 담론 공간에서 가시화된 시기였다고 할 수 있다.1919년 3·1운동을 계기로 일제의 통치방식이 '무단통치'에서 '문화정치'적 통치로 바뀐 이후 조선에는 민족자본의 신문이 창간되고 잡지가 폭발적

---

14) 이 점은 조앤 스콧의 젠더에 대한 논의를 따른다. 스콧은 "젠더란 성차의 담론이고, 성차 담론은 의미를 여성과 남성의 육체적 차이로 환원해버린다. 담론은 단지 관념만이 아니라, 제도와 구조, 일상적 행위, 특별한 의례에 이르기까지 모든 것과 관련이 있다. 담론은 세계를 조직하는 하나의 방법이다. …… 젠더는 생물학적 실재를 반영하지 않는다. 대신 젠더는 그 실재의 의미를 창조한다"고 했다(스콧, 2006: 5~6).

으로 늘어났으며 새로 등장한 교육세대를 중심으로 근대적인 독서대중이 형성된 시기였다. 이렇게 확대된 공적 담론 공간 속에 여성은 근대적인 사회문화적 변동을 가장 체현해내는 주요 볼거리이면서 논란거리였다고 할 수 있다[15]. 또한 여성은 근대적 변화 속에 등장한 다양한 행위주체들 속에서 더 이상 타자가 아닌 주체로 새롭게 부상해간 대표적 존재였다고 할 수 있다.

일제강점기 기생의 존재는 당시 가시화된 이와 같은 여성의 담론화 현상[16]을 상징적으로 보여주고 있다. 주로 서양식 교육을 받고 새로운 가치와 삶의 태도를 가진 여성 지식인을 중심으로 일컬어지던 신여성이 표상한 긍정과 부정, 환호와 비난, 찬양과 비하, 선망과 조소의 이중적 담론화가 천한 신분이라는 기생의 계급적 한계로 인해 한편으로는 더 과도한 관심으로 증폭되기도 하고 또 한편으로는 지나친 비판을 불러일으키며 더욱 논란을 과중시켰다.

---

15) 여성에 대한 교육, 새로운 여성 직업군, 사랑과 성에 대한 가치관, 현모양처와 핵가족 이념, 아동에 대한 새로운 관념, 외모와 육체에 대한 감수성과 패션의 등장, 위생주의 같은 생활양식의 변동처럼 여성과 관련되고 여성을 대상으로 한 근대적, 사회문화적 변동들이 많은 관심과 문제, 쟁점들을 낳았다(김수진, 2009: 19~21). 김진송은 이 시기 억압과 미몽에서 벗어나려는 근대적 변화의 역정에서 여성의 변화는 곧 시대의 변화를 예증해 주는 것이었다고 말한다(김진송, 1999: 202).

16) 이는 김수진(2009: 25)의 표현으로, 식민지 조선에서 신여성을 둘러싼 사회적 논란이 뜨거웠다는 사실로부터 '그 논란이 진실을 말했는가'보다 '신여성에 대해 말한다는 사실, 그토록 많은 사람들이 (오랜 시간) 논란을 벌였다는 사실' 그 자체가 설명되어야 한다는 점에서 여성의 '담론화' 현상을 주목해야 한다는 것이다. 또한 의사소통의 합리성을 전제한 하버마스의 '공론장' 개념보다는 담론의 형성과 변환, 다른 사회관계들의 복합성 속에서 이해되는 푸코의 이론에 따른 '담론장' 개념이 18~19세기 서구의 역사적 경험이 아닌 식민지 조선 사회의 근대성을 설명하는 데 더 유효할 수 있다고 김수진은 분석한다(2009: 40~41). 이 연구에서의 '담론화', '담론장' 개념은 이러한 김수진의 분석틀로부터 사용되고 있다.

1920년대 신여성의 단발, 특히 기생의 단발 행위에 대한 논란은 기생에 대한 이 시기 이러한 담론화 현상을 읽을 수 있는 대표적 사례가 된다. 1920년대 소위 '신여성'으로 대표되는 여성의 변화 중에 "신식여자하고도 최신식의" 여성은 단발한 여성이었고 이러한 신여성들의 단발은 많은 세간의 이목을 집중시키며 논란을 불러일으켰다. 여성의 단발은 감각적인 유행의 첨단을 좇아 돌발적으로 등장하는 이 시대 수많은 유행들 속에서도 특히 보수적이고 봉건적인 인습과 진보적이고 서구적인 인식의 차이에서 첨예한 대립적 논쟁을 가져와 유행 그 이상의 의미를 지닌 것으로 여겨졌다. '여류사회주의자들의 투사적인 의지에서 비롯되어' 기존의 가치관을 전복시키는 '전통에 대한 반항'이든 남녀평등론자류의 행위로 신식을 추종하는 것이든, 단발을 감행하는 여성들에게는 '신체발부 수지부모'의 관념이 편리함과 위생, 경제성을 따지는 현대적 감각과 태도로 전환되어 봉건적인 여성관에서 해방될 수 있는 확고한 의지가 필요한 일이었기 때문이다. 처음 단발을 실천한 여성은 기생이었다.[17] 그러나 하나의 진보의 상징으로서 반봉건을 전유하는 개혁적인 몸짓인 단발 행위가 기생의 경우에는 오히려 신분적 한계이고 지적인 능력이 결핍된 것이라며 폄하되기도 했다. 사회주의자였던 허정숙이나 인텔리 여성 김활란의 단발과 강향란이란 기생의 단발 행위가 같을 수는 없었다. 기생은 새로운 근대의 문물을 가장 먼저 받아들일 수 있는 조건과 수단을 가지고 있었지만 그들의 개혁적인 실천은 봉건적 억압에 대한 해방의 의미를 담기보다 여전히 이질적인 것으로 또는

---

17) ≪조광≫, 1936년 6월호 "조선지식여성은 단발재소요－트레머리마나님들의 양키-껄화 인가?"에는 기생 강명화로, ≪별건곤≫, 1928년 1월호 "제일 먼저 한 사람"에는 기생 강향란이 제일 처음 단발한 여성으로 나와 있다. 기생의 단발은 일면 기생이라는 이유로 받아들여지기도 하고 또 사회적 신분과 지적 능력의 결핍을 내세워 더 심한 폄하와 비난을 받기도 했다(김진송, 1999: 178).

구경거리에 지나지 않은 것으로 담론화되었던 것이다.

이처럼 기생은 일제강점기 식민지 조선에서 신분적으로 가장 해방을 맞은 근대의 여성[18]이면서 또한 가장 식민담론 속에 갇힌 전근대적 여성이었다고 말할 수 있다. 식민지 근대 조선에서 기생이 봉건적 신분에서 해방되었으면서도 주체적 존재가 되지 못하는 신분의 한계와 계급적 위치를 가질 수밖에 없었던 것은 일제에 의한 근대적 개혁조치의 역설적 결과이기도 했다. 구한말까지 기생은 크게 관기(官妓)와 창녀(娼女), 혹은 관기와 예기(藝妓)[19] 두 부류로 나뉘어 있었고 출신 성분과 기예 면에서 확실히 구분되었

---

18) 여성의 사회활동이 금지된 조선 사회에서 비록 신분적으로는 천민이었지만 공연 등으로 공적 공간에 진입하여 사회적 관계를 맺을 수 있었던 기생은 신분 해방을 맞으면서 그 신분 자체가 봉건적인 제도의 굴레에서 벗어나 과감하고 자유분방한 여성으로 행동하기 위한 사회적 목적을 위해 주체적으로 선택되기도 했다.

19) 여기서의 예기와 이 연구의 제목에서 사용된 예기와는 차이가 있다. 여기서의 예기는 일제 이전의 구한말의 분류로서 관기에 대비되어 신분상 비관기로 구분되어 사용된 것이다. 또는 관기의 전통을 계승하는 1패 기생, 첩 노릇하는 2패, 매음하는 유녀인 3패로 구분하기도 했다. 1908년 '기생 및 창기 단속령'이 시행되고 '관기'라는 개념이 공식적으로 사라진 후 경시청에 의해 모든 기생들이 기생 조합소로 조직되어 가무영업허가를 받아 활동하게 되는 '권번'체제로 들어가게 되었다. 이 연구의 제목에서 예기는 이러한 권번에 소속되어 방송, 음반, 공연 등을 통해 연예음악활동을 주로 했던 기생들을 일컬어 '예기'로 통칭했다. 여러 연구들에서 기생, 예기 등이 연구자에 따라 사용되고 있는데, 권번을 통한 방송출연교섭이 주로 이루어진 점, 일제강점기 권번이 기능 면에서 권번 내 '기생학교' 등을 통해 전통예능교육의 산실이었던 점, 송방송 등 기존 대표연구자들에 의해 방송출연 기생을 예기로 지칭한 점 등에 비추어 이 연구에서도 '예기'라는 용어를 사용하기로 했다. 신문이나 잡지에서 사용된 맥락에 따라 일반적으로 '기생'으로 표기된 경우에는 그 용어를 그대로 사용하기도 했다. 관기가 폐지되면서 요릿집이나 권번으로 관기가 유입되기도 하고 삼패 중심의 기생조합이 설립되어 삼패기생이 일패기생으로 승격되기도 했지만, 당시 관기와 창기, 예기, 삼패의 구분은 표상 속에 남아 완전히 사라지지 않고 사회적으로 작동하고 있었다. 가령, 관기가 폐지된 이후에도 '관기'라고 찍은 사진엽서가 두드러지게 발견되는데, 권번 기생을 찍어놓고 조선의 '관기'라고 표기하여 수동적이고 애처롭게 성적으로 대상화된 여성의 이미지를 보여준 것은 일본에 보

다. 관기 또는 일반적으로 기생이라 불리는 이들은 태의원(太醫院) 소속 의녀(醫女)와 상의사(尙衣司)의 침선비(針線婢)로 궁중 진연 등에 여악으로 참가하거나 지방 관청, 양반들의 풍류방에서 활약했다. 예기 또는 창기, 창녀는 무명색(無名色), 삼패(三牌)를 말했다. 1908년 장악원의 상위기관이 예조에서 궁내부로 변하고, 장악원 관리하에 있었던 관기들이 경시청 관리하로 떨어짐으로써 사실상 관기는 폐지되었다. 1904년 이후에는 경무사의 단속으로 무명색·삼패의 무리들이 시동(詩洞)에 일제히 처소를 정해 집단 거주하게 되었고 그 영업지는 상화실(賞花室)이라 이름 붙여 유곽화되었다. 1909년에는 경시청에서 기생, 창기, 삼패, 상화실 등의 명칭마저 통합하여 조선 기생계에서 관기와 삼패가 구분되던 관례는 점차 사라지게 되었다. 이러한 조선 기생계 계급구도의 해체는 일제의 경제 침략 정책과 함께 진행되었던 것인데, 1908년 제정 발표한 기생단속령·창기단속령이 그것이었다. 이 법에 따라 기생·창기는 허가증을 받아야만 영업할 수 있었는데, 기생은 주석에 앉아서 술을 따르고 기예를 업으로 하는 자를 말하고, 창기는 불특정다수에게 성을 제공하고 대가를 받는 자로 구분되었다. 그러나 기생과 창기를 같이 단속하는 이 같은 법의 제정은 결과적으로 양자를 비슷한 무리로 간주했던 것이고 이러한 일제의 공창 산업, 공창화 정책은 식민지 조선에서의 매음의 사회화, 일상화의 제도적 기반이 되었을 뿐 아니라 향락으로 대변되는 기생에 대한 부정적 인식의 근원[20]이 되었다고 할 수 있다. 1924

호받아야 하는 식민지 조선을 의도적으로 표상한 것으로 이해할 수 있다(신현규, 2010: 263). 또한 삼패의 신분이 상승하고 변동되었음에도 오히려 흐려진 구분 속에서 삼패 기생으로 기생 모두를 매음하는 타락한 신분으로 말하기도 했다.

20) 노동은(1995)은 이러한 일제의 공창화 정책, 유곽화 사업이 비록 천민출신이었지만 예악문화의 실현자이자 전통문화예술을 발전시켜온 주역들인 기생들을 '기생=국악=술=성적 도구화'했다고 비판한다.

년 6월 1일 자 ≪개벽≫에 실린 '경성의 화류계'란 제목의 논설은 조선 기생의 유래와 변천을 알 수 있는 이와 같은 상세한 서술과 함께 당시 기생의 사회적 위치와 실태를 다음과 같이 평하고 있다(일기자, 1924: 99).

석일(昔日)의 기생은 귀족적이나 금일(今日)의 기생은 평민적이다. 석일(昔日)의 기생은 비록 천업(賤業)을 할지라도 예의와 염치를 상(尙)하더니 금일(今日)의 기생은 단(但)히 금전을 숭배한다. 금전만 주는 이상(以上)에는 예의도 염치도 다 불원(不願)한다. 소위(所謂) 매창불매음(賣唱不賣淫)이라는 전래(傳來)의 어(語)는 명사(名詞)까지 업서지게 되얏다. 순연(純然)히 상품화(商品化)하얏다. 비열(鄙劣)한 수심가(愁心歌) 난봉가(難捧歌)는 잘할지언정 고상(高尙)한 시시조가사(詩時調歌詞)는 별로 알지 못하고 장고(長鼓)통 꽹가리 채는 잘 만질지언정 검은고 가야금은 줄도 고를 줄 아는 자(者)가 적다. 압록강(鴨綠江)부시 이소부시 등의 반벙어리 일본(日本)노래는 드를 수 잇서도 석일(昔日) 성천(成川)의 부용(芙蓉) 개성(開城)의 황진(黃眞) 평양(平壤)의 노화(蘆花)와 가튼 이의 시(詩)를 볼 수 업다. 강명화(康明花), 이화연(李花蓮)은 연애를 위하야 천대(泉臺)의 불귀혼(不歸魂)이 되고 강향란(姜香蘭) 정금죽(丁琴竹)은 일시적(一時的) 호기심으로 단발미인(斷髮美人)의 칭호를 어덧지만은 국가를 위하고 민족을 위하야 신(身)을 희생에 공(供)하던 진주(晋州)의 논개(論介)와 평양(平壤)의 계월(桂月)과(俗稱 月仙)가튼 여장부를 다시 볼 수 업다. 남원(南原)의 春香(事實有無는 別問題) 춘천(春川)의 계심(桂心)이 가튼 정절(貞節)도 볼 수 업다. 전일(前日)의 소위(所謂) 기생재상(妓生宰相)이라던 평(評)은 변하야 기생자상(妓生砥霜) 기생고생(妓生苦生)이 되게 되얏다. 이것은 시대의 관계도 물론 잇지만은 엇지 기생의 타락이라 운(云)치 안이할가.

관기와 창기, 삼패류의 구분이 사라진 것은 관기의 지속도 아니었고 삼패류의 계승이라고도 볼 수 없었다. 당시 기생이라는 신분은 기존의 계급적 구분이 해체되거나 통합되어 서로 혼재된 속에서 신분적 제약을 벗어나 또 다른 삶의 (근대적) 조건[21] 속에 구속되어 있었다. 이러한 기생의 변화가 국가와 민족을 위하는 절개도, 일부종사하는 정절도 찾아볼 수 없는 '기생의 타락'으로 담론화된 것은 어떤 맥락에서일까? 그때 기생은 어떤 주체로 말해지는 것일까? 그 담론의 저변에 내재된 식민지 민족주의와 가부장적 이데올로기는 조선 여성 기생을 향해 던지는 이중적 억압의 시선이라고 할 수 있다. 그 시선은 역사적인 것이며 규범적인 것이고 또한 당시 식민지 조선사회에 특수한 것이었다. 그러나 무엇보다 그 시선은 성차별적 구조로 구성된, 성별화된(gendered) 것이라고 말할 수 있다. 국가와 민족, 남편을 위한 기생의 희생과 정절은 조선 기생의 전통이라는 이름으로 신성화되어 식민지배자가 식민지를 지배하듯 피식민지 조선의 남성들에 의한 조선 여성 기생에 대한 가부장적 지배를 정당화하고 있다는 점에서, 기생의 여성적 주체성은 부인될 뿐 아니라 식민지 여성으로서 기생은 이중적 억압 속에 놓여 있었던 것이다. 그러나 당시 기생이 그러한 식민화되고 성별화된 구

---

21) 이러한 당시 기생이 처한 근대 자본주의적 삶의 조건들을 같은 논설 세 번째 단락 '奴隸業으로부터 自由業에'라는 제목의 서술에서 읽을 수 있다. "궁중과 地方官에 속한 妓案을 혁파하얏다. 所謂 3백의 粉黛가 一時에 皆散하야 자유의 몸이 되얏다. 그러나 지식의 정도가 천박하고 경제의 自活力이 업는 당시의 기생들은 수백 년간을 呻吟하던 노예의 網을 脫하고도 신성한 자유의 생활을 못하고 前日보다 더욱 비참한 노예생활을 하게 되얏다. 京城에서는 所謂 抱主(妓夫)의 노예가 되고 지방은 所謂 收養父, 收養母의 노예가 되야 무한한 압박과 강제 하에서 고통의 생활을 한다. …… 然中 此 不義의 수입은 전부 抱主 又는 收養父母의 手에 歸하고 몸을 희생에 바치는 자기에게는 何等의 관계가 업다. 또는 영업의 年限도 업다. …… 그러나 신성한 자유의 風은 花柳界까지 불기를 시작하야 비록 賤業을 할지라고 자기의 自由業으로 하랴는 思潮가 澎大하야 혹은 好誼로 혹은 爭訟으로 抱主 收養父母 등과 분리하야 대개 所謂 無夫妓의 自由業을 하게 되얏다. 此가 近來 京城 花柳界의 一大 革命이다"(일기자, 1924: 97).

조 속에서 분리되고 배제된 '타자'였다고만 볼 수는 없다. 당시 신여성에 대한 담론화가 이중적이었다는 논의에서도 알 수 있듯이, 비난과 조소로 '기생의 타락'이 자연스럽고 불가피한 것으로 상징화됨과 동시에 스스로 경제적 능력을 갖고 최신의 유행을 선도해가는 '모던걸' 기생에 대한 매혹됨은 그들이 새로운 시대, 근대의 욕망을 투사하는 대상으로서 새로운 역사적 주체로서의 가능성을 담지하고 있었기 때문이다. 이 연구는 당시 기생이 식민지 조선의 복합적인 모순을 안고 '말할 수 없는' '하위주체'로서의 불평등한 삶을 구조화한 존재이기도 했지만, 식민지 조선의 근대적 변화를 이끌어간 주체적 존재였음을 또한 주목하고자 한다. 당시 조선에 있어 근대화의 준거는 분명히 (같은 동양인 일본이 아니라 적어도 일본화된) 서구에 있었고, 봉건적 제약과 구속에서 가장 앞서 벗어나려 했고 그러한 서구의 근대적 사고와 실천이 그러한 억압을 가장 분명하고 확실하게 풀어주리라 믿었던, 그래서 조선사회가 본격적으로 근대 대중사회로 진입하는 계기를 마련하는 데 있어서 가장 변화의 중심에 서 있던 주체가 누구였는지를 질문했을 때 그들 중에 기생은 가장 먼저 목격되는 존재라는 사실을 알 수 있다. 이 연구는 일상 속에서 (식민지) 근대를 체험하고 근대적 문화를 생산하고 실천해간 기생들이 그러한 주체들 중에서도 가장 중심적인 주체였음을 강조하고자 한다. 그들이 식민지 조선에서 직면했던 복합적 모순들—민족, 인종, 계급, 성의 범주들에 주의를 기울이고 그 속에서 어떤 갈등과 교섭을 이루어갔는지를 질문함으로써 그들의 역사적 의미를 재발견해내야 한다는 것이 이 연구의 시작점이라고 할 수 있다. 그리고 무엇보다 그 실천과 교섭이 라디오라는 서구의 근대적 기술, 근대적 미디어가 식민지 조선 사회에 수용되는 과정에서 어떻게 이루어졌는지를 주요한 연구문제로 살펴볼 것이다.

4. 기생의 활동공간과 방송출연

신분제 사회인 조선에서는 음악문화 또한 각 계급마다 구별되는 그들 나름대로의 독특한 문화를 만들어갔고, 적어도 19세기 말엽까지는 각종 음악이 특정계급을 상징하는 계급적 특성으로 소통되었다. 궁중의 궁중음악,

▎표 4-1
일제강점기 주요 음악집단의 특성과 구도 변화

시기	음악집단			
	기생조합 (1912) - 전통 여악에 평양·남도 기생의 서도소리, 남도민요, 잡가, 산조, 그리고 판소리(창극), 신파극, 서양무용, 일본음악까지 다양한 레퍼토리와 화려한 공연 - 지나친 영역 확장으로 집단의 고유한 음악적 개성을 갖지 못함	배우조합 (1915) - 창우집단의 광대소리의 계승 - 판소리를 바탕으로 한 극예술인 창극을 전문적으로 공연 - 재담, 고사소리, 민요, 민속무용, 줄타기, 솟대쟁이와 같은 기예, 신파극도 함께 공연	조선정악전습소 (1911) - 조선 예악의 전통을 계승 - 정가와 음률과 같은 풍류계 음악을 중심으로 하고, 하규일을 학감으로 여악 분교실을 개설하여 가곡, 여악도 계승, 서양음악도 교습	이왕직아악부 (1913) - 조선 장악원 남악의 전통 계승 - 1926년 하규일을 초빙하여 가곡, 가사, 시조가 공식 레퍼토리로 채택됨
1910~1920년대				
1930년대	조선음률협회(1930) - 김창환을 회장으로 판소리, 가야금병창 등을 주로 하는 판소리계, 조선·한성권번의 예기들을 중심으로 구성		이왕직아악부 - 궁중음악과 풍류계음악, 조선정악전습소의 정가도 포함, 여악 전통의 기생조합과도 함께 공연, 조선성악연구회의 민속악과 구분된 아악 집단으로 부각됨 - 음반 녹음, 방송(1928.11. 첫방송, 이중방송시기 이후 1934~1943년 '아악방송의 황금기'), 음악회 개최로 대중적 보급과 수용	
	조선성악연구회(1933) - 송만갑, 정정렬, 이동백, 김창룡, 한성준, 김연수, 오태석, 김용승, 김초향, 박녹주, 이소향, 김소희, 박귀희 - 기생조합과 배우조합의 공연종목을 판소리와 창극을 주제로 통합			
	민속악		아악	

자료: 권도희(1998), 송방송(2001b, 2002b), 김명주(2003) 등의 자료를 기초로 구성.

중·상류층의 가곡과 음률, 하층민의 잡가와 민요, 무악과 같은 분류가 그것일 수 있고, 1930년대에 이르면 크게 아악(또는 정악)과 민속악으로 양분체계가 어느 정도 자리를 잡았다. 이러한 양분체계가 인정되는 것은 그 각각으로 분류되는 상당수의 곡목들이 정착되어 일반화되고 상류층의 음악인 궁중음악이나 가곡 등이 일반에게 공개된 이후에야 가능한 것이었다. 일제강점기에는 극장공연과 음악회, 유성기, 라디오, 레코드를 통해 이들 음악들이 일반에게 공개되기 시작한 시기였다[22]. 대표적으로 조선의 장악원의 계승이라고 할 수 있는 이왕직아악부는 왕실의 독점적인 음악이 일반인의 음악이 되도록 하기 위해서 방송과 음반 녹음, 음악회를 개최했고, 남악으로만 구성되었던 것을 바꾸어 여악의 전통을 계승한 기생조합과 함께 공연을 해야 했다(권도희, 1998: 279~280). 음악을 포함한 조선의 모든 예술적 유산들이 새로운 사회질서 속에서 어떤 의미로 존재할 수 있고 어떤 방식으로 자리 잡아야 하는가의 문제로 재고되어야 했던 것이다. 그것은 음악의 종류, 구성원의 신분, 운영체계, 공연체계의 변화 등 음악과 관련된 많은 내·외부적 요소들까지의 변화를 말하는 것이기도 했다.

기생은 이러한 근대 조선의 음악문화 형성과 변화에서 중심적인 역할을 했다. 1920년대의 기생이 돌출적인 행동과 발언을 통해 대중적 논쟁의 대상이 되어 낡은 사회적 의식을 뚫고 지나갔다면, 1930년대의 기생은 공연과 레코드, 라디오 방송 등 좀 더 보편적이고 대중적인 미디어 공간에서 전통음악과 서구 문물을 보급하고 확산시키는 중심적 주체로 떠올랐고 이를 통해 새로운 근대적 의식과 문화를 생산하고 실천해갔다고 볼 수 있다. 일제강점기 기생의 음악활동은 기생조합, 곧 권번을 통해서 조직적으로 이루

---

22) 송방송(2000b)은 예기들의 방송활동을 문화향수층의 근대화라는 관점에서 매우 음악사적으로 의의가 크다고 본다.

| 사진 4-1
1939년 이리방송국에 출연한 전주권번예기팀: 스튜디오 바닥이 일본식 다다미

자료: 한국방송공사(1977: 46).

어졌다.

19세기까지만 하더라도 소위 조선의 풍류방에서 가객과 기생은 모두 풍류계 음악의 주체자이며 동시에 향유자였지만, 일제강점기 기생이 권번과 같은 기관을 통해 활동하기 시작하면서 가객과 기생의 관계는 음악의 주체자가 아니라 학습장의 스승과 제자로만 기능하게 되었고, 이들의 음악은 일정한 미적 취향을 공유하는 사람들에게 향유되는 것이 아니라 예술을 살 수 있는 불특정 다수가 향유자가 되는 시스템에 점점 맞추어져 갔다고 할 수 있다(권도희, 2001: 327). 경성방송국이 개국을 준비하던 1920년대 중반에 권번을 중심으로 한 기생들에 대한 학습 기능은 안정되어 있었고 권번은 예단의 예술인 분배에서도 중요한 역할을 했다. 이혜구(1997)의 회고에 의하면, 국악방송 출연자와의 방송교섭은 주로 초기에는 조선정악전습소, 1933년 이후에는 조선성악연구회, 그리고 조선권번, 한성권번 등 기관을 통해서였다. 방송편성과 제작을 관할했던 연출자조차 국악과 관련해서는 전문적 지식이 부족했고, 개인 출연자에게 직접적인 교섭을 하지 못하는

상황에서 권번의 고수나 교습 선생[23]의 역할과 선택권은 컸던 것으로 보인다. 이는 방송 현장에 있는 제작자와는 다른 방송에 대한 이해를 낳기도 했지만, 그 당시 우선권은 방송제작자가 아니라 이들 국악인들에게 더 있었다. 또한 기생의 방송출연에 있어 누가 고수로 참여했는지의 여부는 바로 방송 출연 기생의 대중적 인기와 명성을 가늠하는 중요한 기준이 되었다 (송방송, 2002b: 25).[24] 대부분의 명인 고수와 학습을 담당한 선생들은 남성이었다.

여성 명창의 수가 남성 명창에 비해 압도적으로 늘어나면서 기생 음악계가 분화되기 시작한 것은 1930년대 이후였다.[25] 이 시기는 1908년 기생조합이 생겨나고 이후 권번 등을 통해 기생들에 대한 교습이 조직화된 이래 20여 년의 세월 속에서 과거 동기(童妓)가 음악적으로 성장하여 과거의 스승인 명창 송만갑, 이동백 등과 한 무대에서 동등하게 음악적으로 인정받는 시기가 된 때였고, 1930년대 후반 이후에도 남자 명창들이 뜨고 난 자리는 남성 명창들로 채워지지 않고 기생 명창들로 이어졌다(권도희, 2001: 336~341). 예나 지금이나 '여류'라는 또 하나의 이름표를 달고 불리어지는 여성 명창의 경우 방송 출연 수입은 남성 명창과는 대등한 수준이었다(≪삼천리≫, 1931.12.1, 제3권 제12호). 이는 비록 시기적인 차이는 있지만 유명세를 타지 않은 다른 기생들과 비교해서는 현저히 높은 보수였던 것으로 보이며, 보수차별에 대한 비판은 같은 조선 기생인 이들 명창들이 아니라 일본

---

23) 하규일의 경우는 방송출연자의 선택뿐 아니라 방송곡목에도 영향력이 컸다고 보여지며 이는 일제강점기를 통해 한국 근대음악의 변천사와도 관련되어 있다. 이혜구(1997: 251)과 장사훈(1989) 참조.

24) 이 글에서 송방송은 박녹주가 방송 때 그 당시의 대표적인 명고수들이었던 한성준, 지용구, 정원섭과 공연을 한 것을 두고 박녹주의 대중적 인기와 명성을 가늠할 수 있다고 평가했다.

25) 기생 음악계에서 무용이 분리된 것에 대해서는 권도희(2001: 336)을 참조.

기생들과 비교하여 더 두드러지게 나타났다(≪조선일보≫, 1927.3.27).[26]

　기생들의 방송 출연에 대한 당시 신문의 기사나 방송을 담당했던 이들의 회고록 등을 살펴보면, 방송이 기생들의 출연으로 주목을 받았던 것은 분명하지만 기생의 출연 자체를 '문제'로 보거나 제대로 방송인으로 인정하지 않으려는 태도가 팽배했음을 쉽게 읽을 수 있다.

　좀 재미없는 것은 요금을 낮추는 것도 좋지마는 소리든지 강연 같은 것을 좀 좋을 만한 것을 방송하였으면 감사한 중에 더 감사하겠어. 강연사도 말마다나 하는 양반을 고빙하고 기생도 소리마다나 할 줄 아는 것을 고빙하여야지 개짖는 소리라도 기생이라면 모두 불러다가 시키니 방송국 얼굴을 보아 억지로 듣기는 하지마는 정말 재미없어. 지금부터는 너저분한 기생들의 꿈꾸는 소리라든지 18세기의 소학교 수신교과서 같은 것은 제발 그만두시오(≪조선일보≫, 1927.7.27).

　'문제' 중의 문제는 천한 신분의 기생들이 방송에 출연하는 것을 받아들이기 어려운 현실이었다. 이혜구의 「방송삼십년종횡담」에는 다음과 같은

---

26) "방송인에도 차별 사금(謝金)에 반액(半額)의 대차(大差), 일본기생은 1회에 5원 조선기생은 불과 그 반액"이란 제목으로 "무엇이든지 조선사람과 일본사람과는 부딪치기만 하면 인종차별로 모든 감정문제가 일어나는 터임은 지금 새삼스럽게 말할 것도 없지만 너무도 사소한 일까지 차별행위를 하는 데는 갈수록 그저 보기가 어렵다. 경성방송국은 탄생한지가 아직 얼마 되지 않을 뿐 아니라 그 자체가 성질상 영리기관임은 사실인데 이곳까지도 일본기생은 한번 와서 방송하는 데 다과료라는 명칭으로 5원씩을 주고 조선기생은 2원 50전을 줌으로 이 방송국에 불려 다니며 소리를 방송하던 기생들은 금전에는 몇 푼이 되지를 않는 것이나 그 차별행위가 극히 가중하다는 것으로 의론이 분분하다는데 불일 내 기생들 중 유지들만 모여서 협의한 후 조선기생들은 일체 방송에 응치 않기로 결정할 모양이라더라."

기생과 관련된 일화가 소개되어 있기도 하다(이혜구, 1998: 4).

> 이 텅빈 큰 방(房)에서 기생(妓生)아씨가 혼자 방석 위에 앉아서 소리할 때
> 도 있었다. 한번은 여기서 이런 일도 있었다고 한다. 중년신사(中年紳士)로
> 요리(料理)집 출입(出入)도 잦았던 방씨(方氏)는 방송국원(放送局員)으로
> 있었지만, 몸보하는 살모사(殺母蛇)니 점백이니 여러 가지 독사(毒蛇)를 그
> 의 출동처(出動處)까지 찾아와서 사라는 단골 땅꾼을 가졌던 만큼 여유(餘
> 裕)가 있는 인사(人士)이었던가 보았다. 그분이 아나운서「테이블」위에 놓
> 인 스윗치 보오드의「스윗치」를「ON」에다 돌려 놓은 채로, 방송개시(放
> 送開始)의 신호(信號)불만 우둑허니 기다리다가, 그 침묵(沈黙)이 어색하기
> 에 자기 맞은편에 장고를 앞고 소리하라는 눈짓만 고대(苦待)하고 있
> 는 기생(妓生)에게 무심(無心)코「요리(料理)집에서는 신해중월(申海中月)
> 이라고 부르다가 여기서는 신해중월씨(申海中月氏)하고 씨자(氏字)를 붙
> 여주다니 참 내 신세도 딱하게 되었구나」라는 말을 사사(私私)로 던지고나
> 서 보니까, 지금 자기 신세타령이 어느틈에 벌써 방송(放送)으로 나가서 만
> 천하(滿天下)에 퍼져 버리고 말았더라는 이야기이었다.

방송출연을 하게 된 기생에게 '씨'자를 붙여주는 것을 비꼬면서 벌어진
이 방송일화는 당시 신문이나 잡지 기사에서 여자 아나운서의 이름 뒤에
깍듯이 '여사'나 '양'자를 붙여준 것과는 대조를 이루어 당시 방송에 출연
한 기생에 대한 사회의 인식을 짐작하게 한다. 기생은 유명한 명창이나 가
수가 아닌 이상 '양'으로 호칭되지 않았고 대체로 이름이 아닌 '기생'으로
통칭되어 신분과 연동된 집단적인 표상으로 주로 언급되었다. 남성 명창도
신분적 한계로 '씨'로 불리는 예는 많지 않았는데, 이는 남성 서양음악 연주
자나 성악가를 소개할 때와는 또 다른 차별적인 점이었다. 그리고 총독부
기관지인 ≪매일신보≫보다 조선인 발행의 ≪조선일보≫, ≪동아일보≫에

서 이러한 차별적인 호칭 관행은 더 뚜렷하게 나타났다. 기생의 존재는 '조선의' 혹은 '조선적인' 소리를 전하는 명창이나 유명 가수로 소개되는 한에 그것은 비난이 아니라 찬사들로 채워졌다.

> 경성방송국에서는 오래전부터 준비해오던 유명한 명창만 모아가지고 명창대회를 하려도 하던바 이제 제반 준비가 다 되어 12일부터 닷새 동안을 두고 하루에 한 사람씩 이동백(李東伯), 신금홍(申錦紅), 강소춘(姜笑春), 이화중선(李花中仙), 김추월(金秋月)의 소리를 방송하게 되었다는데, 조선 성악을 대표한 이들의 소리가 전파에 싸이어 천하에 퍼지게 되는 것을 조선사람 팬들이 대단히 기뻐한다더라(≪조선일보≫, 1927.8.13).

이와 같이 기예로 성공하여 당당히 자신의 존재를 드러낸 기생도 있었지만 이들 기생들은 남성 명창과 동등하게 환호받는 (여류)'명창'이었기에 세간의 비난이 쇄도하는 ('너저분한')'기생'과는 다른 위치에서 담론화되는 존재였다고 할 수 있다. 방송에 기생이 출연하는 것은 "전통음악이 화류계의 산물인 것 같은 오해의 소지"(장옥임, 1995: 41)를 남기기도 했고 무엇보다 방송의 품격을 떨어뜨리는 일로 여겨졌다. 라디오 방송의 '통속성'과 '저급성'에 관한 비판들 가운데는 이들 기생들의 방송 출연에 불만을 드러내는 경우가 많았다. 일반적으로 통칭되는 기생은 곧 향락을 말하는 것이었고 그들이 출연하는 방송의 내용은 들을 필요도 없이 향락적으로 흐를 수밖에 없다는 인식이 팽배했던 것이다. "술 취해서 부르는 요정의 불건실한 기분과 타락한 가사를 기생의 입으로 부르는 그 노랫소리가 가정에까지 매일 밤 드러온다. 날마다 싯그럽게 하는 이 장구소리, 망국적 가사, 불량자의 향락을 신성한 가정에까지 전파하는 것은 깊히 생각할 것이다"(≪개벽≫, 복권 1호, 1934.12)

5. 방송인으로서의 예기(藝妓)들

1) 여류 명창과 '우월한' 소리의 전승

식민지 조선에서 라디오라는 미디어 그 자체는 최첨단의 것이었지만, 미디어가 담아내는 콘텐츠는 전통적인 것에서 채워질 수밖에 없었다. 따라서 라디오 방송내용의 중요한 부분은 전통음악과 전래 이야기 문학이 차지하고 있었다. 그중에서도 조선인 청취자에게 가장 각광받는 프로그램은 전통음악을 다룬 국악프로그램이었다. 초기 대표적인 국악 프로그램으로는 1927년 8월 12일부터 5일 동안 계속되었던 '조선명창대회', 1928년 11월 6일에 방송된 '이왕직 아악의 밤', 1930년 9월 22일과 23일, 그리고 1931년 9월 21일과 22일에 열린 '팔도명창대회'등이 있었다(장옥임, 1995: 8~10).

1933년 4월 26일 조선어방송이 분리된 이중방송이 실시되면서 오락프로그램 시간은 실시 직전에 16.7% 정도였던 것에서 직후에 42.3%로까지 늘어났다(일본방송협회, 1934: 433; 박용규, 2010: 145에서 재인용). 그러면서 음악프로그램의 절대 시간도 크게 늘어났는데, 그중에서도 잡가와 창극조(판소리) 위주의 전통음악의 비율이 매우 높았다고 한다.[27] 당시 방송국 음악연예프로그램의 제작진들은 윤백남, 이혜구, 김정진, 이하윤, 최승일, 홍난파, 이서구 등 대부분이 일본을 통한 서양식 고등교육을 받은 남성지식인들로서 전통음악보다는 서양음악에 더 많은 이해와 관심을 가지고 있었지만, 라디오를 통해 전통음악을 방송하려는 의지와 필요는 컸던 것으로

---

27) 박용규(2010)의 분석에 의하면, 이중방송 실시 직후인 1933년 5월에 음악프로그램 중에서도 전통음악이 차지하는 비율이 무려 72.9%로 높게 나타났다(146).

표 4-2
경성방송국 조선어 방송프로그램 제작진

재직시기		이름	담당업무	학력	주요이력 및 활동
개국 초기	1926~ 1930/ 1937(?)	최승일	편성, 제작, 아나운서 (최초의 프로듀서로 기록)	니혼대학 미학과 수학	1925년 시험방송부터 참여, 1926년 경성체신국 무선방송소 문서계 근무, 1926년 라디오극연구회 조직, 극예술협회에서 신극운동, 카프활동
이중 방송 시기	1932.6~ 1947.8	이혜구	아나운서 입사, 제2방송 편성과장, 연예오락프로그램	경성제국대학 영문과 졸업	비올라연주자, 방송국에 입사하여 국악에 학문적 관심, 해방 후 방송국장
	1932.9~ 1935.8	이하윤	교양, 어린이프로그램	경성제일고보, 일본호세이(법정)대학교 문학과 졸업	해외문학동인, 1929년 중외일보, ≪동아일보≫ 기자, 극예술연구회 활동, 콜럼비아음반 문예부장, 1937≪동아일보≫ 학예부기자
	1933.4~ 1933.11	윤백남	초대 제2방송과장 (최초의 방송관리자로 기록)	와세다대 정경과 입학, 지원 끊겨 동경고등상업학교로 옮겨 졸업	1913년 ≪매일신보≫ 편집국장, 1923년 최초의 극영화 <월하의 맹서> 각본/감독, 1929년 이후 경성방송 야담프로그램 출연, 야담운동 전개, 문필활동
	1933.11~ 1936.12	김정진	제2대 제2방송과장		한글강좌 신설
	1939.8.	심우섭	제3대 제2방송과장		조선어뉴스방송에 일어혼용 지시에 불복, 자진사퇴
	1939.12.	노창성	제4대 제2방송부장		1926년 기술부원으로 참여 1938.10. 함흥방송국장 취임 (한국인 최초의 국장),
	1937~	이서구	최승일 후임, 방송극작, 연예주임 및 편성	니혼대학 문과 2학년 중퇴	≪동아일보≫, ≪조선일보≫, ≪매일신보≫ 기자, 토월회 대외업무, 1940년 조선연극협회 초대회장
	1935~ 1945	김억	이하윤 후임	일본 게이오의숙 문과 중퇴	시인, ≪동아일보≫, ≪매일신보≫ 기자, 선우일선의 <꽃을 잡고> 작사, 약 80여 편의 대중가요 작사
	1935~	홍난파	양악부책임자	동경고등음악학원 수학	1935.4.13 JODK전속오케스트라 조직

* 이 자료는 한국방송공사(1977: 24~87; 1987: 28~39)에 기록된 방송인과 김성호(1997), 문시형(1989), 정진석(1992b) 등의 방송인을 기록한 여러 자료들을 참조하여 구성했음. 1941년 12월 말 제2방송부 한국인 진용을 보면 모윤숙이 편성과원으로 가정시간을 담당했다고 나와 있으나 촉탁으로 추정되며 이 외의 방송사 기록에서 자세한 언급은 찾을 수 없었음. 1930년대 잡지들을 통해 볼 때 경성방송국 개국 이후 모윤숙은 방송에 자주 출연하고 관여한 것으로 보이지만 정확한 재직 시기를 알 수는 없었음.

| 사진 4-2
단일방송시대 JODK스튜디오에서의 국악연주방송 광경

자료: 한국방송공사(1977: 38).

보인다. 제작자의 입장에서는 기생조합인 권번에 소속되어 있던 예기들을 손쉽게 방송국 스튜디오로 불러 생방송을 할 수 있었고 국악방송에는 많은 수의 출연자가 필요하지도 않아 제작비도 적게 들었기 때문에 전통음악이 좋은 제작조건을 갖추고 있었음도 무시할 수 없는 일이었다. 그뿐 아니라 당시 경성방송은 일제의 정치적 선전기구로서 관영적 속성을 지니고 있었다고는 해도 청취자의 수입에 경영을 의존해야 하는 '비영리 사단법인'의 민영방송이었다는 점에서 "조선인 가입자에게 만족한 방송순서를 들여주고자" 청취자 취향에 근거한 편성을 고려하지 않을 수 없었다(김성호, 2007). 음악프로그램을 둘러싼 세대 간의 갈등은 심각하게 표출된 편이었지만, 장년층 대중들을 중심으로 전체 청취자의 전통음악에 대한 선호는 높았다고 말할 수 있다. 일례로, 1939년 조선총독부 체신국에서 실시한 라디오 청취자 기호조사에서 조선인 가입자 2,954명이 대답한 내용을 살펴보면, '위안종목' 즉 연예오락프로그램에서 조선음악이 37.2%, 연예연극이 30.3%, 일본음악과 연예가 19%, 양악이 13.6%로 나타난 것이다(朝鮮總督府遞信局,

1939: 17; 박용규, 2010: 162에서 재인용). 이런 요인들로, 1920~30년대에 이미 공연 연주나 유성기 음반을 통해 서양음악과 대중가요에 대한 보급과 인기가 높았음에도 불구하고 라디오 방송에서는 1940년대 초반까지도 전통음악 편성이 우세하게 지속될 수 있었다.

1920년대 경성방송국의 라디오방송에 출연한 예기들은 주로 경성부의 권번과 지방의 기생조합에 소속됐던 기생들이었고, 이들은 동기 시절부터 여러 기예와 가무를 익혀 방송출연은 또 하나의 공연장이었다고 할 수 있다. 1920년대 라디오방송 당시 예기들은 경성부의 조선권번에 가장 많이 소속되었고, 그 다음으로 한성권번, 대동권번, 한남권번의 예기들이었다. 1920년대에는 서도잡가 명창들의 방송 활동이 남도잡가 명창들보다 상대적으로 활발했다.

경성방송국에서 전통음악 방송이 가장 활발했던 1935~1938년까지 4년간의 전통음악방송에 대한 한 내용분석 연구(장옥임, 1995)에 따르면, 방송된 전통음악은 궁중 아악에서부터 지방의 민요와 잡가에 이르기까지 전 분야의 음악이 망라되어 있었으며 각 분야별로 대표적인 곡목들이 골고루 선정되었음을 확인할 수 있다. 전반적으로 볼 때 가곡이나 음률처럼 상류계층이 즐겨듣던 아악 및 정악보다는 민요나 판소리와 같은 민속악의 방송 횟수가 훨씬 많았고, 민속악의 경우에도 연주곡보다는 성악곡이 압도적으로 많았다.[28] 이렇게 이 시기 라디오 방송을 통해 전통음악의 대중화는 가속화되었다고 할 수 있으며, 그 내용은 아악의 대중화뿐 아니라 민속악 내부에서의 근대적 변용을 포함한 것이었다.

민속악 중에서 가장 지속적으로 '조선의 소리'로 방송된 것은 판소리라

---

[28] 생방송으로 방송된 이 시기 방송제작의 속성상 연주곡보다 성악곡이 더 많이 편성 제작될 수밖에 없었는데, 성악곡 편성은 그만큼 예기의 출연이 많았음을 말해준다.

표 4-3
경성방송국 초기에 출연한 주요 예기들의 방송곡목 및 횟수

예기명	소속권번	방송곡목
김소희	조선권번	가사(10회), 여창가곡(7회)
김옥엽	조선권번·한성권번	서도잡가(23회), 경성좌창(4회)
김일타홍	(한성권번)	서도잡가(29회), 경성좌창(20회)
김초홍	조선권번·한성권번	가사(28회)
김해선	조선·한남·한성권번	가야금병창(20회), 남도잡가(14회), 가야금산조(4회)
박녹주	한남권번	남도잡가(34회)
서산호주	조선권번·한성권번	가사(28회), 여창가곡(6회)
신해중월	미상	서도잡가(26회)
이금옥	조선권번	서도잡가(96회), 경성좌창(7회)
이소향	조선권번	가야금병창(39회), 가야금산조(16회), 남도잡가(6회)
이영산홍	한남권번·(한성권번)	서도잡가(73회), 경성좌창(17회), 가사(3회)
이영숙	대동권번	서도잡가(22회)
이진봉	대동권번	서도잡가(70회), 경성좌창(10회),
이화중선	미상	남도잡가(21회)
표연월	한성권번	서도잡가(24회)
현매홍	(대정권번)	가사(20회), 여창가곡(17회)

* 자료는 송방송(2000a, 2000b)의 조사를 중심으로『경성방송국 국악방송곡 목록』, ≪매일신 보≫의 "금일의 방송"을 참조하여 다수 출연한 예기들을 중심으로 구성했음. 남성 명창의 경 우, 이동백이 남도잡가를 47회 방송한 것을 제외하면 나머지 갈래의 성악 부문에서는 여성 명 창들과 비교할 수 없을 만큼 그 역할이 미미했고 대부분 성악방송의 반주자로 출연했음. 따라 서 남/여 비교는 하지 않았으며 소속권번과 방송횟수에 있어 검토 자료에 따라 약간의 차이를 확인할 수 있었음.

** 예기들의 권번표시는 1926년 7월 12일부터 1928년 2월 14일까지의 자료에만 기재되어 있 어 이후 자료에서는 예기명을 통해 추정할 수 있음. 소속권번에서 괄호는 송방송이『조선미인 보감』(1918)에서는 확인했으나 1926년 이후 방송 자료에서는 확인되지 않는 것임. 이 표는 앞 의 송방송 연구가 대상으로 한 1926년부터 1930년까지의 자료임. 따라서 김소희와 박녹주의 경우 1930년 이후의 남도잡가, 창극조(판소리) 방송은 포함되지 않았음.

표 4-4
1935~1938년 경성방송국 전통음악 방송 횟수

민속악			아악 및 정악				기타
민요·잡가	판소리	산조	음률	가곡	가사	아악	기타
349	128	81	59	63	57	22	144

자료: 장옥임(1995: 36), 서재길(2008: 187).

고 할 수 있으며 이는 또한 대부분 가야금병창의 형식으로 불려져 방송제
작의 효용성도 컸다고 할 수 있다. 판소리에는 소위 당대의 명창들이 출연
하여 더욱 전통음악 프로그램의 품격을 더했다. 경성방송국 개국 초기부터
조선의 대표적인 명창으로 방송활동을 한 이들로는 송만갑과 오태석, 이동
백 등 남성명창과 박녹주와 김소희 등 여성명창을 들 수 있다. 1934년 창극
춘향전 공연으로 판소리 여성명창으로 이름을 떨쳤던 박녹주(朴綠珠, 1905~
1979)는 경성방송국이 개국하기 전 시험방송 시기인 1926년(22세) 7월 22
일 처음 경성방송국에 출연했다고 기록되어 있다. 박녹주는 당시 한남권번
에 소속된 예기였고, '조선소리', '조선노래'라는 갈래명 아래 남도단가를
부른 것으로 나와 있다. 이후 1945년 3월까지 지속적으로 방송에 출연하여
주로 창극조[29]와 단가를 방송했다. 박녹주의 스승은 모두 당대 판소리의
대가였던 박기홍, 김창환, 송만갑, 정정렬, 유성준 등이었고 방송에서의 고
수 또한 한성준, 지용구, 정원섭 등 당시의 대표적 명고수들이었다. 박녹주
는 훗날 한 신문에 자신의 음악인생을 구술한 기록에서 자신의 방송활동을
허락한 두 번째 남편 김종익에 대해 다음과 같이 회고하고 있다(박녹주, ≪한
국일보≫, 1974.2.2, 4면).

---

29) 방송에 판소리가 창극 혹은 창극조로 소개되기 시작한 것은 1932년 7월 28일부터이다.
　　그전에는 남도단가라는 갈래명을 주로 사용했다(정영진, 2007: 211~212). 창극조라는
　　명칭의 유래에 대해서는, 일본말 신문에도 조선어방송 프로그램이 게재되기 때문에 될
　　수록 우리 말을 한자로 썼는데 일본인 청취자가 알 수 있게, 빅타 축음기회사 문예부장
　　이던 이기세가 광대 '창(唱)'자, 연극이라는 '극(劇)'자, 조율한다는 '조(調)'자, 그래서 광
　　대가 하는 극의 소리란 뜻의 창극조라고 했다고 한다. 그 후 제2방송과장이었던 윤백남
　　이 굳이 광대를 밝힐 필요가 있느냐며 광대 倡자를 부를 唱자로 고쳐썼다고 전한다(이혜
　　구, 1997: 258). 박녹주는 현행 판소리 다섯마당 중 수궁가를 제외한 네 마당에 해당하는
　　춘향가(28회)·흥보가(26회)·심청가(17회)·적벽가(4회)를 방송한 것으로 나와 있다. 그리
　　고 16종의 단가를 39회 방송한 것으로 기록되어 있다(송방송, 2002: 21~29).

김종익 씨는 참 폭이 넓은 분이었다. 그분은 늘 「너의 몸은 내것이지만 소리는 세상사람들 것이니 그들에게 들려줘야 한다」라고 말했다. 그러면서 내가 방송에 나가는 것, 「레코드」 취입하는 것, 성악연구회서 창극하는 것 세 가지만은 허락해준다고 했다. 이때부터 초청받아 소리하는 데는 거의 나가지 않았다…….

구술한 바와 같이, 박녹주는 방송활동 이전에 이미 콜럼비아 레코드사의 초청을 받아 1924년(20세) 유성기 음반을 취입했고 당시의 거의 주요 레코드사 모두와 계약을 맺을 정도로 인정을 받았고, 명창대회와 창극활동 등 수많은 공연활동을 한 것으로 기록되어있다(송방송, 2002).

한편, 김소희(金素姬 1917~1995)는 1927년(11세) 2월 11일 같은 조선권번 소속의 서산호주와 함께 조선가사 별곡과 황계사를 첫 방송한 것으로 나와 있다. 조선권번의 동기였을 것으로 추정되는 시기인 1927년 4월부터 10월까지 방송된 프로그램만 보아도 김소희는 이미 이 시기에 여창가곡과 가사 등을 방송했고, 당시 모두 명인들이었던 김상순, 조이순, 조동석, 김일우 등이 반주자로 함께 방송한 것으로 보아 음악적 재능을 매우 인정받았음을 알 수 있다. 박녹주와 마찬가지로 송만갑과 정정렬을 스승으로 두었고 1931년 이후의 방송에서는 창극조와 단가, 남도민요, 남도잡가를 부른 것으로 기록되어 있다. 박녹주와는 달리 방송출연 후인 1933년 전후에 음반을 취입했고 음반자료의 것과 공연종목은 방송자료에 나와 있는 곡목과 대동소이한 것으로 확인되었다(송방송, 2001: 88~100).

이와 같은 여성명창 박녹주와 김소희의 방송활동에서 주목할 수 있는 점은 둘 다 당대 유명한 남성 명창들을 스승으로 판소리를 전수받아 명인고수들과 함께 방송에 출연했는데, 이들의 방송활동은 방송계가 아니라 국악계를 중심으로 움직여졌다는 점이다. 당시 방송편성과 제작에 참여한 이혜구와 이후의 이서구, 윤백남 등의 영향력보다는 그들의 스승인 히규일과 송만갑, 이동백 등과 고수였던 한성준 등과의 음반활동 및 공연활동의 연장선에서 방송활동은 이루어졌다고 볼 수 있다. 그러나 이들은 아무리 스승과 제자의 관계라 할지라도 자신의 음악적 기량을 통해서는 한 무대에 대등한 위치로 설 수 있었다. 남성 명창과 명인고수들을 중심으로 국악프로그램이 주도적으로 움직여진 것은 사실이지만 방송에 출연한 여성명창들은 자신의 소리에 있어서는 대등하고도 '우월한' 주체적 존재였던 것이다. 그 '우월함'은 방송이라는 근대적 기술을 통해 매개된 소리에서의 여성성이 가진 특장에서의 우월함이기도 했고[30] 당시 방송에서의 전통음악프로그램에 대한 대중적 선호에서도 우월한 소리였으며 무엇보다 (일본 제국주의의 전략적 문화정책이든 조선어방송의 자율적 문화실천이든) 민족의 소리인 '조선 소리'를 전하는 데서 오는 우월함이라고도 말할 수 있다. 그러나 이 여성명창들은 여성적 주체로서 그 시대의 가부장적 인식과 삶을 극복했다고 말하기는 어렵다. 오히려 박녹주와 김소희 경우를 보면 가부장적 사회에서의 기생이라는 (주변적) 신분을 통해 결혼이라는 제도의 구속을 상대적으로 피할 수 있어서 남편 혹은 연인과 종속적이기보다는 동반자적 관계에서 자신의 자아실현과 사회활동의 폭을 넓힐 수 있었던 점이 비교적 안정된 방송 음악활동을 지속할 수 있었던 배경이 되었다고 볼 수 있다. 박녹주는 남편인 김종익을 통해 조선성악연구회 활동을 적극적으로 후원받았다고 하며(송방송, 2002: 20), 김소희 또한 조선성악연구회 활동 중에 거문고산조의 율객이었던 명인 박석기를 만나 그들 사이에 태어난 딸 박윤초에 의

---

30) 이상길은 방송을 비롯한 근대적 매스미디어가 1920~1930년대 새로운 구조적 기회공간을 제공했다고 주장하며, 특히 그중에서도 '대량배포'되는 미디어의 특성에 적합한 신체 자본, 예컨대 꾀꼬리 같은 목소리, 조선적인 미모, 사람들 앞에 나서기를 두려워하지 않는 대담성 등을 갖춘 여성들이 실연부문에 많이 참여했다는 점을 들었다. 이를테면 권번의 기생이 바로 그런 여성들이었던 것이다(이상길, 2010: 129).

해 이어지는 김소희제 소리를 완성해갔다고 한다(송방송, 2001: 86). 이후 박녹주와 김소희는 1943년 조선성악연구회가 해산되자 여성국악동호회를 결성하여 창극활동을 전개했다. 일제강점기 판소리는 현대식 극장의 등장과 유성기음반의 보급과 확산, 그리고 이와 같은 라디오 방송을 통해 새로운 수요를 계속 창출해갔고 특히 권번 소속의 이들 여성명창들이 그 수요에 적극적으로 부응하면서 음악사의 전면에 등장하는 계기가 되었다.

2) 신민요 가수와 '新(새로움)'의 구축

1932년 6월부터 경성방송국에 입사[31]해 주로 음악프로그램의 편성을 담당했던 이혜구는 그 당시를 회고하면서 '새 국악프로에의 골머리'라는 제목으로 다음과 같은 소회를 남기고 있다(이혜구, 1998: 93~95).

국악(國樂)으로 말하자면 방송극(放送劇)처럼 새로 만들어낸것이 드물고, 또 시대(時代)에 따라서 비위에 맞게 소리솜씨를 고쳐볼 생각도 좀처럼 없었던 것 같다. 방송청취자 측에서는 늘 하던 것만 되풀이한다고 국악(國樂)에 염증을 내고, 밤낮「춘향가」,「심청가」니 그것밖엔 없느냐고 투정을 하는 사람도 있었다. 방송국 측에서도 다시 생각해보면 사실 창극조(唱劇調)에는 「춘향가」,「심청가」,「흥부가」,「토끼타령」,「적벽가」 다섯가지밖에

---

31) 이혜구는 이중방송을 한해 앞둔 1932년 6월에 입사해 음악 프로그램 전 분야의 편성을 맡았는데(한국방송공사, 1977: 27~28), 비올라 연주자로서 서양음악을 공부한 그가 전통음악 위주의 당시 음악프로그램을 담당하기에는 많은 어려움이 있었다(이혜구, 1997). 그해 9월에는 이하윤이 입사했고 이중방송이 실시된 초기에 이혜구는 연예프로그램과 '어린이시간'을, 이하윤은 '강연·강좌와 라디오학교' 등의 교양프로그램 편성을 맡았다 (이혜구, 1970: 17; 이하윤, 1982: 172).

없고 그것이 되풀이되었기 때문에 큰소리칠 수도 없어서 「어디 밤낮이요? 밤에 한번뿐이지」라고 변명(辨明) 비슷한 것밖에 더 못 나왔었다. 이런 사태(事態)에 빠져 있을때 윤백남 씨(尹白南氏)가 가장 극적(劇的)인 것의 하나인 「단종애사(端宗哀史)」를 지었고, 「빅타」회사의 문예부장(文藝部長) 이기세씨(李基世氏)가 재래(在來) 명창(名唱)의 아니리(白)가 극(劇)의 맛을 내지 못하고 숨 돌릴 거리에 지나지 못함에 부족(不足)을 느끼고 좀 짭짤한 맛을 내기 위하여 자기부인(自己夫人) 박월정여사(朴月庭女史)를 써서 「빅타·레코드」에 담아 내놓아서 방송전파(放送電波)로 그 새것을 천하(天下)에 소개(紹介)하였다. 일반청취자는 지금까지 들어보지 못한 「단종애사(端宗哀史)」가 그 사육신(死六臣)의 비장(悲壯)한 최후(最後)로 비분(悲憤)을 느끼게 하고, 어린 단종(端宗)의 비참(悲慘)한 말로(末路)로 눈물을 흘리게 하여, 그 콕 찌르는 새맛에 막 입맛을 붙이려고 하였다. 그러나 운명(運命)은 야릇한지라 박월정여사(朴月庭女史)는 병석(病席)에 누워 있는 병객(病客)이어서 방송국(放送局)에 자주 출연(出演)하지 못하였고, 명창(名唱)들은 그것을 배워 이을 생각은커녕 그것을 내팽개쳤다. 이기세 씨(李基世氏)는 소리가 너무 목을 번화하게 써서 가사(歌詞)를 불명(不明)케하는 것을 두려워하여 담담(淡淡)한 중고조(中古調)라는 것을 채택(採擇)하였는데, 명창 측(名唱側)에서는 쇠는 목도 없고 뚝 떨어뜨리는 목도 없는 그런 밍밍한 소리는 하루 종일이라도 할 수 있겠다고 그것을 들어보지도 않으려 하였다. 오늘날 합산(合算)을 하여 보면 결국(結局) 물렸다는 송만갑(宋萬甲) 이동백(李東伯) 김창룡(金昌龍) 정정렬(丁貞烈) 같은 명창(名唱) 소리도 잃어버렸고, 입맛 좀 붙여보려던 「단종애사(端宗哀史)」도 놓쳐버려서, 새것 좀 맛보려다가 가졌던 것마저 까불려버린 셈이다. 그러나 방송(放送)은 식량(食量)이 커서 매일 먹어야 하고, 또 양악(洋樂)은 싫고 국악(國樂)이 좋다는 등, 양악(洋樂)은 좋고 국악(國樂)은 싫다는 등, 편식(偏食)이 심하고 따라서 곧 물리는 습관(習慣)이라, 항상(恒常) 그 어려운 상(床) 차려 내기에

골몰한다. 궁(窮)하다 못해 나중에는 궁중(宮中)에서 고이 자라난 아악(雅樂)까지도, 몸부림치고 안 나온다는 것을 상관(上官)의 권력(勸力)으로 매월(每月) 이회(二回) 방송(放送)에 끌어내고 말았다. 처음에는 그 청아(淸雅)한 국악(國樂)소리에 성화같이 조르던 소리가 없더니 얼마 안 가서 그것에도 또 물렸다.

　당시 편성을 담당했던 이혜구의 위와 같은 고민은 이후 1937년 12월 21일에 입사하여 음악연예프로그램을 나누어 맡게 된 이서구에게서도 나타나 "하는 수 없이 옛날부터 전해 내려오는" "서도소리, 경기소리, 가사음율, 창극조 같은 늘 하던 소리"를 되풀이하는 이 숙제를 해결하고자 노력한다고 재차 말하고 있다(이서구, 1938: 193). 방송이라는 근대적 미디어를 위한 전통음악의 변용 혹은 새로운 근대적 음악 양식의 유입과 대중적 취향의 변화에 대응할 필요성은 계속하여 제기되었다고 할 수 있다. 1930년대 등장한 '신민요'는 그야말로 이러한 '新(새로움)'에 대한 시대적 요구가 표출된 한 양상이었다고 할 수 있다.

　1930년대의 유성기음반 목록을 살펴보면 하나의 곡을 가지고 민요, 신민요, 유행가라는 용어가 모두 사용된 사례를 상당수 발견할 수 있고, 이러한 혼용은 경성방송국국악방송목록에서도 이중방송 시기 이후 두드러지게 나타나고 있다. 이 현상은 1930년대 중반 이후 부상한 신민요의 혼종성과 관련되어 있다고 할 것이다. 당시 신민요는 "사이비의 민요", "유행가도 아니고 민요도 아닌 그 중간의 비빔밥격"으로 그 음악적 정체성에 많은 혼동을 불러일으켰다. 당시 빅타 문예부장으로 활동한 이기세는 "유행가(流行歌)보다는 조선의 내음새가 들어 있고 우리들의 마음에 반향(反響)할 만한 노래이면서 역시 양곡(洋曲)에 맞춰 불러 넣은 것", "그냥 조선 고전 내음새가 물컥물컥 나는 그러한 노래 그냥 그대로가 아니고, 그러타고 또 외국의 유행가도 아닌, 다시 말하면 조선의 민요에다 양곡반주를 마춘 그러한 중간층의 비빔밥식 노래"로 신민요를 설명하면서 "좀 더 조선의 고전예술(古典藝術)을 캐여내기를 즐겨하고 향토색(鄕土色)이 흐르는 그러한 종류(種類)의 노래를 일반(一般)이 더욱 환영하는 현상(現像)"으로 신민요의 특성을 기술하고 있다(≪삼천리≫, 1936년 2월호: 123~124). 또한 이혜구에 이어 1932년 9월에 경성방송국에 입사하여 방송편성을 담당하기도 했고 이후 콜럼비아 문예부장으로 활동했던 이하윤은 "그 곡조, 그 가사가 어떠한 것이었으며 또 그 작자(作者)가 어떠한 사람들이었든가 생각만 해도 소름이 끼칠 일이다"라며 유행가와 신민요가 같은 선상에 놓인 것을 보고 비판한다(≪동아일보≫, 1934.8.10). 이는 신민요가 유행가와 혼돈될 여지가 있을지라도 다른 위상으로 인식되고 있었음을 알 수 있는 대목이기도 하다. 어쨌든 당시 지식인들의 신민요에 대한 담론들을 살펴보면 긍정이든 비판이든 신민요의 가치 자체를 부정하고 있지는 않을 뿐 아니라 그 어떤 상당한 기대치 또는 목표치를 발견할 수 있다. 요컨대, 신민요를 당시의 전통음악에서 비판과 극복의 대상으로 본다는 것인데, 신민요는 이상적으로는 새로운 근대적 의미의 민족정신을 담아내야 하는 '요청'과 '당위'로서의 대상이었지만, 현실에서의 신민요는 음반회사의 판매전술로 나온 (저속한) 상품으로 유행가와 다를 바 없는 비판의 대상이었던 것이다(이소영, 2009: 123~125). 이러한 신민요의 이상과 현실의 불일치는 당시 경성방송국에서 음악프로그램을 담당했던 이혜구와 윤백남, 이하윤 등이 고민했던 국악프로그램에서의 전통의 창출과 근대적 변용이라는 딜레마와 맥을 같이하고 있었고, 실제 그들은 라디오와 음반을 오가며 그러한 전통음악의 근대적 변용을 위한 실천으로서 신민요를 통한 음악활동을 활발히 전개해갔다.

송방송(2002)의 조사에 따르면, 일제강점기 대표적인 축음기회사였던 <콜럼비아(Columbia)>·<빅타(Victor)>·<폴리돌(Polydor)>·<오케(Okeh)>·<태평(Taihei)> 음반에 나오는 신민요 가수들은 총 59명이고, 그중에서 3회 이상 음반취입을 한 가수는 모두 17명이며, 4명의 남성가수를

제외한 13명 중에 권번 출신의 여가수는 김복희·김인숙·선우일선·왕수복·
이은파·이화자 등 모두 6명이었다. 이들 중에서도 가장 대표적인 신민요가
수로 손꼽히는 선우일선과 왕수복은 기성권번 평양가무학교 출신의 예기
였고 당시로서는 최고의 인기를 독차지한 가수였다는 점에서 공통점을 가
지고 있었다. 두 사람 모두 신민요 가수이면서 유행가 가수로 활약했지만,
왕수복은 '유행가의 여왕'으로, 선우일선은 '민요의 공주'로 불렸다는
점32)에서 그들의 중심적인 활동영역과 음악적 특성에는 차이가 있었음을
알 수 있다. 선우일선은 1934년 6월 <폴리돌> 음반을 통해서 김억 작사·이
면상 작곡의 「꽃을 잡고」를 노래하여 일약 스타가수가 되었고, 1935년 3월
28일 경성방송국 라디오에 출연하여 일본 전역에 중계방송되었다. 1936년
2월 9일 방송곡목에서도 「신사발가」, 「신이팔청춘」, 「태평연」, 「신쾌지나
칭칭」, 「그리운아리랑」 등의 신민요가 확인된다. 당시 폴리돌음반 문예부
장이던 왕평은 선우일선에 대해 "다른 가수에게서는 도저히 찾아볼 수 없
는 우리 조선민요를 노래할 품가높은 목청"을 가져 "다른 사람은 도저히
따를 수 없는 그 독특한 멜로디가 듣는 사람의 가슴을 요동치게 했다"고 표
현했다. 또한 왕수복의 소리는 "묘하게 꺾어 당기면서 가늘게 뽑는 소리"
로 "평양기생학교를 졸업한 만큼33) 그 넘기는 데는 감탄"하지 않을 수 없

---

32) ≪삼천리≫, 1935년 3월호 <폴리돌 레코드> 광고. ≪동아일보≫, 1935년 5월 22일 자
    에도 선우일선은 '민요의 공주'로 소개되어 있다.
33) 1935년 1월 3일 ≪매일신보≫에는 왕수복의 기생이력을 "한 많은 노래의 특장"과 연결
    시킨 글이 실려 있다. 왕수복의 경우 특히 기생의 이력은 레코드 회사는 물론 신문과 잡
    지에서 노래를 알리는 홍보수단이면서 많은 이야깃거리가 되었다. "얼굴과 목소리가 아
    울너 고흔 왕수복양 …… 양은 불행인지 다행인지 화류계에 몸을 던저 평양기성권번에
    기적을 두고 잇스며 매일밤마다 홍등녹주에 수만흔 유야랑으로 더부러 벗을 삼고잇는
    생활을 하게된 관계로 눈물저즌 술잔속에서 을퍼나오는 한만흔 노래의 특장이 잇다. 그
    리고 특히 일본가요가 류창하야 해외래객의 이목을 놀나게 한 관계로 이미 그 이름이 동

다고 말했다(≪삼천리≫, 1936년 11월호: 187). 왕수복은 신민요 음반도 취입했지만 유행가 음반을 더 많이 취입했고 1933년에는 「고도의 정한」이라는 유행가로 그해의 최고인기가수로 꼽히기도 했다(≪매일신보≫, 1933.12.29).

신민요 가수 김복희에 대한 기록과 음악 활동은 잘 알려지지 않았지만, 1936년 11월 20일 전래민요와 가요곡(유행가)을 방송관련반주에 맞추어 방송한 기록이 있다(한국정신문화연구원, 2000: 305). 작사를 맡았던 이하윤은 김복희의 목소리를 "갈피갈피의 눈물과 한숨이 섞인 듯"하다 했고, 작곡을 한 전수린은 "그 성대를 드름에 간드러지고 늘어지고 흔들이는 것이 애상적"이어서 "조선의 정조를 나타낸 것"이었고 "그 처분처분 넘어가는 것을 대중이 퍽 좋아한 모양"이라고 평했다(≪삼천리≫, 1935년 11월호: 154~155).

이렇게 신민요는 "조선 사람이면 누구나 다 부를 수 있는" 조선적인 표현과 발성, 리듬을 지닌 한편, 전문적으로 전통음악 훈련을 받은 권번출신의 기생 가수들이 더 잘 표현할 수 있는 "원초적이며 육질화된 민족적 소리"(유선영, 2002: 26)로 이해되었다. 식민지 조선의 입장에서 민요는 민족적 정체성의 원형이자 동시에 근대화되어야 할 대상이었다. 신민요는 이러한 전통 민요에 서양악의 음계와 화성악, 악기 등을 접목함으로써 전통도 아니고 서구 것도 아닌 근대적 문화를 구성하고, 이를 민족적 정체성의 표상으로 삼겠다는 민족주의 엘리트의 근대화 기획이었다고 볼 수 있다. 그러나 일본이라는 제국의 입장에서 조선의 민요는 지방의 소리로 재구성된다.

경 대판 등지에까지 떨치게 되어 「미스·오-상」이라는 칭호를 듯게 되엇다. 그는 현역이 기생인 처지라 그가 취입한 「레코-드」 한번만 들은 사람이면 호기심에 한번식은 으레히 불너보게 되고 한번 대하면 그 균형된 체격과 명랑한 우슴에 취하고 말어 화류게에서도 총인긔를 끌고잇는 터이다. 가수로 기생으로 두편에 모다 혜성과 가티 빗나는 이름을 날니고 잇는 그는 꽃다운 나이 금년 십구세박게 못된지라 압날의 희망도 크거니와 일반의 촉망도 만흔 터이다."

신민요는 '조선', '전통' 그 자체가 아니라, 근대적 언어인 서양음악으로 재구성되어 '조선적인 것', '전통적인 것'을 구현함으로써 이러한 전통민요가 가졌던 모순을 극복해가는 근대적 변화로서 '새로움'을 갖춘 것이기도 했지만, 신민요를 통해 '조선적인 것', '전통적인 것'에 탐닉했던 과정 자체가 제국의 시선으로 조선의 전통과 문화를 타자화하고 재구성하여 결국은 식민성을 내재하는 것이라는 점은 1930년대 신민요를 이해하는 중요한 양축이 될 것이다.

식민지 라디오 방송에서 음악프로그램은 본질적으로 일본제국주의의 식민지 동화정책을 위한 도구로서 제국의 취미 설계의 일부로 방송되었다. 그러나 식민지 조선에서의 라디오와 그 프로그램들은 이러한 권력의 의도와는 다른 방향에서 식민지 조선의 자율적인 문화실천이 일어나고 있었던 장이었다. 신민요를 가장 '조선적인' 소리의 질감으로 표현해낸 권번출신 신민요 가수들의 방송활동을 단순히 민족주의적 관점에서 전통을 수호하거나 외세에 저항했다고 이해할 수 없는 이유 또한 여기에 있을 것이다.[34] 그것은 권번출신 신민요 가수들이 그 장에서의 갈등과 충돌, 그리고 교섭을 통해 '새로운' 문화적 실천을 수행하는 (근대적) 주체로서의 가능성을 가

---

34) 이것이 민족주의적 저항의 측면을 간과하거나 평가절하하는 것은 아니다. 총독부는 1937년 중일전쟁 이후 '성전완수'를 위한 국민정신총동원령을 공포하고 이를 방송에 반영하도록 했다. 제2방송에도 일본어 상용과 황국신민화를 내세워 '낭화절곡조(浪花節曲調)'를 흉내 낸 신가요와 가담 등 일본곡조의 연예오락방송을 강요했고 조선의 창과 민요 등을 일본어로 부르도록 하는 등 조선의 대중가요를 강력히 규제했다. 왕수복은 이를 거부하고 조선인 가수로서의 지조를 지키고자 했다고 술회했다(신현규, 2010: 196). 이 연구에서는 단순히 신민요 혹은 신민요가수로서의 방송활동 그 자체가 민족주의적 저항의 표상으로 이해되는 것을 경계하는 것이며, 식민지 조선에서 방송이라는 근대적 기술이 갖는 수행적 측면에 좀 더 주목하여 '조선적인 소리의 질감'을 체현해내는 권번 출신의 신민요가수와의 결합관계를 보고자 하는 것이다.

졌음을 의미한다. 그러나 당시 식민지 조선에서 이러한 신민요가 주체적으로 발전할 수 있는 기술적·물질적 기반이 매우 허약했던 것은 분명해 보인다. 무엇보다 권번출신의 신민요 가수들이 자신의 목소리가 체현하는 '조선적인 것'에 대한, 조선의 전통음악에 대한, 서양악의 형식에 대한, 혹은 라디오 소리의 매개에 대한 체계적인 '틀(schema)'을 가졌다고 보기는 어렵다(유선영, 2002: 44~51). 판소리 여성명창과 달리 신민요 가수들은 자신의 음악적 기량만으로 곡을 완성하기 어려웠을 뿐 아니라 곡을 받는 작곡가나 음반 기획자와 대등한 위치에 있었다고 볼 수도 없다. 신민요 가수들에 대한 당시 잡지와 신문의 내용을 살펴보면, 대부분 남성인 작곡자와 음반기획자들이 왜 그 신민요가수를 선택하게 되었고 어떻게 곡을 짓게 되었는지를 설명하고 회고하는 내용이 중심을 이루고 있다. 판소리 여성명창과는 달리 신민요 가수는 소리의 완전한 주체가 될 수 없었다. 또한 이들을 발굴한 유성기 음반 기획자나 작곡가, 그리고 이들과 연계하여 방송제작과 편성을 담당한 남성 지식인들이 이러한 근대화 기획을 실행했다고 하더라도 문제는 그들조차 주체적인 기획자들이 되지는 못했다는 것이다. 그 지식인 그룹들은 실제적으로는 조선의 전통음악을 잘 알지 못했을 뿐 아니라 어느 정도는 비하했던, 서양음악을 공부했거나 일본을 통해 서양식 교육을 받은 유학파들이 대부분이었기 때문이다. 결국은 이들 모두가 제국에서 생산된 이론과 기준을 중심으로 조선음악의 전통과 문화를 타자화하고 재구성하는 식민성을 내재화할 수밖에 없었다는 점에서 신민요의 기획도 권번출신 신민요 가수에게도 한계는 있었다고 볼 수 있다. 신민요는 1930년대 중반에는 유행가를 압도할 만큼 가장 인기 있는 장르였지만, 이후 유행가의 그늘에 가려 사라진 장르가 되었다.

3) 유행가 가수와 '모던'의 역설

조선에 대한 정당한 인식을 환기하기 위하여 경성방송국에서는 일본 방송
협회와 협의한 결과 오는 1월 8일에 조선아악(朝鮮雅樂) '아리랑' 등과 같
은 조선 색채가 가장 농후한 노래의 순서를 작성하여 일본전국에 중계방송
을 하기로 하였다고 한다. 그리고 그후부터서는 1개월에 1회씩 전일본에
중계방송을 할 예정이라 한다. 1월 8일에 중계방송할 순서는 今井田 정무
총감의 인사를 비롯하여 이왕직(李王職) 아악부의 조선아악과 왕수복(王
壽福) 양의 유행가 등이라 한다(≪동아일보≫, 1933.12.23).

왕수복은 신민요가수이면서 유행가 가수로 더 명성을 떨쳤고, 1934년 1월
8일에는 '조선음악'을 대표하여 이왕직아악부의 조선아악과 함께 당대 최
고의 인기 가수로서 유행가를 불러 일본 전역에 중계방송되었다. 왕수복이
그때 부른 유행가는 「눈의 사막」, 「고도의 정한」, 그리고 조선 민요 「아리

▌사진 4-3
자필 사인이 들어간 왕수복의 제품 광고 사진

자료: 신현규(2010: 209).

음악프로그램의 방송 횟수

구분	전통음악		서양음악		대중음악		합계	
	총량	비율	총량	비율	총량	비율	총량	1일 평균
1933	70	70.7	27	27.3	2	2.0	99	3.2
1935	66	65.5	28	27.7	7	6.9	101	3.3
1937	66	68.0	25	25.8	6	6.2	97	3.1
1939	51	53.1	31	32.3	14	14.6	96	3.1

자료: 박용규(2010: 143).

량」이었다. 이 기사는 왕수복이란 유명 가수의 활약을 말해주는 의미 이외에도 이 시기 유행가가 조선아악과 함께 조선의 대표적 음악갈래가 되었음을 확인시켜주기도 한다. 이 시기 라디오 방송은 유성기 음반을 판매하기위한 홍보수단이기도 했지만 그만큼 당시 유행했던 음악 장르의 안정적인인기와 대중적 향유의 증거이기도 했다. 1930년대 초까지만 해도 음반취입이 조선에서 이루어질 수 없었기 때문에, ≪매일신보≫ 1933년 5월 27일기사를 보면 "평양기성권번기생 왕수복과 최명주 량명이 금번 동격콜롬비아축음기회사의 초청으로 조선가사를 취입하려 오는 30일 오전 3시 평양역발 렬차로 동경에 향하리라"는 소식이 전해지고 있음을 볼 수 있다. 이러한 초창기 음반의 취입은 주로 전통음악을 중심으로 이루어졌고, 1930년대들어 점점 신민요와 유행가로 확산되었다. 전통음악에 비해 유행가를 포함한 대중가요는 일제강점기 내내 음악프로그램에서 전체적으로 높은 비율을 나타내지 못했다(박용규, 2010: 112).

　1930년대 유행가의 작사사와 작곡가의 면면을 살펴보면, 대부분의 작사가들은 일본대학 출신의 유학파 인텔리들로서 당시 문예계의 엘리트들이었고 작곡가들은 일본 음악학교에서 전문교육을 받은 유학파로 서양음악의 선구자들이거나 서양악기 연주자들이었다. 그리고 한국 작곡가보다 더많은 수의 일본 작곡가들이 조선 유행가의 작곡과 편곡에 일정한 역할을 담당하고 있었기 때문에 당시 조선의 유행가 속에 일제와 그를 경유한 서양음악의 영향력은 매우 컸다고 할 수 있다(송방송, 2001: 18~40).

권번출신의 기생들이 주축을 이루던 가사나 시조창, 민요, 그리고 신민요에 비하면, 정식으로 음반을 취입하거나 방송에 출연한 유행가의 가수들은 그 층이 훨씬 다양해졌다. 이는 그만큼 권번출신의 기생이 방송과 음반을 통해 활동할 수 있는 영역이 줄어들었다는 의미이기도 했다. 송방송이 1930년대 유명 음반에 취입한 유행가 가수를 조사하여 분석한 연구에 따르면, 작곡가와 작사가와 함께 유행가 가수 또한 당시 공연예술계의 인텔리들과 밀접하게 관련되어 있었고, 여가수 중에는 여배우와 콩쿠르 출신의 신진 가수들이 새로 등장했다. 1930년대 초에는 전옥이나 이애리수처럼 연극계와 영화계의 여배우들이 유행가수로 많이 활약했으나, 후반에 이르면 콩쿠르 등을 통해서 선발된 신진 여가수들이 주류를 이루었다. 이난영도 본래는 극단에 입단하여 여배우를 지망했었고, 빅타음반을 통해 발탁된 황금심도 이 시기 등장한 신진 가수였다. 왕수복, 김복희, 이은파, 김인숙은 권번출신의 유행가 가수였는데 이들은 모두 신민요 가수로도 활동했다. 유행가수의 주도권은 비권번출신의 신진 유행가수들에게로 넘어가고 있었다(송방송, 2001: 40~64).

권번출신 기생들이 유행가 가수로 성공하지 못하고 퇴조해간 이유에는 목소리나 음악적 기법 등 유행가에 잘 맞지 않거나 적응할 수 없었던 한계도 있었을 것으로 추정할 수 있다. 신민요가수로 먼저 이름을 떨치지 않은 기생은 유행가 가수로 성공할 수 없었다는 점이 이를 말해주는데, 가령 왕수복의 경우 선우일선에 비해 유행가 가수로 더 성공할 수 있었던 것은 그 목소리의 특성과 음악적 기교가 유행가 가수에도 적합했다는 것이다. 많은 유행가 가수들이 신민요 장르를 넘나드는 정도에 비해 권번출신의 신민요 가수들이 유행가를 취입하는 경우는 상대적으로 매우 적었다.[35] 그렇지만 다시 질문하면 왜 기생은 신민요와 같이 '조선적인 것'으로서 전통의 소리를 더 지켜야 하는 것으로 생각되었는가 하는 것이다. 신민요 가수와 창작이 점점 제한될 수밖에 없었던 것은 민족적인 발성과 창법을 깊이 체득한 가수의 수가 매우 한정될 뿐 아니라 가곡, 가사 등 전통적인 민족가요 가창에 능했던 권번출신 가수들의 일부는 신민요를 일종의 유행가로 보면서 그 가창에 나서지 않으려고도 했다. 또한 신민요 창작과 보급의 주요 통로였던 축음기회사들에 전속된 작곡가들은 회사 측의 강요에 따라 유행가풍의 대중가요 창작에 몰두하다 보니 민요풍의 대중가요에는 눈을 돌리지 못했다(신현규,2010: 198). 결국, 권번출신 유행가 가수들에게 전통적이고 민족적인 목소리와 창법은 자신을 주체화하기 위해서는 지켜야 할 토대였지만 또한 자신의 사회적 정체성을 가두는 굴레였다. 대부분의 권번출신 유행가 수들은 신민요 가수로서의 자신들의 정체성을 넘어서지도 않았고 또한 넘어설 수도 없었다. '유행가'로 대표되는 '모던'한 음악을 하기 위해서는 '조선적인' 자신의 정체성을 버려야 했지만 그 순간 자신은 더 이상 자신만의 것을 지킬 수 없었기 때문이다. 권번출신 유행가 가수들이 직면했던 이 역설적인 곤경은 '소리의 자본주의'가 구현되는 근대적 미디어 라디오에서 더욱 명확한 것으로 나타났다고 할 수 있다. 신민요가 사라져 간 1930년대 후반 유행가 가수로서 라디오와 유성기 음반에 진출하지 못한 권번출신 신민요 가수들, 더 거슬러 올라가면 신민요마저도 부르지 않고 공적 영역인 라디오 출연과 유성기 음반 취입의 기회도 사라져 간 권번의 예기들은 점점 공적 영역에서 배제되어 겨우 생계만을 유지하기 위한 '화류계' 생활을

---

35) 이러한 정황은 이후 연예계를 회고하는 신문기사를 통해서도 알 수 있다. "민요조 노래가 대부분인 기생들의 유행가 취입은 30년대 초까지 계속되었지만 그들의 창법이 창(唱)에 기초를 두었다는 흠이 있는 데다가 가수발굴방법이 차차 전국가요 콩쿠르 등으로 다양해지면서 기생들의 노래는 다시 기방에서만 판치게 되었다." 이길범, "연예수첩 반세기 가요계(9): 기생가수들," ≪동아일보≫, 1973.2.15. 5면).

할 수밖에 없었다. 일제강점기 노래하는 기생에 대한, '조선적인 것'을 버리고 어설프게 '모던'을 쫓아가는 기생에 대한 비판과 조롱이 이미 1930년대 이전에도 뿌리깊게 퍼져 있었음을 볼 때, 요리집에서는 몰라도 라디오에서 그 (역설적) 소리의 공간을 찾아가는 것은 매우 어려운 일이었을 것이다.

짜쓰기분은 홍등녹주(紅燈綠酒)의 향기 놉흔 화류계에까지 흘러드러 요리집에서 손님이 주문하는 노래의 3분의2는 짜쓰기분을 고취하는 유행창가이다. 만일 엽방에서 화편(花編)이나 황계사(黃鷄詞)가튼 옛노래을 읇흐게 하야 보아라. 밋친듯이 기생을 기고 뛰노든 젊은이들의 입에서는 서슴지 안코 욕이 나아오리라. 따라서 기생들의 처세술도 여간 변하지 안이 하얏다. 첫재 내음새에서 머리를 쓰게 되얏다. 모던 기생으로 자처하는 미인의 엽혜를 가보라. 코를 찌르는 향기—그 향기 속에서는 반다시 토인의 악기소리가 들니리라. 그러함으로 화장품갑은 날노 올너간다. 빗사면 빗사질사록 어엿분 악마의 손톱은 심장에 상처를 크게 내놋는다. 짜쓰기생은 일체로 건방지다. 그들은 양장을 한다. 구쓰를 동경(동경)으로 주문을 해다 신는다. 손님을 한번 치어다 보아서 모던미(味)다 업스면 고만 우울에 빠저 흥을 끈어 놋코만다. 입짓 손짓 눈짓 일동일정(一動一靜)에 생명이 실녓스니 그것은 대개 몸을 놀닐 때마다 반다시 활동사진 여배우의 그것을 표본으로 하는 까닭이다. 그러함으로 짜쓰기생과 모던껄과의 거리는 자연 접근되야 애인과 함께 요리집에 가서 짜쓰기생을 불녀다가 활동사진 이약이나 사랑에 대한 우론(愚論)을 토하기에 주저치 안는다. …… 엇잿든 세상은 한참 수선스러워젓다. 어대를 가던지 진담을 듯기가 어렵다. 이엇이 곳 짜쓰화(化)하야가는—안이 짜쓰의 것멋만 할는 경성(경성)의 고락슨이란다(이서구, ≪별건곤≫, 1929.9.27).

6. 맺음말: 여성주의 안에서의 방송사 연구의 함의와 가능성

이 연구는 한국 방송사에서 일제강점기 경성방송국에 출연한 예기들을 역사적으로 어떻게 평가할 수 있을 것인가라는 역사적·전기적 연구들과는 일정 정도 거리를 가지면서, 그 인물들이 가졌던 역사적 가능성이 무엇이었는가를 좀 더 들여다보고자 했다. 식민지 조선이라는 특정 시점 혹은 역사적 조건을 주어진 것 그리고 불가피한 것으로 간주하고 이러한 사회와 역사의 규정성으로부터 벗어나지도 못하면서 결과론적 입장에서 예기들의 방송출연이라는 행위가 갖는 일관된 그 어떤 역사적 의미를 찾으려 한다면, 당시 식민지 담론장에서의 (신)여성, 특히 예기들에 대한 환호와 비판, 찬양과 비하, 선망과 조소가 교차하는 그 복합적 국면들을 제대로 이해하고 해석할 수 없을 것이라고 생각했다. 일제강점기 식민지 조선에서 처음 방송국이 개국하고 방송출연을 했던 예기들이 얼마나 민족주의적 활동을 하고 또 얼마나 식민적이었는가를 역사적으로 평가하기보다 그들의 '전통'과 '새로움(新)', '모던'함에 대한 추종이 조선 현실에 어떠한 의미를 만들어냈는가, 그리고 그 과정에서의 균열과 충돌, 혼란에 관심을 갖고 그것이 어떤 가능성을 만들어갔고 또 그 가능성이 어떠한 방식으로 차단되었는가를 질문하고 논의하고자 했던 것이다. 이 연구가 기대고 있는 여성주의적 관점은 식민지 조선에서 예기들이 방송활동을 통해 겪었을 근대적 이상과 현실적 삶의 차이와 모순, 괴리와 갈등의 지점을 인식하는 데 있어 가장 날선 비판의 칼날이 되어 바로 그 역사적 가능성에 접근할 새로운 대안적 인식론과 방법론을 제공할 수 있을 것으로 기대되었다.

1933년 이중방송 시작으로부터 해방까지 조선어 방송이 송출되던 시기는 곧 만주사변과 중일전쟁, 태평양전쟁으로 이어지는 전쟁 시기와 겹친다. 특히 중일전쟁이 발발한 1937년 이후 조선어 제2방송에 대한 감시와 통제는 더욱 강화되었다. 그러나 일제강점기의 라디오 방송은 이러한 '식민성의 구축'이라는 측면에서만이 아니라 '근대성의 도입'과 함께 중층적 구조에서 이루어졌다고 할 수 있으며(로빈슨, 2006; 서재길, 2007; 박용규 2010), 그 과정에서의 다층적인 담론의 생산과 대응, 실천들을 살펴볼 필요가 있다. 방송의 식민주의는 식민지의 역사와 문화를 부정하거나 열등한 것으로 설정함으로써 지배를 정당화하는 방식으로 수행되었을지라도, 그 결과는 전시체제 이후 더욱 확충된 조선어방송을 통해 "사멸해야 할 운명에 있었던 제국의 지방어로서의 조선어"의 의사전달적 기능을 강화시켰고, "'조선말의 최고 표준'을 지향하는 전국적 단위의 소리 미디어"로서 근대 민족 국가 방송을 만들어갔던 것이다(서재길, 2011: 87). 또한 식민주의에 대한 식민지인들의 대응은 수용이나 부정, 또는 복종이나 저항으로 단순화할 수 없다. 방송에서 전통음악프로그램의 편성이 지속적으로 우세했던 이유가 '조선적인 것'을 방송하고자 할 때 그 주된 대상이 음악일 수밖에 없었던 방송제작진의 '조그마한 양심'이나 조선음악을 부활시키고 진흥코자 하는 실천의지로서 민족주의적인 면이 없지는 않았지만 저항적이었다고 보기는 어려우며, 탈식민화된 자율공간의 형성이라 단언할 수도 없다(이소영, 2009: 141~142; 이상길, 2010: 141; 박용규, 2011: 123). 가장 '조선적인' 소리의 질감을 표현해낸 권번출신 신민요 가수들의 방송활동이 단순히 전통을 수호하거나 외세에 저항했다고 이해할 수 없는 것 또한 같은 맥락일 것이다. 이때 식민지인들의 정체성은 고정불변한 본질이라기보다 여러 사회문화적 관계 속에서 생산되는 담론 형성 과정을 통해 밝혀질 수 있다. 예기들의 방송활동에 대해 그들 스스로의 목소리로 남겨진 역사적 증언이나 기록은 매우 드물다. 회고록 등이 남아 있는 박녹주, 김소희와 같이 해방 이후에도 활발히 활동을 이어갔던 유명한 여류명창들의 경우에도 방송경험에 관한 일화는 매우 적게 발견된다. 예기, 기생의 방송활동을 둘러싼 대부분의 담론들은 당시 방송제작진이나 축음기회사 문예부장 등이 잡지에 기고한 글들을 통해 가장 많이 읽을 수 있다. 그들은 식민지 근대 조선의 복합적인 모순을 담지한 남성들이었다. 그들은 민족주의적이고 가부장적인, 엘리트주의적인 식민지 조선의 인텔리 남성들이었다. 이러한 젠더의 범주는 예기들의 주요 활동무대가 된 라디오 음악프로그램이 정착해가는 과정에서의 —통일적이고 일관되게 집중화되어 있다기보다 분산적이고 담론적으로 구성된— 권력관계를 나타내는 하나의 주요한 방식이 된다.

경성방송국이 개국하던 당시 라디오를 통한 음악의 청취에 우선성을 부여하기는 어렵다. 1920~1930년대는 이미 신문, 잡지, 영화, 유성기와 이러한 매스미디어와 결합된 카페, 다방, 요리집과 같은 유흥공간, 그리고 극장, 전람회, 박람회, 운동회, 각종 명창대회에서의 대중적 공연 등이 복합적으로 관련되어 각각의 미디어를 재매개하고 있었으며, 특히 음악 청취의 경우 유성기와 유흥공간에서의 보급과 확산에 의한 영향력이 컸다고 할 수 있다. 라디오 음악프로그램은 이러한 (사사화가 진행되는) 미디어에서의 대중적 인기와 향유의 증거이면서 홍보수단이기도 했다. 또한 보도프로그램과 강연 등 교양프로그램, 고담, 야담, 드라마 등의 다른 오락프로그램에 비해 일본 제국주의적 정책에 대한 '선전적', '공보적' 기능이 음악프로그램에서는 상대적으로 약하게 표출되어 방송된 것은 사실이지만, 상업적인 레코드와 비교하면 방송은 '공공적'(더 정확히 말하면 '관영적') 성격의 음악을 확산시켰다. 1930년대 후반에 레코드에서 유행가가 각광받았던 현실과는 큰 차이로 라디오 방송에서는 유행가가 적게 편성되었고, 1930년대 내내 전통음악과 서양음악에 비해 대중음악이 방송에서 차지하는 비중이 대단히 낮았다는 점은 이러한 맥락과 관련되어 있다(박용규, 2010). 당시 방송과 음반제작에 참여했던 (남성) 지식인층들을 중심으로 유행가에 대한 비판의 내용을 살펴보면, 유행가가 가정이나 사회의 교화상 좋지 못한 영향을 끼친다는 점에서 공공영역에는 떳떳하게 수용되기 어려운, 비속하고 저속한 음악, 통속적인 문화라는 것이었다. 식민지 근대 조선에서 기생은 통속문화를 표상하는 대표적 존재였다.[36] 기생의 방송출연이 곧 방송의 통속성에 대한 비난으로 이어진 것은 자연스러운 현상이었다. 이러한 대중음악 (여)가수와 가요의 저급성, 통속성에 대한 비판은 오랫동안 한국방송에서 주요 비판으로 이어졌다. 대중적인 것은 통속적일 수밖에 없는데 통속적인 것은 보편적인 수용을 위해서는 저급하여 방송에는 바람직하지 않다는 하나의 역설적 의미구조가 방송을 바라보는 지배적 시각으로 자리해왔다고 할 수 있다. 방송에서의 교양화, 계몽화, 문예화는 모두 이러한 승인하면서도 부인해야 하는 방송이 가지는 대중성과 통속성의 양가적 속성을 해소하고자 하는 시도들이었다고 할 수 있다(이윤진, 2006: 192). 또한 이것이 이후의 방송가요 정화, 건전가요의 권장, 선정적 가사에 대한 검열 등의 관영적 규제의 논리로 이어졌다고 할 수 있다.

경성방송국에 출연했던 예기들의 방송인으로서 정체성에 관한 질문은 그들이 어떤 방식으로 담론화되었는가를 묻기 전에 어쩌면 그들은 방송인이었는가로 수정되어야 할지도 모른다. 만약 우리가 '방송인'을 호명할 때 어떤 역사적으로 상징화된 의미를 전제하고 있다면 과연 우리는 그 어떤 망설임도 없이 그때의 예기들을 '방송인'이라고 부를 수 있을까? 새로운 '직업부인'으로 등장했던 여성 아나운서들과 달리, 그럴 수 없다면 왜 그러하고 어떻게 그런 인식이 역사적으로 구성되어왔는가? 대중적 스타로서 방송에 출연한 기생에 대한 선망과 환호 한편에는 소위 여류명창이 아닌 한 기생들의 방송출연을 두고 수많은 조롱과 비난이 따랐다. 일제의 공창화 정책으로 인해 기생에게 부여된 퇴폐와 향락의 표상이 당시 음악프로그램

---

36) 유선영은 이 20세기 초 조선 사회에서의 통속문화, 통속대중에 대해, 근대 이전에는 '풍류'로 인정되던 문화가 시각적 감각에 집중된 '구경거리', '볼거리'로서의 관람과 유흥 위주로 변질되고 그 문화적 취향이 근면과 노동의 근대 자본주의적 도덕론을 내세워 식민지배의 규율체계에서 감시되면서 풍류와 기방유희, 사치와 낭비, 오락, 투전이 같은 연속선상에서 의미화되었고 '풍류'문화의 주체적이자 향유자이던 기생은 탐미적이고 감각적인 통속적 유흥취향을 즐기는 '난녀'로 전락하여 담론화되었다고 설명했다(유선영, 2009: 59~64).

을 통해 라디오가 구현하고자 했던 전통 예술적 가치와 충돌했던 점도 그러한 부정적 인식의 배경이 되었다고 할 것이다. 문제는 이러한 기생에 대한 이중적 담론화가 당시 식민지 근대 조선사회에서 여성/젠더로서의 기생에 대한 개념이 사회적 관계를 정당화하고 구성해간 과정이라는 점이며, 이 과정을 통해 구축된 의미화 방식이 한국 사회에서 여성 방송인을 규정하는 틀로 정착해갔다는 점이다. 방송인으로서 여성 아나운서들이 '바람직한 신여성'의 모습으로 재창출된 '양처'로 제시되었다면, 예기들은 '병리적 신여성'의 모습으로 비판되거나 혹은 매혹되는 '모던걸'로 담론화되었다.37) 이러한 역사화된 젠더 개념은 지금의 여성 아나운서와 여성 연예인을 통찰할 "유용한 분석의 범주"(Scott, 1988a)가 될 것이다.

이 연구는 큰 그림으로 보면 한국의 근대사회로의 변화에서 제기된 여성 문제, 방송의 의미, 방송인의 정체성에 관한 역사적 분석과 고찰이다. 한국 사회의 근대적 변화를 살펴보는 과정에서 여성/젠더를 연구의 대상 혹은 분석의 범주로 한다는 것은 한국 근대사에서 잊히거나 침묵되어온 여성들을

---

37) 여기서의 '양처', '모던걸'이라는 개념은 김수진(2009)이 신여성 담론을 분석하며 사용한 하위범주들을 적용시켜 본 것이다. 김수진은 개조의 주체를 상징하는 '신여자', 근대화/서구화의 모방을 하는 병리적 주체를 재현하는 '모던걸', 근대주의적 질서를 정상화하는 강박적 주체를 투영하는 '양처'라는 세 가지 하위범주를 통해 신여성 담론을 분석하고 있다. 기생, 예기들이 '모던걸'로 담론화되는 예는 당시 잡지들에서 흔히 발견되는데, 대표적으로 앞서 인용한 이서구(1929: 34)의 글에서 언급된 '모던기생', '짜쓰기생'이 그것이다. 김수진은 '모던걸'의 표상에서 서양·근대를 향한 모방의 나쁜 측면이 상징화됨과 동시에 그것에 대한 매혹됨이 역설적으로 투사된다고 보았는데, 이서구의 글에서 '모던걸'이 '짜쓰기생'과 대비되는 것은 모방에 대한 조롱과 비난이 섞여 있으면서도 ─특히 모던걸을 기생에 비견할 때 그 조롱과 비난은 더 강해진다─ 어설픈 모방, 불완전한 모방에 대한 인식과 그 불완전성에 대한 불안감이 되풀이해서 표현되고 있다는 점에서 역설적으로 그것에 대한 '매혹됨의 흔적'이 발견된다고 해석해볼 수 있다(김수진, 2009: 304). 이서구가 경성방송국 제작에 참여했다는 점을 고려할 때 이서구의 글에 대한 별도의 담론분석도 다음 연구에서 필요해 보인다.

역사적이고 사회적인 존재로 재발견하고 연결 짓는 새로운 역사쓰기를 의미한다. 이 연구는 일제강점기 예기들의 방송활동을 자율적인 개인 의지의 표현으로 이해하지 않았기 때문에 역사 속에 묻힌 예기들의 개별적 경험들을 되살려내려는 노력이 아니라 그들의 방송활동이 역사적으로 규정된 주체 형성 과정의 결과라는 점을 강조하고자 했다. 여성 문제는 성별 간 권력관계를 생산하는 지식의 문제이며 그와 관련된 사회적 요구들이 상충하고 경합하는 담론의 문제이다. 따라서 특정 역사적 시기의 여성을 분석대상으로 여성의 문제를 제기할 때 여성이라는 보편적 인식에 근거하여 그 개별 여성들이 동등한 혹은 차별적 위치에 있었는지를 질문하는 것은 역사분석으로서 충분하지도 않을 뿐 아니라 무의미할 수 있다. 특정 시기 여성 문제를 생산하는 지식의 틀, 담론화의 과정 자체가 차별에 관한 정치적 기획과 관련되어 있기 때문이다. 지식과 인식론이 정치와 분리되어 있지 않다는 이와 같은 여성주의의 주장과 논의들은 한국방송사 연구의 새로운 전환적 관점이 될 수 있다. 한국방송사에서 여성문제를 보는 것이 아니라 여성주의 안에서 한국방송사를 바라볼 필요성은, 또 하나의 분석대상으로 여성, 여성 문제를 제기하여 예기들의 보충사나 공헌사로 방송역사를 서술하기보다 젠더 분석에 근거한 여성주의 안에서 한국방송사를 볼 때 비로소 새로운 통합적 방송사를 향해 나아갈 수 있을 것이란 생각을 해볼 수 있기 때문이다. 이것이 곧 완전하다거나 해방적이란 의미는 물론 아니다. 중요한 것은 여성주의적 관점이 제공하는 이론화와 방법론적 문제제기로부터의 긴장과 불안정이 여성을 배제하고 성차의 문제를 지워버리는 역사적 논의들에 우리를 끊임없이 비판적으로 개입하게 할 것이라는 점이다. 여성주의에서 무엇이 합리적인 설명인가에 대한 지식의 객관성 문제는 어떻게, 어디서, 어디까지, 무엇을 위해, 누구와 함께 볼 것인가, 누가 해석하는가의 문제로서 그 지식/진리의 효과에 책임을 지는 윤리적 문제와 관련된다. 한국방송사 연구에서도 이러한 여성주의적 관점에서의 윤리적 질문을 제기해야 할 때이다.

참고문헌

강옥희·이순진·이승희·이영미. 2006. 『식민지 시대 대중예술인 사전』. 도서출판 소도.

강현구. 2005. 「1940년대 방송소설 연구」. ≪한국문예비평연구≫, 제18집, 5~39쪽.

고은지. 2006. 「20세기 유성기 음반에 나타난 대중가요 장르 분화양상과 문화적 의미」. ≪한국시가연구≫, 제21집, 325~354쪽.

_____. 2008. 「20세기 '대중오락'으로 새로 태어난 '야담'의 실체」. ≪정신문화연구≫, 제31권 제1호, 103~129쪽.

_____. 2009. 「경성방송국프로그램에 기록된 20세기 '시조예술'의 연행양상과 특징」. ≪한국시가연구≫, 제26집, 157~186쪽.

구인모. 2008. 「이하윤의 가요시와 유성기음반」. ≪한국근대문학연구≫, 제18호, 169~201쪽.

권도희. 1998. 「20세기 초 음악집단의 재편」. ≪동양음악≫, 20권, 278~287쪽.

_____. 2001. 「20세기 기생의 음악사회사적 연구」. ≪한국음악연구≫, 제29권 제1호, 319~344쪽.

권명아. 2005. 「식민지 경험과 여성의 정체성」. ≪한국근대문학연구≫, 6.

권희영. 1998. 「1920-1930년대 '신여성'과 모더니티의 문제」. ≪사회와 역사≫, 54집.

김경일. 2002. 「일제 하 여성의 일과 직업」. ≪사회와역사≫, 제61집, 156~190쪽.

김관. 1937. 「라디오음악방송비판」. ≪조광≫, 제3권9호, 327~334쪽.

김명주. 2003. 「일제강점기 이왕직아악부의 방송활동」. ≪한국음악사학보≫, 제30집, 145~174쪽.

김미선. 2009. 「근대적인 '직업여성'의 여성정체성과 직업의식의 형성과정에 관한 연구: 1세대 미용사 임형선의 구술생애사를 중심으로」. ≪여성과 역사≫, 제10집, 141~186쪽.

김보형·백미숙. 2009. 「초기 여성 아나운서의 직업 성격과 직업 정체성의 형성」. ≪한국언론학보≫, 제53권 1호, 59~83쪽.

김귀옥·김순영·배은경 편. 『젠더 연구의 방법과 사회분석』. 도서출판 다해.

김성호. 1997. 『한국방송인물지리지』. 나남.

김성호. 2007. 「경성방송의 성장과정에 관한 연구」. 광운대학교 신문방송학과 박사학위논문.

김수진. 2009. 『신여성, 근대의 과잉: 식민지 조선의 신여성 담론과 젠더정치, 1920

~1934』. 소명출판.

김양환. 2009. 『홍남파 평전』. 남양문화.

김연숙. 2005. 「저널리즘과 여성작가의 탄생: 1920~30년대 여기자 집단을 중심으로」. ≪여성문학연구≫, 제14권.

김영희. 2002. 「일제시기 라디오의 출연과 청취자」. ≪한국언론학보≫, 제46권2호, 150~183쪽.

_____. 2004. 「역사적 접근방법으로서의 매체이론: 연구경향과 시사점」. 임상원·김민환·유선영 외. 『매체·역사·근대성』. 나남, 151~183쪽.

_____. 2008. 「한국의 방송매체 출현과 수용현상」. 정진석 외. 『한국방송80년, 그 역사적 조명』. 나남. 65~128쪽.

김정실. 1941. "한성준과 홍난파". ≪춘추≫, 9호, 120~121쪽.

김창욱. 2004. 「일제강점기 음악의 사회사」. ≪음악학≫, 제11집, 81~128.

김진경. 2010. 「방송출연과 음반취입을 통한 기생의 음악활동」. ≪국악과 교육≫, 제29집, 45~67쪽.

김진송. 1999. 『서울에 딴스홀을 허하라: 현대성의 형성』. 현실문화연구.

노동은. 1995. "노동은의 '알고 싶다': '妓生', 性女인가? 聖女인가?" ≪음악과 민족≫, 제10호, 180~187쪽.

단국대학교부설동양학연구소. 2007. 『일상생활과 근대음성매체: 유성기·라디오』. 민속원.

문시형. 1989. "방송인물사." ≪방송89≫(9월호).

박녹주(구술). 1974. "나의 이력서." ≪한국일보≫, 1974.1~2.28(38회 연재).

박용규. 1997. 「일제하 여기자의 직업의식과 언론활동에 관한 연구」. ≪한국언론학보≫, 제41호.

_____. 2008. 「일제시기 방송유산과 한국방송의 형성」. 정진석 외. 『한국방송 80년, 그 역사적 조명』. 나남, 179~217쪽.

_____. 2010. 「일제하 라디오 방송의 음악 프로그램에 관한 연구: 1930년대를 중심으로」. ≪언론정보연구≫, 47권 2호, 134~172쪽.

배은경. 2004. 「사회 분석 범주로서의 '젠더' 개념과 페미니스트 문화 연구: 개념사적 접근」. ≪페미니즘연구≫, 제4권 제1호, 55~100쪽.

백미숙. 2007. 「라디오의 사회문화사」. 유선영·박용규·이상길 엮음. 『한국의 미디어 사회문화사』. 한국언론재단, 305~380쪽.

백미숙·이종숙. 2011. 「한국 언론학에서 '여성주의/젠더 연구'의 지식생산: 진단과 함의, 가능성의 모색」. ≪언론과 사회≫, 제19권 4호, 162~231쪽.

백원담 외. 2007. 『일제강점기 한국 대중음악사 연구』. 한국문화콘텐츠진흥원.

백철. 1956. 「방송과 대중문화: 방송의 대중성과 통속성」. ≪방송≫, 10월호.

≪삼천리≫. 1935.8. "아릿따운 '아나운사': 경성방송국의 여성 아나운사들." 제7호, 246~251쪽.

_____. 1936.2. "신춘에는 엇든 노래 유행할가". 제8권 제2호, 122~130쪽.

_____. 1936.11. "명가수를 엇더케 발견하엿는냐". 제8권 제11호, 184~188쪽.

서재길. 2006a. 「JODK 경성방송국의 설립과 초기의 연예방송」. ≪서울학연구≫, 27호. 서울시립대학교부설서울학연구소, 147~173쪽.

_____. 2006b. 「'공기'와 '연극': 초기의 라디오 예술론에 관한 소고」. ≪한국문화≫, 제38집, 서울대학교규장각한국학연구원, 113~135쪽.

_____. 2008a. 「1930년대 후반 라디오 예술과 전통의 문제」. ≪한중인문학연구≫, 제23집. 177~200쪽.

_____. 2008b. 「일제 식민지시기 라디오방송과 '식민지 근대성'」. 정진석 외. 『한국방송 80년, 그 역사적 조명』. 나남, 219~262쪽.

_____. 2011. 「식민지 시기 이중방송과 다이글로시아」. 한국방송학회 엮음, 『한국방송의 사회문화사』. 한울, 62~89쪽.

소영현. 2006. 「젠더 정체성의 정치학과 '근대/여성' 담론의 기원: 『여자계』지를 중심으로」. ≪여성문학연구≫, 제16권, 121~148쪽.

송방송. 2000a. 「1920년대 방송된 전통음악의 공연양상」. ≪한국학보≫, 제100집, 160~210쪽.

_____. 2000b. 「경성방송국에 출연한 예기들의 공연활동: 1920년대 라디오 프로그램을 중심으로」. 관제성경린선생구순기념『국악학논총』, 93~111쪽.

_____. 2001a. 「1930년대 유행가의 음악사회사적 접근-유성기음반을 중심으로」. ≪계간 낭만음악≫, 제13권 제3호, 5~64쪽.

_____. 2001b. 「일제강점기 전통음악인의 공연양상: 김소희명창을 중심으로」. ≪한국전통음악학≫, 제2호, 83~122쪽.

_____. 2002a. 「신민요가수의 음악사회사적 조명: 권번 출신의 여가수를 중심으로」. ≪계간 낭만음악≫, 제14권 제3호, 7~68쪽.

_____. 2002b. 「일제강점기 박녹주 명창의 공연활동: 방송·음반·신문자료를 중심으

로」. ≪한국음반학≫, 제12호, 17~51쪽.

시노하라 쇼조 외. 2006. 『JODK 조선방송협회 회상기』. 김재홍 옮김. 커뮤니케이션 북스.

신기욱·로빈슨(Robinson, Michael). 2006. 『한국의 식민지 근대성』. 도면회 옮김. 삼인.

신경석. 1980. "잊을 수 없는 초창기의 방송인들." ≪신문과 방송≫(9월호).

신현규. 2010. 『기생, 조선을 사로잡다: 일제 강점기 연예인이 된 기생 이야기』. 어문 학사.

엄현섭. 2007. 「'라디오연감'에 나타난 식민지기 위안방송과 그 성격」. ≪비교문학≫, 제43집, 207~232쪽.

안테나생. 1937. "라디오는 누가 제일 잘하나." ≪조광≫, 제2권 1호, 274~277쪽.

유병은. 1998. 『초창기 방송시대의 방송야화』. KBS문화사업단.

유선영. 2002. 「식민지 대중가요의 잡종화: 민족주의 기획의 탈식민성과 식민성」. ≪언론과 사회≫, 제10권 4호, 7~57쪽.

_____. 2009. 「근대적 대중의 형성과 문화의 전환」. ≪언론과 사회≫, 제17권 1호, 42~101쪽.

윤백남. 1933. "신세대의 음파신문: 라디오의 사회적 역할". ≪신동아≫, 제3권 3호, 119~123쪽.

이내수. 2001. 『이야기 방송사』. 씨앗을뿌리는사람.

이범경. 1994. 『한국방송사』. 범우사.

이상경. 1996. 「여성의 근대적 자기표현의 역사와 의의」. ≪민족문학사연구≫ 제9호.

이상길. 2001. 「유성기의 활용과 사적 영역의 형성」. ≪언론과 사회≫, 제9권 4호, 49~95쪽.

_____. 2010. 「1920~30년대 경성의 미디어공간과 인텔리겐치아: 최승일의 경우」. ≪언론정보연구≫, 제47권 1호.

_____. 2012. 「경성방송국 초창기 연예프로그램의 제작과 편성」. ≪언론과 사회≫, 제20권 3호, 5~74쪽.

이서구. 1929. "경성의 짜쓰, 서울맛·서울정조." ≪별건곤≫, 9월호, 제23호, 32~36쪽.

_____. 1938. "방송야화: 어떻게 하여 여러분의 귀에까지 가는가." ≪삼천리≫, 제10권 10호, 192~195쪽.

이석훈. 1935. 「JODK 경성방송국은 어떠한 곳, 무엇을 하는 곳인가?」. ≪조광≫, 제1권 2호.

이소영. 2009. 「'조선적인 것'의 음악적 표상: '비빔밥식 노래'」. ≪계간 낭만음악≫,

제22권 1호, 121~142쪽.

이연. 2011. 「경성방송국(JODK)과 식민지 문화정책: 1927년부터 1945년까지」. 한국
　　방송학회 엮음, 『한국 방송의 사회문화사』. 한울, 27~61쪽.

이영미. 2006. 『한국대중가요사』. 민속원.

이윤진. 2006. 『한국의 이야기 문화와 텔레비전 드라마: 구술매체와 구술문화의 근대
　　적 결합』. 한국학술정보.

이재옥. 2003. 「1930년대 기생의 음악활동 고찰」. ≪한국음악사학보≫, 제30집,
　　587~631쪽.

이진원. 2004. 『이혜구』. 한국문화예술진흥원.

이혜구. 1970. 『만당 문채록』. 한국국악학회.

＿＿＿. 1997. 「1930년대의 국악방송」. 국립국악원. ≪국악원 논문집≫, 제9집, 249
　　~259쪽.

일기자. 1924. 「경성의 화류계」. ≪개벽≫, 제48호, 95~100쪽.

임종수. 2004. 「한국방송의 기원: 초기 라디오 방송에서 제도, 편성, 장르의 형성과 진
　　화」. ≪한국언론학보≫, 제48권 6호, 370~396쪽.

장사훈. 1989. "가곡계의 거장 하규일." 『국악명인전』. 세광음악출판사.

장옥임. 1995. 「1930년대 후반의 국악방송 연구」. 서울대학교 국악학과 석사학위논문.

장유정. 2007. 「대중매체의 출현과 음악문화의 변모양상」. ≪대중서사연구≫, 제18호,
　　259~287쪽.

전은정. 2000. 「근대 경험과 여성주체 형성과정」. ≪여성과 사회≫, 11호. 한국여성연
　　구소.

정진석. 1990. "최초의 공채 아나운서는 '마현경'이다." ≪방송 '90≫, 9월호.

＿＿＿. 1992a. 『한국방송관계기사모음』. 관훈클럽신영연구기금.

＿＿＿. 1992b. 「인물로 본 한국언론 100년: 방송인들」. ≪신문과방송≫, 9월호.

＿＿＿. 2008a. 『한국언론인물사전, 1883~2009』. 한국언론재단.

＿＿＿. 2008b. 「방송 80년, 발전과 명암」. 정진석 외. 『한국방송 80년, 그 역사적 조명』.
　　나남, 9~63쪽.

정현백. 2007. 『여성사 다시쓰기: 여성사의 새로운 재구성을 위하여』. 당대.

조주현. 1998. 「페미니즘과 기술과학: 대안적 패러다임 모색을 위한 헤러웨이 읽기」.
　　≪한국여성학≫, 제14권 2호, 121~151쪽.

조항제. 2003. 『한국 방송의 역사와 전망』. 한울.

_____. 2008. 「한국방송사의 관점들: 관점별 특징과 문제제기」. ≪언론과 사회≫, 16권 1호, 2~48쪽.

하정옥. 2008. 「페미니스트 과학기술학의 과학과 젠더 개념: 켈러, 하딩, 하러웨이의 논의를 중심으로」. ≪한국여성학≫, 제24권 1호, 51~82쪽.

한국방송공사. 1977. 『한국방송사』.

_____. 1987. 『한국방송육십년사』.

한국방송학회. 1997. 『한국방송 70년의 평가와 전망』. 커뮤니케이션북스.

한국정신문화연구원. 2000. 『경성방송국 국악방송곡 목록』. 민속원.

한진만. 2008. 「일제시대의 라디오 프로그램 편성 특성」. 정진석 외. 『한국방송 80년, 그 역사적 조명』. 나남, 129~175쪽.

황유성. 2008. 『초창기 한국방송의 특성』. 법문사.

허영란. 2010. 「한국 근대사 연구의 '문화사적 전화': 역사 대중화, 식민지 근대성, 경험세계의 역사화」. ≪민족문화연구≫, 53호, 65~99쪽.

Burtler, J. 1990. *Gender trouble: Feminism and the subversion of identity*. New York: Routledge. 조현준 역. 2006. 『젠더트러블: 페미니즘과 정체성의 전복』. 문학동네.

Foucault, M. 1978/1990. *The history of sexuality, volume 1: An introduction*. New York: Vintage. 이규현 역. 2006. 『성의 역사 1: 지식의 의지』. 나남.

Harding, S. 1986. *The Science Question in Feminism*. Ithaca: Cornell University Press. 이재경 역. 2002. 『페미니즘과 과학』. 이화여자대학교 출판부.

_____. 1991. *Whose knowledge?: Thinking from women's lives*. Ithaca: Cornell University Press. 조주현 역. 2009. 『누구의 과학이며 누구의 지식인가』. 나남.

Scott, J. W. 1988a. "Gender: A Useful Category of Historical Analysis." *Gender and the politics of history*. NY: Columbia University Press.

_____. 1988b. "Some More Reflection on Gender and Politics." *Gender and the politics of history*. NY: Columbia University Press.

_____. 1996. *Only paradoxes to offer: French feminist and the rights of man*. 공임순·이화진·최영석 역. 2006. 『페미니즘 위대한 역설』. 앨피.

Spivak, G. C. 1988. "Can the Subaltern Speak?" In C. Nelson & L. Grossberg(eds.). *Marxism and the Interpretation of Culture*. Urbana/Chicago: University of Illinois Press.

제5장

해방 이후 방송국*의 전속가수제

소리의 '방송주의' 욕망과 소멸

원용진
서강대학교 신문방송학과 교수

1. 방송과 대중음악계

1960년대 소위 '영국침공(British Invasion)'으로 미국에서 로큰롤이 활기를 찾지만 그 장르의 제 경로 찾기는 쉬운 일이 아니었다. 흑인과 하층 백인 음악의 혼성장르였던 로큰롤이 미국 대중음악계에서 천대받는 일은 당연했다. 인종과 계급차별이라는 장애물을 쉽사리 돌파하지는 못했었다. 그러나 1950년대 미국 음악산업이 주크박스 시대에서 LP 중심 시대로 넘어가면서 새로운 돌파구를 찾는다. 레코드 음반을 틀어주는 라디오가 대중음악의 새로운 주자로 등장하자 로큰롤 음악제작자들은 전에 없던 움직임을

---

* 방송사와 방송국의 용어 중 방송국을 선택한 것은 이 논의의 대상이 되는 시기 방송국은 네트워크화된 형태라기보다는 한 방송국 자체가 자율성을 누리며 독자적 행위를 하고 있었기 때문이다. 특히 이 글의 중심에 서는 서울중앙방송국은 오랫동안 지역 KBS와는 소속을 달리하고 있기도 했다. 그런 점에서 방송국이란 용어를 사용한다.

보인다. 그들은 라디오 방송을 자신들의 탈출구로 삼으려 했다. 그러자 주류 음악 관계자들은 자신들의 연합(ASCAP, American Society of Composers, Authors & Publishers)을 만들어 새로 등장한 비주류와 각을 세워나갔다 (Cowen, 2000: 164~166).[1] 라디오 방송은 주류들의 연합(ASCAP)에 대응코 자 직접 음반제작사(BMI, Broadcast Music Inc.)를 설립한다. 비주류의 제작사 를 통해 레코드를 만든 비주류 음악인, 독립 음악인들은 자신을 널리 알리 기 위해 라디오 방송국에 뒷돈을 대는 일도 서슴치 않았다. 비주류를 탐탁 치 않게 여기던 ASCAP는 부정사례를 제기하고 미 의회에 조사를 요청한 다. 1959년에 일어난 소위 '방송국 뒷돈 대기 추문(Payola Scandal)'의 대강 이다.

이 추문으로 기세를 부리던 로큰롤은 활기를 잃는다. 방송사의 도움을 받으며 비주류를 벗어나려던 기획은 좌절되고 다시 비주류의 영역으로 구 겨져 들어갔다. 이 사건에서 주목할 점은 대중음악의 성패, 성쇠에 대한 논 의는 '대중음악계를 구성하는 조건이 그 안에서 활동하는 여러 활동자 (players)와 활동자들의 관계에 미치는 영향을 찾고, 또한 활동자들이 창조 적으로 조건을 극복 혹은 활용해가는 과정'에 대한 논의일 필요가 있다는 점이다. 대중음악계를 둘러싼 여러 사회적 상황이 대중음악계를 변모시키 고, 그 안의 활동자들에게 영향을 미치긴 한다. 하지만 그 영향은 조건반사 적인 것이 아니어서 특별히 정해진 경로대로 움직이지만은 않는다. 대중음 악계는 사회와의 관계에서, 대중음악 활동자는 대중음악계와의 관계에서 괄목할 만한 자율성을 지니기 때문이다. 그런 점에서 대중음악계는 특정한 시간과 공간 내에서 조건, 대응 그리고 창조적 활동 등의 결합으로서 특별 한 형태(결합태, figuration)를 이룬다. 물론 언제든 새롭게 변화할 준비를 하

---

1) Tyler Cowen, *In Praise of Commercial Culture* (Harvard University Press, 2000).

는 형태다.

　대중음악을 수행하는 작곡가, 가수, 그들을 보유하는 매니지먼트사는 음반사, 극장, 방송국 등의 사정에 따라 자신의 연행방식을 변형시키고, 기술 변화에 민감한 음반사, 극장, 방송사도 그 변화에 따라 대중음악과 관련된 활동을 보일 수밖에 없다. 특히 대중음악 수용이 애초부터 기술 변화에 민감했고, 유행과 별개로 진행되기 어려운 터라 그 변화를 간파하는 일은 필수적인 것이기도 하다. 한국의 대중음악 논의에서도 그 같은 비교적 총체적인 논의는 불가피하다. 특히 피식민, 전쟁, 미군 주둔이라는 특수 조건을 감안하면 대중음악 내, 외재적 시각을 동원해 중첩적인 결정에 의해 결합태가 이뤄짐을 밝혀낼 필요가 있다. 이 글은 해방 이후 여러 방송국에 의해 실시되었던 전속가수 제도가 한국의 대중음악사에서 차지하는 위치를 살피는 목적을 갖는다. 이를 논의하기 위해 그동안 정리되지 않았던 방송국 전속가수제의 시작, 구성, 실천을 정리하고, 음반 산업, 국가의 음악정책, 영화산업 그리고 대중음악계의 변화 등과 연결시켜 그 의의를 정리하려 한다.

　결합태라는 개념은 노르베르트 엘리아스(Norbert Elias)로부터 빌려왔다. 결합태는 관계주체 간의 상호의존 상태를 의미한다. 물론 이때 상호의존은 평화로운 의존 관계만을 의미하지는 않는다. 사회 구성원 간에는 권력 작동이 통하고 있으므로 의존관계는 불가피하게 권력관계가 된다. 의존관계가 곧 힘의 불균등의 관계이기도 하므로 둘 간의 의존관계는 세력 관계가 될 수밖에 없다. 또 한편으로 그것은 지속적으로 변화하고 있음에 주목해야 한다. 힘의 불균등을 바꿀 수 있는 여러 변화가 항존하고 있으므로 세력관계는 유동적이다. 결합태는 자연스레 유동적 세력관계가 된다. 상호의존하고 있는 구성원 혹은 구성 집단은 유동적이 되지 않도록 단속하거나 특정 시기에는 자신의 세력 형성에 도움이 되도록 유동적이게 만든다. 권력에 대한 의지 탓이다.

결합태의 모습은 특정한 방향으로 진화하는 쪽으로 변화하지는 않는다. 민주화를 향한다거나 사회가 더 체계화되도록 바뀌는 것도 아니다. 둘 간의 관계, 세력 균형은 우발적 사건들에 의해 변화하는 경우가 많다. 국가의 체계화에 의해 둘 간의 관계가 바뀔 수도 있고, 국가와 자본 간의 관계 변화에 의해 세력 균형에 변화가 생길 수도 있다. 방송과 대중음악 간 관계, 세력 균형은 새로운 테크놀로지의 등장에 의해 바뀌기도 한다. 엘리아스는 기득권자와 아웃사이더 결합태 설명에서 둘 간의 세력 균형이 유지되거나 바뀌는 것에 주목했다. 결합태는 구성원에 의해 내면화(문명화)된다(엘리아스, 2001). 내면화된다는 것은 자신이 처한 위치를 잘 습득하고 그를 지속적으로 행위로 옮기는 것을 의미한다. 그러나 외부의-의도치 않은-관계 변화에 의해 내면화에도 변화가 생기고 세력 균형은 깨지거나 변화를 맞게 된다.

엘리아스의 논의를 택한 이유는 간단하다. 그동안 방송과 사회 제도 간 관계 설명에서 대체로 방송의 일방 영향 탓으로 돌리는 경향이 강했다. 둘 간의 관계가 어떻게 변했는가에 대한 관심이라기보다는 방송이 어떤 역할을 했고 그것이 전한 결과는 무엇인가에 초점을 맞추어왔다. 방송과 대중음악 간 관계를 논의함에 있어 방송의 일방적 영향력을 강조하는 것 이상일 필요가 있다. 대중문화 제도들 또한 세력으로서 자신의 지위를 변화시키려는 욕망을 지니고 있기 때문이다. 둘을 함께 논의하는 방식 중 한 방식으로 채택할 수 있는 것은 둘 간의 관계 변화에 대한 설명법이다. 둘 간의 세력 균형이 어떻게 유동성을 보여왔는지를 살피는 일일 것이다. 국가의 개입, 자본의 개입, 새로운 테크놀로지의 개입, 대중문화계의 새로운 플레이어 등장과 같은 외부 요인이 둘 간의 세력 균형을 어떻게 변화시켜놓는지를 살펴볼 필요가 있다. 그럴 경우에야 방송과 대중음악 제도 둘을 권력의지를 지닌 쪽으로 볼 수 있으며, 외부의 변화에도 민감하게 반응하며 서로 경쟁(갈등)하는 능동적 제도로 파악할 수 있다. 둘 간의 관계 바깥을 인식하는 동시에 두 주체를 권력 행사를 하는 존재로 파악하는 일을 말한다.

2. 대중음악에서의 전속가수 제도

한국 대중음악사 연구와 유성기 음반 연구는 1929년을 중요한 기점으로 잡고 있다. 『한국유성기음반총목록』(1998: 12~13)은 1929년을 '유성기음 반 전성기'의 시작 연도로 파악한다. 가요와 음반연구자인 박찬호는 유성 기음반시대의 한국 가요사를 나누면서 1929~1943년을 한 경향의 시기로 묶는다(박찬호, 2000). 그도 그 시기를 유성기 음반 전성기로 보고 있다. 한 국대중예술문화연구원이 펴낸 『한국대중가요사 1886~1945』에서 정리한 '음악에 관한 주요 연표'에도 1929년은 중요한 시작점으로 인정받고 있다. "빅타 레코드, 콜럼비아 레코드 가요 발매 개시", "최초의 창작가요 <落花流水>(김서정 사/곡, 이정숙 노래) 발표", "영화설명, 영화극 등의 음반발매 시작" 등을 그즈음에 발생한 사건으로 취급한다. 대중가요를 (유성기) 음반 (SP)으로 감상하는 새로운 음악환경이 점차 만들어지는 것으로 파악하고 1929년을 그 신기원으로 삼는 것이다.

유성음반을 통한 대중가요 감상 방식이 퍼지고 유성기 음반 전성기를 맞 게 되는 1929년부터는 음반회사가 가수를 확보하는 일로 분주해지기 시작 한다. 그 이전까지 본격적으로 노래만을 전문직업으로 삼는 사람들은 없었 다. 최초의 창작가요인 <落花流水>[2]를 부른 것으로 알려진 이정숙은 홍 난파로부터 음악공부를 했고 이후에도 동요를 불렀던 아마추어 가수였다 (한국대중예술문화연구원, 2003: 86~87). 본격적인 대중음악가가 아니었다는

---

2) 이 노래는 이후 '강남의 달', '강남달'이라는 제목으로 다른 가수에 의해 취입되기도 한다.

말이다. 그 이전에 일본 가요나 외국 곡을 번안해 불렀던 가수들은 기생, 성악가 등이었다. 이후에도 대중가요 음반을 취입한 가수들은 기생, 성악가, 연극배우, 영화배우 등으로 가수를 겸하는 이른바 겸업가수였다. 이른바 전업 가수, 혹은 유행가 전문 가수로 알려진 채규엽이 처음으로 음반을 취입한 것이 1930년이다. 그리고 보면 한국음반사, 대중음악사, 대중가요사에서[3] 1929년을 주요 기점으로 잡자는 주장은 크게 무리한 일은 아니고 그를 기점으로 음반사는 가수 찾기 작업으로 분주해졌을 것으로 짐작할 수 있다.

음반사가 전문적으로 노래를 부르는 전업 가수를 찾아 음반을 취입하고, 감상자가 구매한 음반으로 개인적으로 혹은 집단으로 감상을 하던 시기 '전속'이라는 제도가 등장한다. 이는 외래종이기는 하지만 이후 한국 대중음악사에서 빼놓을 수 없는 제도로 자리 잡는다. 최초의 전업 프로 가수인 채규엽도 일본 <콜럼비아 레코드> 회사와 전속계약을 맺었고, 연속적으로 음반을 내놓았다. 이후의 가수, 창작자들도 레코드사와의 관계도 그런 방식을 답습한다. 시간이 지남에 따라 대중음악의 생산 시스템이 변화하고 그에 따라 전속이 갖는 의미도 바뀌기는 했다. 그러나 가수나 창작자가 어딘가에 전속이 된다는 것은 실력을 인정받고, 전업으로 노래를 부르고, 그에 합당한 대우를 받는 것을 의미했다. 이 개념은 곧 대중음악인의 성공을 예견하거나 평가하는 기준이 되었다. 초기 전속제도가 일본 레코드 회사들에 의해 도입되었으므로 일본의 전속 제도가 이식된 것으로 보인다. 그러나 이후 한국의 대중음악계는 일본과는 다른 가수선발방식, 음반취입방식, 활동방식을 낳는데 이를 전속제도의 변용으로 볼 수 있다. 어쨌든 초기 음

---

3) 이 글에서는 대중가요와 대중음악을 크게 구분하지 않고 비슷한 개념으로 교차 사용하고 있다. 이후에서는 가요가 장르적 함의를 갖는 것으로 규정할 것이므로 대체로 대중음악, 대중음악계라는 용어를 더 선호해 사용할 예정이다.

반의 시대와 함께 온 전속제도, 그리고 이후의 변화를 추적하는 일은 한국 대중음악 역사, 대중음악 시스템의 역사를 추적하는 데 요긴한 일이라 할 수 있다.

한국대중예술문화연구원의 『한국대중가요사』에서는 전속제도를 1926 년부터 각 레코드사가 두었다고 밝히고 있다(한국대중예술문화연구원, 2003: 137). 그에 따르면 "각 회사마다 작사료나 작곡료, 그리고 전속작가나 가수들에 대한 보수는 약간의 차이가 있었다. 보편적으로 작사료 1편당 10원, 작곡료 10원이고, 편곡료는 별도였다. 중견 가수일 경우 전속료가 2년에 80~90원 정도였고, 대개 전속기간은 2년이었다"고 밝히고 있다. 전속 예술가, 전속가수라는 명칭이 일반에게도 익숙해져 별다른 설명 없이 등장하는 시기는 1933년쯤이다. 이때 언론보도들은 "전속가수를 모집, 컬럼비아 회사에서", "폴리돌 전속가수 음악실연의 밤, 구일 공회당에서", "오케 레코드회사 전속예술가 이난영, 임방울……" 등의 기사를 싣는다. 1934년 ≪삼천리≫ 9월호에서는 인기가수 투표결과를 싣는데 레코드 발매를 한 가수를 중심으로 "레코드 가수"라 칭하며 그들이 전속되어 있는 레코드사를 동시에 밝히고 있다. 1930년대 음반이 대중음악 감상의 주요 수단으로 인식되면서 가수는 레코드사에 전속이 되고, 레코드사의 전속가수는 곧 실력과 인기를 동시에 지닌 가수라는 공식이 만들어지고 있었다. 레코드사의 전속가수는 가수 중에서도 성공한 가수라 할 수 있는 직함이 되고 있었던 셈이다.

이 당시 전속제는 강한 구속력을 갖는 제도였다. 예전 가수나 창작자들이 예명을 여럿 갖고 있었던 것은 이중 전속을 피하고자 하는 목적이 강했다. 가수 백년설, 이난영, 채규엽 등을 둘러싸고 레코드사들이 분쟁을 벌였던 것도 전속제가 갖는 구속력 때문이었다. 1941년 가을 가수 백년설을 둘러싸고 <오케>와 <태평> 레코드 사이에는 전쟁이라 일컬을 만한 스카우트 경쟁이 벌어진다. 백년설이 <태평>에서 데뷔하여 대중음악계를 평동아일보 1940년 4월 15일 자에 실린 〈오케〉 레코드사의 전속가수 선발 콩쿠르 광고.
전국에서 예선을 갖고 서울에서 결선을 하는 방식을 택하고 있다.

정했다 할 정도로 인기를 끌자 〈오케〉 레코드사는 대결할 인물을 내세우
는 대신 그를 스카우트하기로 한다. 공식 비용만으로도 엄청난 거금인 오
천 원을 들여 스카우트했지만 〈태평〉 레코드의 항의 때문에 신곡 발매는
늦어진다. 스카우트 이듬해에야 〈오케〉에서는 백년설의 신곡을 냈다. 이
처럼 구속력을 갖고 있었던 만큼 그에 해당하는 보상체제도 갖고 있었다.
전속제도는 당시 대중음악계에서 음반산업이 갖는 힘을 드러내는 제도이
기도 했다.

　초기 레코드사는 전속의 대상을 찾기 위해 여러 형태의 선발제도를 지니
고 있었다. 선발제도는 전속할 가수를 뽑는 제도이기도 했지만 이미 전속
이 된 이들을 알리는 공간역할을 하기도 했다. 아울러 가수라는 제도에 대
한 사회적 열망을 자극하는 계기가 되기도 했다. 욕망의 상징체계로도 작
동했다는 말이다. 앞서 언급한 바와 같이 최초로 전속가수라는 개념이 대
중적인 신문을 통해 알려진 해는 1933년이다. 언론 기사를 보면 그즈음 가
수로 음반사에 전속되는 것 자체가 문화적 사건이었고, 특정 지역의 자랑
거리가 되는 일임을 알 수 있다.

지난번 컬럼비아 축음기 회사에서 모집한 전속가수는 전국 각지로부터 다수한 응모자가 있었는데 이번에 그 예선에 당선한 남녀가수를 발표하였는데 씨명과 연령은 다음과 같이 19명이라 합니다(《동아일보》, 1933. 11.19).

(진남포) 지난 8월 본사 진남포지국 후원의 "콩쿨" 대회에 번외로 출연하야 만당관중을 놀래게 한 일소녀가 있었다. 이것이 동기로 '포리도-루' 레코-트 회사에서 알게 된 그 소녀는 전기 레코-트 회사의 전속가수가 되야 근근 레코-트 취입차로 경성을 향하야 떠나리라고 한다. 이 소녀인즉 진남포 후포리 김응권씨 따님 김남홍(16) 양으로 세상에 알려지지 안엇든 전연 소인인 만큼 레코-트 팬들은 큰 흥미를 갖고 있다고 한다(《동아일보》, 1937.9.23).

부산악우회 주최 본보 부산지국 후원으로 오는 27, 8일 양일간 역전 공회당에서 무명신인 가수선발대회를 개최하게 되었다는데 …… 심사는 콜럼비아 문예부의 심사로서 특히 1등 당선자는 콜럼비아 전속가수로 채용하야 즉시 동경 취입에 참가케 하며 2, 3등은 콜럼비아 가수로 추천하기로 되어 있으므로 ……(《동아일보》, 1940.4.23).

위의 전속가수 기사들은 음반회사가 전속가수 제도를 홍보 수단으로 삼고 있으며 전속가수가 곧 가수로서의 최고 지위라는 점도 알려주고 있다. 전속가수 제도가 널리 알려지는데 이상과 같이 신문매체의 힘이 크기도 했지만 신문매체도 자신의 문화적 역량을 넓히기 위해 가수 선발 대회를 활용하기도 했다. 가수 선발대회를 신문매체가 공동으로 주관하는 경우가 빈번했던 것도 그런 이유다. 대중음악과 라디오, 텔레비전의 관계, 즉 대중매체를 낀 대중음악의 전통은 신문 중심의 매체시대에도 존재했던 셈이다.

대중음악 사건은 언제나 대중매체적 사건이었다고 해도 과언이 아닌 셈이다. 악극단이 역사의 뒤안길로 사라진 이유를 대는 데는 여러 방식이 있을 수 있지만 신문, 라디오, 텔레비전과 손잡을 방법을 찾지 못했던 것으로도 설명할 수 있다. 대중음악 사건은 점차 대중매체 사건으로 이어지고 있었고, 전속제도도 레코드 사건, 연예흥행 사건, 대중매체 사건으로도 인식되었다. 음반산업이 점차 확장성을 발휘해간 것이다.

전속가수를 선발한다는 명목으로 음반회사들은 여러 형태의 가수 선발대회, 콩쿠르대회를 개최한다. 앞서 보았듯이 신문사나 악기사와 레코드사가 제휴하는 형태가 대부분이었다. 이 같은 형태가 흥행에서 성공을 거두자 레코드사에서는 전속가수와 악단을 이끌고 지방순회 공연을 나서는 더 적극적인 공연을 벌인다. 레코드를 홍보하고, 가수를 알리는 데 유리할 뿐 아니라

이것 자체가 흥행이 된다는 사실을 인식하게 된 탓이다. 악극단 형태를 가진 가극단의 시작은 1928년의 <취성좌>로 잡는 것이 일반적이다. 그러나 악극단이 본격적으로 노래, 코미디, 춤 등을 갖춘 본격적인 쇼로 자리 잡은 시기는 레코드사들이 지방순회를 꾀하던 때부터라 할 수 있다. 1934년 2월 15일과 16일 양일 간에 소공동 공회당(부민관)에서 열린 <콜럼비아> 경성지점 주최의 "대중적 명가수 선발음악대회" 내용을 보면 선발대회의 수준을 넘어서는 것임을 여실히 알 수 있다. 경성방송(JODK)이 1시간 20분에 걸쳐 현장중계를 했고, 공연장은 입추의 여지가 없었다고 한다(한국대중예술문화연구원, 2003: 225~226). 새로운 볼거리로서 악극단이 들어설 여건이 마련되고 있었던 것이다. 이후로 레코드사들이 벌이던 전속가수 선발대회는 점차 새로운 공연형태로 변해가는데 <오케> 레코드사가 벌인 1937년의 <오케 연주회>, 그로부터 발전된 형태인 1940년의 <조선악극단>이 그 예다.

새해를 마지하는 첫 봄에 한날을 택하야 대중음악에 명랑선을 독점한 오케 전속예술가를 총동원시켜 오는 12일 밤에 매일신보 영등포 지국 주최와 본보 영등포 지국 후원으로 오케 대연주회를 개최하는 바 그날 밤 출연할 악사는 조선악단에 일홈난 오케 전속가수들이라 하며 관현악, 유행가, 째쓰, 무용, 난센스, 째쓰뺀드 등으로 만흔 이채를 보이리라고 하며 장소는 연예관이라는데 특히 본보 독자에게는 할인권을 배부하야 독자 우대를 하기로 하엿다 하며 이제부터 인기를 집중하는 중 만흔 관연 잇기를 바라는 바이라고 한다(≪동아일보≫, 1938.1.10).

음반회사가 개최하는 콩쿠르대회가 가수 선발 이벤트를 넘어서 공연으로 바뀌고 그러면서 자연스레 악극단이 형성된다. 음반 감상이 공연 감상이라는 새로운 감상 공간까지 창출해낸 셈이다. <빅타 연주회>, <빅타 가극단>, <태평 연주회>, <콜럼비아 악극단> 등이 <오케 연주회> 뒤를 이었다. 이후 성보극장, 약초극장도 <성보악극단>, <약초가극단>을 구성했는데 이들도 레코드사의 악극단과 유사한 조직과 운영을 취했다(반재식, 2000: 280). 음반회사와 분리된 채 운영되던 악극단도 전속제도를 두고 있기는 했지만 레코드사의 그것을 흉내낸 것에 지나지 않았고 레코드사를 끼지 못한 악극단들은 보상체제를 갖추지 못해 큰 구속력을 지니지는 못했다. 그런 만큼 전속이라는 제도는 가수에게 명예를 전해주는 수단으로 크게 활용되고 있었다.

해방 전부터 존재하던 이 같은 전속가수 제도는 ① 레코드 회사가 대중음악의 중심이 되어 ② 가수를 선발하고 육성해 음반을 통해 널리 인기를 끌고 그에 따른 보상을 전하는 대중음악 시스템이었음을 알려주는 상징이며 이는 이후 변형되어 새롭게 등장한 또 다른 시스템인 악극단에서도 채용되고 있었다. 악극단은 전속과 공연에 따른 보상을 제대로 해주지를 못해 구속력을 지니지 못했지만 '전속'이라는 상징성 탓에 그 방식과 명칭을 빌렸던 것으로 짐작할 수 있다. 그런 점에서 대중음악계에서 '전속'이라는 제도는 계약방식을 말하는 것이기도 하지만 가수나 작가의 지위를 드러내 주는 일종의 상징체제이기도 했다. 마치 쇼단에서 가수의 지위를 드러내기 위해 사용했던 '막 동남아 공연을 마치고 돌아온……'이라는 수식어처럼 말이다. 생의 소원을 레코드사 전속가수로 삼는 가수지망생을 꾀어 돈을 갈취하는 사건이 등장하기까지 했으니[4] '전속'은 그야말로 당시 연예에 조금이라도 관심 있는 사람이면 누구라도 동경하고, 높이 평가하는 그런 제도이며 용어였다.

3. 방송국 전속가수[5]제도

1) 한국전쟁 이전 방송국 전속가수

악극단은 해방 전후로 가장 활발한 움직임을 보인다. 레코드 산업의 공백 탓이다. 일제 강점기에 가장 최후로 찾을 수 있는 음반 광고는 1943년 12월 27일 자 ≪매일신보≫에 실린 <콜럼비아> 레코드사의 광고라 한다 (이준희, 2004: 141). 해방 후 첫 음반 발매가 1947년에 이루어지니 해방 전후 약 5년 가까이는 음반 공백기라 할 수 있다. 한국전쟁 기간이나 그 이후

---

4) "가수 지망생처녀를 농락코 편금", ≪동아일보≫, 1939년 8월 29일 자.
5) 전속가수 명단을 일관해둔 기록은 없다. 필자가 연감, 방송사사, 회고록, 신문기사 등을 종합해 재구성했으나 사료 간 차이가 많아 재정리를 기다린다. 이 글에서는 KBS 자료실, 신문기사, 회고록, 인터뷰 등을 기반으로 했지만 여전히 원자료가 남아 있지 않아 정확성을 보장할 수는 없다. 앞으로의 연구에서 더 자세하고 정확하게 밝혀지기를 바란다. 자료 대조 확인에 도움을 준 KBS 자료실의 박우용 씨에게 감사의 뜻을 표한다.

에도 음반 산업이 활성화되지 않았으므로 공백기 이후에도 답보 시기는 여전했다. 음반이 발매되지 않고 전쟁 전후라 세상이 어수선하긴 했지만 대중을 위한 오락은 여전히 필요했고, 그것을 제공하는 집단도 필요했다. 음반이 해내던 역할을 대신했던 것은 악극단이다. 해방 직후 대중음악계를 소개하는 대부분의 글들이 <K.P.K>, <C.M.C>, <O.M.C>, <약초악극단>, <부길부길쇼단>과 같은 악단이나 악극단, 가극단을 중심으로 하고 있는 것이 그 증거다(박찬호, 2009: 21~22). 『한국악극사』를 정리한 박노홍도 악극의 전성기를 일본이 전시체제로 돌입한 1941년부터 한국전쟁 이후인 1955년까지로 잡고 있다(김의경·유인경, 2008). 지역의 극장문화에 관한 연구들에서도 지역 1950년대 후반 영화가 본격적인 산업시스템을 갖추기까지는 지역 극장의 수입은 주로 악극단에 의한 것이었다고 보고하고 있다(위경혜, 2007: 56~60).

전속이라는 용어가 가수의 출세를 상징하고 있었지만 전속 주체이던 레코드업 자체가 공백 혹은 답보되면서 전속가수라는 용어는 자연스레 악극과 연계되어가기도 했다. 악단, 악극단, 가극단도 음반 전성 시대부터 존재하던 전속이라는 제도를 채용하고 있기는 했지만 과거 레코드사의 그것에 비견할 만한 것은 아니었다. 이른바 전속이 갖는 기의만 채용했을 뿐 그에 합당한 보상을 하지는 못했다. 해방 후 1947년부터 음반이 출시되기 시작하면서 전속제도도 다시 복원되지만 그 영세성 등으로 인해 전성기의 전속제도를 회복시키는 힘을 갖지는 못한다. 악단이나 새로 시작한 레코드사가 전속이라는 이름을 사용하긴 하지만 강제력을 가질 만큼 보상체계를 갖추지 못해 과거의 그 위력, 상징력에는 미치지 못했다. 대중음악 예술가들이 해방 전의 살림살이를 더욱 그리워했던 것도 그 같은 전속제도의 차이 때문이었다. 레코드 산업의 공백, 전속제도의 약화 등으로 공연산업이 레코드 산업에 버금가는 대중음악의 창구가 되었고 이로써 대중음악의 이중구조화가 성립된다.

레코드 산업의 공백 혹은 침체기에 악극단 등의 공연이 갖는 위력은 몇 가지 사례로 찾아볼 수 있다. 이준희(2007: 93)에 따르면 김시스터즈의 경우 국내에서 취입한 음반은 없는 것으로 알려져 있다. 그러나 그들의 인기는 대단했는데 공연을 통한 인기 구가로 볼 수밖에 없다. 이들이 국내 인기를 기반으로 미국으로까지 진출하는 데는 미군부대, 악극단에서의 성공을 언급하지 않을 수 없다. 1960년대 대중음악 붐을 논의함에 있어 미군 부대에서 연행을 했던 이들의 등장, 그리고 전통적 가요 형식 음악을 악단이나 악극단에서 이어갔던 이들의 재등장을 같이 논의하는 것도 그런 이유다. 1960년대 들어 LP음반 시대가 도래하면서6) 다시 음반이 중요한 대중음악 플랫폼으로 자리 잡게 되는 데는 그 이전까지 대중음악 예술인들이 존재할 수 있게 해주었던 악극단, 미군부대 무대 등 공연산업이 기여한 바가 크다. 김시스터즈의 경우 미군부대와 기타 무대에서의 공연을 통해 얻은 인기를 기반으로 방송에도 빈번히 출연한다.

음반 공백기에 그와 함께 서서히 그 영향력을 키워가던 방송에 대한 자세한 언급도 필요하지만 의외로 그에 대한 연구는 미미하다. 상업방송이 등장하는 1960년대의 방송이 대중음악에 미친 영향에 대한 언급은 많지만 음반의 공백기, 공연이 활성화되던 시기의 방송이 대중음악과 어떤 관계를 맺어왔는지에 대한 언급은 의외로 적은 편이다. 상업방송 도입 이전에도 방송이 다양한 방식으로 대중음악에 영향을 미치는 기획을 해왔지만 크게 주목받지는 못했다. 해방 이후부터 LP가 대량으로 보급되기 시작하는 1960

---

6) LP 10인치는 1958년에, LP 12인치가 1962년에 발매된다. SP에는 2곡이 실린 데 비해, 10인치에는 앞뒤 8곡, 12인치에는 12곡이 실렸다. 기술발전에 따라 더 많은 곡이 필요하게 되었고, 라디오나 감상자 등 수용층에서는 더 많은 감상의 기회가 주어졌다. 2010년 5월 9일자 KBS <진품명품> 758회에서 1958년 공보실에서 발행한 해외홍보용 LP 10인치 음반 시리즈를 소개한 바 있다.

년대 초반까지가 음반의 공백(답보)기에 가깝고, 연행 중심으로 대중음악이 유통되기 시작했다는 점에서 방송의 역할은 결코 소홀히 할 영역은 아니다. 방송 또한 악단, 악극단 등과 같이 공연의 공간으로서 혹은 그나마 소량으로 제작되던 음반을 소개하는 역할을 해왔기 때문이다. 어떤 면에서는 —공연과 음반으로 — 이중화된 대중음악 유통방식을 통합해내는 역할을 해온 독특한 활동자로 파악해볼 필요도 있다.

한국방송공사가 1977년 펴낸 『한국방송사』에는 "서울중앙방송이 1947년 박시춘, 손목인이 교대로 지휘하는 방송경음악단을 조직하였고 이예성, 김백희, 송민도, 옥두옥, 원방현, 이계운을 전속가수로 선발했다"는 내용이 등장한다(한국방송공사, 1977: 134). 이 당시 서울중앙방송은 미군정청 군정공보부 소속이었다. 군정청은 방송에 대해서는 엄격한 제재를 가하지 않아 방송인들은 미군의 협조를 기반으로 새로운 방송 형식들을 만드는 데 비교적 자유로웠다. 새로운 시도들도 많았다. 전속 경음악단 조직과 전속가수 선발도 그런 움직임의 일환으로 보인다. 해방 후 12월 초에 서울중앙방송이 <약초악극단>의[7] 가요극, 경음악을 방송 편성했던 것으로 보아 방송 경음악단의 설립과 전속가수 선발은 상시적으로 대중음악 프로그램을 담당할 대중음악 예술가를 방송국 산하에 두고자 한 계산으로 보인다. 1948년 1월 4일 자 ≪동아일보≫의 기사에 밝힌 전속가수 선발취지 속에서도 그 같은 계산을 읽을 수 있다. 기사는 "서울중앙방송국에서는 일반 청취자층의 요청으로 일본식 노래를 일소하고 우리의 정취에 맞는 가요곡을 방송하고저 사계의 권위자들에게 작곡을 위촉하고 있던 중 이번 그 완성을 보게 되었으므로 전속가수를 모집하게 되었다고 하는데 제1차 시험은 15, 6, 7

---

7) <약초악극단>은 이철의 <오케> 레코드사가 조직한 조선악극단의 후속 악극단이다. 이후 최초 전속가수가 되는 김백희는 <약초악극단>에서 활약했던 이다.

일, 제2차 시험은 20일과 21일이라 하며……"라고 적고 있다. ≪동아일보≫ 기사와 겹쳐 보면 1947년부터 방송이 어느 정도 제자리를 잡으려는 노력을 벌였고, 이 기간을 거쳐 1948년에 군정청에서 조선방송협회로 그리고 이어 정부로 방송의 소속이 옮겨졌는데 이 과정에서 전속 제도 등을 만들면서 빠르게 정상화 수순을 밟으려 한 노력을 방송국 내에서 기울였다고 볼 수 있다. 전속경음악단과 전속가수 제도 설립에 따른 창작자들의 선발은 방송 이 꾀한 정상화 과정의 일환으로 파악할 수 있다는 말이다. 1947년 3월 27 일 자 편성표에는 15분 분량으로 '大衆歌謠' 코너가 있고, 그즈음해서 전속 악단과 전속가수 덕분에 음악시간을 메울 수 있었다는(韓國放送公社, 1977: 184) 기록으로 미뤄 방송이 제작 역량을 갖추기 시작한 단계에 해당한다고 보아야 할 것이다. 전속가수의 선발은 그런 정상화 맥락에서 이해할 수 있 다. 최창봉도 회고에서 "방송국에는 대중가요 음반도 많지 않았고 가요계 도 자리가 잡히지 않아서 유행가를 방송하기 힘들었다. …… 1947년 6월에 는 방송경음악단과 전속가수를 모집하여서 신작가요를 만들고 보급하게 되었다"고 적고 있다(최창봉, 2001: 74~75, 이준희, 2007에서 재인용).

방송국 전속가수를 일관되게 언급한 문서는 없다. 방송국의 전속제도가 가졌던 역할에 주목한 언급은 있으나(신현준 외, 2005: 44~66) 전속가수명 단, 선발제도, 가수활용 등에 대한 자료는 남아 있지 않다. 간혹 전속가수 제도에 대한 언급을 찾을 수 있으나 언급 간의 일치도가 낮아 정확한 자료 로 확정하는 일도 쉽지 않다. 1950년대, 1960년대 이후로 가면 전속가수의 기수가 서로 어긋나고 텔레비전이 등장하면서 텔레비전과 라디오 전속가 수가 뒤섞이며 혼란스러운 기록을 남긴다. 그뿐 아니라 1956년에는 전속가 수를 소속시키는 '전속가수단'이란 조직이 등장한다. 전속가수와 전속가수 단이 따로 존재하면서 그들에 대한 정보의 혼란은 가중된다. 이하 논의하 는 전속가수 명단과 선발방식, 훈련, 활용방식 등은 방송사의 사사, 신문기 사, 잡지기사, 회고록, 인터뷰 등을 종합하여 재구성한 것이다.

재구성을 통해 보면 서울중앙방송은 1947년에 김백희, 이예성 (이상 기성 가수), 옥두옥, 원방현, 이계운을 선발하고, (위에 언급한 기사 내용처럼) 1948년 1월에 송민도, 금사향을 전속가수로 선발해 합류시킨 것으로 보인다. 큰 의미는 없지만 이들을 묶어서 KBS 전속가수 제1기라 칭하고 있다. 선발에는 손목인, 박시춘이 관여를 한 듯하고, 이후 작사가로 이름을 날리는 작가 직원이었던 김영수, 유호가 관여했을 것으로 짐작된다. 1948년 6월 1일 정부 수립을 앞두고 군정청은 서울중앙방송을 사단법인인 조선방송협회로 넘긴다(서울중앙방송이 군정청 소속이던 때도 지역방송국은 군정청 소속이 아닌 조선방송협회 소속으로 남아 있었다). 이어 같은 해 8월 7일 정부의 공보처 산하로 소속하게 된다. 이른바 국영방송이 된 것이다. 국영방송이 된 이후인 1949년에 서울중앙방송은 고대원, 이경희를 전속가수로 선발한다.[8] 이들을 제2기 전속가수로 명명하기도 하지만 정작 방송국에서 어떤 활약을 했는지는 뚜렷하지 않다. 고대원과 이경희는 방송국을 떠난 후에 더 명성을 얻었던 것으로 미루어 방송의 초기 전속가수 활약은 크지 않았던 것으로 보인다.

1947년

김백희,[9] 이예성,[10] 옥두옥,[11] 원방현,[12] 이계운, 송민도,[13] 금사향[14]

---

8) KBS 은퇴자들이 운영하는 인터넷 사이트 <춘하추동>에는 금사향이 고대원과 함께 제2기 전속가수였다고 밝히고 있다. ≪방송≫ 1984년 7월호에는 송민도와 금사향이 1948년 정월에 전속가수팀에 합류했다고 적고 있다. 금사향이 1949년에 <서울레코드>에 전속되는 것으로 미루어 1948년 첫 선발시험에 응시했고, 1947년에 선발된 인원들과 함께 제1기로 보는 것이 합당하겠다.

9) <안해의 노래>(손목인 작곡, 조명암 작사), 이후 미국으로 건너가 VOA에도 출연한다.

10) 김백희와 함께 KBC 레코드에서 <사나이의 길> 부름. 전속가수 이전에는 이익과 신카나리아가 운용하던 <샛별악극단>에서 노래 부름. 1954년 <스타레코드> 소속으로

_____

부른 <전선소야곡>의 히트로 유명해짐. 이 노래도 방송국 관련 인사인 유호 작사, 박시춘 작곡.

11) 본명, 김문찬. 1947년 해방 이후 최초 레코드사인 <고려레코드>에서 박시춘 작곡의 <목장의 노래> 취입. 이후 <KBC 레코드>에도 취입. <애수의 네온가>, <청춘브루스> 미국 VOA에서도 방송.

12) 본명 원구현. 본격적인 활동은 한국전쟁 이후에 이뤄짐. <꽃 중의 꽃>은 건전가요 운동 기간 중 가장 많이 불려진 노래였음.

13) 1923년 경기도 수원 출생, 송민숙, 백진주로도 활동. <고향초> 데뷔작은 송민숙 이름으로 취입. 한국전쟁 이후 <나 하나의 사랑>, <청실홍실>(드라마주제가 1호), 1960년대에 <카추샤의 노래>, <청춘목장> 등 취입. KBS 악단에서 활동하던 송민영의 누나.

14) 본명, 최영필. 평양 출신. 방송사 경력 이전에 가수 활동. <님 계신 전선>, <홍콩 아가씨>, <앵두골 옥이>, <눈물의 부산차>. 1929년 1월 30일생, 평안남도 평양 출신. 1949년 <서울레코드> 전속. 몇몇 기록에는 2기 전속가수로 표기.

15) 한국전쟁기에는 전속가수를 선발하지 않은 것으로 보이지만 KBS 중앙방송이 부산으로 이전해 KBS 부산방송이 실질적 중앙방송을 대신하므로 KBS 부산방송의 전속가수와 겹치는 부분이 있지 않을까 추정. 『한국전쟁과 대중가요: 기록과 증언』에는 백난아가 부산방송국 전속가수였다는 언급이 두 차례 등장한다(46쪽). 하지만 KBS 자료에는 어디에서도 백난아라는 이름은 등장하지 않는다. 몇몇 증언에서 KBS부산의 전속가수제도 시작이 1954년으로 나오는 것으로 보아 전쟁 중에 생긴 혼란으로 이해할 수도 있겠다. 백난아의 주요곡들이 방송작가인 박시춘, 유호, 반야월 등에 의한 것으로 보아 이 당시 방송가요와 관련이 있었던 것으로 보인다. 윤길구의 『방송 40년사』에도 백난아가 전속가수였다고 밝히고 있다(박찬호, 2009: 56에서 재인용).

16) 심연옥이 전속가수라는 주장도 있지만(박찬호, 2009: 56) 어디서도 그를 전속가수로 적은 자료는 없다. 그가 부른 <한강>이 전시에 KBS 직원이던 최성호로부터 받은 곡이거나 전속가수이던 김백희의 노래 <안해의 노래>를 다시 불러서 그런 주장이 나왔던 것 같다.

17) 콩쿠르대회에 여러 번 입상했다가 KBS에 응모해 제2기 전속가수가 됨. 그러나 방송일이 많지 않고 활동이 적었음. <판문점의 달밤>, <무너진 사랑탑>, <사나이 우는 항구>, <추억의 부산 부두>, <월남의 별>. 제2의 남인수로도 불림. 1950년 <럭키 레

제1기 전속가수와 관련해서 기억해야 할 일은 방송국이 중심이 되어 음반(SP)을 발매했다는 사실이다(이에 대해서는 이후에 자세히 논의한다). 일제시대 5대 레코드사(<콜럼비아>, <오케>, <빅타>, <폴리돌>, <태평>)는 1943년까지 음반을 발매한다. 이들이 음반을 생산한 방식은 조선에서 취입(녹음)하고, 일본에서 생산하는 방식이었다. 그러므로 해방되던 때는 레코드 제작 기기와 기술은 남아 있지 않았다. 레코드를 만들 재료도 없는 형편이어서 독자적으로 음반을 생산하는 일은 불가능에 가까웠다. 그런 탓에 앞서 언급한 바와 같이 해방 전후에 걸친 음반 생산 공백기(1944~1947)가 생긴다. 음반학자들은 해방 이후 음반 제작생산의 시작을 1947년 8월 <고려레코드>로 잡는다(이준희, 2004: 144). 이 시기에 방송국 유관 기관이던 <K.B.C>가 일련의 음반을 발매한다. <K.B.C>, 즉 조선방송문화협회는 <안해의 노래>, <사나이의 길>, <추억의 황성>, <목장의 노래> 등이 담긴 일련의 SP를 생산한다. 현재 남아 있는 레코드 레이블의 앞 뒤에는 참여한 KBS 경음악단, 방송작가, 전속가수들이 이름을 남기고 있다. 1945년 방송국에 스카우트되어 방송작가로 재직 중이었고, <K.B.C> 음반 제작에 참여했던 유호는 다음과 같이 회고한다.

1946년 조선방송사업협회에서 광복이 됐으니까 건전가요를 보급하자는 안이 나왔어. 그때 처음으로 내가 <목장의 노래>, <하이킹의 노래>를 작사했는데 작곡은 박(시춘) 악단장이 했지. 그 뒤로 박 악단장이 레코드 취입을 하겠다며 곡과 제목을 지어왔으니 거기에 맞춰 여러 곡을 한꺼번에

코드> 전속가수. KBS 부산방송국 전속도 했었다고 하는데 이것은 아마도 피난 갔던 일로 인한 착오로 보임.

18) 여고생 때 전속가수이자 영화배우로 활동. 1956년에는 <장화홍련전>, 1957년 영화 <찔레꽃>의 주연. 이때 주제곡인 <정순의 노래>를 부름.

| 사진 5-2

전속가수인 옥두옥이 노래하고, 방송국의 작가이던 유호가 작사하고 전속경음악단을
지휘하던 박시춘이 작곡한 〈목장의 노래〉. 음반 하단에는 조선방송문화협회가 제작했
다고 표기하고 있다(1947년 혹은 48년 제작된 것으로 추정).

자료: <춘하추동> 블로그, http://blog.daum.net/jc21th

작사해달라고 졸랐어(≪문화일보≫, 2011.1.28).

현재까지 남아 있는 <K.B.C> 발매 레코드는 2매다. 남아 있는 박시춘
작곡, 유호 작사, 옥두옥 노래인 <목장의 노래> 가사와 곡조는 과거의 그
것에 비해 파격적이라 할 만하다. 외국풍으로 한국적 팝이라 부를 만한 내
용과 형식을 담는다(이에 대해서는 이후에 논의한다). 초기 전속가수제에 참
여했던 박시춘, 손목인, 유호는 모두 일본 유학파로서 해외의 대중음악 경
향성을 잘 알고 있었던 것으로 볼 수 있다. 전속가수들에게 방송국은 전속
이라는 이름에 합당하는 보상을 하지는 못했지만 새로운 경향을 전하는 일
은 다른 차원의 보상체계로 받아들여졌을 수도 있다. 가수들은 방송활동
외에도 악극단 등 공연활동을 하거나 레코드사와의 전속계약 등을 통해 가
수 생활을 영위해간다. 한국전쟁 동안이나 이후에도 이들이 큰 활약을 벌

234 제2부 방송 생산의 사회학

일 수 있었던 것도 방송활동을 통해 인지도를 높였거나 방송국에서 맺었던 작곡가들과의 인연, 그리고 새로운 경향을 먼저 경험했던 탓으로 돌릴 수 있겠다.

2) 한국전쟁 이후의 방송국 전속가수

한국전쟁 기간에 가수들의 활동은 군예대를 통해 이뤄졌다. 두 개의 소대를 지녔던 군예대에 가수, 작사, 작곡가들이 소속되었다. 방송국에서 손을 맞추었던 박시춘, 유호, 손목인은 전쟁 기간에 군가를 비롯한 수많은 히트곡을 합작한다. 박시춘은 육군훈련소 군예대장을 하고, 이후 유호가 그 자리를 물려받는다. 방송국 경음악단을 지휘하던 손목인은 제2군단 정훈 공작대장을 맡아 위문활동을 했다. 전쟁 중에도 <슈산보이>(박단아), <안해의 노래>(심연옥) 등을 작곡한다. 전쟁 후 손목인은 활동무대를 일본으로 옮겼지만 박시춘, 유호는 그 활동반경을 넓혀가며 더 많은 작사, 작곡가와 손을 맞춘다. 그 맞춤은 역시 방송국을 기반해 있었다.

한국전쟁 이후 대중음악은 크게 두 개의 흐름을 갖는다. 그 첫째는 해방 후 새롭게 형성되기 시작한 밝고 젊은 풍의 음악, 서양의 팝 음악으로부터 영향을 받은 듯한 음악이다. 둘째는 일제 강점기부터 자리 잡아오던 전통가요가 또 다른 흐름이다.[19] 이 흐름은 전쟁이 주는 고통, 원한 등이 식민지

---

19) 대중음악, 대중가요, 가요, 전통가요 등의 규정은 연구자마다 차이가 있다. 이들 명칭 외에도 스탠더드 팝, 한국 팝, 한국 팝송 등으로 분류 정의하는 연구들도 있다. 이 글은 그 구분과 정의를 논의하는 자리가 아니므로 연구자들이 가장 선호하는 쪽을 택하기로 한다. 대중가요와 대중음악을 같은 의미로 교차사용하고 있으며, 일제 시대부터 불리워 오며 지금껏 지속되는 트로트 형식을 전통가요, 서양음악의 영향을 받고 전통적 형식과 내용과는 다른 대중음악을 한국(적) 팝이라 칭하고 있다.

시대의 정서와 공명을 일으켜 전통적 형식과 내용의 음악이 지속된 것들이다. 식민시기의 대중음악이 전쟁 이후에도 오랫동안 가사의 변화 없이 지속된 이유도 그것이 지닌 '정서적 리얼리즘(emotional realism)'에[20] 힘입은 바가 크다 하겠다. 한국전쟁이 훨씬 지난 다음의 전통가요가 꺾기 등의 감정적 고조를 표한 것은 점차 멀어져 가는 정서의 동질성을 끌어 붙이기 위한 노력으로도 보는 쪽도 있다(김형찬·원용진, 2007). 해방 전후, 한국전쟁 후 10여 년 동안은 전통가요가 이전과 같은 형식을 유지해도 한국적 팝과 경쟁하는 데 큰 어려움이 없었으나 1960년대를 넘어서면서는 새로운 형식을 유지하지 않으면 경쟁에서 이길 수 없을 지경에 이르렀다는 말이다. 이는 미군부대에서의 다양한 형식의 모방, 시도, 변형 등에 힘입은 한국적 팝의 강세를 말하기도 한다. 방송에서의 노래하기도 그와 같은 경향에서 크게 벗어나지 않았다. 방송국 전속가수들이 방송국 작곡가, 작사가들과 함께 행한 노래들은 대체로 한국적 팝의 성격이 강했다. 특히 그들이 부른 라디오 방송의 주제가들은 그런 경향을 강하게 지니고 있다(신현준은 2박자 5음계를 탈피한 3박자 7음계라 칭했다). 그런 형식은 한국전쟁 이후 들어서 뚜렷해지는데 많은 평론가들이 그 원인을 미군부대 내 공연경험에 돌리고 있지만 방송국의 영향력에도 주목할 필요가 있다.

한국전쟁 이후에는 방송국 전속가수를 중심으로 한 일군의 음악적 그룹이 형성되고 있었다. 이 음악적 그룹은 특정 방향의 음악적 정향성을 지니고 있었고, 방송국 악단 관련자, 작가 집단, 그리고 전속가수가 함께 음악적 행사를 벌였다. 당시는 여전히 음반 시장이 정상 궤도에 오르지 못하고 있었다. 공연과 방송이 대중음악의 중심에 서 있던 때라 방송국이 이끌고 있

---

20) 이는 I. Ang이 외국 드라마의 인기를 설명함에 있어서 문화적 배경이 다르더라도 드라마에 담겨 있는 정서에 대한 공감, 그럴듯함으로 인해 인기를 끌게 되는 것을 설명하기 위해 활용한 용어이다.

던 전속가수제도가 큰 역할을 할 수밖에 없는 환경이었다. 한국전쟁 이후의 방송국 전속가수 제도를 언급함에 있어서 송민영과 손석우를 그 중심에 둘 수 있다. 송민영은 미군 위문부대인 Tommy Ario Show의 리더였고, 노래, 연주, 작사, 작곡 모두 능했다. 손석우는 김해송의 <K.P.K>에서 활동하다 환도 후 55년부터 <KBS 악단>을, 이후에는 <HLKZ-TV 악단>을 맡는다. 방송국 전속가수들에게 수많은 곡들을 주어 히트를 시켰고 이후 한명숙의 <노란 샤츠 입은 사나이>를 작곡해 LP 시대와 한국적 팝의 시대를 활짝 여는 역할을 한다. 손목인 이후 박시춘, 그리고 송민영, 손석우로 이어지는 계보는 방송국 전속가수 제도의 또 다른 모습이다.

전속가수들이 전속악단과 보조를 맞추는 전통을 가져왔고, 그들로부터 곡을 받거나 전속작가로부터 가사를 받던 전통을 감안하면 전속가수들의 성향도 전속악단을 담당하는 작가들과 무관할 수는 없었다. 환도 후 서울 중앙방송은 다시 전속가수제를 이어가는데 여기에는 과거와는 다른 모습을 취하게 된다. 우선 과거 일정 평가를 받은 기성가수를 선발하기도 하던 전통보다는 시험제도 혹은 콩쿠르대회를 통해 전속가수를 선발하는 것이다. 하지만 방송국 관계자들이 이미 자신들의 경향성과 함께할 인재들을 점찍어 두고 공채로 받아들이는 형식이어서 엄격한 공채와는 거리를 두었다. 둘째는 방송국이 전속가수를 본격적으로 활용하려는 노력이 늘어났다. 이들을 방송 무대에 세우기도 하고 드라마 주제가를 부르게 하는 등의 적극적 활용이 늘어난다. 한국전쟁 이전의 전속가수, 그리고 이후에 선발된 가수들은 전속가수제 관련 창작자들과 함께 점차 자신들의 활동 폭을 넓혀 영화음악, 영화주제가 등에 참여한다. 전에 비해 방송에서 음악을 담당하던 이들이 자신들이 음악적 취향과 대오를 같이하는 신인을 선발해 라디오 드라마의 주제가를 주거나 자신의 곡을 전하는 방식을 강화한 셈이다.

한국전쟁 후 서울중앙방송국 전속가수 첫 선발은 1955년에 실시된다. 1955년 10명을 선발했고 그중 권혜경, 안다성, 명국환, 김정애, 이갑돈 등은 이후 활발한 활동을 이어간다. 한국전쟁 이전까지 제1기, 제2기 등으로 정리하던 기수 매기기는 사라져 이들에게는 좀체 기수를 붙이지 않고 있다. 전속가수 제도와 관련해서 혼란을 일으킬 만한 기록이 등장하는데 그것은 1956년에 전속가수단을 구성했다는 언급이다. 1962년『KBS 연감』 295쪽에는 "1956년 3월 서울방송 전속가수단은 명국환, 원방현, 박원돈, 최홍용, 임석영, 이갑돈, 송민도, 임미란, 김정애, 권혜경 제씨를 중심하여 건전한 대중가요의 육성보급과 가요계정화운동 및 지도를 목적으로 창단한 이래 오늘날까지 끊임없이 육성 발전되어왔다"고 적고 있다. 이 가수단 명단 중 원방현, 송민도는 한국전쟁 이전에 선발되었던 전속가수다. 나머지 8명은 1955년 선발된 가수들이었다. 이전의 전속가수와 새로 선발한 전속가수를 묶어 전속가수단을 창립한 셈인데 가수단 설립 이전과 이후에 어떤 변화가 있었는지에 대한 기록은 남아 있지 않다.

1955년(제3기)

권혜경,[21] 안다성,[22] 명국환,[23] 박노홍,[24] 김정애,[25] 이갑돈,[26] 임미

---

21) 본명, 권오명. 1931년 11월 12일생, 청주 출신. 서울음대 중퇴. <꽃 중의 꽃>, <산장의 여인>, 박춘석의 <물새 우는 해변>, <호반의 벤치>(강수향과 함께), <동심초>(김억 번역, 김성태 작곡). 건전노래 보급의 일환으로 <물새 우는 해변>을 불렀고 히트에 힘 입어 영화 <동심초>의 주제가가 되었다. 손목인, 손석우, 반야월 등과 함께 주로 활동.

22) 학사가수, 경희대 졸업. <청실홍실>, <이름모를 사람>, <서울의 소야곡>. 안다성의 <청실홍실>, <꿈은 사라지고>는 라디오 주제가로 인기를 끌었지만 실제 음반취입은 송민도와 현인, 그리고 최무룡에 의해 이뤄진다. 그로 미루어 주제가들은 음반이 아닌 녹음테이프나 방송용 녹음음반으로 제작되었을 가능성이 있다.

23) 1933년 1월 10일 황해도 출신, <오아시스> 전속으로 <백마야 울지마라>, <구원의 정화>, <금주의 비련>, 다시 <신세기 레코드>에서 <방랑시인 김삿갓>, 박경원과 함께 기타리스트이며 KBS 악단원이던 전오승의 제자. 박경원도 전속가수였다는 언급이 곳곳에 있지만 정확한 기록이 남아 있지 않다. 다만『한국방송사』에는 1956년 전속

란,[27] 박원돈(추정), 최흥용(추정), 임석영(추정)[28]

1956년 전속가수단 창단

1957년(6명)
박재란,[29] 강수향,[30] 오사라,[31] 이진경,[32] 황인자,[33] 김성국

가수단에 소속되어 있었다는 기록이 있다.

24) 영화배우 박노식의 동생이라는 증언이 있으나 참고할 만한 기록이 없다.

25) 본명 김정순. <앵두나무 처녀>, <닐리리 맘보>를 부름. 이후 <도미도>, <신세기>, <킹스타>에 전속.

26) <눈물의 구포다리>, <감격시대>, 나화랑의 지도를 받음(<춘하추동> 블로그에서 참조).

27) 본명 임경자. 1949년에 <서울레코드> 전속, 신민요를 주로 부름. <능수버들>(박찬호, 2009: 49~51 참조).

28) 이들을 추정하는 이유는 1977년 발간된『한국방송사』303쪽에 "건전한 대중가요 보급과 가요계의 정화 등을 목적으로 1956년 3월 <서울방송 전속가수단>을 만들었다"고 기록되어 있기 때문이다. 이때 창단 멤버로는 명국환, 원방현, 박원돈, 최흥용, 임석영, 이갑돈, 송민도, 임미란, 김정애, 권혜경 등이 있었다. 창단 당시의 단원 구성은 대중가요 방송에 종사해오고 서울방송 전속가수 목적에 따를 수 있는 10명의 가수로 편성했다고 한다. 이 중 원방현, 송민도는 이미 활동하고 있던 중인 자들이므로 이를 제외한 사람들을 1955년 제3기 가수라고 추정해보았다. <춘하추동> 블로그에도 1955년 제3기 때 10명을 선발했으나 권혜경, 안다성, 김정애가 이름을 남겼다고 적고 있다.

29) 전속가수 출신으로 가장 크고 긴 인기를 누림. 1930년 충남 천안에서 출생. 1954년에 <서라벌 레코드> 전속, 손석우에 픽업되었다고 한다.

30) 1961년 전속가수실 반장. 권혜경과 <호반의 벤치>. 1961년 라디오 연속극 <호반에서 그렇게들> 주제가. <블루벨스>의 멤버. <잘살아보세>(한운사 작사, 김희조 작곡).

31) 1961년 손석우의 <손석우 멜로디>에 <내 이름은 고아>라는 곡의 가수로 기입되어 있다.

32) 1961년에 내놓은 <KBCA> 신작가요 1집에 <추석달>이란 노래의 가수로 기입.

33) <와이키키 해변>, 외국 리듬을 이용해 만든 노래가 있다고 한다.

1958년[34]
김성옥,[35] 주리애, 한경애, 한기호, 장윤석, 현대식, 정옥란, 김선영

1959년
호자명,[36] 서양훈,[37] 이금선, 박영숙, 최영자, 김옥숙, 김길자, 안혜경

대중음악계로 보아서는 한국전쟁 이후부터 1950년대 말까지는 불황기
에 속한다. 레코드를 수요할 수 있는 층도 없었고, 악극단의 인기도 시들해
지기 시작했다. 1950년대 말부터는 영화산업이 활기를 띠고 대중들도 그로
몰리는 현상이 벌어진다. 그런 형편이었기에 오히려 방송국에 전속되어 있
고, 그를 통해서 자신을 알릴 수 있다는 것은 행운에 속한다. 방송국에 전속
가수단이라는 집단으로 가수를 묶어둘 수 있었던 것도 그런 배경으로 이해
할 수 있다. 1958년, 1959년에 선발된 전속가수들은 그 이전부터 가수 활
동을 하던 이들이 아니라 새롭게 선발된 탓에 방송 활동 외의 활동이 많지
않아 이전의 전속가수에 비해 활동이 제한적이고 널리 알려지지도 않았다.
이전의 전속가수들은 전속가수라는 명함을 활용해 이후 레코드사에 전속
되거나 영화붐에 힘입어 영화 주제가 등을 부르는 쪽으로 선회한다. 이는
악극단의 인기 실종과 관련되어 있다. 영화는 주제가를 통해 이야깃거리와
음악을 한데 묶는 데 성공했고 악단, 악극단, 가극단이 행했던 역할을 대신
했다. 영화가 독립적 장르가 아닌 장르를 아우르는 종합오락 장르 역할을

---

34) 이들의 전체 사진이 ≪방송≫ 1958년 2월호에 사진란에 실려 있어 확인이 가능하다.
35) 이경재 작 드라마 <모란이 피기까지> 드라마 주제가(손석우 작곡, 1959년). <하늘과
    땅 사이>.
36) 주로 라틴음악을 발표.
37) 이후 후기 <블루벨스>의 멤버로 활동.

한 것이다(이준희, 2012). 라디오 방송도 연속극을 주력 장르로 선택했고, 주제가를 통해 연속극의 인지도를 높이는 노력을 벌인다. 특히 연속극을 집필했던 한운사, 유호, 김영수 등은 방송국 악단 관련인사들과 손잡고 전속가수에게 노래를 제공하는 역할을 하기도 했다. 라디오 주제가로 히트를 친 라디오 드라마도 있었고, 주제가의 인기에 힘입어 그를 영화화하는 일들도 벌어졌다(이준희, 2012). 영화와 방송이 적극적으로 관계를 맺은 것도 1950년대 중반 이후인데 방송이 영화음악, 영화주제가 등의 주요 자원이 되어주었다. 박춘석 같은 이는 아예 영화사를 차려 감독, 음악감독을 맡았고, 자신이 방송국을 통해 맺은 인연을 동원해 가수를 출연시키기도 했다. 하지만 1950년대 후반에 이르러 전속가수들은 선발된 이후에는 김성옥을 제외하고는 가수로서 뚜렷한 족적을 남기지 못한다.

3) 1960년대 방송국 전속가수

1960년대에 들어서면서 방송국 전속가수제도는 과거와 같은 영예를 누리지는 못한다. 더 정확히 말하자면 1950년대 후반부터 방송국 전속가수제도는 전과는 다른 위상을 갖기 시작했다. 1950년대 가극단, 악단, 악극단을 통해 활동하던 이들과 미군부대 무대에서 활동하던 이들이 LP음반의 등장, 영화의 활성화, 공연무대의 다양화 등에 힘입어 대중음악계로 진입했기 때문이다. 그에 덧붙여 텔레비전의 등장, 민영방송의 시작도 가수들에게 전에 없는 호황을 맞게 해준다. 가수가 될 수 있는 경로가 많아져 방송국 전속가수가 갖는 의미, 지위가 전에 비해 떨어진다. 1960년대 이후의 전속가수 명단을 보더라도 가수 생활을 지속한 사람들이 많지 않음을 볼 수 있다.

1961년[38]
이석재, 김영연, 양현자, 송재진, 황인자, 김숙자, 고종호, 최순강,[39] 김태

복, 박정심,[40] 이경진, 강수향,[41] 이성부, 이길남[42]

1962년[43]

신영균, 이재성, 최지송, 복경화, 이상숙, 이순재, 신연정, 김경자, 이재실, 최수자,[44] 박희라, 임정자, 홍화자,[45] 안수란, 김애자

1963년[46]

조애희,[47] 김정희[48]

---

38) 1962년 『KBS 연감』에 따르면 전속가수단에는 "1961년 현재 이석재, 김영연, 양현자, 송재진, 황인자, 김숙자, 고종호, 최순강, 김태복, 박정심, 이경진, 강수향, 이성부, 이길남 씨 이상 14명이 매달 일정한 급여를 받고 있다"고 한다. 강수향이 전속가수실장, 그리고 이길남은 1960년도 "전국아마추어 톱 싱거 경연대회"를 거쳐 입단.

39) 김상희의 본명.

40) <첫사랑 폴카>, <공주의 비련>, <쏠베지의 노래> 등의 노래가 있다.

41) 강수향은 이미 1957년에 선발된 인물. 손석우 사단의 한 명으로 나중에 후기 <블루벨스>의 멤버.

42) 아마추어 선발대회를 거쳐 전속가수가 됨.

43) 1963년 연감에 따르면 1961년 3월에 뽑은 14명의 단원은 1962년 3월에 전속생활을 마쳤다(KBS연감편찬위원회, 1963: 145). 15명이 같은 달 12일에 입단했다(5기생이라 지칭). 남자 3명, 여자 12명이 뽑혔다고 한다.

44) 이후 최선미로 활동한 가수로 추정.

45) <코리아나> 멤버.

46) 조애희 등 6명이라는 기록이 많고, <춘하추동> 블로그에서도 6명이라고 회고. 각종 자료를 열람했으나 현재까지는 2명만 확인.

47) <사랑해 보았으면>, <내 이름은 소녀>(김인배 작곡).

48) <개여울>, <파도>. <개여울>은 KBS 직원이던 이희목 작곡. 이 곡은 이후 정미조가 부름. 손석우의 추천으로 전속가수가 되었다고 한다. 방송 이전에는 미군부대 장교클럽에서 노래.

1964년[49)]

김춘희, 정숙자, 박영기, 이미현, 이월광, 현철, 김정희, 장경식, 양애자

1964년(TV)[50)]

정풍송,[51)] 이성희(남), 현기정, 안길자, 임정자, 윤종순, 한미숙, 강미숙, 박경숙, 신경림(여)

1965년(마지막)

한승자, 김정숙, 이종옥, 황신자, 성향,[52)] 박경자, 서승아, 조현주

이 외에도 몇몇 가수들은 자신들이 KBS의 전속가수였음을 회고하거나 KBS-TV의 전속가수였다는 증언(한상일, 박상규, 장우)을 하기도 한다. 이에 대해서는 앞으로의 조사, 연구에서 이뤄졌으면 하는 바람이다.[53)] 1965년 KBS 서울중앙방송의 전속가수제는 마지막 선발을 한 후 자취를 감춘다. 이들을 중심으로 한 방송음악 레코드는 1967까지 이어져 나오고 있어 공식으로 이들이 조직화된 바는 없으나 '정서적으로' 집단을 이루고 있었음을 짐작해볼 수 있다.[54)]

---

49) 한국방송사업협회에서 펴낸 『방송연감』 1965년판에는 1964년 현재 KBS 전속가수단에는 10명이 소속되어 있다고 밝히고 있다. 김춘희, 정숙자, 박영기, 이미현, 이월광, 현철, 김정희, 장경식, 양애자 등이 있다며 이를 전속가수 6기생으로 칭하고 있다.

50) 1965년 『방송연감』에는 KBS-TV 전속가수를 따로 명기해두고 있다.

51) 작곡가. 원래 부산문화방송 전속가수.

52) 본명 장세용. 학사가수. <블루벨스>의 후반 멤버, 이후 작곡가 활동.

53) 대부분의 기록은 1965년 전속가수 선발제도는 막을 내렸다고 나와 있으나 한상일(한제상), 장우, 박상규 등도 인터뷰 등에서 자신이 전속가수였다고 밝히고 있다. 김강섭 씨는 이들이 KBS-TV 전속가수였다고 확인해주었다.

전속가수제도는 KBS 서울중앙방송국만 지녔던 것은 아니다. 여러 지역 방송국, 민간방송에서도 전속가수를 다양한 방식으로 선발해 운용하고 있었다. KBS부산방송은 1954년부터 전속가수제를 시작, 박애경(본명, 박세말), 김향미[55](1955년), 남강수(본명, 이청봉, 56년), 차은희(본명, 최은섭, 1958년) 등을 비롯하여 김광진[56](1966년) 등의 가수를 배출했다. KBS 대구방송국은 1958년부터 매년 기수별 공채 가수를 뽑았다. 그 시험에 합격하면 정식으로 가수로 활동할 수 있을 뿐만 아니라, "사회적으로도 대접을 받아 흡사 사법시험처럼 숱한 재원들이 응시를 했다"[57]고 한다. 고화성을 비롯, 김상규, 1960년대 중엽 <사랑의 백서>(김학송 작곡)를 불러 지역에서 큰 인기를 얻었던 나운, 원남이란 예명으로 활약했던 가수, 전 ≪동아일보≫ 대구주재 기자 이혜만, 연세대 음대를 졸업한 재원 이은우, 냇킹콜 노래를 잘 불렀던 안대원, 김해광이 있었다. 여자가수로는 김차란, 이영숙, 윤금란, 이혜주, 서영순, 이명희, 이혜정이 활동했다. KBS 제주방송은 1952년부터 1950년대 후반까지 전속가수제를 운용했다는 기록이 있다.[58] 그리고 KBS 청주방송은 1952년 8월 1일에 남자가수 7명, 여자가수 4명으로 발족했으며[59] KBS 전주방송은 1965년까지 전속가수단을 운용했다는 기록이 남

---

54) K.B.C.A(Korean Broadcasting Culture Association)는 방송국 전속경음악단의 경음악, 전속가수의 노래를 담은 일련의 음반을 1967년에 발매한다. 신작가요 제1집에는 김성옥, 송민도, 안다성, 강수향 등의 노래, 제2집에는 이길남, 서양훈, 이갑돈, 강수향 등의 노래가 실려 있다.

55) 박애경과 김향미는 1956년에 은방울자매 결성.

56) <별넷>의 멤버.

57) "대구 추억기행, 37: 대중문화뒤안길 <10>", ≪영남일보≫, 2006년 4월 1일 자.

58) 『KBS제주방송 40년: 1950.9.10~1990.9.10』에는 "경음악단과 함께 전속가수로 강병찬, 이봉문, 김찬식, 양봉희, 박옥랑 등이 활약했으며 정기적인 방송연주와 야외공연 등 1950년대 후반까지 지속되었다"고 밝혔다(28쪽).

자료: 부산문화방송사우회 홈페이지.

아 있다. 이 외에 KBS 포항방송국 등도 전속가수를 운용한 기록을 남기고 있다.

최초의 민영방송인 부산문화방송은 전속가수제도를 가장 적극적으로 활용한 기록을 지니고 있다. 1959년 5월 17일 첫 전속가수 전형시험을 실시해 1968년 10월 25일 마지막 시험까지 이어졌다. 자신을 제3기 전속가수라고 기억하는 가수 진송남은 다음과 같은 가수들이 있었다고 기억하고 있다.

---

59) 『KBS청주방송 50년: 1945~1995』에는 'KBS청주 외곽단체'란에 <청주방송가요단>을 포함시켜놓았다. 1952년 8월 1일에 발족, 단장에 한필수 씨, 남자 7명, 여자 4명으로 구성, <노래의 꽃다발> 외 각종 공개방송, 특집방송에 출연했다고 적고 있다(54쪽).

제1기(1959년): 양병철, 전금자, 김지곤

제2기(1962년): 이금백, 이경화[60]

제3기(1962년): 정풍송,[61] 윤음동,[62] 박덕자 김순영, 김양자, 김규
분,진송남

제4기: 김양화, 황석일, 김준규

부산문화방송은 1970년 3월 20일 자로 경영합리화(텔레비전의 등장으로
라디오 경영의 압박)를 이유로 전속가수제도를 폐지한다. 전속가수 중 일부
(김양화, 황석일)는 PD로 전업을 한다. 1965년 『방송연감』에는 부산문화방
송 직원명단이 명기되어 있는데 타 방송사와는 달리 전속가수를 직원에 포
함시켜 명단을 밝히고, 옆에는 방송경력을 덧붙여 놓았다(384쪽).[63] 또한
이들은 현재도 부산문화방송 사우회 회원 및 간부로 활동하고 있기도 하
다. 부산문화방송은 이들을 CM제작, 방송출연, 노래자랑 심사위원, 옛 노
래 복원작업[64]에 참여시키는 등 적극 활용하는 대신 직원 대우를 했던 것
으로 추정된다.

남해방송(NBC, 여수문화방송의 전신)도 1970년대까지 전속가수를 두고

---

60) 부산문화방송사우회 홈페이지에는 이경화가 1962년 방송국으로부터 받은 사령장 사진
    이 실려 있는데 월급이 3만 원이라고 명시되어 있다. http://www.busanmbc-ob.com/bbs/
    board.php?bo_table=z2_5&wr_id=72&page=1

61) 정풍송은 이후 KBS-TV전속가수로도 활동했다.

62) 현 부산문화방송 사우회 상임부회장.

63) 전금자(4년 8개월), 김지곤(3년 10개월), 이경화 (3년 10개월), 윤음동 (2년 7개월), 박덕
    자 (2년 7개월), 김순기(2년 7개월), 김양자(2년 7개월).

64) 정풍송 작곡가와의 인터뷰에서 부산문화방송은 전시에 불려졌던 많은 옛 노래를 복원
    하는 데 전속가수들이 많은 노력을 기울였다고 밝혔다. 작곡가 허영철 씨가 특히 복원노
    력에 많은 공을 쌓았다고 회고했다.

있었다고 기록하고 있다. 1971년의 『한국방송연감』에는 남해방송 전속단체란이 있는데 전속가수가 포함되어 있고, 심길영, 이정선, 고경화, 임지연 등의 이름이 있다(188쪽). 『여수문화방송30년사』에도 "남해방송 시절 한때는 전속가수도 두고 있었는데, 이들은 전속악단과 함께 위문공연도 다니고 '아마츄어무대' 프로그램에 게스트로 특별출연하기도 했다"고 적고 있다(106쪽).

MBC-TV도 창립되던 그해에 전속가수를 선발한 기록이 있다 (『MBC 방송연표 30년』에 따르면 1969년 2월 20일 제1기 전속단원 선발에서 가수를 10명 선발했다고 기록하고 있다. 군산 서해방송의 전속가수였음을 주장하는 이도 있으나 기록에는 나타나지 않는다.

부산 MBC 전속가수와 KBS-TV 전속가수를 했던 정풍송은 지역에서의 전속가수 제도는 서울의 그것과는 차이를 두고 있었다고 회고했다. 서울에서 가수가 오기 힘든 상황에서 지역 가수로서 공연에 적극 참여해야 했고, 특히 부산의 경우 잊힌 가요를 복원해 녹음하는 일, 공개방송에 참여하는 일 외에도 노래 자랑 프로그램 심사도 담당했다고 한다. 직원처럼 대우를 받았는데 일정 급여를 받았고, 공연이 없을 때는 정식으로 음악실기와 이론 교육을 받았던 것으로 기억하고 있었다. 위에 적은 진송남의 회고에서도 그런 면이 자세히 적혀 있다.

이상 1947년부터 1960년대 후반까지 이뤄진 방송국 전속가수제를 종합해 정리해보면 다음과 같다. ① 서울과 지역, 국영방송과 민영방송을 구분하지 않고 1947년부터 1970년대 초반까지 다양한 이름으로 실시된 제도였고, ② 전속가수, 전속가수단, 공채가수, 방송가요단 등의 이름을 하고 있었고 방송국의 필요에 따라 그 역할에 약간씩 차이가 있으며, ③ KBS 서울중앙방송이 1947년부터 1965년에 이르기까지 지속적으로 전속가수제를 운영하고 있었고, ④ 이 제도에는 직접 선발과정을 거쳐서 신인이 진입하기도 하지만 이미 가수의 지위를 지닌 기성가수가 진입한 예도 많았고, ⑤ 이들은 1960년대 대중가요계의 중요 가수로 성장하되 대체로 방송국을 중심으로 활동하던 창작자와 함께 기존의 전통가요와는 다른 색깔의 대중음악을 생산해냈고, ⑥ 이들을 한데 묶어 방송가요, 방송가수, 방송가요집단 등으로 칭할 정도의 경향성을 지니기도 했다.

4. 전속가수제의 활용

1966년 개봉된 영화 <워커힐에서 만납시다>는 신인 여가수의 활동을 일부 담고 있다. 그 가수의 활동무대로 방송국이 등장한다. 주인공은 방송국 가수 선발 프로그램을 통해 선발된 방송국 전속가수였던 셈이다. 같은 해 개봉한 <밤하늘의 부루스>에도 대중음악에서 방송이 차지하는 몫이 전에 비해 커졌음을 여러 방식으로 보여준다. 방송국 전속가수였던 조애희, 박재란이 등장하고 후라이보이 곽규석과 아나운서 강영숙이 아마추어 노래 자랑 공개방송이나 방송 공연장면에 등장한다. 이 두 영화는 몇 가지 점에서 흥미롭다. 첫 번째는 영화 속에서 방송이 대중음악과 관련해 새롭게 떠오른 강한 존재임을 부각시키고 있다. 두 번째는 방송, 대중음악, 영화가 서로 의지하는 모습을 드러내고 있다는 점이다. 즉 1960년대 들어서면서 이른바 매체 시대가 도래했음을 전해준다.[65] 세 번째로 과거의 연행형식, 즉 가극단, 악극단, 악단의 쇠퇴를 드러내 보여준다. 이 같은 변화는 노래 형식과 내용의 변화와 병행된다. 트로트 형식의 가요가 퇴조하고, 한국적 팝으로 범주가 구성될 장르들이 힘을 쓴다. 사실 이 같은 변화를 드러낸

---

[65] 1966년에 개봉된 영화이니만큼 3~4년의 시차를 두고 계산해보면 이 같은 경향성은 1960년대 초부터 드러난 것으로 이해할 수 있겠다.

영화는 1960년대 중반에 만들어졌지만 이미 LP가 제작되어 나오기 시작한 1950년대 말, 1960년대 초에 그런 징후를 드러낸 변화가 보였다.

1960년대 이후로 넘어서면서 대중음악계는 과거와 확연히 다른 모습을 보여준다. 해방 후부터 1950년대 후반까지의 대중음악계는 불황기라든가, 혹은 휴지기라고 볼 수 있기도 하지만 앞서 언급했던 여러 가수들이 방송을 통해서 활약했다는 사실까지 망각할 이유는 없는 듯하다. 방송은 전속악단제, 전속가수제를 통해 그 공백을 메우는 데 일정 역할을 했다. 이후에는 전속제도가 해낸 역할이 커보이지는 않지만 여전히 관여했던 작곡가, 작사자, 가수의 조합을 통해 대중가요계 내 일정 경향성을 만드는 세력으로까지 자리 잡게 된다. LP 시대가 왔을 때 더 많은 가수가 필요로 했고, 그동안 가수들에게 공간을 제공한 악단, 악극단, 미군부대 무대와 함께 방송은 새로운 시대를 대비할 수 있게 기여한 바가 크다. 다만 그에 대한 치밀한 언급, 주장, 연구가 부족했기에 그 비중이 두드러져 보이지 않을 뿐이다.

방송국이 전속가수제를 하게 된 이유로 여럿을 들 수 있다. 그중에서 가장 큰 이유로 음반산업의 부진을 꼽을 수 있다. 해방 전에도 음반제작 과정에서 취입은 서울에서, 제작은 일본에서 하는 것이 관행화되어 있었다. 국내에는 제작 기술이 제한되어 있어 해방 이후 음반 제작은 멈췄고, 기존 음반의 유통만 이뤄지는 현상이 벌어졌다. 일제시대 5대 레코드사(<콜럼비아>, <오케>, <빅타>, <폴리돌>, <태평>)는 1943년까지 음반을 발매한 것으로 알려졌다. 전시 중에 일제는 물자 절약, 공출을 이유로 음반 생산을 중단시켰기 때문이다. 일본으로 건너가 생산하는 방식을 취했던 터라 막상 해방이 되어서도 음반을 생산할 기기와 기술을 갖고 있지 못했다. 새롭게 임시방편으로 기기를 만들고 기술을 익히는 데는 2년여의 시간이 필요했다. 기술을 익히고 난 후에도 재료가 충분치 않아 소량 생산이 이뤄질 수밖에 없었다. 임시 기기, 어깨 너머로 배운 기술, 중고 음반의 재활용으로 소량으로나마 음반을 다시 생산해낸 것은 1947년이다. 1947년 8월 <고려레

코드>는 <愛國歌>, <建國의 노래>, <朝鮮의 노래>, <黎明의 노래> 등을 실은 음반을 발매한다. 이어 <가거라 三八線>, <希望 三千里> 등을 실은 해방 이후 최초의 대중가요 음반을 내놓는다.

<고려레코드> 외에도 <오케레코드>, <K.B.C 레코드>, <럭키레코드>, <서울레코드>, <아세아레코드>, <오리엔트레코드>, <코로나레코드>, <레인보우레코드>, <리베라레코드> 등이 해방과 한국전쟁 사이 공간에서 음반을 제작해 내놓았다. 방송과 관련해서는 <K.B.C> 레코드가 주목을 끈다. 1947년과 1948년에 걸쳐 음반을 제작해 내놓은 이 레코드사는 종종 <KBS 레코드>로 오기되기도 한다. 오기이기는 하지만 KBS와 전연 인연이 없는 것도 아니다. 2012년 현재 음반학에 의해 실물이 확인되는 <K.B.C> 레코드의 음반은 2매인데 한 매의 전면에는 <안해의 노래>, 후면에는 <사나이의 길>이 수록되어 있고, 다른 한 매의 전면에는 <목장의 노래>, 다른 한 면에는 <추억의 황성>이 수록되어 있다. 표기에는 朝鮮放送文化協會가 제작사로 표기되어 있다. 이 협회는 과거 경성방송국의 운영주체이던 조선방송협회와 같은 단체로 보인다. 조선방송협회가 1948년 8월 6일에 대한방송협회로 명칭을 변경한 것으로 보아 1947년과 1948년 사이에 현존하는 2매와 여러 장의 음반을 조선방송협회에서 제작한 것으로 추측할 수 있다.[66]

제1매의 <안해의 노래>는 김다인 작사, 손목인 작곡, 김백희 노래, <사나이의 길>은 남해림 작사, 박시춘 작곡, 이예성 노래로 표기되어 있다. 제2매의 <목장의 노래>는 유호 작사, 박시춘 작곡, 옥두옥 노래, <추억의 황성>은 김상화 작사, 이봉룡 작곡, 김옥엽, 송숙방, 옥두옥, 이계운, 장정

---

66) K.B.C는 1958년, 59년에 건전가요, 국외 홍보용 음반을 제작하고, 이어 1967년에는 K.B.C.A라는 이름으로 방송국 전속악단, 전속가수를 중심으로 경음악집, 가요집을 발매한다.

애 노래로 표기되어 있다. 손목인, 박시춘은 1947년에 설립된 KBS 전속경음악단을 지휘했던 이들이고 유호는 직원으로 글을 쓰던 이다. 김백희, 이예성, 옥두옥, 이계운은 1947년 6월 '제1회 전속가수'로 뽑힌 가수들이다. <K.B.C 레코드>가 내놓은 음반은 서울중앙방송이 주체가 되어 전속경음악단과 전속가수를 한데 모아 제작한 것임을 알 수 있다. 제작에 참여했던 유호의 회고를 다시 한 번 인용해보자.

> 1946년 조선방송사업협회에서 광복이 됐으니까 건전가요를 보급하자는 안이 나왔어. 그때 처음으로 내가 <목장의 노래>, <하이킹의 노래>를 작사했는데 작곡은 박(시춘) 악단장이 했지. 그뒤로 박 악단장이 레코드 취입을 하겠다며 곡과 제목을 지어왔으니 거기에 맞춰 여러 곡을 한꺼번에 작사해달라고 졸랐어(≪문화일보≫, 2011.1.28).

방송국이 직접 나서서 음반을 만들어야 할 정도로 해방 직후의 음반 사정은 나빴고, 한국전쟁 이후에도 그 사정은 획기적으로 나아지지 않았다. 매일 방송을 해야 하는 방송국으로서는 음반을 대신할 가수가 고정적으로 필요했고, 그 필요성이 전속가수제의 설립으로 이어졌을 것이다. 1958년 ≪방송≫ 1월호에는 KBS 보유 레코드에 대한 언급이 나온다(82쪽). 양곡 LP 1,238매, 양곡 SP 1,412매, VOA 임시대여 양곡 테이프 300개 정도를 보유하고 있었다고 한다.

대중음악에 대한 국가의 개입 혹은 도덕적 태도도 전속가수제 발생에 한 몫을 했다. 한국 대중가요의 역사는 정치적 개입의 역사, 경쟁 제도의 간섭의 역사라 해도 과언이 아니다. 대중가요 시스템은 언제나 대중가요를 둘러싼 정치, 경제적 세력, 경쟁하는 제도들이 개입하려 하는 의지로 넘치는 곳이었다. 위의 유호의 인터뷰에서도 드러나듯이 해방되자마자 방송에서는 새로운 노래로 일본의 색깔을 떨치자는 태도들이 형성되기 시작했다.

이미 대중음악에 대한 개입이 습속화되어 있어 그런 태도의 발생은 자연스러웠을 것 같기는 하다. 해방 전에 여러 번에 걸쳐 '국민개창운동'이 벌어졌고, 해방 이후에도 똑같은 이름으로 대중음악에 개입하려는 국가와 방송, 그리고 다양한 사회 제도의 기획이 발생한다. 이는 대중음악 종사자들과 큰 마찰을 일으키기도 했지만 대부분 대중음악계가 수용하는 쪽으로 결론짓는다.

1943년부터 일본에서는 '국민개창운동'을 시작하면서 특정 가요를 생산하게 한다든지 부르게 지도하는 사업을 벌인다. 라디오 방송에 특정한 노래를 선곡하도록 주문하는 일도 벌어진다. 이 같은 움직임은 조선 땅에서 반복된다. 불러야 하는 노래를 선곡하고, 가창 지도대는 노래 부르는 법을 지도했다. 때로는 이를 시국가라고 불렀는데 태평양전쟁기에 전의를 고취하고 동원 분위기를 조성하기 위한 움직임이었다. <황성의 노래>, <반도 청년의 노래>, <애국의 꽃>, <바다로 가면> 등이 대표작이다. 앞선 유호의 인터뷰에서 보듯이 방송이 미군정하에 놓였지만 방송 제작자들이 자율성을 띠면서 왜색의 제거 등에 관심을 기울이게 된다. 이는 특별히 대중음악에만 국한된 일은 아니었다. 당시 한국 방송원들이 일본의 방송 잔재를 지우기 위해 공을 기울였던 흔적은 여기저기서 드러난다 (문제안, 2005).

박시춘, 손목인이 지휘하던 경음악단이 반주하고, 전속가수들이 불러 처음 발매했던 <K.B.C 레코드>의 곡들은 과거의 대중음악과는 현저히 내용과 형식을 달리했다. <목장의 노래> 가사 내용을 보면 식민 경험 이후에 나왔으리라 믿어지지 않을 정도의 이국적 풍경, 추상성으로 가득차 있다. '목장', '양떼', '마차'라는 기표가 전하는 기의는 외연을 넘어 이국적인 것, 선진적인 것, 풍요로운 것, 근대화된 것을 함의하고 있다. 왜색을 지우는 방식으로 양식(洋式)을 택하고, 근대화된 것을 가져온 것으로 보인다. 어둠이나 우울한 정서가 아닌 즐거움, 밝음, 희망참이 기조하고 있다. 방송국 작곡가, 작사가가 창작하고 전속가수가 부른 노래가 모두 이 같은 모습을 하고 있지는 않지만 대체로 이 같은 스타일에서 크게 벗어나지 않고 있다.

〈목장의 노래〉

유호 작사, 박시춘 작곡, 옥두옥 노래

1.넓다란 밀집모자 옆으로 쓰고

휘파람 불며불며 양떼를 몰고

포플러 그늘에 앉아 쉬면 종달새는 지지배배

노래를 불러라 불러라 젊은이의 노래를

저 멀리 산마루에 타오르는 흰구름도

춤을 추누나

2.우유를 통속에다 가득 짜넣고

양 떼를 몰아넣던 저 언덕길에

능금을 먹으며 손짓하는 마차 위의 아가씨야

노래를 불러라 불러라 첫사랑의 노래를

오늘도 방울소리 울리면서 지나간다

목장 앞으로

3.송아지 엄매 찾는 저녁 노을에

양 떼도 엄매 그려 달음질치며

입에다 물었던 파란 풀잎 먹지 않고 몰려간다

노래를 불러라 불러라 내일날의 노래를

양 떼도 고향 그려 오월 하늘 바라보며

꿈을 꾸누나

<K.B.C>는 방송문화 향상과 국제 간 방송문화교류를 위해 설립되었다고 한다. 앞서 소개했듯이 1948년부터 레코드를 발매했고, 이는 1951년까지 계속되었다. 그리고 1957년 해외홍보 LP 앨범발매까지 이어졌다. 운영위원장은 유치진, 사장은 노병철, 부위원장은 박태현 씨가 맡고 있었다. 협회에 대해서는 "방송예술문화를 향상시키며 해외 여러나라에 우리 민족예술을 소개하고 국제문화친선을 도모코자 '방송문화사'가 전속기관으로 창설되었는데 사업 내용은 교향악 연주, 경음악, 국민가요, 대중가요, 라디오 드라마, 입체소설 낭독, 기타 전속악단, 가수, 연예인 등을 방송에 등장케하여 신작을 발표하고 국외공연과 연기연구생 양성과 출판을 하려는 것이었다"고 소개하고 있다(韓國放送公社, 1977: 187). 이로 미뤄 <K.B.C 레코드>는 건전가요를 펴는 운동과 유관해보인다.

1947년의 전속가수제도의 설립으로 왜색가요를 대신하자는 취지가 방송국의 자발적인 것이었다면, 정부 수립 직후에는 정부가 직접 국민가요보급운동을 벌인다(국가기록원 인터넷 사이트).[67] 정부는 1949년 "왜색가요와 저속가요를 퇴치하고 애국정신을 고취할 노래를 보급할 목적으로 국민가요보급운동을" 벌이는데 정부 통제 아래 놓였던 방송국에서 그에 보조를 맞추었을 것은 뻔하다. 1956년 오재경 공보실장은 취임과 동시에 왜색풍을 지운 한국 가요를 보급하겠다고 의지를 밝혔다. 노래를 새로 만들거나 이미 만들어진 건전한 노래를 레코드에 실어 보급하는 일에 주력했다. 음악방송위원회를 신설해 방송음악의 심의를 꾀하기도 했다. 정책 이름도 아예 일제강점기의 운동을 복제해 '국민개창운동'이라 칭했다. 1957년 LP 10인치 생산이 가능해진 것과 그 같은 정책의 의지와 무관하지 않다.[68]

---

67) http://theme.archives.go.kr/next/tabooAutonomy/kindOfTaboo04.do

68) 1956년 10인치 LP가 개발되었고 SP를 대체한다. 1962년에는 12인치 LP가 10인치 LP를 대신. 1964년부터는 스테레오 음반도 실험적으로 등장했다(신현준, 2005: 55).

1955년 전속가수 강습회를 마치고 서울중앙방송국관계자들과 전속가수가 기념촬영.
뒷줄에 전속가수가 도열해 있고 태극기 앞 안경 낀 여성이 가수 권혜경.

자료: <춘하추동> 블로그, http://blog.daum.net/jc21th

<K.B.C>에서 직접 레코드를 제작했고, 노래 보급에 KBS 전속악단과 전
속가수가 큰 역할을 한 것은 불문가지다. 예를 들어 1947년에 전속가수로
선발되었던 원방현의 <꽃 중의 꽃>이 대표적이다. 그의 곡이 특별히 건전
가요로 선정되면서 그는 가수로서 전성기를 누리게 된다. 1950년대 중반
이후로 들어서면 전속가수를 대거 선발하는데 다양한 형식의 공연 등을 통
해 건전가요를 보급할 목적으로 그런 노력을 기울인 듯하다. 그리고 보다
체계적으로 전속가수를 관리 활용하기 위해 1956년에는 전속가수단을 조
직해 이전의 전속가수보다는 더 조직에 기여하도록 하는 제도를 만들기도
했다. 그런 면에서 보자면 전속가수제도는 복합적인 의도를 지녔거나 아니
면 점차 새로운 의도들이 포함되어가는 그런 과정에 놓이게 된다.

　방송국 전속가수의 가요 제작에도 참여했고, 국민개창운동, 건전가요보
급운동에도 관여를 했던 작곡가 겸 평론가 황문평의 회고를 들어보면 이
운동은 금지와 함께 보급이라는 양 측면을 모두 도모하고 있었다.

1956년 가을에 공보처에서 최초로 대중가요 작가들에게 건전가요 작품을 의뢰해서 정동방송국에서 녹음제작을 했다. 이때 만들어진 노래가 <꽃 중의 꽃>, <소녀의 꿈>, <청춘목장>, <금수강산에 백화가 만발했구나>, <고향역>, <고향에 찾아와도> 등이었는데 자주 방송되면서 부담없이 들을 수 있는 대중가요들로 손꼽힌다(≪방송≫, 1984년 7월호).

전속가수에게 적절한 보상을 제공하지 못한 방송국은 다양한 방식으로 전속가수를 활용하고 그를 통해 보상을 해주는 노력을 기울인다. 선발된 전속가수들이 다른 가수들에 비해 더 빈번하게 프로그램에 참여하고, 주제가를 제작하고, 방송 관련 공개방송 등에도 참여하게 된다. 때로는 전속가수단만을 위한 프로그램인 것처럼 소개하기도 했다. 1954년의 <직장음악>, 1956년의 KBS <골든 아워>, <노래와 경음악>, <우리들의 노래>, <수요일 밤의 향연> 등은 전속가수단과 직접 연관이 있는 것으로 기술되어 있다. 다른 한편으로는 해방 이후, 한국전쟁 이후 방송이 정상화되면서 더 많은 오락 프로그램을 필요로 하고, 그를 메울 수 있는 방송 내용이 필요하게 되었을 터인데 전속가수제도는 그런 필요성에 따른 것이라고 볼 수도 있다. 전속가수들을 위한 프로그램 구상도 가능했지만, 프로그램 구상을 현실화시킬 수 있는 자원으로서 전속가수를 선발했을 수도 있다는 말이다.

5. 소리의 '방송주의'화

전속가수 선발은 초기 기성가수를 초빙하는 형식과 오디션을 통한 신인 선발을 병행했으나 점차 공채, 가요대회 등의 형식을 취한다. 특별히 전속가수단과 인연이 있는 인사에 의해 스카우트되는 경우도 있었다. 최초의 방송국 전속가수인 김백희는 악단에서의 인연으로 작곡가에 의해 발탁된 경우다.

> 김백희는 1940년대 초부터 백설희 등과 더불어 <조선악극단>에서 노래를 부르다가 해방되어 김해송 등에 의해 결성된 <K.P.K 악단>에서 활동해왔고, 신카나리아가 운영하던 <새별악극단>에서 활동하던 중 KBS가 해방된 조국의 정서에 맞는 노래를 제작 보급하기 위해 이예성과 함께 제일 먼저 채용, 노래를 불러 전파에 실은 KBS전속가수였습니다.[69]

김백희가 방송에서 처음으로 부른 노래가 조명암 작사, 손목인 작곡의 <안해의 노래>였는데 이는 건전 가요 보급을 위해 <K.B.C>가 발매한 레코드에 담겨 있다. 그 외는 주로 시험에 의해 선발되기도 했지만 대체로 선발된 가수들은 이미 콩쿠르대회에서 이름을 얻었거나 작곡가의 눈에 든 경우가 많았다. 명국환, 안다성, 김정애 등은 선발과정을 거치기는 했으나 이미 작곡가나 연출자로부터 내락을 받은 경험을 기억하고 있었다.

> 가수 김정애[70]는 가수 출발이 특이했습니다. 1955년 KBS에서 처음으로 노래자랑이 전파를 타면서 대단한 인기를 모으자 전국 각지에서 그 노래자랑을 유치하기 위해 노력을 기울였습니다. 그때 대구에 주둔하던 공군에서 비행기를 제공하면서 노래자랑 공개방송을 유치했고, 그 공개방송에서 첫 번째로 나와 남다른 실력을 발휘한 처녀가 있었습니다. …… 심사위원장을 맞고(오식) 있었던 김창구 음악계장이 따로 불러 물었습니다. '여기서 무엇

---

69) <춘하추동> 블로그 참조.
70) 본명은 김정순.

을 하고 있으며 KBS전속가수를 하겠느냐'는 말에 너무 좋아했습니다.
…… 그리고 그 길 따라 KBS전속가수가 되고, 그 노래가 전파를 타면서 그
이름이 알려져 레코드 취입을 했고 그 레코드는 불티나듯 팔려나갔습니다
(<춘하추동> 블로그).

무대에서 내려오자 악단장이 다가와 명함을 내밀면서 방송국 전속가수 시
험에 응시할 것을 제의해왔다. 명함에는 '중앙방송국 경음악단장 손석우'
라고 적혀 있었다. 이듬해 그는 테스트를 거쳐 권혜경 등과 함께 전속가수
로 발탁된다(박성서, 2010: 185).

KBS 경음악단 출신이었던 전오승님은 그 사랑하는 두 제자 박경원,[71] 명
국환을 KBS 전속가수단 단원으로 추천하여 KBS 전속가수가 되었습니다
(<춘하추동> 블로그).

방송국 내부와의 인연없이 시험을 통해서만 전속가수가 된 이들도 있었
다. 1948년 1월 4일 자 ≪동아일보≫ 문화소식 공지 기사에는 전속가수 모
집 취지와 시험절차를 자세히 적고 있다(≪경향신문≫ 1948년 1월 8일 자에는
자격을 중등학교 3년 정도 이상이라고 명시하고 있다). 제1기로 선발된 원방현
(본명 원구현)은 원래 중앙우체국에 근무하던 통신사 무선기사였다. 원방현
은 신인가요 콩쿠르대회에 출전하여 1등에 당선되었던 경험을 바탕으로

---

71) 박경원은 1952년 전오승(본명 전봉수, 전오성, 새고천, 새고석의 예명 사용). 작사·작곡
    의 <비애의 브루스>로 데뷔. 1953년 전오승 작사·작곡의 <이별의 인천항>, <만리포
    내사랑> 등을 불렀다. 박경원이 전속가수단의 소속이라는 기록은 있으나 그가 선발된
    사실을 기록한 곳은 없다. 그로 미뤄 그가 전속가수단 소속가수였다면 전오승의 추천 탓
    이었을 것이고, 그 기간도 짧았을 것으로 추정된다.

시험에 응했고 시험에서는 남인수가 부른 <항구마다 괄시하더라>를 택했다고 한다. 이로 미루어 일정 학력을 갖춘 이를 대상으로 노래를 부르게 하여 선발한 것으로 보인다.

서울중앙방송국에서는 일반 청취자층의 요청으로 전 일본식 노래를 일소하고 우리의 정취에 맞는 가요곡을 방송하고저 사계의 권위자들에게 작곡을 위촉하고 있든 중 이번 그 완성을 보게 되었으므로 전속가수를 모집하기로 되었다 하는데 제1차 시험은 15, 6, 7일 제2차 시험은 20일과 21일이라 하며 지원자는 13일까지 서울방송국 음악계로 원서를 제출하여야 한다 (≪동아일보≫, 1948.1.4).

전속가수는 공개모집이 통례이고 혹은 1년 동안 실시한 노래자랑에서 우승한 자를 대상으로 중앙에서 연말 톱 가수 대회를 갖고 여기서 우승자는 전속가수가 될 수 있는 자격을 부여하기도 했다. 『KBS 방송편람』에는 KBS가 '제2회 전국아마츄어 톱 싱어경연대회'를 개최했음을 기록한다. 이에 따르면 1961년 12월 20일 서울 시민회관에서 개최했는데 "참가자는 서울 지방은 서울중앙방송국의 공개방송프로인 <아마츄어 쇼>에서 4회 연승한 톱 싱어와 기타지방은 각 지방방송국장이 추천한 남녀 아마추어들의 출연으로 진행되는 이 대회에는 자유곡 2곡씩을 부르는 아마추어들을 김호길, 박시춘, 손석우, 나화랑, 황문평, 노명석등 제씨의 심사를 받아 1, 2, 3등과 장려상 한 명을 뽑게 되어 있으며 본선입상자는 서울중앙방송국의 전속가수로서의 자격을 부여받게 된다"고 기록하고 있다. 1961년 전속가수로 이름을 올린 이길남의 경우, 1960년 '전국아마추어 톱 싱어 경연대회'에서 입상해 전속가수가 된 대표적 예다.

이 해 선발된 15사람의 전속가수 후보를 대상으로 8월 7일 <KBS 향연>

공개방송을 통해서 노래발표회를 갖고 여덟 사람을 선발했다고 한다.

_1965년 마지막 선발과정에 대한 언급에서(<춘하추동> 블로그)

이렇게 선발된 전속가수들은 방송사의 기획에 맞춘 활동을 해냈다. 방송국이 기획한 건전가요 보급, 방송출연, 위문 공연 등의 공개방송 출연, 방송국 기획의 음반 취입, 주제가 부르기 등등. 이들은 전속가수이기는 했지만 곧 이어 음반회사에 전속되기도 한 것으로 미루어 방송국의 전속이 갖는 제약은 크지 않았던 것으로 보인다. 이는 방송사가 전속에 해당하는 만큼의 보상을 해주지 못하기 때문이다. 방송국을 통해 이름을 알리고 그를 통해 악단, 악극단 혹은 음반에서 수익을 얻는 보상체제를 취하고 있었다. 영화가 기지개를 켜고 방송과 영화가 영화음악이나 주제곡으로 서로 왕성한 소통을 하는 과정에서 큰 역할을 하기도 했다. 방송국에 전속된 이들의 사정에 대해서는 손석우가 잘 전해주고 있다.

그때의 악단은 음악계장 김창구 씨의 진력으로 어렵게 결성했는데 누가 악장이라는 명시는 없었어요. 계장이 아래와 같이 역할을 안배하고 우리는 그에 따라 책임수행을 했던 거죠. 그리고 일정한 보수도 없었어요. 이름도 전속악단이었고요. 방송이 끝나면 그때마다 방송사례로 치러졌었죠. 애당초 보수가 좋아서 참여한 게 아니고 영리단체가 아닌 공익방송이었기에 가담했던 거죠. 보수문제로 가담을 거부한 사람이 있었다는 것을 계장이 말한 적도 있어요. …… 수요일 밤의 <노래와 경음악>은 송민영(tb) 씨가 편곡과 지휘를, 토요일 밤의 <대북방송>은 노명석(acco) 씨와 황병갑(bass) 씨가 교대로, 일요일 밤의 <노래수첩>은 저 손석우가 편곡, 지휘를 맡아 했죠. 정규방송이 아닌 가요방송 땐 주로 제가 지휘를 맡았고요. 그리고 노래자랑이나 가수 선발 때는 주로 송민영 씨와 제가 심사원으로 참여했고요 (<춘하추동> 블로그).

손석우 씨의 회고로 보아 전속가수들에 대한 보수가 따로 있지 않았거나 큰 금액이 아니었을 것으로 추정되고, 방송출연을 통한 출연료를 지불받았을 것으로 짐작할 수 있다. 그러나 방송국에 전속된다는 사실만으로 여러 형태의 기회가 열렸던 것 같다. 우선은 방송국의 전속 악단이나 작곡가, 작가들로부터 음악에 대한 교육을 받을 기회를 제공받았다는 사실이다. 그뿐 아니라 음악과 관련된 사업에 참여할 수 있는 기회도 얻는다.

50년대의 전속가수 지도는 악단도 지휘하고, 방송에도 출연하는 등 KBS에서 많은 활동을 하시던 손석우, 송민영님이 맡아 하셨습니다. 손석우님은 1950년대 말까지 KBS에 힘을 기울이신 분으로 전속가수들이 손석우님의 지도를 받으면서 노래를 불러 손석우님과 KBS 전속가수는 그 인연이 깊습니다. 송민영님은 최초의 전속가수 송민도님의 친동생으로 해방되면서 어린 시절부터 미 8군 쇼 출연 등 많은 활동을 했고, KBS와 깊은 인연을 맺었습니다. 전오승님이나 나화랑님도 전속가수 선발이나 지도에 힘을 기울였다는 이야기가 있습니다(<춘하추동> 블로그).

제5대 방송국장 노창성 씨가 취임하면서 KBS 직속으로 방송문화사가 설립되었다. 1950년 1월 노병철이 사장으로 취임하면서 극작가 유치진을 운영위원장으로 연극인, 악극인, 가수, 그리고 전속악단을 총 망라해서 결속시켰다. 이 방송문화사의 첫 사업으로 50년 4월 명동에 있는 국제극장 무대에서 총합음악극 '십 용사'의 막을 올렸다(≪방송≫, 1984년 7월호).

1956년 12월 2일 최초의 멜로드라마가 방송된다. 6개월간 미국연수를 다녀온 조남사가 새로운 드라마에 몰두한 결과였고, 주제가도 직접 작사했다. 조남사로부터 곡을 의뢰받은 손석우는 자신의 추천을 받았던 전속가수 안다성과 오랜 친분이 있던 송민영의 누나인 송민도를 염두에 두고 작곡했다는 이야기도 있다. 이 곡으로 송민도의 위상은 더욱 확고해졌고, 안다성은 널리 이름을 알리게 되었다. 안다성은 몇 개의 유명한 주제가 가수로 이름을 떨치긴 했지만 정작 주제가를 자신이 취입하진 못했다고 한다. <청실홍실>의 경우 주제가는 안다성이 불렀지만 취입은 송민도와 현인이 한다. 이로 미루어 전속가수는 주제가를 녹음테이프나 녹음원반에 녹음하는 수준에 머물렀던 것으로 짐작한다. 이는 전속가수들이 방송을 통해 명성을 쌓은 후 레코드 회사로 전속을 옮기는 것을 염두에 두는 조건이 되기도 했다.

가수대결, 노래자랑 등의 방송프로그램에 참여하거나 심사위원으로도 활동한다. 이들이 방송 외에 여러 행사에도 참여하는 것으로 보아 방송사가 이들을 대우하거나 관리한 것으로 보이지는 않는다. KBS 대구 방송국에서 전속가수를 했었던 이의 회고록에는 다음과 같이 적혀 있다.

> 도민들한테 가장 인기가 좋았던 프로그램은 매주 토요일 오후 2시께 생방송으로 진행되는 '노래의 향연'이었다. …… 프로그램당 전속가수 6~7명이 나와 1~2곡을 부르고 들어가고 2부에선 도민노래자랑대회가 열렸다. …… 가끔씩 중앙에서 쇼단이 내려오면 전속가수들도 그곳에 가서 푼돈을 벌 수 있었다. KG홀 전속가수들이 한번 출연하면 30원 정도 받았고 만원 사례일 경우 극단주로부터 50원을 받았다. 이들은 **팔공산 공군부대, 삼덕동 대구교도소**, 포항송도해수욕장 등지로 순회공연를 자주 나갔다(≪영남일보≫, 2006.7.24).

> 수도육군병원 위문 방송국서 녹음 공개: …… 전속가수 4명의 노래도 들려주어 병상에 누워 있던 상이용사들의 마음을 위로해주었다 한다(≪경향신문≫, 1956.3.11).

> 매일 출근해서 허영철 선생님의 지도 아래 발성 연습부터 옛노래 합창 등

많은 트레이닝과 비공개로 전속가수가 출연하는 녹음, 여러 개의 노래자랑 게스트로 출연, 외부 위문공연 등 매일 분주하게 돌아갔고 즐거운 생활이 었다. …… 그즈음 노래자랑에 출연할 아마추어 예심이 있었는데 그 일에 우리 남자 가수들이 매주 한 사람씩 심사위원이 되었다.[72]

선발에서 활동에 이르기까지 전속가수들은 방송과 맺은 인연에서 크게 자유스럽지 못했다. 소위 방송을 중심으로 한 활동으로 이어져 간 것이다. 대중음악을 방송 주도로 놓기 시작한 1948년부터 1960년대에 이르기까지 참여한 대중예술인들이 일정 집단을 이루고 있었다. 1947년 6월 방송경음 악단이 편성되면서 악단 지휘는 박시춘과 손목인이 전담했고, 이봉룡과 피 아노 파트이던 황문평이 편곡일을 주로 했다(≪방송≫, 1984년 7월호). 노래 와 경음악의 정규방송은 매주 일요일 저녁 한 시간짜리 와이드 프로그램으 로 엮여 있었는데 주로 나화랑,[73] 손목인,[74] 박시춘,[75] 손석우,[76] 송민

---

72) http://blog.daum.net/ekgid3821/7840006

73) 동경중앙음악학교 수학. 해방 전 <폴리돌> 레코드사, 전쟁 중에는 군예대, 1959년 이 미자 발굴 <열아홉 순정>, 1962년 남일해 발굴 <이정표>, 김광수가 떠나고 나화랑이 1963년부터 KBS 악단장. <울산 큰애기>, <무너진 사랑탑> 맘보 붐을 일으킨 사람 (가수 조규찬의 아버지).

74) <안해의 노래>(1947). 손목인은 1947년부터 박시춘과 서울중앙방송 경음악단장을 맡 음. 1947년과 전쟁 사이의 방송국에서 전속가수에게 많은 곡을 줌. 전쟁 중에는 제2군 정훈공작대장을 맡음. 전쟁 이후 일본으로 활동무대를 옮김.

75) 1947년 손목인과 함께 경음악단 지휘. <목장의 노래>(옥두옥 노래) 작곡. 1958년 4월 1일 15인조 경음악단이 23인조 서울방송관현악단으로 바뀜. 박시춘이 다시 지휘하게 됨(2번 악단장을 맡음).

76) 목포상고, 김해송과 만나 KPK 악단, 1955년에 경음악단을 재구성. 송민영과 협력체제. HLKZ 악단. 1963년 방송작가그룹 결성. 1963년 방송문화상. <나 하나의 사랑> (1955), <청실홍실>(1956), 송민도, 안다성 등과 함께하다가 <처음 데이트>(김상희). 이후 HLKZ, MBC, TBC에서도 활동. <노란 샤츠 입은 사나이>.

영,77) 박춘석,78) 전수린,79) 전오승,80) 황문평,81) 반야월, 김광수,82) 김인배,83) 김광섭,84) 조명암,85) 손로원, 한운사,86) 조남사,87) 김영수, 유호88) 등이 방송국 전속가수들에 곡이나 가사를 주어 노래를 부르게 했다.

이들을 하나로 묶을 공통적 범주는 없다. 다만 '방송가요'라는 장르가 있을 뿐인데 이는 전속가수제를 중심으로 인적 교류가 만들어지고, 창작 방

---

77) 송민도의 동생. 트롬본 주자. KBS 악단 지휘. 환도 후 1955~1956년 송민도, 손석우, 노명석, 황병갑 공동체제로 전속악단을 재구성. 미8군 위문단체 Tommy Ario Show 리더.

78) KBS 경음악단과 인연. 안다성 <바닷가에서>, 권혜경 <물새 우는 해변>.

79) 해방 전 조선 최고의 작곡가. 해방 후 방송곡 <강화도령> 등.

80) KBS경음악단 출신, 박경원, 명국환(<방랑시인 김삿갓>)을 방송국에 끌어옴. 전오승-나애심(동생, 전봉선), 박경원, 명국환(<이별의 인천항>, <비애 부르스>, <만리포사랑>)이 전오승 사단을 구성. <경상도 청년>(김상희 노래).

81) 본명 황해창. 1943년 오사카 음악학교 졸업. 전쟁 중에 <꽃 중의 꽃> 작곡. 1956년 HLKZ-TV 편성과장 겸 음악과장, 건전가요 보급운동. 최초의 가요평론가. <빨간 마후라> 작곡. 원방현의 <꽃 중의 꽃>. 1956~1959년 사이 HLKZ TV 편성과장, 음악과장.

82) 1959년에서 1962년까지 KBS 악단. 이후 MBC(1963~1964), 라디오서울 개국과 함께 악단장으로 옮김. 일본 메이지 대학.

83) KBS-TV 경음악단장, <내 이름은 소녀>(조애희). 29세에 KBS 악단장. 이후 TBC 라디오 악단장.

84) KBS 전속경음악단장 김상희의 노래들. <코스모스 피어 있는 길>, <빨간 선인장>.

85) 조명출, 김다인 예명(1913~1993) 일본 와세다 졸. 1947년 송민도의 <고향초> 작곡. 김백희의 <안해의 노래> 작사. 1948년 월북.

86) <잘살아보세>, <빨간 마후라> 작사.

87) KBS연출계장. <청실홍실> 작사.

88) 본명 유해준. KBS 편성과 소속 직원(1945년 입사). <목장의 노래>(작사, 1948), <안해의 노래> 개사보급. 박시춘과 작업, 이후 TBC 경음단장이던 이봉조, 황문평과 작업. <길 잃은 철새>, <서울야곡>, <맨발의 청춘>, <삼다도 소식>, <고향만리> 등 작사.

식이 정해지면서 생긴 결과라 할 수 있다. '방송가요'는 아직 천착을 하지 못한 용어다. 이는 주로 방송사 근처에서 활약하던 이들(작곡가, 작사가, 전속가수)을 중심으로 녹음되어 방송되거나 취입된 곡을 의미한다. '방송가요'는 과거의 전통가요와는 음악과는 일정 거리를 두고 한국적 팝으로 형성해왔으나 또 다른 한편으로 1960년대 중반부터 시작된 록, 포크, 일렉트릭 음악과는 거리가 있는 그런 장르다. 새로운 음악형식으로 제작되었고, '품위를 유지하는' 음악으로 이해되고 있었다. 이는 방송국 전속가수제도 설립 취지에서 왜색풍을 지운다든지, 새로운 한국적 가요를 지향한다든지 등을 적고 있는 것으로 미루어 그런 방향으로 간 이유를 알 수 있다. 1956년 이후 국가가 직접 대중음악에 대한 개입을 하고 나서면서 '방송가요'는 '건전성'이나 '위생성'을 더욱 강조하고 나서는데 전속가수를 거친 이들이 레코드 회사에 전속된 이후에는 그런 경향을 지우고 있는 것으로 보아 방송가요는 가요사에서 새로운 형식을 창조한 것으로 이해할 수도 있겠지만 여러 이유로 꾸며진 도구적 사회 구성물로도 볼 수 있다. 신현준은 이를 두고 '고품격 가요'를 향한 열망으로 이해하고 있다.

각설하고 드라마 주제가인 <청실홍실>은 라디오 전파를 통해 히트하는 대중가요의 전범이 되었다. '3박자의 리듬과 7음계의 멜로디'는 '2박자 리듬과 5음계 멜로디'를 벗어나도 대중의 사랑을 받을 수 있다는 새로운 길을 개척했고, 드라마 주제가이든 아니든 '방송전파를 타는 고품격 가요는 이래야 한다'는 하나의 전범을 만들어냈다. 당시 발표된 '3박자 7음계'의 곡들 가운데 지금도 애창되고 있는 두 곡을 더 나열하면 기억이 더 선명해질 것이다. <산장의 여인>, <나 하나의 사랑> 등등(≪한겨레≫, 2006.3.23).

실제로 이들은 1963년 '방송가요작가그룹'을 결성한다. 초대 회장을 손석우가 맡는다. 1955년 KBS 문예계 전속작가로 활동했고, 한국방송작가

창립회원이기도 한 아동문학가 장수철의 회고에 따르면, 방송가요작가그룹은 손석우, 김광수 그리고 자신이 처음 뜻을 모았다고 한다.[89] 작곡분과위원회에는 손석우, 황문평, 박춘석, 최창권, 김광수, 이희목, 나화랑, 김호길, 이봉조가 참여했다. 작가분과위원회에는 김예경, 박송, 이호로, 석용원, 박경종 그리고 장수철이 포함되어 있었다. 초대회장에는 손석우 씨를 추대했다. 사업으로 방송가요 10편을 만들어 레코드를 제작하고 방송도 한다는 계획을 세웠다. 이호로 씨의 <창 밖엔 눈이>는 이봉조 씨가 작곡, 박경종 씨의 <근로자의 노래>는 이희목 씨, 박송 씨의 <고향>은 김호길 씨, 석용원 씨의 <여심>은 이희목 씨, 김예경 씨의 <그리운 마음>은 박춘석 씨, <기다림>은 나화랑 씨, <영원토록>은 황문평 씨, <코스모스 곁에서>는 황문평 씨, <수은등이 켜진 길>은 김광수 씨, <간이역에서>는 최창권 씨 등이 작곡했다. 제목에서 알 수 있듯이 이들이 기획한 음악은 대체로 서정적인 것이었다. 밝은 노래를 제작하고 방송을 통해 사회에 이 건전하고 밝은 노래를 널리 펴자는 이 기획은 큰 성공을 거두지 못했다. 조직 또한 1년이 지난 다음 김희조 씨가 제2대 회장을 맡았지만 활동이 없어 자연스레 사라지게 된다.

　방송가요작가그룹과 전속가수제도는 비슷한 운명을 맞는다. KBS 서울중앙방송도 1965년을 마지막으로 더 이상 전속가수를 모집하지 않는다. 그외 방송사들은 전속가수제를 지속하기도 했지만 대체로 그 시기에서 크게 벗어나지 않은 시기에 전속가수제의 막을 내린다. 막이 내린 데에 몇 가지 짐작은 할 수 있다. 1960년대에 이르면 LP 시대가 본격화되고, 더 많은 가수, 더 많은 노래가 양산된다. 전속가수제가 방송사가 가수를 붙들어두는 시스템이었다면 이제는 가수들이 더 네트워크화되고, 더 인기를 끌게 된

---

89) "노래에 얽힌 사연들", ≪국민일보≫ 1990년 7월 6일 자.

방송사를 찾는 시스템이 되었다. 방송사는 이른바 대중가요 생산자에서 대중가요를 선별하는 게이트키퍼로 자리를 바꾼 것이다. 방송국은 여전히 생산자적 위치에서 생산, 유통, 선별할 수 있는 권력을 누리고자 했겠지만 이제는 한꺼번에 12곡 이상을 담을 수 있는 LP의 시대가 왔고, 그로 인해 작곡, 작사, 연행의 공간이 늘어나게 된다. 더 이상 방송이 산업의 가치사슬 모두를 수직통합할 수는 없는 조건이 된 것이다.

방송이 다 감당할 수 없을 정도로 대중음악이 다양화되는 모습을 취하기 시작한다. 1960년대 중반에 이르면 악단의 도움 없이 자신들의 연주로 노래를 부르는 밴드가 생기고, 통기타를 치는 가수들도 등장한다. 그들은 기존의 전통적 대중가요, 한국적 팝에다 록 음악, 포크 음악, 컨추리 음악 등을 보태 전에 없이 대중음악 풍경을 다양화시킨다. 한국적 팝 음악을 방송이 선도할 수 있을 거라는 믿음은 배신을 당한다. 특히 1950년대 미군부대 무대에서 활약했던 이들이 한국적 팝 음악에 균열을 가하거나 새로운 바람을 불어넣을 메뉴를 들고 나옴으로써 '방송가요'는 방송의 도움에도 흔들릴 수밖에 없는 지경에 놓인다. 더 많은 곡을 담을 수 있는 음반산업은 빠르게 변신해 음반산업을 살릴 가수를 발굴하는 프로듀서 시스템으로 넘어가고 방송 또한 음반, 공연계에서 활동하는 가수를 찾아내는 프로듀서 시스템으로 돌입한다. 대중음악에서의 방송의 수직통합을 통한 권력행사는 일단락되는 셈이다.

6. 취향대중의 탄생과 전속가수제의 소멸

방송국의 전속가수제는 방송이 직접 생산자이며 게이트키퍼가 되어 방송될 대중음악을 조성하고 선택하는 적극적 활동의 시기에 탄생된 제도였다. 음반산업과 공연산업이 큰 힘을 발휘하지 못했던 시기였기에 방송이 그럴 수 있었던 것으로 볼 수 있다. 이후 LP 시대가 도래하자 전속가수제의 효용이 급속히 식어갔던 것도 그런 탓일 것이다. 방송이 대중음악계에 권력을 행사한 것으로 볼 수도 있지만 더 크게 보자면 국가, 시민사회의 보수적 욕망이 방송을 건전가요의 생산, 밝음의 창조, 건강한 시민의 생산으로 몰고 간 면도 있다. 그런 점에서 보자면 방송국의 전속가수제도는 1940년대 후반부터 1960년대 중반까지의 대중음악계를 가장 잘 드러내 보여줄 수 있는 바로미터와도 같은 존재라 할 수 있다. 전속가수제도의 모습은 대중음악을 둘러싼 다양한 제도들의 중첩적 기여에 의해 결정되어 나타난 제도라는 말이다.

1950년대의 전속가수들이 보여준 바와 같은 다양한 활동들이 1960년대 LP시대를 맞아 다양한 음악 장르를 소화할 수 있는 기반이 되어주었고, 1960년대를 대중음악의 새로운 시대가 되도록 하는 중요한 엔진이 된다. 미군부대 무대, 나이트클럽과 함께 방송국 무대나 프로그램의 출연, 주제가 부르기는 이어 영화 붐으로 연결되면서 영화음악에 기여할 뿐 아니라 본격화되는 한국적 팝의 시대에 동참할 준비 공간이 되기도 한다. 1950년대 방송국 전속가수제가 더 활발했고, 1960년대 전속가수제가 덜 활발했던 것이 그 증거다. 방송국이 가수들을 묶어둘 수 없을 정도로 다양한 장르의 음악이 다양한 공간을 통해 발표되고, 감상되는 그런 시기를 맞게 되었던 것이다. 방송은 음반산업의 힘의 공백을 틈타 자신의 권력공간을 만들어 자신에 맞춘 '대중음악의 방송주의화'를 꾀했으나 1960년대에 들어서면서는 방송이 대중음악의 영향을 받아 자신의 모습을 바꾸는 노력을 하게 된다.

방송국 전속가수제도의 운명을 통해 '대중음악의 방송주의화' 기간을 넘긴 1960년대를 다시 평가할 수도 있다. 그동안 1960년대를 대중의 시대, 대중문화의 시대로 규정하는 작업이 이뤄져 왔다. 특히 다양한 대중문화 현상들이 발생해 이에 대한 관심을 많이 가져왔다. 그러나 이 시기가 대중

┃ 사진 5-5
방송국 아나운서, 약사, 방송국 전속가수가 삼각관계를 이루는 영화 〈청춘일기〉(1959
년 작)의 포스터. 손석우가 특별출연한다는 광고도 눈에 띈다. 하단 사진의 오른쪽 끝에
는 방송국 MC인 후라이보이의 사진이 실렸다.

문화적 현상이 터져 나오기는 했지만 문화적 다양성이란 측면에서 접근한
일은 많지 않았다. 대중음악을 중심으로 말하면 전통적 대중음악, 한국적
팝, 그리고 전에 없던 새로운 록, 포크 등을 대중이 감상해온 시기였음에도
취향이 다양해졌다거나 감상 대상이 다기화된다는 것에는 주목하지 않았
다. 대중을 강조하면서 새로운 것에 모두 몰두한 것처럼 그 시대를 이해하
는 것에 익숙한 것이다. 악극단 무대, 라디오와 텔레비전 방송, 미군 부대
무대, 나이트클럽의 공연 등에 흘러나오는 음악이 조금씩 달랐고, 그를 연
주하고 노래하던 이들은 서로의 음악에 대해 서로 다른 태도를 보여왔다.

대중음악을 감상하는 대상에 따라 감상자들도 서로에 대해 다른 태도를 보여준다. 그러나 대체로 방송이 대중음악계에 미치는 영향력이 커지는 것이 영화라는 재현체를 통해서도 여실히 드러난다. 1959년 상영된 <청춘일기>에서는 최무룡과 의과 출신 조미령의 러브 로맨스가 큰 줄거리이면서 이에 최무룡을 짝사랑하는 방송국전속가수 안나영과의 삼각관계가 양념이고, 후라이보이를 MC로 내세워 궁상기를 싹 가시게 하며 KBS를 소개하는 듯한 그림을 보여준다(≪동아일보≫, 1959.6.16).

대중 내의 이 같은 감상의 다양화, 서로의 감상에 대한 다른 태도 등이 1960년대 여러 재현체에서 드러난다. 영화 속 가수로 분한 주인공은 과거 노래에서 벗어나 새로운 장르를 부르며 자신의 가수 생활을 이어가거나, 과거 장르를 지속하다가 관객으로부터 핀잔을 받는 모습이 영화 속에서 재연된다. "여기서는 오히려 최무룡이 부르는 팝송을 관객들이 좋아하지 않는다는 애용이다. …… 문제는 공연이 이루어지는 장소에 있었다. 새로운 음악이 유행하게 되었다고는 하지만 대중매체의 발전과 보급 정도가 오늘날과는 비교할 수 없는 수준이었던 당시에는 유행이 모든 지역에서 동일하게 진행될 수 없었다"(이준희, 2012: 156). 김수영의 시 <금성 라디오>에서도 라디오를 통한 대중적 음악 감상의 보편성을 적으며 교육열보다 더 높은 라디오 구입열을 꼬집고 있다. "어제는 카시미롱이 들은 새 이불이 / 어젯밤에는 새 책이 / 오늘 오후에는 새 라디오가 승격해 들어왔다. …… 아이놈은 라디오를 보더니 / 왜 수련장은 안 사왔느냐고 대들었다"(김수영, 1981: 265; 송은영, 2011: 187~226)고 한다.

1947년에 시작해 1960년대 중반에 들어 그 자취를 감추어가는 방송국전속가수제도는 그 같은 변화를 보여주고 있었다. 아직은 생존해 있는 가수, 작곡가, 작사자들의 육성을 통해 미완의 자료를 보완하고, 그 시기에 오갔던 힘의 교환들을 정리할 부분들이 많이 남아 있다.

참고문헌

김수영. 1981. 『김수영 전집 1: 시』. 민음사, 265쪽.

김영희. 2003a. 「한국의 라디오 시기의 라디오 수용현상」. ≪한국언론학보≫, 47권 1호, 140~165쪽.

_____. 2003b. 「제1공화국 시기 수용자의 매체접촉경향」. ≪한국언론학보≫, 47권 6호, 306~331쪽.

김의경·유인경. 2008. 『박노홍의 대중연예사 1(한국악극사·한국극장사)』. 연극과 인간.

김형찬·원용진. 2007. 「1960년대 대중음악에 반영된 도시화의 양태」. ≪낭만음악≫, 77호, 115~151쪽.

문제안. 2005. 「이제부터 한국말로 방송한다」. KBS 광복 60주년 특별프로젝트(편). 『8·15의 기억: 해방공간의 풍경, 40인의 역사체험』. 한길사, 14~35쪽.

박찬호. 2009. 『한국가요사 2: 해방에서 군사정권까지: 시대의 희망과 절망을 노래하다, 1945-1980』. 미지북스.

_____. 2000. 「SP 음반시대 대중가요의 내력」. 『유성기로 듣던 가요사 두 번째 해설집』. 신나라뮤직.

박성서. 2010. 『한국전쟁과 대중가요, 기록과 증언』. 책이있는풍경.

반재식. 2000. 『한국 웃음사: 재담, 만담, 코미디』. 백중당.

송은영. 2011. 「1960~70년대 한국의 대중사회화와 대중문화의 정치적 의미」. ≪상허학보≫, 32집, 187~226쪽.

신현준. 2005. 『한국 팝의 고고학 1960』. 한길아트.

엘리아스, 노르베르트(Norbert Elias). 2001. 『문명화의 과정』. 박미애 역. 한길사.

원용진. 2011. 「한국 텔레비전 50년과 대중문화: 텔레비전과 대중음악 간 관계를 중심으로」. 김병희 외(공저). 『한국텔레비전방송 50년사』. 커뮤니케이션북스.

위경혜. 2007. 『호남의 극장 문화사: 영화 수용의 지역성』. 다할미디어.

이준희. 2012. 『노래로 듣는 영화, 영화로 보는 노래: 1920~60년대 한국 대중음악과 영화』. 한국영상자료원.

_____. 2007. 「1950년대 한국 대중가요의 두 모습: 지속과 변화」. ≪대중서사연구≫, 17호, 73~104쪽.

_____. 2004. 「1940년대 후반(1945~1950) 한국 음반산업의 개황」. ≪한국음반학≫,

제14호, 139~163쪽.

임종수. 2004. 「한국방송의 기원: 초기 라디오 제도에서 제도, 편성, 장르의 형성과 진화」. ≪한국언론정보≫, 48권 6호, 370~396쪽.

최창봉. 2001. 『우리 방송 100년』. 현암사.

최현철·한진만. 2004. 『한국 라디오 프로그램에 대한 역사적 연구』. 한울아카데미.

韓國放送公社 編. 1977. 『韓國放送史』. 韓國放送公社.

한국대중예술문화연구원. 2003. 『韓國大衆歌謠史』. 한국대중예술문화연구원.

한국정신문화연구원(편). 1998. 『한국유성기음반총목록』. 민속원, 12~13쪽.

KBS 연감편찬위원회. 1962. 『KBS 年鑑』. 한국방송문화협회.

_____. 1963. 『KBS 年鑑』. 한국방송문화협회.

_____. 1965. 『KBS 年鑑』. 한국방송문화협회.

『KBS제주방송 40년: 1950.9.10~1990.9.10』.

『KBS청주방송 50년: 1945~1995』.

Ang, Ian. 1985. *Watching Dallas : Soap Opera and the Melodramatic Imagination*. London: Routledge.

Cowen, Tyler. 2000. *In Praise of Commercial Culture*. Harvard University Press.

기타 자료

≪삼천리≫.

≪방송≫.

≪MBC 가이드≫.

≪동아일보≫.

≪경향신문≫.

≪국민일보≫.

≪영남일보≫.

인터넷 사이트 <춘하추동> 블로그, http://blog.daum.net/jc21th

제6장

방송과 영화의 재매개 과정

1970년대 라디오 영화음악 프로그램에 대한 탐색

박진우
한국언론진흥재단 선임연구위원

MBC FM 영화 음악실이 6개월 만에 부활되었다. 4월에 MBC의 영화 음악실 폐지는 프로의 식상에서가 아니라 편성의 사족(蛇足)에서 왔지 않았나 싶다. 영화음악은 영화계에나 음악계에나 영향력 있는 메커니즘으로서, 잃던 이처럼 빼낼 수 있는 성질의 것이 아니기 때문이다(≪스크린≫, 1984년 11월호, 156쪽).

1. 들어가며

한국의 라디오 방송에는 '영화음악 전문 프로그램'이라는 해외에서 쉽게 찾아보기 힘든 프로그램이 오래전부터 존재한다. 1970년대 이후 영화음악은 FM '전문편성'의 특징적인 장르의 하나로 국내 청취자들에게 인식되고 있다. 이 연구는 일차적으로 1970년대 영화음악 전문 라디오 프로그램의 등장과 정착 과정을 규명하고자 한다. 그것은 실증적인 미디어사(史) 연구의 차원에서, 1970년대 이후 한국의 라디오 방송사에서 영화음악 전문 프로그램의 역사에 대한 체계적인 기술을 목적으로 한다.

하지만 이 문제는 보다 다층적인 것이다. 그것은 라디오(방송)·영화·음악 이라는 세 가지 미디어의 혼종성(hybridity)이라는 문제이다. 즉, 이는 라디 오라는 하나의 매체가 영화라는 또 다른 매체의 특성을 반영하고 이를 전 유하는 과정, 이른바 재매개(remediation)의 문제이다(Bolter & Grusin, 2006). 라디오와 영화의 관계라는 측면에서 이는 다음 세 가지 층위에서 새롭게 살펴볼 필요가 있다. 첫째, 한국의 라디오 방송이 영화라는 시각 매체의 문 화형식을 끌어들이고 이를 프로그램화하는 재현 형식의 재매개이다. 둘째, 영화음악이라는 기능적인 음악이 라디오 음악 장르의 하나로 정착되고, 나 아가 그것이 영화산업 자체의 성장 동력으로까지 전환되었던 문화적·산업 적인 맥락이다. 셋째, 방송 수용자와 영화 관객들의 새로운 매체 소비 및 수 용 관행의 형성이다. 어떤 형태로든 이는 서로 다른 미디어 형식들 간의 혼 종성이자, 동시에 서로 다른 미디어 형식의 수용자들이 새롭게 창출해내는 소비·수용의 상호작용의 문제이기도 하다.

그런 면에서 이 연구는 라디오 영화음악 프로그램을 통해 당대의 방송 (라디오)과 영화, 그리고 음악이라는 서로 다른 미디어가 상호작용하면서 엮어낸 새로운 문화적 현상—혹은 문화적 실천 관행—의 역사적 계보를 추적 하기 위한 탐색적인 작업이라 하겠다. 따라서 이 연구는 1970년대의 FM 라디오의 영화음악 프로그램들을 화두로 삼아 재매개의 역사적 과정에 대 한 다차원적인 고찰을 시도한다.

2. 방송·영화·음악의 재매개: 이론적 검토

우선 주목할 대상은 바로 '재매개'의 개념일 것이다. 원래 이 개념은 미디어 테크놀로지의 발전 과정에서 서로 다른 미디어의 존재 방식에 끼치는 역사적인 상호 영향력의 문제, 즉 서로 다른 시기에 출현하여 정착한 여러 미디어들 간의 역사적 연계를 다룬다. 이것은 모든 미디어를 여타 미디어 와의 의존 관계 속에서 바라보는 관점이다. 각각의 미디어 테크놀로지는 해당 사회의 기술적, 사회적, 경제적 맥락의 네트워크 속에 위치한다. 따라 서 특정 미디어에 대한 사회적 인식은 개별 미디어가 가진 새로운 기술적 인 측면(기능, 작동방식 등)에서만이 아니라, 다른 미디어와 관계를 맺는 방 식에서도 직접 연유한다(Bolter & Grusin, 2006: 76). 그렇기에 이 개념은 특정 한 미디어가 발전하는 과정에서 기존의 여타 미디어들의 내적인 장르 진 화, 이를 소비하는 수용자들의 관습, 나아가 이들 미디어들을 둘러싸고 있 는 보다 넓은 경제적·문화적 맥락에 대한 분석으로도 확장될 수 있는 중요 한 단초를 제공한다.

한국의 라디오 방송사를 다룬 몇몇 연구들은 이 개념을 원용하여 보다 확장된 역사적 분석을 시도한 바 있다. 예컨대 주창윤(2011)은 TV가 본격화 되기 이전에 라디오는 기존의 다양한 문화 형식을 수렴하는 통합적 문화 매체로서의 강력한 위상을 보유하고 있었다고 주장한다. 표현을 달리하면, 1960년대 전후의 라디오 프로그램들은 기존의 여러 매체들이 발전시킨 장 르들의 적극적인 재매개의 장이라는 말이다. 하지만 이렇게 설정된 재매개 의 관계는 조금 더 확장될 필요가 있다. 일단 이 논의는 미디어 재현 형식의 재매개라는 층위에서의 언급이기 때문이다.

여기서는 재매개의 과정을 서로 다른 미디어들 간의 역사적 연계라는 차 원으로 좀 더 확장시켜 바라보고자 한다. 즉 특정한 국면―즉 1960~1970년 대―에서의 라디오와 영화의 상호 교류의 제도적·산업적·문화적 양상들을 폭넓게 검토해보면서, 대중들이 이들 매체를 인식하고 또 소비하는 관행들 에 대해서도 주목해볼 것이다. 그러니까 제도적·산업적인 차원에서 양자가 연계될 수밖에 없는 지점들,[1] 그리고 수용자(방송 청취자이자 영화 관객이자

음악 감상자)들의 통합적인 경험들을 역사적으로 살펴보고자 한다. 라디오
(방송)·영화·음악의 재매개의 과정은 이렇듯 산업적 차원과 대중적 수용의
차원 모두에 걸쳐서 이루어진 복합적인 역사적 구성의 과정이기도 하다.

1) 1970년대 이전 라디오 방송의 영화 프로그램: 미디어 재현 형식의 재매개

라디오와 영화가 국내에 처음 도입된 시기는 결코 늦은 편이 아니었지
만, 양자가 대중들의 삶 속에 뿌리내렸던 과정은 다소의 시차가 있다. 알려
진 대로 라디오와 영화가 소개되었던 것은 일제 치하의 일이다. 조선총독
부의 주도하에 사단법인 '경성방송국'이 설립된 것이 1926년이었고, 이듬
해인 1927년 2월 16일 최초의 라디오 방송이 시작되었다(김영희, 2009). 당
시 방송 권역은 서울과 경기도 일대였으며, 수신기 보급 대수도 전국에 약
1,440여 대에 불과했다. 해방 이후, 1946년에 미 군정청 공보부에 의해 기
존의 10여 개 방송국들을 통합한 국영 라디오 방송이 설립되면서 미국식
상업방송 프로그램 포맷의 라디오 방송이 새롭게 발전할 전기가 마련되었
다. 1947년 9월 3일에는 독자적인 무선호출부호 'HLKA'를 배정받았으며,
1954년 6월에는 최초의 민영방송인 기독교 방송(CBS)이 설립되었다. 그리
고 1959년 4월 15일, 부산문화방송이 개국하면서 본격적인 국·민영 이원
체제가 수립되었다(백미숙, 2007). 1959년을 전후하여 라디오 수신기의 국
산화가 이루어지고 또 정부 차원에서의 대대적인 보급이 시작됨으로써, 라
디오는 비로소 도시 중산층 가정을 넘어 대중의 일상 속에 본격적으로 자
리 잡게 되었다.

---

1) 이는 "콘텐츠의 재매개를 통한 미디어 산업 혹은 미디어 지위의 재매체화"라고도 표현할
   수 있다. 이 표현을 명시적으로 제시해주신 익명의 심사위원께 감사드린다.

주창윤(2011)은 1960년대 초반의 라디오 프로그램들을 분석하면서, 이 시기 라디오의 서사가 미분화된 상태에서 문학이나 연극 혹은 영화나 창극 등의 많은 기존 문화 형식들을 폭넓게 수용했음을 지적한다. 따라서 그는 당대의 라디오를 '통합 문화매체'로 규정하고, 라디오 문화 역시 다양한 문화 형식의 (재)매개였다고 주장한다(주창윤, 2011: 256). 이것은 일차적으로 라디오 서사의 혼종성(hybridity) 차원의 문제이다. 이미 알려진 문학이나 연극 작품들을 새로운 매체의 형태에 맞게 각색하는 일은 방송이 처음 등장한 이래 계속되었던 오랜 제작 관습이다. 1960년대의 라디오 방송에는 클래식, 연극, 명작소설, 전통음악(국악)과 같은 고급문화 형식들뿐 아니라 영화, 대중가요, 팝송과 같은 대중문화 장르들도 무차별적이고 미분화된 상태로 유입되었다. 라디오의 특성에 적합한지가 검증되지 않은 다양한 매체 장르들이 라디오 속으로 진입하여 서로 경쟁하는 가운데, 이들은 재현 형식의 측면에서 서로 혼종되는 형태로 수렴되어갔다.

영화는 이러한 재매개의 역사에서 주목할 만한 대상이다. 국내에서 영화가 수용된 역사는 영화가 처음 발명된 지 얼마 지나지 않은 때였다. 그것은 1920년대를 거치면서 빠른 속도로 대중들의 삶 속에 뿌리를 내렸고, 미군정과 1950년대를 거치면서 가장 대표적인 '대중오락' 장르로 일찌감치 정착된 바 있다(김미현, 2006; 김덕호·원용진, 2008). 그렇기에 초기 라디오 방송 프로그램의 통합적인 재매개 과정에서 영화가 대단히 큰 비중을 차지하고 있었을 것이라는 추론은 충분히 가능하다. "<라디오 스크린>(1958~1959)은 상영 중인 영화를 30분으로 요약 각색하는 형식의 프로그램이었고, <흘러간 스크린>(1961~1962)은 유명했던 명화를 다시 라디오 드라마 형식으로 그려낸 것"이었다. 또 "<명화 앨범>(1956~1965)은 초기 개봉 영화를 극화하고 영화 사운드 트랙을 삽입해서 방송했다가, 1960년대 초반에는 <흘러간 명화>로 바뀌었다"(주창윤, 2011: 252~254). 그런 면에서 영화는 '방송문예'의 주요한 소재이자 라디오 프로그램의 주요한 원천이었다고 말할 수 있다.

그런데 이상의 설명들을 받아들인다면, 주목할 만한 사실이 또 하나 남는다. 그것은 영화 관련 프로그램들이 경쟁과 혼종의 과정을 거치면서도 라디오 속에 살아남았다는 사실이다. 실제로 라디오의 독자적인 방송 포맷의 확립은 곧 자신에게 유입된 수많은 여타 미디어 및 예술 장르들을 자신의 논리하에 수렴한 것이다. 라디오에서 영화가 존재할 수 있는 가장 최적화된 방식은 영화음악 프로그램의 형태일 수 있다. 영화음악 프로그램은 원래의 미디어 형태에 대한 '하이퍼매개(hypermediation)'로서의 속성을 가진다.[2] 동시에 이것은 영화음악 프로그램이 다시 영화라는 외부의 미디어와 그 수용에 영향을 끼치는 또 다른 사회적 관행의 재매개가 시작되는 출발점이기도 하다. 그렇기에 여기서부터는 1960년대의 '통합적 라디오 문화 형식의 재매개' 이후의 새로운 역사적 구성 과정에 대한 설명이 필요하다.

2) 음악과 영화: 장르 생산 및 소비 형식의 재매개

음악은 초기부터 영화의 대단히 중요한 내적 구성요소였다. 1895년 프랑스에서 뤼미에르 형제가 최초의 '시네마토그라피(cinématographie)'를 상영할 당시에도 이미 한 대의 피아노가 음악을 연주하고 있었다는 사실은 널리 알려져 있다. 그럼에도 불구하고 음악은 오랫동안 영화의 독자적인 영역이자 새로운 혼종성의 영역으로 주목받지는 못했다.

이는 영화 속의 음악에 부여되어 있던 기능적인 측면을 우선시하는 관점 때문이다(Chion, 1995). 많은 연구자들은 영화가 초기부터 음악을 동반하게

---

2) 영화음악 프로그램이 처음에는 단순한 '음악 프로그램'에서 점차 '영화 프로그램'으로 확장되었던 역사적 과정 또한 이 점을 보여주고 있다. 다만 분석 과정에서의 현실적인 어려움으로, 이 문제는 충분히 다루어지지 못했다.

된 이유에 우선 주목한다. 여기에는 시골 장터처럼 소란스럽던 극장에서 영화를 상영하기 위해서는 음악이 효과적이었다는 실용적인 이유도 있다. 또 음악이 "영사기의 소음을 덮어주는 것, 어두운 공간에 앉아 있는 관객들을 안심시키는 것, 잇달아 상영되는 단속적인 영화들을 통합함으로써 하나의 연속체를 창조하는 것, 관객의 귀를 끌어당겨 상영 중인 영화가 필요로하는 사운드에 주의를 덜 기울이도록 하는 것"으로 기능한 점 역시 그 이유에 해당한다(Mouëllic, 2007: 15). 하지만 유성영화의 시대가 도래하면서 소리, 음향, 그리고 음악 그 자체에 관심을 기울이는 관객이 나날이 늘어났다. 이들에게 음악이란 소리 없이 움직이는 스크린 속의 낯선 이미지를 보다 친근하게 느끼게 해주는 장치이다. 소리는 이미지의 흐름을 수용하는 데 어떻게든 도움을 준다(구경은, 2006: 16).³⁾ 연구자들 역시 음악과 영상의 상호작용, 또 음악과 내러티브의 관계 속에서 음악이 의미화되는 가능성에 대해 보다 전문적인 관심을 기울이기 시작했다(Chion, 1995).

여기에서부터 개별 미디어의 내적인 논리와 함께 제도적·산업적인 차원에서 형성된 재매개의 또 다른 층위가 문제시된다. 오랫동안 영화의 '흥행공식'은 '변사-가수(악단)-주제가-영화'로 이어지는 일련의 결합 과정이었다. 무성영화 시대의 '영화 해설자'인 변사의 역할 또한 음악과 마찬가지로 과거 무대예술에서의 '이야기꾼'의 경험을 재매개한다(정현규, 2010: 168). 변사와 음악은 나란히 영화라는 초창기의 낯선 미디어를 과거의 문화 소비 관행과 결합시켜주는 주요한 매개 장치였다. 동시에 이러한 매개 과정이

---

3) 따라서 영화음악을 둘러싼 논쟁은 "음악이 주목을 받아서는 안 되며, 의도하는 효과를 내기 위해 보조적으로만 사용되어야 한다는 입장이 있는가 하면, 음악이 영화의 보조적 수단에 머물러서는 안 되며, 때로는 영상을 뛰어넘는 지배적인 음악이 필요하다는 입장"으로 나뉜다(구경은, 2006: 17). 물론 어느 것이 옳은지를 결론내리는 일은 이 연구의 관심사가 아니다.

바로 영화음악이라는 혼종적인 장르의 출발점이었다. 그리고 미시적인 차원에서 보자면, 영화 관람 체험은 극장에 입장한 후에 접하게 되는 여러 부수적인 미디어 형식들—예컨대 극장 로비에서 모니터를 통해 영화를 미리 보는 것, 예고편이나 영화 스틸 사진, 그리고 인터넷상의 정보 등—과 연계되어 있는 복합적인 것이다(Bolter & Grusin, 2006: 100~101).

> 무성영화 시절의 변사도 영화음악 발전에 많은 역할을 했다. 그들이 주제가를 부르거나 하지는 않았지만 몇몇 유명한 변사들은 <일축조선소리판>, <이글>, <콜럼비아>, <빅터>, <오케>, <시에론>, <폴리돌> 등의 유성기 음반에 영화 설명이라는 음반을 취입하면서 몇몇 가수와 합작하여 주제가를 삽입하는 경우가 많았으며, 이것은 유행된 주제가를 취입하는 것뿐만 아니라, 새로이 주제가를 유행시키고, 영화를 홍보하는 적극적인 작용을 했기 때문이다(이진원, 2007: 326).

우리는 매체 소비자이자 수용자라는 입장에서 특정 미디어를 재매개의 과정 속에 있는 다른 미디어와 함께 바라본다. 영화와 방송(특히 텔레비전)은 이러한 속성을 특별히 강하게 가진다. 하지만 이것이 단순히 현대의 영상매체들 간의 문제가 아닌 것이, 영화가 등장하기 훨씬 이전부터 음악은 연극 등의 무대예술과 긴밀한 관계를 맺고 있었다. 초기에 영화는 오페라나 기타 무대예술이 행해지던 공연장 시설을 그대로 이용했다. 그런 측면에서 보자면 관객들의 오랜 문화 향유의 관습상, 영화에도 음악 반주가 당연히 있어야 한다고 생각했던 것은 어쩌면 당연한 일일 것이다(한상준, 2000: 35~36; Kracauer, 2008: 286~287).

이런 측면에서 라디오가 영화라는 매체를 자신 속에 재현했던 방식의 변화를 넘어서, 라디오·영화·음악이라는 매체들이 서로를 반영하는 과정에 대한 새로운 문제 제기가 필요하다. 즉, 영화의 관점에서 방송(라디오)이 어떤 형태로 당대 한국영화의 유통과 소비의 제도적·문화적 맥락을 구성했으며, 영화음악은 그 속에서 어떤 역할을 담당했는지에 대한 질문 역시 가능하다. 라디오는 영화의 수용과 관객의 형성, 그리고 영화음악이라는 특수한 음악 장르이자 영화예술의 구성 요소에 결코 적지 않은 영향을 끼쳤을 것이기 때문이다(Ethis, 1995). 이는 1970년대 FM 라디오 음악방송과 영화음악 프로그램, 당대의 영화 관객과 방송 수용자, 그리고 당대의 방송·영상·음반 산업 전반의 역사적인 구성이라는 중요한 역사적 단면과도 직결된 문제이다. 그리고 라디오 영화음악 프로그램은 이상과 같은 관객 경험의 매개자로서 결코 작지 않은 역할을 행했을 것이라는 가설 또한 자연스럽게 수립해볼 수 있다.[4]

3) 방법론적 논의

이상의 논의를 통해, 이 연구에서 다루어질 주제를 보다 정식화시켜 표현할 수 있게 되었다. 1970년대 영화음악 프로그램의 발전 과정에 대한 역사적 연구는 제도적·산업적인 차원을 넘어서, 수용자와 대중문화 향유의

---

4) 이러한 관점은 향후 (방송과 영화의 재매개의 또 다른 무대인) 텔레비전과 인터넷 등에 대한 새로운 연구로 나아갈 수 있는 중요한 단초일 것이다. 1990년대를 정점으로 라디오 영화음악 프로그램 자체에 대한 대중들의 주목도가 점차 낮아지면서, 대신 TV를 통해 신작 영화를 소개하고 영화음악을 다루며 나아가 영화 비평을 수행하는 프로그램들이 신설되었다. 영화 수용의 역사에서 이 프로그램들은 과거 라디오 영화음악 프로그램 청취자들의 관객 문화와는 구별되는, 새로운 시대의 관객 문화 형성을 촉진시킨 '부수적 매개체'에 해당할 것이다. 그리고 1990년대 이후 온라인 공간(PC통신, 인터넷)에서 활발하게 전개된 영화 동호회, 영화비평 모임이 행한 역할 역시 향후의 중요한 연구 과제일 것이다. 이러한 점을 염두에 두고, 이 연구를 통해 새로운 미디어 소비의 관행을 탄생시켰던 역사적 요인들에 대한 보다 체계적인 설명으로 나아갈 수 있을 것이다

층위에서 한국의 방송과 영화의 재매개 과정을 다룰 수 있는 중요한 소재일 것이다. 이러한 가설은 재매개라는 이론의 관점에서는 일종의 '사회적 관행'의 재매개에 해당한다. 그것은 영화라는 특정한 미디어를 소비하는 수용자들 또한 과거의 미디어 소비의 관행, 더불어 당대의 여타 미디어 소비의 관행과의 결합 속에서 자신의 독자적인 소비 관행—곧 '영화 관객 문화'—을 형성한다는 차원에서의 문제이다(Bolter & Grusin, 2006). 따라서 이 연구는 재매개의 개념을 도구로 삼아, 다음과 같은 세 가지 층위의 문제를 설정하고 이를 살펴보고자 한다.

① 라디오 영화 프로그램에서 나타난 문화적 통합(프로그램 차원에서의 재현 형식의 재매개)
② 영화·방송·음악 산업의 연계(제도적·산업적 차원에서의 재매체화)
③ 라디오 영화음악 프로그램 청취자와 영화 관객의 조응성(수용 관행의 사회적 재매개)

위의 세 가지 층위를 구분하는 것은 물론 아직은 임시적이고 또 임의적인 면이 있다. 그만큼 이 문제는 여전히 복합적으로 상호 결합된 현상으로 우리 앞에 드러나기 때문이다. 이러한 어려움으로 인해 연구의 구체적인 과정 역시 많은 제약을 받을 수밖에 없다. 우선 첫 번째 연구문제에 대해서는 직접적인 언급보다는 당대의 FM 라디오 편성과 프로그램에 대한 일반적인 배경 차원의 검토에 그치고자 한다. 기존 연구들을 참조할 수 있다는 점과 함께, 무엇보다 현재로서는 당대의 라디오 프로그램들에 접근할 수 없는 자료상의 한계가 있기 때문이다. 대신 문헌 자료들을 중심으로 두 번째, 세 번째 연구문제에 보다 집중하고자 한다. 또 현실적으로 두 번째와 세 번째 연구문제는 서로 결합되어 있다. 새로운 미디어 소비와 수용의 문화적 관행은 신생 매체의 산업적 기반 형성과 직결되기 때문이다. 이 점을 고

려하여, 문제를 보다 종합적인 시각에서 다룰 수 있는 서술 방법을 택하고
자 했다.

이 연구는 전적으로 문헌 연구로 이루어져 있다. 이를 통해 국내 라디오
방송에서 편성되었던 각종 영화 관련 프로그램들의 편성 현황을 연대기적
으로 서술하고, 그것의 의미들을 해석해보고자 했다. 따라서 1960~1970
년대의 주요 일간지, 방송 및 영화 관련 전문잡지, 그리고 한국의 라디오 방
송사와 영화사에 대한 1·2차 자료들을 폭넓게 검토했다. 그 과정에서 문헌
들의 범위를 보다 체계적으로 설정하지 못한 점은 분명히 이 연구의 한계
로 남을 것이다[5].

3. 1970년대 한국의 FM 라디오 편성과 영화음악 프로그램

라디오 영화음악 프로그램의 전성기는 1970년대의 민영 라디오에 의해
시작되었다. 이 시기에 4대 민영방송국—MBC, TBC, DBS, CBS—의 주도로
저녁 시간대에 영화음악 프로그램이 고정적으로 편성되기 시작했다. 하지
만 이에 앞서 이 시기의 전반적인 라디오 편성, 특히 FM 라디오 편성의 양
상을 우선 살펴보고자 한다. 알려진 대로 1960~1970년대는 라디오 방송
자체의 전성기였을 뿐 아니라, TV의 보급에 의해 라디오가 더 이상 장밋빛
미래로 가득 찬 것은 아니라는 사실을 종사자들 모두가 느끼던 과도기적
상황이었다(최현철·한진만, 2004; 백미숙, 2007). 그 속에서 당시 라디오 영화
음악 프로그램이 전체 편성에서 차지하는 위상을 나름대로 규명할 수 있을

---

5) 더불어 연구의 진행 과정에서 당시 방송사의 영화음악 프로그램 제작에 참여한 PD나 진
   행자들과의 심층 인터뷰를 수행하고자 했지만, 여러 가지 제약으로 이번 연구에는 반영
   되지 못했다. 이 점 역시 이 연구의 결정적인 한계일 것이다.

| 표 6-1
1960년대 후반 라디오 방송국별(AM) 음악 프로그램 편성시간 비율

구분	조사 시기	KBS	MBC	DBS	TBC
음악 프로그램 편성 비율	1967년	26.5%	44.6%	35.9%	37.4%
	1968년 11월	20.6%	38.2%	35.2%	38.4%
	1969년 4월	19.2%	41.1%	32.4%	33.9%

* 자료: 한국방송협회(1997: 368).

것이다. 이어 MBC를 중심으로 여러 방송사들의 영화음악 프로그램 편성의 추이를 살펴보겠다.

1) 1960~1970년대 한국의 라디오 방송 환경과 편성 장르

1960년대는 한국의 라디오 방송사에서 대단히 중요한 시기이다. 기존의 KBS(서울중앙방송), CBS에 이어 MBC(1959), DBS(1964), RSB(1964) 등 주요 방송국들이 속속 개국하면서, 이들 간의 본격적인 청취율 경쟁이 본격화되었다(최현철·한진만, 2004: 25). 그리고 "1967년 통계를 보더라도 라디오는 평균 2가구당 1대가 보급되어 있는 셈이며, 이는 신문이나 텔레비전보다 훨씬 높은 보급율을 보인다"는 당대의 증언에서도 보듯이, 수용자 저변도 대단히 폭넓게 확장되었다(오갑환, 1969: 18).

당시의 AM 라디오 편성에서 가장 중요한 프로그램들은 정시 뉴스, 방송극(연속극)과 공개방송 위주의 오락 프로그램이었다. 특히 저녁 시간대를 중심으로 한 오락 프로그램(연속극과 공개방송) 편성에 많은 관심이 주어졌다(한국방송협회, 1997). 그런데 1960년대 후반에 이르면 연속극이나 공개방송의 비중은 점차 줄어드는 대신, 생활정보 프로그램과 음악 프로그램의 비중이 점차 커졌다(최현철·한진만, 2004: 120). 특히 음악 편성 증가가 눈에 띄는데, 대략 전체 방송시간의 35% 이상이었고 많게는 44.6%에 이르렀다.

영화 〈밤하늘의 부루스〉(1965)에 등장하는 진공 라디오.
노필 감독의 작품 〈밤하늘의 부루스〉(1965)는 당시에 야심차게 기획된 음악영화였다. 영화 속에는
당대에 사용되었던 수많은 라디오들의 모습이 곳곳에서 등장한다. 사진은 1960년대 중반 가정에서
흔히 쓰인 진공 라디오 수신기의 모습이다.

자료: 최규성의 대중문화 산책, http://blog.naver.com/oopldh

하지만 이 시기는 '라디오 방송의 위기'가 함께 시작된 시점이기도 하다. 텔레비전의 보급이 급속히 늘어나면서 라디오는 상대적으로 '역부족'일 수 밖에 없었기 때문이다. 텔레비전 연속극의 시대가 개막하면서 과거 라디오 의 핵심 콘텐츠였던 연속극 드라마의 인기는 급속히 하락했다. 반대로 기 술적으로는 FM 방송의 상용화가 가능해졌으며, AM 방송 전국망이 확충되 었고, 또 방송 시간대의 확장이 이루어는 등 또 다른 발전의 계기들도 함께 주어졌다. 따라서 라디오는 새로운 전략과 새로운 발전 동력을 찾지 않을 수 없었다. '타깃' 수용자들의 '분화된 취향'에 맞춘 편성이라는 '선진국형' 위기 대응이 서서히 본격화되었다. 전 가족이 함께 듣는 편성에서 일반인· 주부·학생 및 청년층 등을 대상으로 한 편성으로 서서히 분화되었다. MBC 의 1964년 봄 개편은 과거의 '고전적 종합편성'을 탈피하고 청취자 타깃의 구분을 전제로 시간대별 중점 대상 계층을 위한 편성을 실시한 최초의 사 례라 하겠다(한국방송협회, 1997: 418).[6] 특히 청소년층 대상의 프로그램 제

작 경향이 본격화되면서, 음악 프로그램과 생방송 DJ 프로그램의 비중이 급격히 커졌다. 편성되는 음악 역시 장르별로 분화되어 나갔다. 국악, 가요, 팝송, 클래식 등을 전문적으로 방송하는 프로그램들이 신설되었다. 음악 프로그램 형식 역시 DJ 프로그램, 오락 구성 프로그램, 공개방송 등의 형태로 분화되었고, 이들 간의 상호 융합, 나아가 요일별로 차별화된 구성의 양상도 나타났다. 더불어 (토크)쇼적인 성격이 대폭 강화되면서 청취자 사연 소개, 연예인이 출연하는 코너 등이 늘어났다(최현철·한진만, 2004; 백미숙, 2007).

FM 방송의 도입은—TV의 도입과 더불어—1960년대의 방송 환경을 급변하게 만든 중요한 기술적·제도적 요인이었다. 국내에 처음 선보인 FM 방송은 1964년 10월 1일 개국한 미군방송(AFKN-FM)이었지만, 실질적인 국내 FM 방송의 시작은 1965년 6월 26일의 라디오 서울(RSB)의 개국이었다. 하지만 FM에 대한 인식 부족, FM 수신기 자체의 부족, 따라서 광고주 없는 방송이라는 여러 이유가 겹치면서 이 방송국은 경영난에 시달렸고, 얼마 뒤에는 동양방송(TBC)에 인수되었다.[7] 1966년 8월 15일 동양 FM(이후 TBC-FM)이 정식으로 출범했고, 1970년 2월 1일부터는 스테레오 방송이 시작되었다. 그리고 부산 MBC-FM(1970년 4월 5일)과 대구의 '한국 FM'(1971년 4월 25일)이 차례로 개국했다. 1960년대에는 방송 기술상의 송신 방식이 FM이라는 걸 제외하면 프로그램 편성이나 방송 내용은 AM과 전혀 다르지 않았다. 그러므로 실질적인 FM 편성은 1971년 9월 19일 서울 MBC-FM의

---

6) 여기서는 저녁 5~7시는 청소년시간대, 저녁 7~10시는 전가족시간대, 그리고 저녁 10~12시는 다시 청소년시간대로 설정되었다.

7) 라디오 서울(RSB)은 1965년 8월 3일 '중앙라디오(JBS)'로 명칭을 변경했는데, 당시 국영 KBS(중앙방송)와 명칭이 혼동될 우려로 '동양방송'으로 다시 변경했다(1966년 7월 16일)(중앙일보사, 1985: 709~710).

개국과 더불어 시작되었다고 말할 수 있다[8]. 1972년이 되면서 수신 환경은 나날이 양호해졌다. 당시 서울·경기 지역의 FM 수신기 대수는 약 30만 대, 그리고 부산 MBC-FM의 청취자는 약 10만 명으로 추산되었다(조승환, 1972: 60).

> 그러던 중 1964~1965년 나는 당시 우리 젊은이들이 주로 미군 방송을 통하여 흘러나오는 팝송에 누구나가 열광하는 것을 지켜보았고, 또 미군 방송의 프로그램을 그대로 모방 답습하는 온갖 팝송 프로그램이 우리나라 민간방송에서도 꽤나 인기가 높은 것을 알게 되었다(최경식, 1973: 106).

개국 당시 FM 라디오 방송국들은 '교양음악의 보급'을 목표로 전면에 내세우면서 클래식이나 국악 위주의 '순수음악' 중심의 편성을 실시했다. 하지만 보다 넓은 청취자층을 확보하기 위해 대중음악(팝송, 국내가요) 편성 비율을 높이지 않을 수 없었다. RSB의 경우, 출범 당시의 기본 편성 지침의 일곱 번째 조항으로 "음악방송은 우리 음악과 고전음악에 중점을 두면서 음악방송의 형식을 변화시켜 질적 향상을 기함"이라는 점을 명시했다. 하지만 대중음악 프로그램의 보강은 어쩔 수 없이 필요한 일이었다. 1년 뒤에 출범한 TBC-FM의 기본편성 지침은 "① 클래식과 라이트 뮤직에 주안점을 두고 광범한 음악 분야를 망라하는 데 치중하고, ② 하루 18시간의 방송 시간을 도시민들의 생활 리듬에 맞도록 하며, ③ FM 매체의 자체 PR에 역점을 두는 한편, ④ 프로그램을 되도록 대형화"한다고 언급한다(중앙일보사, 1975: 209). 1970년 4월 개편에서는 이러한 언급이 더욱 구체적으로 표방되었다. "개국 편성에서 강조된 음악의 순수성은 65년 5월 개편에서 청취자

---

8) KBS는 이들 중 가장 늦은 1979년 4월 1일부터 FM 방송을 시작했다.

참여의 폭을 넓히면서 DJ 프로그램이 증설되었으며, 음악 기호의 변화에 따라 팝뮤직의 신설, 프로그램 판촉에 따른 제작비 절감, 저청취율 시간대의 음악 프로그램 배열, 텔레비전 매체가 본격적으로 등장하는 70년대의 라디오의 진로 모색 등의 이유로 해서 음악 프로그램의 보강 방안이 연구되었다"(중앙일보사, 1985: 755). 이 시기에 AM/FM 카세트 라디오의 국산화가 이루어지고 FM 수신기 보급이 눈에 띄게 확대되었으며, 수신기의 고급화 추세도 나타났다. FM 수신기는 1975년에는 전국적으로 25만 대, 1977년 215만 대, 그리고 1979년에는 245만 대에 이르렀다(중앙일보사, 1985: 767). 청소년층을 중심으로 주 청취대상을 AM에서 FM으로 옮겨가는 추세가 나타났고, 이들의 기호에 맞는 타깃 프로그램의 신설이 본격화되었다.

인기 DJ가 진행하는 심야 생방송 음악 프로그램은 1970년대 FM (음악) 방송을 대표하는 핵심 콘텐츠라고 할 수 있다. FM 방송의 주된 청취자들은 중등교육 이상을 수료한 높은 교육 수준에, 40대 미만의 젊은 연령층이 대부분이었다. 하지만 당시의 라디오 청취자 조사 결과들에 대한 단편적인 언급들 속에서 확인되듯이, 이러한 계층은 분명히 소수였다. 1963년 서울 시내 여대생들을 대상으로 한 조사에서는 연속극이 아닌 음악 프로그램에 대한 압도적인 선호도가 나타났다9). 1967년 충북 및 경기도 지역의 청취자 211명에 대한 조사 결과에서는 외국음악 애청자가 18%에 불과했지만, 이

---

9) 1963년 이화여대 신문학과에서 서울시내 여대생 1,300명을 대상으로 한 미디어 수용자 조사 결과에는 다음과 같은 내용이 들어 있다. "'라디오'를 안 가지고 있다는 여대생은 거의 없을 정도이다. 98.6%는 그의 가정에 1대 이상의 '라디오'를 갖고 있다고 했다. 청취 시간은 1시간 내지 2시간이라는 학생이 37.4%였다. …… 여대생들의 '골든·아워'는 역시 저녁 7시부터 9시 사이. 아침 7시부터 8시 사이에 '라디오'를 듣는 학생도 꽤 된다. 여대생들이 제일 즐겨 귀를 모으는 '프로'는 음악 시간으로 84.6%, 그다음이 방송극, '뉴스', 교양 '프로'의 順이다. '프로'는 까다롭게 골라서 듣는다"("女大生과 '매스·콤'", ≪경향신문≫, 1964.4.9).

들은 "대개 학교 교육을 받았거나 도시생활의 경험을 가진 소수의 젊은이들"이었다(오갑환, 1969: 20). FM 방송은 바로 이들처럼 분화된 취향을 가진 '소수의 젊은이'들을 주요한 타깃으로 삼아야만 했다. 그 해답이 바로 1970년대의 유명한 각종 심야 라디오 프로그램들이었다. 팝송을 주된 편성 장르로, 60분에서 120분으로까지 늘어난 '와이드 편성'에 생방송, 그리고 퍼스낼리티가 강력한 인기 연예인 DJ를 축으로 하는 프로그램들이 점차 FM을 대표하는 프로그램 장르로 발돋움해 나갔다(백미숙, 2007: 368~369).

2) 영화음악 프로그램의 편성: MBC와 TBC의 사례

이 시기 영화음악 프로그램의 편성을 살펴보기 위해 우선 MBC의 사례부터 검토해보겠다. 그것은 MBC가 1970년대부터 가장 오랫동안 또 지속적으로 영화음악 프로그램을 독자적으로 편성했기 때문이다.

1961년 서울 MBC-AM 라디오가 개국하고 이듬해에 영화 관련 프로그램이 처음으로 편성표에 등장했다. 1962년 1월 15일부터 <영화소개>라는 제목으로 매일 오후 10시 15분에서 20분까지 5분 동안 새로운 영화를 소개하는 토크 프로그램이 방송된 것이다. 그해 8월에는 <영화소개>를 대신하여 <스크린 무드>라는 제목의 새로운 영화음악 해설 및 감상 프로그램이 신설되었다. 방송 시간은 주 1회, 매주 금요일 오전 9시 40분에서 10시까지 20분 동안이었다. <스크린 무드>는 이후 시간이 변경되어(1962년부터는 매주 목요일 밤 10시 40분부터 11시까지), 다음해 11월까지 방송되었다. 1964년 4월 12일부터는 <스크린 뮤직>이라는 프로그램이 새롭게 편성되어 매주 일요일 저녁 7시부터 25분간 방송되었고, 그해 6월부터는 <영화음악실>로 명칭을 변경하여 1971년까지 지속되었다.

1971년 MBC-FM이 개국하면서 영화음악 프로그램은 보다 확고한 지위를 가지게 되었다. 최초의 FM 영화음악 프로그램은 매주 일요일 오후 10시

표 6-2
1962~1988년 MBC-FM의 영화음악 프로그램 현황

프로그램명	편성일	편성 시간	PD	DJ	기타
<영화음악실>	1971.9.19.	22:00~22:30	김옥균		주 1회(일요일)
<스크린 뮤직>	1971.11.1.	10:40~11:00			
	1973.4.1.				
	1975.4.1.	10:35~11:00	김춘선	-	
	1975.10.1.				
	1976.4.12.	20:30~21:00			
	1976.10.18.	22:00~22:30	김병덕		
<영화음악>	1977.4.4.			ANN	
	1977.10.10.			김은수	
	1978.4.3	22:00~23:00	김건영	이인숙	
	1978.10.16.			오영제	
	1979.10.1.			임국희	
<한밤의 데이트>	1980.4.1.	22:00~24:00	이건세		
<김세원의 영화음악>	1981.4.1.			김세원	
	1981.10.1.	22:00~23:00	윤기백		1984.4~10
<한경애의 영화음악>	1982.3.25.		강동균	한경애	<영화음악>
	1983.4.1.		최상일		방송중단
	1984.10.15.				
<영화음악>	1985.10.21.	21:00~22:00	조정선	오미희	
	1986.4.28.			임국희	
<FM 영화음악>	1987.4.1.			신현숙	

자료: 문화방송 (1988)에서 재구성.

부터 30분간 방송된 <영화음악실>이다. 그런데 MBC-FM의 개국 프로그
램들은 당시 AM을 통해 방송되던 것들을 FM 주파수를 통해서도 그대로
방송되는 것들로서, <영화음악실> 역시 앞서 언급한 AM 프로그램이었
다. 1971년 11월, 1일 19시간 방송(오전 6시~익일 새벽 1시)이 시행되면서
단행된 개편에서 FM을 위한 최초의 독자적인 영화음악 프로그램인 <스크
린 뮤직>이 매일 오전 10시 40분부터 20분간 편성되었다.

영화음악 프로그램은 당시에는 '클래식 및 경음악' 장르의 일종으로 받
아들여졌다(이에 대해서는 후술하겠다). 1973년 4월 1일 자 춘계 개편에서는

<스크린 뮤직>이 <영화음악>으로 제목이 변경되었다. 당시의 개편은 소수의 고급 청취자 위주의 편성을 표방했는데, 이는 "FM 청취자의 대부분이 중류층 이상의 지식인들이란 점에서 FM 방송의 품위를 유지하는 것이 오히려 청취율을 올린다"는 이유에서였다. 이러한 원칙은 <영화음악>의 성격을 서양 고전영화 속의 클래식 혹은 창작 테마곡 위주의 프로그램으로 규정하게 된 주된 이유가 되었다(문화방송, 1988: 479). <영화음악>은 이후에도 끊임없이 자신의 자리를 유지했으며, 1975년 4월에는 오전 10시 35분에서 11시까지로 방송 시간이 5분 늘어나기도 했다.

가장 큰 변화는 1976년에 일어났다. 이해 4월 12일 자 개편에서 <영화음악>은 방송 시간대가 오후 8시 30분부터 9시까지로 옮겨졌다(방송 시간도 5분 연장되었다). 그해 10월에는 다시 밤 10시부터 10시 30분까지로 변경되었으며, 1977년 4월 4일부터는 밤 10시부터 11시까지로 방송 시간이 1시간으로 늘어났다. 이해의 춘계 개편은 무엇보다도 "인기 프로그램의 대형화를 통한 청취율 우위 고수 및 품질 향상"를 추구한 것이었다(문화방송, 1988: 521). 그리고 <영화음악>은 여기서 대형화된 인기 프로그램의 대표 사례 중 하나였다. 밤 10시부터 1시간 동안 방송되는 영화음악 프로그램의 기본 편성 시간대는 1984년까지 계속되었고, 많은 경우 이 시기가 바로 MBC <영화음악> 프로그램의 전성기로 평가받는다.[10]

1976년 이후 <영화음악>은 DJ 프로그램으로 변화했다. 이것 역시 DJ 중심의 '퍼스낼리티 프로그램'으로서의 성격 강화, 그러니까 "FM 방송의

---

10) MBC-FM에서 영화음악 프로그램이 심야 '매니아' 프로그램이 된 것은 1990년대의 일이다. 1992년에 개편된 <정은임의 FM 영화음악>부터 편성 시간은 새벽 1시로 옮겨졌으며, 1994년에는 새벽 2시로 이동했다. 이후 이러한 심야 편성은 현재까지도 계속되고 있다(2012년 8월 현재 MBC-FM에서 방송 중인 <박혜진의 FM 영화음악>은 새벽 3시에 편성되어 있다).

청취율을 보다 향상시키기 위하여 청취자 기호에 부합하는 퍼스낼리티 프로(DJ 프로)를 강화"하겠다는 당대의 경향에 따른 것이다(문화방송, 1988: 479). 김은수(1977~1978), 이인숙(1978), 오영제(1978~1979), 임국희(1979~1981),[11] 김세원(1981), 한경애(1981~1985), 오미희(1985~1986), 임국희(1986~1987), 신현숙(1987), 박미숙(1987~1988) 등 주로 성우, 아나운서 출신의 유명 여성 DJ들이 차례로 프로그램의 진행을 맡았다. 1979년 이후에는 DJ의 이름을 딴 프로그램명—<임국희의 영화음악>, <김세원의 영화음악>, <한경애의 영화음악> 등—이 통용되었고, 1987년 이후에는 <FM 영화음악>으로 공식적으로 명명되었다.

TBC는 영화음악 프로그램을 1970년대 이후 FM에 본격적으로 편성했다. TBC는 개국 초기에는 클래식 음악 위주의 편성 기조를 가지고 있었다. 하지만 1973년을 기점으로 편성표에서 대중음악(팝송, 가요)의 비중이 점차 증가했다. 1972년 전체 편성시간의 36%를 차지했던 대중음악 편성은 1973년에 58%로 크게 늘어났다. TBC는 1976년 이후에는 아예 "대중음악 위주의 편성"을 명시적으로 내세웠다(중앙일보사, 1985: 765). 이러한 변화 속에서도 영화음악은 다양한 형태로 편성표에 반영되었다. 1970년 2월, 스테레오 방송 시작과 더불어 있었던 개편에서 매주 일요일 저녁 9시에 <스크린 뮤직>이라는 영화음악 프로그램이 처음 신설되었다. 이 프로그램은 1973년 2월 개편에서는 오후 2시부터 매일 편성되는 것으로 바뀌었다.

---

11) 1979년 10월 1일부터 방송된 <임국희의 영화음악>은 1980년 4월에는 임국희가 진행하는 <한밤의 데이트>(1980.4.1~1981.3.31)(매일 저녁 10~12시)라는 팝송·영화음악 종합 프로그램 속에 흡수·통합된 적이 있다. 그렇지만 1년의 공백 이후 <영화음악> 프로그램은 1981년 4월 1일부터 독립적인 프로그램으로 밤 10시에 다시금 편성되었다. 1984년 봄 개편에서 잠시 사라졌던 <영화음악> 프로그램은 그해 가을부터는 밤 9시로 시간대를 옮겨 되살아났다. 이것은 FM 방송의 전국화에 따른 편성의 차별화를 위한 것이었다.

1976년 봄에는 <영화음악실>로 제목을 바꾸어 저녁 7시부터 1시간 방송되었으며, 1978년에는 밤 10시로 편성 시간대를 옮겼다. TBC의 영화음악 프로그램은 1976년부터 DJ 진행 프로그램으로 바뀌었으며 황인용, 김기남, 안계상, 김기혜 등의 아나운서들이 차례로 진행을 맡았다(중앙일보사, 1985: 770).

동아방송(DBS-AM)의 경우는 사정이 조금 다르다. 1963년 개국 당시 매주 월요일 저녁 9시 5분부터 30분까지 25분간 <영화음악>이라는 프로그램이 편성되었지만, 그해 10월 개편에서는 사라졌다. 2년 뒤인 1965년 3월 30일에는 매일 오후 2시 10분부터 50분까지 40분간 <뮤직 스탠드>라는 신설 프로그램이 편성되었는데, 이 프로그램은 요일별로 서로 다른 장르의 음악을 들려주는 BGM 성격의 것이었다. 영화음악은 이 프로그램의 매주 수요일에 고정 방송되었다.[12] 1968년 10월 개편에서 <스크린 뮤직>이라는 이름으로 매주 일요일 오전 11시 45분부터 15분간 방송되었지만, 이듬해 4월 개편에서 또다시 폐지되었다. 그리고 1980년 10월 1일 <영화음악실>이라는 이름으로 매일 저녁 9시 40분부터 20분간 방송되는 프로그램이 오랫만에 신설되었지만, 회사가 사라지면서 함께 사라질 수밖에 없었다. 그러니까 동아방송의 경우 영화음악 프로그램은 1960년대에 시험적으로 수차례 편성되었지만 그리 큰 관심을 끌지는 못했다. 따라서 이 글에서 주목하는 1970년대에는 영화음악 프로그램이 전혀 편성되지 않았다. 이는 동아방송이 별도의 FM 채널을 가지지 않았기 때문이라고도 볼 수 있다. 역설적이지만 1980년 연말에 언론통폐합 정책에 의해 DBS가 KBS로 흡수되면서 영화음악 프로그램은 지속적으로 KBS-2FM을 통해 편성되었다.

---

12) 이 프로그램은 월요일은 <김희갑 쇼> 재방송, 화요일은 샹송, 수요일은 영화음악, 목요일은 세계 민요, 금요일은 남미 민요, 토요일은 경음악, 그리고 일요일은 팝송을 방송했다.

4. 라디오 영화음악 프로그램의 장르와 수용자: 재매개의 새로운 양상들

음악은 오랫동안 영화의 중요한 구성 요소였지만, 그 자체가 독립적인 단위로서 한국의 방송과 대중문화 속에 본격적으로 뿌리내린 것은 1970년 대의 일이다. 물론 그 이전부터 국내외 인기 영화의 주제가나 테마 음악들이 생방송 연주 혹은 음반을 통해 다양한 음악 프로그램 속에서 방송되었다. 하지만 1960년대의 라디오 영화 관련 프로그램들이 앞서 언급한 '장르 혼종성'으로서 재현 형식의 재매개였다면, 1970년대에는 라디오가 점점 음악 중심으로 영화를 다루었다는 차이가 있다. 이 장에서는 이를 출발점으로 삼아, 라디오 영화음악 프로그램을 중심으로 구축된 또 다른 층위의 확장된 재매개 관계를 보다 상세히 살펴보겠다. 그것은 곧 ① '방송문예'에서 점차 음악 그 자체로 라디오 방송의 재매개의 관심이 이동한 과정, ② 사운드트랙 앨범의 등장과 영화음악 청취 대중의 탄생, ③ 국내 영화음악 프로그램에서 주요하게 방송된 음악 장르의 '정서적 구조', 그리고 ④ 방송이 창출한 주제가 중심의 영화 음악 소비의 방식 문제이다.

1) '방송문예'에서 음악까지: 라디오와 영화의 재현 형식의 상호 재매개

우선 살펴볼 대상은 라디오 방송이 영화라는 매체의 문화형식을 끌어들이고 이를 프로그램화하는 재매개의 과정이다. 라디오 방송의 초기에 영화는 '방송문예'의 형태로 라디오에 통합되었음은 앞서 설명한 바 있다(주창윤, 2011). 그리고 이는 1970년대 이전까지 라디오가 대중적으로 정착되는 과정에서 흔히 발견되는 양상이었다. 물론 백미숙(2007)에 따르면 이러한 '방송문예'의 형태는 그보다 훨씬 거슬러 올라간다. 1926년에 출범한 경성 방송국의 초창기 프로그램에서도 영화는 라디오 드라마의 한 장르로 이미 등장하고 있었다는 것이다.

영화해설 프로그램으로부터 진화한 방송 영화극은 개봉관의 출연 배우, (해설) 변사, 상설 영화관의 관현악단이 총출동하여 방송국 마이크 앞에서 개봉 영화의 특정 부분을 실연하는 것으로서 무대극과 비슷하였다. 첫 번째 방송영화극은 조선키네마에서 제작한 무성영화 <금붕어>였는데, 개봉 직전 단성사에서 프롤로그 시연을 개최한 후, 개봉 둘째 날 주인공인 나운규와 신일선을 비롯한 10여 명의 배우가 JODK에 출연해 방송영화극을 상연했다. 청취자들은 값비싼 입장료를 내지 않고도 최신 개봉 영화를 편하게 집에서 감상하는 기회로 환영했고, 영화관 쪽에서도 광고 효과를 얻을 수 있어 호응이 높았다(백미숙, 2007: 318).

'방송문예'의 형태로 라디오 속에 재매개된 영화 매체는 이렇듯 초기부터 자신의 산업적 논리와 수용자들의 새로운 관행 형성을 동반하는 새로운 미디어 체험의 한 형태였다. 그리고 이는 1960년대에 경쟁적으로 개국한 라디오 채널들의 영화 관련 프로그램들에서도 마찬가지였다. 비록 영화음악이 라디오 영화프로그램의 일부분으로 조금씩 선을 보였지만, 각종 '명작극장' 프로그램들이 여전히 영화와 라디오의 재매개 관계를 대표하고 있었던 것이다. 하지만 이러한 양상은 서서히 분화되는 모습을 보여준다. 곧 영화의 '라디오 드라마화'라는 방식에서 점차 음악 중심의 매개 관계로 이전하는 것이다. 이는 한편으로 '(오리지널) 라디오 드라마의 영화화'라는 정반대의 경향, 다른 한편으로 '대중음악의 영화화'라는 경향과 함께 진행되었다.

전자의 대표적인 사례는 물론 <청실홍실>이다. 라디오 드라마 <청실홍실>은 1956년 10월 7일부터 이듬해 4월 28일까지, 매주 일요일 밤 9시 15분부터 30분간 30회에 걸쳐 방송되었다. 이 드라마의 인기는 이미 여타의 많은 연구들을 통해서 널리 알려져 있다(조항제, 2005). 이 드라마는 라디오의 '방송문예'라는 장르 자체에 대한 대중들의 관심을 일깨웠고, 이후 라디오 드라마 전성시대를 이끈 주요한 원동력이었다(백미숙, 2007). 여기서의 논의와 관련하여 중요한 점은 <청실홍실>이 (오리지널) 라디오 드라마의 영화화라는 대단히 중요한 경향을 낳았다는 점이다. 당시 <청실홍실>의 인기를 등에 업고 <산 넘어 바다 건너>, <동심초> 등의 대다수 인기 라디오 드라마들이 영화화되는 수순을 밟았다. 백미숙(2007)은 그것이 당대 한국영화 붐의 중요한 촉매제였다고 지적한다(백미숙, 2007: 351~352). 이 같은 작품들이 그만큼 대중들에게 인기를 얻을 수 있었던 것은 영화와 라디오에 대하여 당대 대중들이 형성시켜 나갔던 수용(관람/청취)의 경향과 분리될 수 없을 것이다.

둘째, 라디오와 영화는 이 시기에 음악을 중심으로 새롭게 대중들의 관심을 끌게 되었다. 이 시기에는 라디오 드라마 못지않게 수많은 장르의 대중음악들이 영화화되었다. 특히 당대의 인기 가요는 영화화의 주요한 모티프였으며, 심지어 유명 가곡이나 동요의 제목을 딴 영화들도 1960년대 내내 쏟아졌다. <타향살이>(1959)와 <동심초>(1959)에서 시작된 이러한 제작 경향은 <황성옛터>(조정호 감독, 1961), <번지없는 주막>(강찬우 감독, 1961), <노란 샤쓰 입은 사나이>(엄심호 감독, 1962), <하숙생>(정진우 감독, 1966), <초우>(정진우 감독, 1966), <안개낀 장충단 공원>(남한 감독, 1971) 등으로 이어졌다. 윤극영의 동요 '반달'의 제목을 딴 영화 <푸른하늘 은하수>(1960)가 제작되었고, 유명 가곡을 모티프로 한 영화 <가고파>(강대진 감독, 1967)가 제작되기도 했다(이진원, 2007).

많은 경우 그것은 특정 가요의 인기에 '편승'한 상업적 기획이었고, 따라서 당대의 대중적 관심을 끌었더라도 오늘날까지 의미 있는 작품으로 간주되지는 않는다. 하지만 대중들의 수용이라는 차원에서 이러한 경향은 중요한 함의를 가진다. 곧 라디오를 통해 영화를 드라마화하거나 라디오 드라마가 영화화되는 형태의 매체 체험이 점차 음악을 중심으로 한 새로운 수용 형태로 나아가기 시작했다고 해석 가능할 것이다. 더불어 국내 관객들 특유의 음악 중심의 영화 선호도 형성, 그리고 주제가에 대한—때로는 '지나친'—관심 역시 이러한 매체 체험의 역사와 결코 분리될 수 없다.

2) 사운드트랙 앨범의 등장: 방송을 통한 영화음악 청취 대중 탄생의 조건

영화음악 중심의 프로그램이 가능하기 위해서는 우선 '오리지널 사운드 트랙'이라는 것이 존재하고, 또 그것의 방송이 가능해야 한다. 1970년대는 미국 영화산업을 중심으로 오리지널 사운드트랙 음반 제작이 본격화되었던 시기이자, 동시에 국내에 이것이 보급되고 또 FM 채널들을 통해 본격적으로 방송되었던 시기라는 점에 주목할 필요가 있다.

사운드트랙 앨범이라는 새로운 형태의 매개체가 처음 등장한 것은 1943 년으로 알려져 있다. 당시 데카(Decca) 레코드에서 78회전 음반으로 알프레드 뉴먼(Alfred Newmann)이 작업한 <성처녀(Song of Bernadette)>, 빅터 영 (Victor Young)의 <누구를 위하여 종은 울리나(For Who the Bell Tolls)> 등의 인기 영화의 음악 스코어(score) 및 주제가들을 독립적인 음반으로 처음 제작했다고 한다(Mouëllic, 2007). <제3의 사나이(The Third Man)>(캐롤 리드, 1949)에 사용된 안톤 카라스(Anton Karas)의 키타라 연주곡은 예기치 않은 전 세계적인 성공을 거두었다. 1952년 프레드 진네만(Fred Zinnemann) 감독의 영화 <하이 눈(High Noon)>은 1950년대를 통틀어 사운드트랙 음반의 상품화, 영화 주제가의 보급과 같은 상업적 측면에서 대단히 큰 전환점이었 다(한상준, 2000: 83).[13] 이처럼 사운드트랙 앨범의 등장은 이후 영화과 음악

---

13) 당시 컬럼비아 영화사에서는 영화 자체보다 음악에 더 주목하여, 개봉 4개월 전에 이미

영화 〈별들의 고향〉 오리지널 사운드트랙(1974년)

영화 〈별들의 고향〉(1974)은 한국 영화사에서 주제가와 함께 오리지널 스코어를 수록한 최초의 사운드트랙 음반이다. 주제가와 삽입곡은 이장희, 그리고 오리지널 스코어는 강근식이 맡았다.

자료: 한국영상자료원, 2010년 10월.

의 관계, 나아가 영화 산업과 음악 산업의 관계를 획기적으로 변화시킨 중요한 재매개—달리 말해 '재매체화'—의 계기였다.

사운드트랙 음반은 산업적으로 문화적으로 대중들의 영화 수용에 대단히 큰 영향을 끼쳤다. 이는 오늘날의 문화산업적인 설명으로도 충분히 수긍이 가는 대목이다. 하지만 여기서는 이러한 제도적·산업적 차원의 재매개를 지

주제가 앨범을 발매하여 400만 장을 판매하는 성공을 거두었다. 그것은 제작자들로 하여금 "음악이 먼저 인기를 얻으면 영화도 상업적으로 성공한다고 믿게 만든" 결정적인 계기였다(한상준, 2000: 83). 이후 <자니 기타(Johnny Guitar)>(1954)에서 페기 리의 주제가, <OK 목장의 결투(Gunfight at the OK Corral)>(1957)에서 텍스 리터의 주제가, <모정(Love is a Many Splendored Thing)>의 주제 음악 등이 연달아 대중의 주목을 받았다. 이 시기 국내에서는 프랑스 영화 <금지된 장난(Jeux Interdits)>(1952)의 테마곡이 대중적으로 큰 반향을 일으키고 있었다.

탱하는 수용자들의 체험적 관점에 보다 주목해보고자 한다. 그것은 "쉽게 기억할 수 있는 멜로디가 영화의 상업적 성공에 기여할 수 있기 때문에", 제작자들도 (잘만 된다면) 영화 한 편을 대표하는 '사운드적 이미지'가 될 수 있는 노래나 곡조를 선택하고자 하는 유혹을 대단히 크게 느끼기 시작했다는 새로운 태도 형성의 문제이다(Mouëllic, 2007: 56). 이러한 새로운 태도, 새로운 산업적 인식과 더불어 음악은 이제 영화의 상업적 전략의 본질적인 요소로 부상했다. 할리우드는 이후 시대별로 다양한 음악 장르들ㅡ1950년대의 재즈, 1960년대의 록 음악, 1970년대의 팝, 1970년대 말의 디스코, 1990년대의 랩 등ㅡ을 본격적으로 흡수해 나갔다. 이것들은 많은 경우 당대 젊은 층 관객의 음악적 취향을 적극 반영하는 것들이었다(Mouëllic, 2007: 56~57).

영화음악은 음악 자체보다는 음악과 함께 떠오르는 이미지 때문에 듣는 청취자가 많다. 이 때문에 1960~70년대 추억이 깃든 영화곡을 신청하는 주부와 직장인이 애청자의 주류를 이룬다. 이런 점에서 영화음악은 상상력을 자극하는 매체인 라디오의 특성을 가장 잘 살린 프로이다(≪한겨레≫, 1996.12.3, "한낮의 영화음악, 옛 추억 아련히: CBS FM <오정해의 영화음악>, 오전 11시 편성, 주부·직장인들에 인기").

여기서 간과할 수 없는 중요한 사실은 영화음악이 두터운 애호가층을 확보할 수 있었던 이유가 애초에 영상을 염두에 두고 작업된 기능적인 음악이라는 사실이다. 이를테면 수많은 장르의 음악들이 상업성 논리에 의한 소모적인 순환에 무방비 상태였다면, 영화음악은 영상과 달라붙어 있어서 영화를 본 사람이라면 곧 그 음악도 떠올리는 독보적인 특성을 지니고 있다(김관희, 2007: 10).

영화음악은 일종의 장르음악이자 기능적 음악이라는 점에서 그것은 무엇보다 수용자들에게 영화를 기억시켜주는 대단히 중요한 역할을 담당한다. 또한 사운드트랙이라는 매개체의 등장은 수용자들이 영화와 음악의 관계를 인식하는 태도에 큰 변화를 가져오는 계기이다. 문제의 방향을 조금 바꾸어본다면, 사운드트랙이 일반화되고 따라서 많은 대중들(영화 관객들, 음악 감상자들)이 그것을 듣고 때로는 구매하게 된다는 것은 영화 관객이자 음악 청취자의 태도에 큰 변화가 생겨난 것이다.

> 물론 저도 사운드트랙 앨범을 자주 구입하고 영화음악 자체를 즐기는 사람 가운데 하나지만, 사운드트랙 앨범을 구입한다는 것은 영화에 대한 기억과 총체적으로 어우러져서 영화를 기억하고자 하는 동기에서 시작되는 것이 거든요(김준석 인터뷰, 김관희, 2007: 34).

오늘날과 같이 수많은 영화들이 미처 인지되지도 못한 채 사라지는 시대가 아니었던 당시에, 적어도 VHS와 같은 저장매체가 등장하기 이전까지는 대중이 영화를 본 다음에 접근할 수 있는 상품화된 유일한 매체가 바로 사운드트랙이었다. 그리고 사운드트랙의 구매 행위가 일반화되기 이전에 이 앨범을 들을 수 있는 유일한 기회는 라디오를 통한 청취였다[14]. 그런 면에

---

14) 참고로 한국영화의 역사에서 사운드트랙 앨범의 판매가 산업적인 가치를 가진다는 점을 인식시켜준 계기는 1996년에 개봉된 <접속>이었다. "조영욱 음악감독의 <접속>은 한국 영화음악사에서 가장 중요한 사건이 된다. 이것은 그냥 해본 접대성 멘트가 결코 아니다. 관객들은 이 영화로 인해 영화 속의 음악, OST가 매력적일 수 있음을 거의 처음으로 인지했고 사운드트랙을 구입하고 듣는 행위가 의미 있다는 사실 또한 처음으로 깨닫게 되었다. 영화음악에 전혀 관심이 없을 것 같은 사람들의 집에서도 종종 이 음반이 발견되는 현상은 놀라움을 넘어 기이하기까지 하다"(이동준과의 인터뷰, 김관희, 2007: 221). 물론 이것이 귀에 익은 외국팝송의 '선곡' 솜씨에 영화의 성쇠가 좌우되는 편향을 낳은 것도 사실이다.

서 DVD나 VHS 비디오가 존재하지 않던 시절에 사운드트랙 앨범이 행하는 역할은 문화적으로 결코 작은 것이 아니다. 결론적으로 1970년대의 관객들에게 특정 영화에 대한 기억을 유지시키고 어떤 형태로든 재전유 혹은 재소비를 가능하게 만들어주는 수단은 영화음악을 담은 사운드트랙 앨범이 유일했다. 그런 면에서 사운드트랙 앨범이 '영화의 역사 속에서 매우 가치 있는 역할을 맡아 왔던 기록매체'라는 관점은 결코 과장이 아닐뿐더러, 대단히 복합적인 층위의 의미를 가지는 말이기도 하다(Chion, 1995). 동시에 사운드트랙의 중요성은 영화가 개봉된 이후의 일련의 관객 체험 속에서 산업적인 돌파구를 찾은 매우 유의미한 사례이기도 했다. 이처럼 사운드트랙이라는 장치의 탄생은 영화의 관객들이 방송 등과 같은 또 다른 매체의 영역에서 해당 영화를 기억하고 또 이를 소비할 수 있는 가능성을 열어준 대단히 중요한 원천이었다. 적어도 그것은 영화를 이미 본 관객들을 손쉽게 라디오의 영화음악 방송으로 유인할 수 있는 중요한 장치의 마련이라는 의미를 가지게 되었다.

3) 어떤 음악을 방송했는가: 음악적 장르와 정서적 분위기

이 장에서는 1970년대 영화음악 프로그램에서 방송된 영화음악들의 음악적 장르를 살펴보고자 한다. 그것은 라디오 영화음악 방송 내용의 특징에 대한 것이다. 하지만 그것은 동시에 당대의 영화음악 자체의 발전 상황과도 관계되며, 또 영화음악에 대한 대중들의 수용 태도와 직결된 문제이다. 여기서 전자는 서양의 유명 영화음악 중의 몇몇 '고전적'인 장르 중심의 편식적 수용, 그리고 후자는 주제가 중심의 영화음악 인식이라는 점과 밀접히 관련되어 있다. 이러한 태도는 역사적으로 대단히 오랜 시간을 거쳐 오늘날까지도 이어지는 중요한 수용자 관행의 요소이다.

그런데 당대의 영화음악 프로그램에서는 도대체 어떤 영화음악들이 방송되었고, 또 그중에서 대중적인 인기를 모았던 곡들은 실제 어떤 것이었을까? 유감스럽게도 당시의 방송을 직접 들어볼 수 없는 상황에서, 이 질문에 대한 어떤 확고하고 결정적인 대답을 하기는 힘들다. 당시는 물론 지금도 계속되고 있는 각종 인기도 집계를 통해 어느 정도 짐작할 수는 있지만, 그것 역시 단면적이다. 그렇기에 여기서는 접근 방법을 조금 달리 해보고자 한다. 즉, 당대의 영화음악 프로그램의 선곡 과정에서 부딪힐 수밖에 없는 몇 가지 구조적 요인들에 대한 역사적 고찰이 그것이다. 역설적이지만 이러한 고찰은 오히려 당대 영화음악 프로그램이 가질 수밖에 없는 주요한 특징들을 우리에게 좀 더 선명한 그림으로 보여준다.

당시 국내의 라디오 청취자들이 주로 들었던 영화음악은 한 마디로 '분위기 위주의 경음악', 그리고 외국 영화음악이었다고 말해도 과언이 아닐 것이다. ≪경향신문≫ 1988년 1월 8일 자에는 KBS-2FM에서 전년도(1987년) 영화음악 프로그램에 청취자들이 보낸 음악 신청엽서의 집계가 보도된바 있다. 이에 따르면 1980년대 후반의 영화음악 청취자들이 가장 좋아했던 곡은 <라스트 콘서트>의 테마(1위)였고, <러브 스토리> 테마곡(2위)이 그다음이었다. 수십 년 동안 국내 청취자들이 가장 선호하는 영화음악들―<라스트 콘서트>와 <러브 스토리>가 대표적이다―을 곧장 '분위기 위주의 경음악'으로 분류하는 것은 물론 많은 무리가 따른다. 정작 외국에서는 이 시기가 버나드 허먼(Bernard Hermann), 빅터 영(Victor Young), 막스 스타이너(Max Steiner)의 '고전주의'를 넘어서 모리스 자르(Maurice Jarre), 조르주 들르뤼(Georges Delerue), 미셸 르그랑(Michel Legrand), 니노 로타(Nino Rota), 엔니오 모리코네(Ennio Morricone), 그리고 헨리 맨시니(Henry Mancini)와 존 윌리엄스(John Williams) 등이 주도한 수많은 음악적 실험들이 행해졌던 풍요로운 시기였기 때문이다. 그럼에도 국내의 영화음악 애호가들이 십수 년이 지난 시점에까지 여전히 <라스트 콘서트>와 <러브 스토리>를 선호하는 것은 방송의 영향과 결코 떨어진 문제가 아니다. 즉, 이는 영화를 직접

영화 〈라스트 콘서트〉, 1970년대 '추억의 영화음악'의 결정판
루이지 코지(Luisi Cozzi) 감독이 연출한 〈라스트 콘서트〉(1976). 시한부 생명인 17세의 여주인공을
위한 마지막 콘서트 장에서 남자 주인공(리처드 존슨)이 연주한 〈스텔라에게 바치는 콘체르토〉를
위한 영화로서, '추억과 감동'을 핵심으로 한 당대 라디오 영화음악의 정서에 가장 부합하는 작품이
기도 했다. 〈러브 스토리〉(1970)의 성공을 지켜본 일본의 영화 제작사가 자국의 영화음악 팬들을
위해 만든 '기획영화'이다. 이탈리아 배우들과 연출자들이 프랑스를 배경으로 영어로 제작한 영화
로서, 국내에서는 마치 '감미로운 영화음악'을 가진 유럽영화인 양 프랑스어 더빙판으로 개봉되었다.

보지 않은 관객들까지 영화음악 프로그램으로 유인하고, 또 이를 통해 영
화를 간접 체험하게 만드는 방송의 역할과도 관련되는 문제이다.

영화음악은 애당초 장르복합적인 성격을 가진다. 달리 말해서 영화음악
속에서 "대중적인 것과 지적인 것"의 혼합이 이루어진다. 영화는 "지적인
음악과 대중적인 음악, 성스러운 음악과 세속적인 음악이 (상징적인 대립의
토대 위에서) 만나는 장소"로서, 이미 무성영화 시기부터 모차르트, 베토벤,
바그너에서 당대 유행가들이나 태동기의 재즈까지 자유롭게 연결되었던
무대였다(Mouëllic, 2007: 42). 최초의 유성영화인 〈재즈 싱어〉(1927)가 대
표적이며, 1937년 작품 〈쉘 위 댄스(Shall We Dance)〉는 아예 스토리를 고

전 무용가(프레드 아스테어)와 카바레 스타(진저 로저스)의 사랑 이야기로 설정함으로써 음악 장르 간의 융합을 체계적으로 시도하기도 했다. 이처럼 예술이자 오락으로서 영화는 음악에 있어서도 '고상한 것'과 '저속한 것' 사이의 위계를 정하지 않고 모든 음악을 받아들이는 것을 자신의 중요한 존재 근거로 삼아왔다.

그럼에도 불구하고 문제는 당대에 세계적인 인기를 모았던 영화음악들에서 나타나는 몇 가지 '장르 편식성'이다. '할리우드 심포니즘'으로 표현되는 고전주의적 영화음악의 시기가 지난 이후, 음악적 실험의 다른 한편에서는 음악의 본격적인 대중화, 즉 '이지 리스닝' 장르화의 길이 시작되었다. 이지 리스닝 계열의 영화음악이란 영화의 분위기를 중시하는 음악적 경향으로, 초창기 무성영화에서부터 고전음악을 가벼운 카페음악으로 편곡하여 사용하는 것에서 시작된 것이다(한상준, 2000: 37). 그것은 음악의 감상 자체를 목적으로 하지 않는 분위기 위주의 음악으로서, 내러티브의 맥락에 종속되는 것이며, 또한 감상자의 몰입을 요구하지 않기에 비교적 청자에게 친숙한 음악적 언어를 구사하는 것을 특징으로 한다(Gorbman, 1987).[15] 그리고 1970년대 국내 FM 라디오의 영화음악 편성에 대한 제한적인 자료들 속에서 확인할 수 있는 것은 영화음악 프로그램들이 일반적으로 '분위기 위주의 경음악'으로 꾸며졌다는 사실이다.

---

15) 영화음악 연구자인 클라우디아 고브만(Claudia Gorbman)은 아도르노의 영향하에서 이지 리스닝 음악과 상업 영화의 배경음악 간의 기능적인 유사성과 '의미의 봉합'을 지적한 바 있다. 그에 따르면 관객에 대한 효과라는 차원에서 양자는 기능 음악으로서의 배경 음악이라는 공통점을 가진다. 이지 리스닝 음악은 2차대전을 전후하여 미국 행정부와 ASCAP(작곡가 및 음악 발행인 연맹)가 전시 상황에서 산업계의 생산성을 높이기 위한 시도의 일환으로 기획되었던 것이다. 이처럼 이지 리스닝 음악을 활용한 영화음악의 목표는 결과적으로 개인들을 '순응적인 영화 감상자'로 만드는 것이라는 지적이다(Gorbman, 1987: 56~59).

1964년 TBC-FM에서 오후 3시부터 2시간 동안 방송되던 <경음악의 벤치>는 초기의 대표적인 사례이다. 이는 DJ 없이 방송되던 BGM(백그라운드 뮤직) 프로그램으로 영화음악은 여기서 중요한 단골 음악 장르였다.[16] 당시의 몇몇 보도 속에는 당대의 라디오 영화음악 프로그램에 대한 대중들의 불만이 생생하게 담겨 있다. ≪경향신문≫ 1962년 6월 23일 자에 실린 "독자의 방송평"에는 SA(서울 제2방송)에서 저녁 8시부터 10분간 방송되는 <영화음악> 프로그램이 내용과 구성에 있어 대단히 엉성하고, 음악 선곡에 아무런 체계가 없다는 어느 독자의 불만이 실려 있다.

> KA의 <라디오 게임>, KV의 <장학금 퀴즈>가 방송되는 이 시간에 침체
> 상태의 SA는 '아필'되기 쉬운 영화음악으로 청취자를 모으려고 했으나 이
> 번 주에는 실패. <맘보>의 역사로 시작하여 <왕과 나>, <에덴의 동
> 쪽> 등의 영화음악을 엮었으나 희망 음악시간이 아니기 때문에 어떤 계통
> 이나 분류도 없이 모여진 음악들로 엉성한 구성인 셈. '어나'의 얘기는 너
> 무 딱딱했고 'Sinno memoro'에서 곡목 소개와 함께 배움으로 나오다 다시
> 소개가 끝난 뒤 반복해서 나오는 등의 실수엔 요주의. 매주 방송되는 이 시
> 간에 '시그널' 음악이 없음은 유감스러운 일("독자의 방송평", ≪경향신
> 문≫, 1962년 6월 23일 자).

이렇듯 영화음악은 이 시대를 통틀어 '경음악'의 일종이자 '세미 클래

---

16) "동양 FM의 대표적인 장수 프로인 <경음악의 벤치>는 곡목소개 없이 물 흐르듯 음악
    을 흘려주는 BGM 프로로, 초기에는 다방이나 상가 등에 음악 중계를 겨냥한 일종의 대
    상방송으로 출발했다. 개국 프로인 <거리의 음악실>[15~17시]을 67년 춘계 개편 이후
    <경음악의 벤치>로 改題하여 오후 시간에 2시간씩 서비스한 이 프로그램은 78년 봄까
    지 계속되어 FM의 특성을 잘 살린 포맷으로 인기를 모았다"(중앙일보사, 1985: 769).

식' 장르의 일종으로, BGM의 역할을 행하는 것으로 대중들에게 받아들여지고 있었다. 예컨대 1980년 3월, 직장인 및 주부 430명을 대상으로 '즐겨 듣는 FM 음악 장르'를 조사한 결과 영화음악은 '세미 클래식'의 일종으로 분류되어 팝송(47.6%)에 이어 두 번째로 선호도가 높은 장르로 조사되었다(이은주, 1980: 24). 그렇기에 방송사의 편성 전략 역시 이 점을 적극적으로 반영했다. 1970년대 후반에 접어들면서 영화음악 프로그램은 저녁 8~10시 시간대에 집중 편성되기 시작했다. 이 시간대는 텔레비전의 프라임 타임으로 FM의 청취자 확대에 취약점이 있는 시간대이다. 편성 전략상 방송사들이 밤 10시 이후의 청소년 대상 리퀘스트 쇼를 방송하기 직전까지 TV에 관심을 두지 않는 청취자층을 흡수하기 위한 실험적 장르의 음악을 집중 편성했던 시간대였던 것이다. 영화음악은 바로 이러한 '모호한' 장르의 세미 클래식 음악 방송의 가장 대표적인 형태였다(한국방송협회, 1997: 744~745). 여기에 '감동'과 '추억'을 핵심적인 '정서적 분위기'로 채택하는 것은 당대 라디오 음악 문화의 전형적인 양상이었다. 그것은 대중적인 팝송 편성 중심의 음악 편성에 대한 중요한 '균형추'로서의 역할을 행했다. 따라서 이것은 1970년대 중반 이후 청소년 대상의 심야 음악 생방송 프로그램들이 형성시킨 특유의 '취향 공동체'와는 전적으로 구별되었다.17)

---

17) 아마도 다음과 같은 분위기일 것이다. "멀리서 귀뚜라미가 들리고, 바람에 갈대가 서걱서걱 쓰러졌다가는 일어나고, 안개 사이로 수은등이 하나둘씩 켜진다. 이윽고 마침내 멀리서 기적이 울리고 폴 모리아 악단의 이사도라 선율이, 기차 바퀴 구르는 소리에 뒤섞인다. 많은 사람들이 머물다 가곤 했던 15분짜리 라디오 프로그램 <밤의 플랫폼>[DBS] 정경은 아마 이럴 것이다. 사람들은 내 목소리를 첼로 같다고 하기도 하고 안개 낀 밤의 수은등 같다고 하기도 한다. '얼마든지 바람에 쓰러지는 갈대의 자세'가 보인다고 말하는 이도 있다. 아마 당시 고등학생이었을 박찬욱 감독도 그 플랫폼 주위를 배회하지 않았을까"("인터뷰: <친절한 금자씨> 내레이터, 40년 경력의 성우 김세원", ≪씨네21≫, 2005년 8월 22일).

<영화음악실>은 대중적인 팝 프로에 비해 그 성격과 취향이 고전적이고 스탠다드한 쪽으로 기울어지면서도 그 성과는 가장 큰 전문성과 비전을 내재한 프로이다. 오래된 것에 대한 개념이 별로 없는 사람에게라도 오래된 것은 향수를 느끼게 한다. 휴매니티하고 애정과 정서에 목마르지 않는 끈끈한 그 무엇이다. 인간의 본성적인 것에 연유된. 그래서 영화음악은 통계적인 인기에 흔들리거나 누가 앓던 이처럼 빼고, 빼내고 할 수 있는 성질의 것이 아니기에, FM의 전문분야로 살아 건재하게 숨 쉬어야 한다(《스크린》, 1984년 11월호, 156쪽, "고적한 간주곡이 흐르는 지성의 전당, FM 영화 음악실").

어렸을 때 동네 동시 상영관에 가면 영화와 영화 사이에 그 근처에서 좀 한다는 레스토랑의 광고가 꼭 덤으로 주어진다. 거의 다 여자 성우의 울림 소리를 동반한 목소리가 '도시인의 휴식처~'라는 대사를 읊는 것으로 시작하는 이 광고들에 열이면 아홉 똑같은 음악이 붙곤 했다. 싱그러운 느낌을 주는 키보드가 마치 물 위를 사뿐사뿐 거니는 예쁜 새를 연상시키는 듯한 메인 멜로디를 풀어내는 이 음악의 제목은, 나중에 가서야 알았지만 <Emotion>. 바로 프란시스 레이의 곡이다. 그는 우리가 '경음악'이라고 부르던 장르의 1970년대적인 상투형의 기초를 닦은 사람이다. …… 상투형은 우리가 가장 권태로워하는 무엇이지만, 정작 그것의 창출이라는 건 보통 사람이 하는 일이 아니다(성기완, "상투성의 승리", 《씨네21》, 2003년 5월 15일).

이처럼 대중들의 영화음악 수용의 태도 및 관행 형성이라는 측면에서 방송은 궁극적으로 영화음악 수용의 장르 편식성이라는 결과를 낳게 되었다. 그리고 이는 영화음악 자체의 '장르 음악화' 현상으로 귀결된다. 국내의 영화음악 청취자들은 영화음악을 그 자체로 독립적인 음악 장르가 아닌, 일종의 '매체 음악' - 영화, 드라마, 연극, 광고 등의 작품에 부수되는 음악 - 으로 인식하는 태도가 강해졌다. 1990년대 이후 국내의 영상산업이 방송, 영화, 그리고 광고에 사용할 'BGM' 음악들을 세심하게 '선곡'하고 이를 작품 그 자체보다 더 대중적으로 각인시키는 현상은 바로 이러한 대중의 음악 소비의 역사적 관행 속에서도 그 원인을 찾을 수 있다.

4) 방송은 영화와 음악을 어떻게 소비하는가?: 주제가에 대한 선호와 한국 영화음악의 지체

방송과 영화음악의 관계에 있어 마지막으로 주목할 대목은 영화 주제가에 대한 대중의 선호도가 대단히 높은 한국적인 특수성이라 할 것이다. 앞서 언급한 1988년 KBS-FM의 조사에는 <로미오와 줄리엣>의 삽입곡(3위)이나 <졸업>의 삽입곡(4위)과 같은 단골손님들은 물론, 당대의 '히트 영화'였던 <백야>의 삽입곡(9위)이 높은 순위에 올라 있다. KBS-2FM <김광한의 골든팝스>에서 2002년 1월 선정한 '네티즌이 가장 좋아하는 영화음악'에는 <시네마 천국>, <러브 스토리>, <러브레터>의 테마 음악과 같은 유형을 제치고 <타이타닉>의 주제가가 수년 동안 1위 자리를 유지하고 있었다(≪씨네21≫, 2002.2.1 참조). 이러한 현상은 물론 앞서 언급한 대로 영화의 성공과 영화 주제가의 성공이 산업적으로 대단히 밀접한 관련을 가졌던 역사적 경험 때문일 것이다. 그러니까 이는 한국에서 처음 태동하여 성장하던 음반산업의 발전과 영화산업이 상호 관련되었던 역사적 경험을 고려해야만 이해할 수 있는 문제이다(이진원, 2007: 159). 먼저 이에 관한 몇 가지 증언들을 모아보자.

레코드나 대중가요 중에서 역시 영화 주제가의 인기가 가장 높은 모양이다. 요즘에는 영화 PR의 한 아이디어로서 주제가를 레코드에 실어 척후병으로 보내는 데까지 머리를 쓴다. 보잘것없는 내용의 영화가 주제가로 한 몫 본 예는 얼마든지 있기 때문이다. 이런 사정에 착안, 힛트송에 이야기를 꾸며 붙인 영화도 만들어진다. <노란 샤쓰 입은 사나이>나 아시아영화제에 출품됐던 일본의 <위를 보고 걷자> 등도 그 한 예. 최근 레코드 제작계가 영화의 뒷바라지나 영화 주제가의 발매로 한몫 보고 있는 실정도 이유가 있다(≪동아일보≫, 1962.6.10, "映畵音樂主題歌－畵面과 音響의 結合").

영화 주제가라면 특별대우를 받던 시절이었다. 레코드 회사는 영화 덕분에 영화가 선전되어 잘 팔릴 것이라 생각했고, 영화사는 레코드 덕분에 영화가 선전될 것이라는 예측에서 서로 덕을 보겠다는 속셈이 작용했기 때문이라 하겠다. 그래서 주제가는 대개 인기 가수들이 많이 불렀다. 신인 가수라도 주제가를 부르게 되면 일약 인기 가수 대열에 끼게 되었으므로 영화 주제가 특권 시대가 도래한 셈이었다(황문평, 1981: 223).

우리나라 음악 애호가들은 가사가 있는 음악을 선호하죠. 저도 작업을 하다보면 삽입곡을 쓰자는 말을 좀 들어요. 제가 아주 멋진 음악을 작곡할 수 있는데 영화의 홍보를 생각해서 그냥 넣자고 할 때 좀 씁쓸하죠(김준석 인터뷰, 김관희, 2007: 35).

국내 영화음악 수용자들의 주제가 중심의 감상 및 소비 관행은 오랜 연원을 가진다. 여기서는 이것을 1960년대 '인기 가요의 영화화'의 단계가 '주제가 중심의 영화 제작'의 단계로 나아간－재매개 과정의－역사적 산물로 바라볼 필요가 있다. 1960년대 이후 영화의 상업적 성공에 있어 방송의 역할이 증대되면서 영화 주제가는 대중에게 영화 그 자체를 각인시키는 훌륭한 매개체였기 때문이다. 이는 방송 드라마가 인기를 얻어서 곧장 영화화되던 경향에서, 주제가를 방송을 통해 널리 알리는 전략으로 나아갔던 구조적 배경을 공유한다.

근본적으로 이는 1970년대 이전까지 한국영화, 그리고 한국의 영화음악이 걸어왔던 불운했던 역사에 기인한다. 예컨대 "45년 해방을 맞이했어도 영화계의 여건은 좋지 못하여 대개 무성영화가 제작되었고, 필름 사정도 여의치 못하여 35mm 영화보다는 16mm 극영화가 대부분이었다. 이 당시에는 미8군이나 미 공보원 계통에서 비공식적으로 필름을 구해서 쓰던 시절이라 사운드 필름은 엄두도 내지 못했다. 그리고 발성영화라는 것도 음악은 기성곡(레코드)을 BG 음악으로 이용하는 것이 고작이었다"(황문평, 1981; 이진원, 2007: 122에서 재인용). 기술적으로도 1958년 처음으로 장시간 음반(LP)이 도입되어 기존의 유성기 음반을 대체하기 시작했는데, 이는 외국보다 약 10년 정도 늦은 일이었다.[18] 이 시기에 "박종호(朴宗鎬) 감독의 <이별의 종착역> 주제가(손석우 곡)를 부른 미성의 신인 가수 손시향(孫詩鄕)은 이 노래로 유명해졌고, 세기의 명작 <카츄사>의 주제가(이인권 곡)를 송민도가 불러 레코드 판매율을 높이기도 했다. 또한 이만흥(李萬興) 감독의 <인정부두>의 주제가(황문평 곡)는 나애심의 노래로 출반되어 인기를 모았다"(이진원, 2007: 166에서 재인용). 1964년에는 <맨발의 청춘>, <빨간 마후라>, <동백 아가씨> 등 영화 못지않게 주제가가 히트한 영화들이 쏟아져 나왔다. 이 시기에 이르러 주제가의 산업적 중요성, 그리고 대중적인 영향력은 한층 폭발적으로 증가했다.

한국영화의 사운드트랙 자체가 부족한 상황에서[19] 영화음악 프로그램

---

18) ≪동아일보≫, 1956년 4월 15일 자, "LP레코오드란? 從來의 것과의 比較와 그 特性".

19) 한국영화사에서 명실상부한 최초의 사운드트랙 앨범은 1974년 제작된 영화 <별들의 고향>의 사운드트랙이다. 이장희와 강건식이 음악을 담당했는데, 음반에는 영화 속에 삽입된 이장희의 노래들—<나 그대에게 모두 드리리>, <한 소녀가 울고 있네>, <이젠 잊기로 해요> 등—과 함께 영화에 사용되었던 오리지널 스코어들이 수록된 바 있다

의 음악 편성에는 본질적인 제약이 따를 수밖에 없었다. 이 시기에 대중적으로 널리 알려진 영화 주제가들—실상은 여타 프로그램에서도 충분히 들을 수 있는 흔한 가요들이다—을 영화음악 프로그램 속에서 틀어줄 것인지를 놓고 제작진이 고심했을 풍경을 어렵지 않게 상상할 수 있다. 1970년대의 라디오 영화음악 프로그램에서 한국 영화음악은 사실상 찾아볼 수 없었다. 심지어 1990년대 초반에도 문화방송(MBC) 라디오의 <FM 영화음악>이 이 분야에서는 드물게 1주일에 2~3곡의 한국영화음악을 방송했을 뿐, 여타 방송사에서는 그것마저 듣기 어려웠다.[20]

이는 역으로 대중들에게 한국의 영화음악에 대한 선호도를 더욱 떨어뜨린 것으로 평가된다. 그리고 당대의 한국영화에 대한 지식대중들의 '경멸적 태도'와 결합되어 한국영화의 위상을 더욱 낮추게 되는 결과를 가져왔다(김미현, 2006). 어떤 형태로든, 주제가 중심의 방송 편성과 대중들의 '지나친' 선호도는 영화음악 자체의 중요성에 대한 자각이 거의 없었기 때문이며, 이는 다시 음악 제작 및 방송을 외국음악 중심 그리고 주제가 중심으로 편성시키는 결과를 낳게 되었다. 그 모든 과정의 결과는 곧 한국의 영화음악 자체에 대한 대중적인 인식의 지체로 나타났다.[21]

(이진원, 2007: 252~253). 그렇지만 1980년대 후반에 이르기까지 사운드트랙이 제작된 극소수의 영화들—<이장호의 외인구단>(1986), <겨울 나그네>(1987), <비오는 날의 수채화>(1988) 등—마저 '삽입곡' 위주로 제작되는 경향은 계속되었다. 대다수는 이른바 "단순한 삽입곡의 의미 없는 짜맞추기" 음반들이라고 평가할 수 있다(김관희, 2007: 14). 1970년대의 걸작인 <바보들의 행진>이나 <미인>의 경우, 오리지널 스코어의 음악적 완성도에도 불구하고 아예 사운드트랙이 제작되지 않았다.

20) ≪한겨레≫, 1991년 9월 29일 자, "국내영화음악, 대중적 사랑 왜 못 받나".

21) 1980년대 중반 이후에 새로운 감각과 능력으로 무장한 젊은 음악인들이 대거 영화음악계에 투신하면서, 주제가 이외에도 많은 오리지널 스코어들을 완성도 있게 제작하는 작품들을 꾸며내기 시작했다. 이는 1990년대 이후 음반 산업과 영화 산업이 함께 발전할 수 있었던 중요한 교두보였다(이진원, 2007: 327).

5. 마치며: 라디오와 음악은 영화와 어떻게 새롭게 재매개되는가?

이상의 논의를 통해 이 연구는 1970년대의 FM 라디오 영화음악 프로그램들을 대상으로 라디오(방송)·영화·음악 사이에 형성되었던 재매개의 역사적 과정을 살펴보았다. 재매개라는 개념을 출발점으로 삼아, 이 연구에서는 라디오 영화음악 프로그램 속에 드러난 라디오와 영화의 제도적·산업적·문화적 교류의 양상들을 검토해 보았다. 이 과정에서 라디오(방송)·영화·음악의 재매개의 과정을 산업적 차원과 대중적 수용의 차원 모두에 걸쳐서 이루어진 복합적인 역사적 구성의 시도로 확장해보고자 했다. 그리고 대중들 — 영화 관객이자 라디오 청취자들 — 이 이들 매체를 통합적으로 인식하고 소비하는 관행이 형성되었던 역사적 과정을 재구성해보고자 했다. 구체적으로는 ① '방송문예'에서 점차 음악 그 자체로 라디오 방송의 재현 형식의 재매개의 관심이 이동했던 역사적 과정, ② 사운드트랙 앨범의 등장이 영화음악 청취 대중을 탄생시키고, 이것이 다시 수용자들의 영화에 대한 관심을 증폭시킬 수 있었던 상호작용의 과정, ③ 국내 영화음악 프로그램이 '경음악'이자 '세미 클래식' 장르의 일종으로 정서적인 형태로 소비되었던 구조적인 맥락, 그리고 ④ 방송이 창출한 주제가 중심의 영화음악 소비 방식이 가져온 산업적·문화적 영향의 문제가 다루어졌다.

이 연구를 여기서 일단락하면서, 무엇보다도 이 연구의 근본적인 한계를 다시금 지적하지 않을 수 없다. 원래 계획과는 달리 여기서는 1970년대 라디오에서 방송된 영화음악 프로그램의 내적 구성 그 자체에 대한 연구를 수행하지 못했다. 이는 근본적으로 문헌상의 한계 때문인데, 이를 극복할 수 있는 유력한 방법은 아직도 생존해 있는 당시 방송의 주역들과의 인터뷰일 것이다. 이를 통해 당시 영화음악 프로그램 제작의 기본 방향, 음악 편성의 경향, 청취자 반응, 그리고 프로그램이 당대의 영화 산업 및 영화 관객들과 맺었던 상호작용의 양상이 보다 구체화될 수 있었을 것이다. 그럼에도 여러 가지 현실적 제약으로 인해 인터뷰를 수행하지 못한 것은 이 연구를 그야말로 '반쪽'으로 만들지 모르는 제약 요인이 되었다. 차후에 이러한 과제들을 완수하여 1970년대 라디오 영화음악 프로그램의 재매개 과정에 대한 보다 완성된 형태의 결과물을 제시할 수 있기를 기대해본다.

더불어 FM 영화음악 프로그램은 이 연구가 설정한 기간 이후에는 새로운 국면에 진입했다는 점 역시 언급할 필요가 있을 것이다. 1970년대 후반에 이미 영화음악 프로그램은 단순히 음악의 소개에만 그치지 않았다. 이 시기의 채널 간 경쟁은 영화음악 프로그램의 내용과 소재를 대대적으로 혁신할 것을 요구했다. 따라서 프로그램의 성격을 음악 소개에서 점차 영화 그 자체에 대한 비평적 접근으로 '상향'시키기 위한 일선 제작진들의 경쟁적 노력이 이어졌다. 그런 면에서 이 연구는 1990년대 이후 영화음악 프로그램이 본격적으로 영화 비평을 다루어 나가면서, 비평의 경험을 통해 당대의 영화 관객들과 교류하면서 창출해낸 '새로운 세대의 씨네필의 탄생'과도 차후 이어질 수 있는 중요한 예비 작업에 해당한다. 그것은 한국 방송사는 물론 한국 영화사의 한 페이지를 장식할 중요한 수용자 연구의 과제이기 때문이다.

참고문헌

골드파브, 제프리(Geffrey Goldfarb). 2011.『작은 것들의 정치: 혁명 전통의 잃어버린 보물』. 이충훈 옮김. 서울: 후마니타스.

구경은. 2006.『영화와 음악』. 서울: 문학과 지성사.

김관희. 2007.『영화음악은 나의 힘: 한국의 영화음악가 9인을 만나다』. 서울: 이매진.

김덕호·원용진 엮음. 2008.『아메리카나이제이션(Americanization): 해방 이후 한국에서의 미국화』. 서울: 푸른역사.

김미현 엮음. 2006.『한국영화사: 開化期에서 開花期까지』. 서울: 커뮤니케이션북스.

김영희. 2009.『한국사회의 미디어 출현과 수용: 1880~1980』. 서울: 커뮤니케이션북스.

동아일보. 1990.『東亞放送史』. 서울: 동아일보사.

무엘릭, 질(Gilles Mouëllic). 2007.『영화음악』. 박지희 옮김. 서울: 이화여자대학교 출판부.

文時亨. 1968.「放送歌謠와 學生: '大衆歌謠가 들리면 노래 부르고 싶어'」.≪放送文化≫, 1968년 8월호, 38~41쪽.

문화방송. 1988.『MBC-Radio 편성자료집: 1961~1988』. 서울: MBC 문화방송.

_____. 1992.『문화방송 30년사』. 서울: MBC 문화방송.

朴元雄. 1972.「디스크쟈키論」.≪月刊 放送≫, 1972년 6월호, 112~113쪽.

방송문화연구실. 1958.「선생님도 <인생역마차>를 좋아한다: 제2차 여론조사 중간결과」.≪방송≫, 1958년 2월호, 52~55쪽.

백미숙. 2007.「라디오의 사회문화사」. 유선영·박용규·이상길 외.『한국의 미디어 사회문화사』. 서울: 한국언론재단, 305~380쪽.

볼터·그루신(Jay D. Bolter & Richard Grusin). 2006.『재매개: 뉴미디어의 계보학』. 이재현 옮김. 서울: 커뮤니케이션북스.

성기완. 2003.『영화음악: 현실보다 깊은 소리』. 서울: 한나래.

슈바르츠, 바네사(Vanessa Schwartz). 2006.『구경꾼의 탄생: 세기말 파리, 시각문화의 폭발』. 노명우·박성일 옮김. 서울: 마티.

영화진흥공사. 1977.『韓國映畵資料便覽(草創期~1976년)』. 서울: 영화진흥공사.

吳甲煥. 1969. 娛樂放送의 社會的 影響.≪放送文化≫, 1969년 6월호, 18~21쪽.

이길성. 2004. 『1970년대 서울의 극장산업 및 극장문화 연구』. 서울: 영화진흥위원회.

_____. 2006. 「1960, 70년대 상영관의 변화와 관객문화」. 한국영상자료원 엮음. 『한국 영화사 공부, 1960~1979』. 서울: 이채, 187~235쪽.

이은주. 1980. 「우리나라 FM 방송 음악에 관한 연구」. 이화여자대학교 교육대학원 석 사학위논문.

이진원. 2007. 『한국영화음악사 연구』. 서울: 민속원.

정현규. 2010. 「구술과 질적 연구방법론 그리고 재매개」. 서울대학교 독일어문화권연 구소. ≪독일어문화권연구≫, 19집, 163~182쪽.

趙勝煥. 1972. FM放送의 現況과 展望. ≪月刊 放送≫, 1972년 1월호, 60~62쪽.

조항제. 2005. 「한국방송의 근대적 드라마의 기원에 관한 연구: <청실홍실>을 중심으 로」. ≪언론과 사회≫, 13권 1호, 6~45쪽.

주창윤. 2011. 「1960년 전후 라디오 문화의 형성 과정」. 한국방송학회 엮음. 『한국 방송 의 사회문화사: 일제 강점기부터 1980년대까지』. 파주: 한울.

중앙일보. 1975. 『中央日報·東洋放送十年史』. 서울: 중앙일보사.

_____. 1985. 『中央日報二十年史, 附東洋放送十七年史』. 서울: 중앙일보사.

최경식. 1973. 「프로그램 노우트: CBS <영! 840>」. ≪月刊 放送≫, 1973년 3월호, 104~109쪽.

崔東旭. 1971. 「DJ 프로그램의 方法論的 考察」. ≪月刊 放送≫, 1971년 12월호, 108~111쪽.

최현철·한진만. 2004. 『한국 라디오 프로그램에 대한 역사적 연구: 편성 흐름을 중심으 로』. 파주: 한울.

한국방송협회. 1997. 『한국방송 70년』. 서울: 한국방송협회.

한상준. 2000. 『영화음악의 이해』. 서울: 한나래.

황문평. 1981. 『노래百年史』. 서울: 崇壹文化社.

≪月刊 放送≫, 1972년 1월호, 「深夜 音樂放送에 異常 있다: 팝송 즐기지만 드라마는 싫어」. 50~51쪽.

Chion, Michel. 1995. *La Musique au cinéma*. Paris: Fayard.

Ethis, Emmanuel. 2005. *Sociologie du cinéma et de ses publics*. Paris: Armand Colin.

Gorbman, Claudia. 1987. *Unheard Melodies: Narrative Film Music*. Mineapolis: Indiana University Press.

Kracauer, Siegfried. 2008. "Culte de la distraction: Les salles de spectacle cinématographique berlinoises". in *L'Ornement de la masse: Essais sur la modernité weimarienne*. Paris: La Découverte, pp. 286~291.

Young, Paul. 2006. *The Cinema Dreams Its Rivals: Media Fantasy Films from Radio to the Internet*. Minneapolis: University of Minnesota Press.

제3부 방송의 전문성, 독립성

제7장 1970년대 KBS 텔레비전 교양 피디의 직무와 직업 정체성

　　방송 전문성 형성과 신기술, 그리고 '제작 정신' | 백미숙

제8장 '편집권/편성권'에 갇혀버린 '내적 편집의 자유'

「일본신문협회 편집권 성명」의 국내 도입에 관한 역사적 고찰을 중심으로 | 정수영

제9장 북한 라디오방송의 역사적 기원 | 고바야시 소메이(小林聡明)

1970년대 KBS 텔레비전 교양 피디의 직무와 직업 정체성

방송 전문성 형성과 신기술, 그리고 '제작 정신'*

백미숙
서울대학교 기초교육원 전임대우강의교수

1. 들어가는 말

이 연구는 KBS에 초점을 맞추어 개국 이후부터 1970년대 시기 동안 한국 텔레비전 피디[1]의 직무와 직업 정체성의 형성과정을 탐색한다. 특히 1970년대 KBS 교양 피디들의 제작 현장에서의 경험을 중심으로 당대의 역사적 국면을 재구성해보고자 한다.

한국 방송역사에서 1970년대는 KBS, TBC(1964년 개국), MBC(1969년 개국)의 텔레비전 삼국시대가 전개되는 시기이다. 이 시기에 KBS는 국영방송

---

* 이 글의 축소 판본은 《한국언론정보학보》(2012년 겨울, 통권 60호)에 게재된 바 있다.

1) 흔히 프로듀서, 피디, PD는 혼용되는 용어이다. 이 글에서는 인용문에서 프로듀서나 PD라는 용어를 사용한 경우, 그리고 서구 방송에서 프로듀서 역할과 동일한 의미로 사용하는 경우를 제외하고는 '피디'라는 용어로 통일하여 사용한다. 이 글에서 피디는 한국 방송의 제작현장에서 피디의 역할을 의미하는 고유한 용어로 사용되었다.

자료: 「수상기 보급의 어제와 오늘, 그리고 내일」, ≪월간방송≫(1971.12), 56쪽.

에서 '한국방송공사'로 창립되는 제도적 변화를 거쳤다. 수상기 등록대수
는 1968년 약 8만 2,000대, 1969년 22만 대, 1970년 38만 대를 거쳐 1973
년에는 120만 대, 그리고 1976년에 이르면 200만 대로 가파르게 증가했다
(한국방송공사, 1977a). 이를 배경으로 1970년대 텔레비전은 흔히 일일극 시
청률 경쟁과 텔레비전 대중화라는 문화적 특성, 드라마 저질론에 바탕을
둔 정부의 강한 통제와 동원이라는 정치적 특성으로 요약된다. 이는 권위
주의적 정치권력이 드라마와 쇼 같은 연예오락 프로그램을 퇴폐적 대중문
화로 규정하고, 사회교양 프로그램을 통해 '근대화' 프로젝트의 국민계몽
을 강제하는 것으로 귀결되었다.

　1970년대는 '프로듀서'의 시대로 언명된 시기이기도 하다. 김성호는 한
국방송 역사의 전반은 아나운서와 기술인, 후반은 'PD와 기자의 역사'라고
명명한 바 있다(2007.9: 28). 경성방송국 시기로부터 국영방송국에서는 "아

나운서와 기술자만 공무원 대우"를 받았고 "프로듀서와 기자는 1960년대 후반 1970년대에 들어서야 공개채용"되었다는 것을 근거로 했다. 공채가 과연 적절한 근거가 되는가를 논외로 한다면, 피디의 중요성이 인식되기 시작했다는 주장으로 수긍할 만하다. KBS는 공사화 이후부터 피디를 정규직으로 공채하기 시작했으며, 1977년에 이르면 사장이 직접 '프로듀서'의 위상이 높아져야 할 것을 역설하고 프로듀서 중심의 '제작반' 체제로 기구를 개편했다(이수열, 1977.9: 66).

이 연구는 1970년대라는 정치 문화적 시대 배경과 피디 시대로의 전환이라는 흐름 안에서 교양 피디가 만들어지는 경로와 교육 훈련 과정, 교양 프로그램 제작의 직무 내용 분화와 영역 구성 과정, 그리고 방송 공무원과 구분되는 자신들만의 직업 정체성을 형성해가는 과정을 제작 현장의 일상적 경험의 층위에서 파악하고자 한다.

대부분의 통사적 서술에서 1970년대 텔레비전 방송은 강력한 국가에 의해 약탈되고 동원된 자원으로서 설명되어왔다. 그러나 최근 1970년대를 새로운 시각에서 조명하는 연구들이 증가함에 따라 보다 풍성한 역사적 내러티브가 만들어졌다. 예를 들어, 1970년대 한국 텔레비전의 정책과 자본의 관계에 주목하여 방송 자본의 축적의 성격을 탐색하는 연구(조항제, 2003)로부터 점차 근대 미디어 문화의 형성과 수용자의 경험에 천착하는 연구들(임종수, 2003; 김종희·김영찬, 2006; 김영찬, 2011), 그리고 1970년대 텔레비전 대중문화의 형성과 성격, 그리고 대중문화에 관한 담론들에 대한 연구들(김수정, 2007; 박용규, 2007; 백미숙·강명구, 2007; 임종수, 2008; 주창윤, 2007; 조항제, 2010, 2011)로 확산되고 있다. 이들 연구들은 대부분 시청자 주체의 경험과 대중문화에 주목하고 있다. 반면, 텔레비전이라는 문화적 제도에서 프로그램을 생산하는 피디와 제작현장에 대한 역사적 연구는 매우 빈곤한 형편이다.

이 연구는 한국 텔레비전 방송문화를 구성하는 실천적 주체의 하나인 교양 피디에 주목했다. KBS 초기 텔레비전 피디들이 교양 프로그램 제작이라는 직무 내용의 특성을 만들어가고 직업 정체성을 구축해가는 아래로부터의 과정을 탐색하는 것은 1970년대 텔레비전의 성격의 일부를 밝히는 것이기도 하다. 이를 위해 이 연구는 '전문직주의(professionalism)' 관점을 채택했다. 그러나 이 연구는 1970년대 방송 프로듀서가 얼마나 '전문직화' 되었는가에 관심을 두지 않는다. 본문에서 좀 더 논의를 하겠지만, 전문직주의는 국가가 압도했고 공무원 관료주의 질서가 조직 전체를 지배했던 KBS에 임시직으로 들어간 피디들과 그들의 경험을 공무원과 구분하고 설명하기 위한 비교 관점으로 사용된다.[2] 임시직 민간 방송인이 제작 체계에서 아직 미분화 단계에 있던 '교양'이라는 직무 영역을 형성하고 자신들의 '전문성(speciality)'과 직업적 정체성을 구축해가는 역사적 과정을 밝히고자 할 때 전문직주의 관점이 유용한 설명틀이 될 수 있다.

1970년대는 한국 텔레비전의 대중화가 시작되는 임계점에 이르렀으며 교양 다큐멘터리 제작이 활성화되기 시작했던 시기이다. 그리고 1980년대 텔레비전 기술발전과 변화를 수용할 수 있는 인적 자원의 기초가 만들어지기 시작했다. 척박한 토양에서 텔레비전이라는 기술을 맨손으로 체험하며 스스로를 훈련했던 제작 인력들은 이후 한국 텔레비전 방송을 이끌어가는 근간이 되었다.

이 연구가 특히 KBS 교양 피디에 초점을 맞추는 이유의 하나는 KBS가 국영방송으로서 그리고 이후 한국방송공사로 전환된 이후에도 국가홍보와

---

2) 여기서 민간 방송인과 공무원 방송인을 대척점으로 두고 있는 것은 선과 악의 이분법적 구도를 의미하는 것은 아니다. KBS 공무원들 가운데서도 사회문화적 엘리트로서 방송인의 역할을 훌륭히 수행한 사람들이 있었고 민간 방송인 가운데 그 반대 역할을 한 사람도 있었음은 물론이다. 다만 이 연구에서는 다소 일반화의 오류를 무릅쓰고 공무원 집단과 민간 방송인 집단으로 구분하여 논의한다.

국민 계몽의 매체로서 한국 교양 프로그램 제작에 선도적 역할을 자임해왔다는 점에서이다. 1970년대 텔레비전 담론은 미디어 대중문화의 형성과 수용이라는 관점에서 드라마와 오락 장르가 중심이 되어왔다. 그러나 한국방송의 제도적 성격과 관행, 사회적 역할을 규정했던 많은 것은 교양 영역에 있었다. 전통 민족문화예술, 새마을운동, 반공, 경제성장 등을 주제로 좌담대담, 계기 특집을 생산하는 이들은 교양 피디였다. 방송 프로그램의 향락주의 비판에 대안으로 제시된 것은 사회교양 프로그램의 엄숙주의였다. 신문비평 역시 상당히 오랫동안 텔레비전 교양 프로그램의 사회계몽, 사회계도적 역할을 지지해왔다. 1970년대 교양 프로그램이 정권홍보 차원에서 만들어졌다는 논증은 많으나 제작현장 현장에서의 생산맥락과 문화적 특성에 대한 역사적·경험적 연구는 아직 축적되지 못했다는 점에서 이 연구가 기여할 바가 있을 것으로 기대한다.

2. 연구관점과 연구방법: 전문직주의와 구술사연구

1) 텔레비전 피디와 전문직주의 관점의 함의

KBS-TV는 세 차례에 걸쳐 이름이 바뀌었다. KBS-TV는 1961년 12월 31일 서울텔레비전방송국으로 개국한 후, 1968년 7월 25일 라디오국인 서울중앙방송국, 서울국제방송국 등과 통합되어 중앙방송국 텔레비전부라는 두 번째 이름을 얻었다. 마지막으로 1973년 3월 3일 국영 시대를 마감하고 한국방송공사로 재창립되어 오늘에 이르고 있다.

국영에서 공사로의 전환이라는 제도적 변화에도 불구하고 1970년대 KBS는 여전히 공보부(이후 문화공보부)의 직접적 통제를 받는 조직이었다. 한국방송공사의 초대 사장에는 문공부차관 홍경모가 취임했고 국영 시기의 공무원 인적 자원이 거의 그대로 유지되었다. 방송국 내 관료주의 질서도 그대로였다. 국영인 중앙방송국은 국장(이사관급) 아래 부장(부이사관급), 과장(서기관), 계장(사무관), 주사, 주사보, 서기, 서기보 등으로 행정 공무원 직급과 호봉 서열에 의해 움직였다. 편성, 프로그램 기획 및 배정 등에 관한 의사결정은 사무관급 이상이, 주사 이하 직급은 정규직 피디를 담당했다. 모자란 제작 인력은 임시직(촉탁직) '방송요원'으로 채웠다. 이 연구에서 민간 방송인이라 함은 공무원 정규직이 아니라 임시직으로 채용되었던 '방송요원' 제작 인력을 말한다. 이들은 모두 한국방송공사의 구성원이 되었다.

중앙방송국이 작성한 1971년 「국정감사자료」에 나타난 인원현황은 임시직이 정규직 인원의 117%에 달하는 기형적 구조였다. 1971년 전체 인원 1,195명 중 '정원'에 해당하는 정규직(일반직, 별정직 공무원)이 약 549명 (46%)이었고, 기타 임시직급의 '정원 외' 인원(이른바 '非TO' 인원)이 646명 (54%)이었다. 제작요원은3) 352명이었는데 이 중 정원이 156명, 임시직 196명으로 임시직 비율이 약 58%에 달했다. 제작요원은 기자 53명, 아나운서 55명, PD 130명, MD 12명, 미술 17명, 무대·효과 57명, 촬영(필름카메라) 28명으로 구성되었다(문시형, 1971: 48~49). 이 연구의 주요 논의대상은 제작요원 중 임시직 피디로서 특히 교양 프로그램을 제작했던 사람들이다.

이들 임시직 피디들은 공채 혹은 특채로 들어왔으며, KBS 내에서 봉급 수준이나 서열 직급이 가장 낮았다. 공무원과 임시직의 기형적 인사구조와 국영 체제하에서의 경영, 회계상의 문제를 해소하기 위해 탄생한 것이 한국방송공사였다. 제도적 문제가 해소되었다 해도 일선 제작 현장에서 공무원 관행은 오랫동안 계속되었다. 이런 조건 속에서 공사 공채생을 포함한

---

3) 분야별 인원은 제작요원 29.4%(352명), 기술요원 30.5%(365명), 행정요원 19.2%(228 명), 청경 수위 및 고용직 20.9%(250명)였다.

민간 출신 방송인들은 방송에 대한 인식과 제작 문화에 있어 공무원과 구분되는 문화적 특성을 구축했다. 이들 임시직 민간 피디들이 전문 방송인으로서 스스로를 구분하고 제작 능력을 익히며 직업적 정체성을 구축해갔던 과정을 전문직주의 관점에서 탐색해보고자 하는 것이다.

방송 피디가 전문직인가에 대한 연구나 논의는 아직까지 본격적으로 이루어진 바 없다. 피디의 전문직화 정도에 관한 조사 연구나 시사교양 피디의 전문직업적 특성을 기자저널리즘과 비교하여 논의한 피디저널리즘 연구가 있는 정도이다. 피디저널리즘은 언론전문직으로서 방송 피디를 가장 대표적으로 상징한다(홍경수, 2012 참조). 이 연구들은 기자전문직을 구성하는 개념적 범주를 원용하여 피디의 직업적 자율성, 사회적 역할과 책임에 대한 인식, 그리고 대중적 신뢰 형성 등을 근거로 피디가 전문직 특성을 공유하는 것으로 가정하고 있다.

일반 전문직주의의 조직적 특성에 관한 연구들은(Caplow, 1954; Wilensky, 1964; 강명구, 1993에서 재인용) 상근직업, 전문인협회의 설립, 윤리강령, 자격시험이나 교육기관 유무를 전문직화를 판단하는 기준으로 제시하고 있다. 좀 더 체계적이고 경험적인 분석을 수행한다면, 한국 텔레비전 피디가 전문직인가의 여부를 판단하는데 많은 논쟁을 필요로 할 것이다. 그러나 대략적으로 외형적 요건을 적용해보면 한국 방송 피디는 전문직으로 보일 만 하다. 피디가 상근직업으로 성립되어 있으며, 한국방송프로듀서연합회가 설립(1987)되었고, 윤리강령이 제정(1995.4.6)되었으며, 고등학위를 수여하는 신문방송학과가 각 대학에 거의 모두 설치되어 있다. 더욱이 피디가 되기 위한 시험은 '언론고시'라고 불리고 있을 정도이다. 의학, 법학, 기자전문직과 다름없이 방송 피디가 전문직으로 승인될 만한 구조적 준거를 상당 부분 갖추고 있다.

최근 연구 결과에 의하면 2008년 정권 교체 이후 한국의 공영방송 피디들은 자율성을 가장 우선적인 가치로 간주하는 것으로 나타났다. 이 연구는 전문직주의의 구성요소로 자율성, 전문직 규범, 공공서비스 지향성(Hallin & Mancini, 2009)을 제시하고, 피디들이 "자율성 투쟁에 과도한 힘을 실으면서, 정치체제와의 차별화를 시도해왔으며 정작 중요한 전문직주의의 내면화에 이르지 못해" 쉽게 정치화하는 경향이 나타나고 있다고 파악했다. 전문직주의가 빈곤해진 이유는 전문직주의 구성요소인 실천 윤리규범이 일상에서 내면화되고 실천되고 있지 못했기 때문이라는 것이다(홍경수, 2012: 228). 무엇보다 피디들 스스로가 자신을 전문직으로 인식하고 있는지조차 본격적으로 조사된 바도 없다.

이상의 논의로부터 확인되는 것은 한국 방송에서 전문직주의 규범은 1987년 이후 민주주의 이행기를 거쳐 처음 인식되기 시작했다는 것이다. 또한 텔레비전이 시작된 이후 50여 년의 역사 속에서 피디는 어떤 직업이었는가, 이들이 인식하고 형성하고 있는 방송 피디의 사회적 책임이나 자율성, 방송의 공공 서비스 역할이 구체적으로 어떤 과정을 거쳐 형성되어 왔는가에 대해서는 아직 탐구된 바가 없다는 것이다. 이는 물론 한국 텔레비전이 권위주의적 국가 체제 아래 계몽과 동원의 매체로 부역해왔다는 점과 무관하지 않다. 유신체제 아래 한국 사회의 거의 모든 분야는 민주적 논의의 과정이 허용되지 않는 정치적 조건 속에 있었다. 각 전문 집단은 자신의 영역 안에서 의사는 의료의 영역에서 교수는 대학 안에서 기자는 뉴스의 영역에서 체제가 요구하는 집단적 역할을 수행했다. 이것이 한국 언론에서 기자 집단이 "스스로를 전문직이라고 주장하지도 요구하지도 않는 역사적 요인"이 되었으며 동시에 "기자 집단의 정체성 형성에서 국가 개입의 영향력이 강하게 나타나는 근거가 되었다"는 것이다(강명구, 1993: 65~66). 이러한 주장은 피디 집단에게도 적용 가능하다. 피디의 전문직주의 역시 특정한 사회적·정치적·경제적 상황에 따라 다르게 발현될 수밖에 없다. 그러므로 서구에서 형성된 전문직주의의 범주나 구성요소를 기계적으로 적용하여 전문직화의 정도를 판단하기 보다는 한국 방송 프로듀서의 직무 성격과 전문직업적 특성, 전문직 이데올로기가 어떤 특정방향으로 구축되어 왔는가를 경험적으로 연구하는 것이 더 중요하다는 명제가 확인된다.

정리하면, 전문직주의 역시 특정한 사회적·정치적·경제적 상황에 따라 다르게 발현될 수밖에 없다. 이 주장은 피디 집단에게도 적용 가능하다. 이로부터 서구에서 형성된 전문직주의의 범주나 구성요소를 기계적으로 적용하여 전문직화의 정도를 판단하기보다는 한국 방송 프로듀서의 직무 성격과 전문직업적 특성, 전문직 이데올로기가 어떤 특정 방향으로 구축되어 왔는가를 경험적으로 연구하는 것이 더 중요하다는 명제가 확인된다.

이 연구는 전문직화를 대안으로 제시하는 것이 아니라 전문직업인으로서 KBS 교양 피디들의 직무 분화와 전문성 형성, 사회적 역할과 위치가 어떤 단계와 과정을 거쳤으며 그것이 한국 방송역사에서 어떤 사회문화적 의미를 지니고 있는지에 관심을 두고 있다. 1970년대 KBS는 국가가 소유 주체이자 경영 주체였으며 방송국 조직은 관료주의 질서와 공무원 체제의 관행에 의해 지배되고 있었다. 여기에서 전문직주의 관점은 KBS 내의 고학력 민간 방송인들이 공무원과 구별되는 전문성을 구축해가고 전문 직업인으로서의 특성을 구현해가는 방식을 탐색하는 참조틀이 된다. 참조틀이라 함은 구술자들의 역사적 경험과 내러티브를 읽고 해석하고 범주화하는 과정에서 역사의 경험을 이론의 틀에 끼워서 분석하는 것이 아니라 귀납적으로 범주를 도출해내기 위한 이론적 상상력으로 활용한다는 것이다.

2) 연구방법: 생애사적 개방형 구술인터뷰

이 연구는 구술사 방법을 채용하여 1960년대 말부터 1970년대 기간 동안 제작현장에 근무했던 교양 피디 8명의 인터뷰를 수행했다. 인터뷰는 2012년 5월 중순부터 6월 말까지 집중적으로 이루어졌다. A, C, D는 2회, 그 밖의 구술자는 1회 인터뷰를 실시했고, 회당 구술 인터뷰 시간은 최소 2

표 7-1
구술자 일람

구분	구술 일시	약력	근무 기간
A	1차 2012.6.1(금) 　오후 4:30~6:30 2차 2012.6.18(월) 　오전 11:00~오후 4:30	1943년생 교양 피디 1968년 공채 합격 수습 1969년 KBS '중앙공채1기' 입사 2003년 퇴직	KBS 35년
B	2012.6.4(월) 오후 2:00~6:00	1930년생 필름 다큐멘터리 피디 1969년 KBS 영화계 특채 1990년 퇴직	KBS 22년
C	1차: 2012.5.21(월) 　오전 11:00~오후 3:30 2차: 2012.5.29(화) 　오전 11:00~오후 3:00	1935년생 편성 피디 1964년 방송조사연구실 공채 1968년 서울중앙방송국 라디오 편성 특채 1971년 KBS TV 편성과 발령 1991년 퇴직	KBS 23년
D	1차: 2012.5.22(화) 　오후 2:00~4:00 2차: 2012.5.29(화) 　오후 4:00~6:00	1937년생 영화 피디 1964년 방송조사연구실 공채 1969년 동아방송 조사실 입사 1971년 KBS 영화계 특채 1991년 퇴직	KBS 21년
E	2012.6.04(월) 오전 11:00~오후1:30	1940년생 교양 피디 1964년 동아방송 피디 1기 입사 1971년 KBS 특채 1995년 퇴직	KBS 25년
F	2012.5.14(월) 오후 6:00~10:00	1948년생 교양 피디 1973년 KBS 공사1기 공채 입사 1991년 퇴직	KBS 19년
G	2012.5.31(목) 오후 2:00~8:00	1949년생 교양 피디 1973년 TBC 입사 1981년 KBS 교양제작국 특채 입사 2005년 퇴직	TBC 8년 KBS 25년
H	2012.6.01(금) 오후 1:00~3:00	1942년생 보도제작 피디 1965년 MBC 라디오 피디 공채 입사 1969년 MBC-TV로 발령, TV1기 연수 2000년 퇴직	MBC 35년

시간에서 5시간에 걸쳐 이루어졌다. 연구자가 의도하지는 않았으나 이야기의 흐름에 따라 자연스럽게 장시간 구술이 지속되었기 때문이다.

구술자들 대부분은 대략 1970년대 중후반까지 차장급에 이르고 1970년대 말부터 부장으로 시작하여 중간간부로 훈련되었고 1980~1990년대에 걸쳐 간부 보직을 맡았던 한국방송사의 엘리트들이었다. 구술자 가운데 B는 영화계 출신으로 펑피디로 평생을 보냈고, F는 한국방송공사 1기생으로 들어와 1991년 퇴사하여 프로덕션 회사를 운영하고 있다는 점에서 다른 구술자들의 직무 경로와 차이가 있다. 이러한 차이는 KBS 내부자의 다양한 시각을 보여주는 장점으로 작용했다. G와 H는 각 각 1970년대 TBC와 MBC에 근무하고 있었으므로 KBS와 상업방송국 간의 차이를 일부나마 비교해 볼 수 있는 배경적 정보를 제공해주었다.

연구자는 아무런 질문지를 준비하지 않은 채 '텔레비전 프로듀서의 전문직주의 형성'이라는 큰 주제를 가지고 비구조화된 개방형 인터뷰를 실시했다.[4] 구술자를 처음 접촉했을 때 이들은 모두 연구 주제가 무엇인가, 혹은

---

4) 생애사 흐름에 따른 개방형 인터뷰 방식은 일종의 '비구조화된 인터뷰'라고 할 수 있다. 구술생애사는 특정한 구술자 한 사람의 생애사의 흐름을 따라 이야기를 구성하는 데 반해, 이 연구에서는 여러 구술자들의 생애사 흐름에서, 특히 교양 피디로서의 경험을 중심으로 구술인터뷰를 진행하고 이를 특정 주제로 재구성했다는 점에서 구술생애사와는 차이가 있다. 이 연구에서는 Seidman(2006)이 제시한 면담자의 경험을 심층적이고 현상학적인 면담 방식과 생애사적 구술사 방법론을 통합한 접근 방식을 적용한 것이다. Seidman이 제시한 현상학적 면담은 거의 친근한 대화라고 볼 수 있는 개방적이고 비구조적이며 인류학적인 면담을 의미한다. 연구자의 역할은 질문에 대한 연구참여자의 반응을 탐색하고 축적하는 것이다. 연구자는 연구참여자로 하여금 연구 주제의 범위 내에서 자신의 경험을 재구성하도록 하며 그 경험의 맥락을 이해하고 맥락 안에서 경험의 의미를 탐색하는 것이다. 그러므로 이 연구에서는 구술자들이 생애사의 흐름에 따라 과거의 기억을 불러오고 그 기억을 구술하는 가운데 교양 피디로서의 직무 내용과 직업적 경험을 재구성하고 경험의 맥락과 의미를 스스로 이야기할 수 있도록 했다. 구술사 방법론에 대해서는 백미숙(2009) 참조.

무엇을 알고 싶은가를 질문했다. 연구자는 피디의 전문직주의 형성에 관심을 가지고 있으며, 1960~1970년대 텔레비전에 종사했던 분들의 제작현장의 경험을 직접 듣고 싶다고 답했다. 그리고 방송에 처음 입문했던 초기 시절부터 제작현장에서 일어났던 다양한 경험을 생애사적 흐름에 따라 기억나는 대로 말씀해달라는 부탁을 했다. 생애사의 흐름에 따른 개방형 인터뷰를 선택한 이유는 연구자가 전문직주의의 구성요소나 단계를 설정하고 그에 걸맞은 요소들이 제작현장에서 있었는가, 혹은 어떤 움직임이 있었는가 여부를 조사하는 연역적 검증 방식을 피하고자 하는 의도에서였다. 개방형 인터뷰 방식은 구술자들이 전문직이라는 주제로부터 자신들 경험의 어느 부분을 이끌어내는가를 자연스럽게 보여주었다. 이 연구가 피디들이 어떻게 현장에서 훈련되고 기술과 전문 지식체계를 익혔는가와 이 과정에서 전문 방송인으로서의 정체성을 어떻게 자각하고 구축해왔는지를 탐색하고자 한다는 점에서 당대의 맥락에서 구술자의 경험의 순서에 따라 이야기를 구성하는 개방형 인터뷰가 적절하다고 판단했다. 구술자들은 전문직주의 형성이라는 주제에 대해 별다른 후속 질문이 없이 쉽게 자신들의 이야기를 시작했다.

구술 인터뷰 외에도 이 연구는 1960~1970년대에 KBS 제작현장에 피디로 근무했던 퇴직방송인들의 회고집을 적극적으로 활용했다. 교양 피디 방원혁(1965년 입사), 드라마 피디 이유황(1969년 입사), KBS 텔레비전 국장과 각종 요직을 거친 정순일(1973년 입사)의 이야기와 KBS 중앙방송국 국장과 한국방송공사 부사장을 역임한 최창봉의 구술(강명구·백미숙, 2008)과 자서전(최창봉, 2010)은 구술 인터뷰의 빈 공간들을 채워주었다. 『한국방송사』(1977a) 역시 구술 텍스트에 대한 비판적 해석과 검증을 위한 비교 문헌자료로 사용되었다.

이 연구에서는 구술텍스트를 비판적으로 해석하고 활용하기 위한 방안으로 특히 구술자들이 경험을 회상하는 과정에서 현재의 맥락이 기억의 재구성에 영향을 미치는 방식에 주목했다(백미숙, 2009 참조). 구술인터뷰를 수행한 기간은 KBS, MBC, YTN의 파업이 계속되던 시기였다. 연구자는 직접적이든 우회적이든 방송 파업이 이들의 회상 과정에 영향을 미치고 있다는 것을 느낄 수 있었다. 1990년대 이후 방송민주화의 흐름 속에서 1970~1980년대 텔레비전에서 성공적 직무 경로를 거쳐 온 구술자들 대다수는 마음의 부담을 가지고 있었다. 그 부담에는 당대의 조건 아래 제작현장에서 최선을 다해 일했던 자신들의 경험이 송두리째 부정되어야 할 과거로 치부되고 있다는 당혹감이 혼재되어 있었다. 군사독재정권과 연동된 한국방송의 역사는 방송프로듀서라는 전문직업의 성격과 내용 역시 정치적 조건에서 자유로울 수 없게 만들었다. 그러나 일상의 역사가 모두 정치 구조에 의해서만 결정되는 것이 아니듯, 한국방송의 제작 현장에서 일어났던 다양한 경험들은 보다 구체적인 역사적 국면 속에서 새롭게 논의되어야 할 필요가 있다는 과제를 주는 것이었다.

연구자는 이들의 이야기가 구성되는 기억의 정치학을 고려하며, 이야기를 듣고 녹취록으로 작성하고, 이를 다시 읽고 해석하는 과정을 거쳐 몇 개의 귀납적 범주를 추출했다. 이로부터 한국 방송사의 한 국면을 역사적 내러티브로 재구성하는 범주로서 교양 프로듀서의 진입 경로와 인적 자원의 성격, 교양 프로그램 제작 직무의 미분화와 분화, 방송제작의 기술과 지식의 전문성 구축, 유신체제하에서 한국방송공사의 성격과 자율성, 공공성 등 네 가지 주제가 도출되었다.

여기서 자율성, 공공성이라는 범주는 구술자들이 자신들의 경험을 진술하는 기억 회상의 과정에서 지속적으로 개입하고 있는 개념들이었다. 자율성과 공공성은 1980년대 후반에 이르러서야 본격적인 논의가 시작되었다고 할 수 있다. 이들 범주는 이 연구에서는 오히려 1970년대 방송에서 이러한 방송 철학이나 개념이 부재할 수밖에 없었던 조건이나 방송인들의 인식을 구체적으로 탐색하는 효과를 만들어내는 현재 시점의 개념틀로서 작용했다.

3. 누가 어떻게 교양 피디가 되었는가?: 진입경로, 사회적 위치, 그리고 '방송을 하러 온 사람들'

1) 텔레비전 교양 피디의 진입 경로: 공무원 방송국의 대졸 임시직 피디

KBS가 국영방송국이라는 의미는 공무원이 피디나 기자로 일하는 조직이라는 것이다. 공무원이 아닌 인력은 임시직으로서 다양한 경로로 입사했다. 구술자들이 이야기한 피디 입사 동기는 크게 세 가지로 구분되었다. 첫째는 A처럼 중앙일간지 기자직에 지원했다 실패한 후 차선책으로 KBS 공채에 지원한 경우이다.[5] 신춘문예 당선 경력을 가지고 있던 F 역시 마땅한 일자리가 없어 당분간 해보자는 마음으로 공사1기로 입사했다. 둘째는 대학시절부터 학내에서 방송 활동을 하던 G(TBC)나 H(MBC)처럼 피디가 원하던 직업이었던 경우이다. C, D, E는 라디오방송을 경유해 TV라는 영상매체의 미래를 보고 스카우트에 응했다. 셋째는 B처럼 영화계에서 일하다가 KBS 필름 다큐멘터리 제작을 위해 스카우트된 경로이다. 이러한 진입 경로는 초기 텔레비전 피디라는 직업의 사회적 위치가 오늘날과는 많이 달랐다는 것을 시사하고 있다.

KBS 기수는 1973년 공사1기로부터 환산되어 현재에 이르고 있다. 그런데 KBS-TV의 이름이 바뀌었던 역사에 따라 이른바 1기생들은 서울텔레비전 개국 '공채 1기', 통합 중앙방송국의 '중앙공채1기', 그리고 한국방송공사 '공사1기'의 세 그룹이 있다. 공사화는 공무원 체제를 제도적으로 무화시켰고, 공사1기부터는 이른바 '새로운 세대'로 간주되었다(F 구술).[6]

---

5) A는 처음에 중앙 일간지 기자직에 지원했다가 실패한 후 취직 시즌이 끝날 무렵이 되자 취직을 더 이상 미룰 수 없어 KBS 방송요원 공채에 응시했다고 했다. A는 기자 '운'이 없다고 보고 마음을 바꿔 피디를 택했다고 밝혔다.

이 세 그룹의 공채생들은 모두 국어, 영어, 상식, 논문 등의 필기시험과 면접을 거쳐 상당히 치열한 경쟁을 통해 선발되었으며, 대부분은 이른바 명문대학의 인문사회계열 졸업생들이었다. 이 시기 대졸자들의 최고 직업은 은행원이나 당시 막 부상하기 시작한 (종합)상사원이었는데 상경계열 전공자만 응시할 수 있었다. 인문사회계열 대졸자에게는 중고교 교사, 사무관급 이상 공무원, 그리고 중앙일간지 기자 정도가 손꼽히는 직업이었다. '어떻게 하는지는 모르지만 프로그램을 만드는 사람'이라는 정도만 알고 피디 공채에 지원한 것은 일자리가 부족하던 시절 방송국이 그래도 괜찮은 직장이라고 생각해서였다. 그러나 피디는 사회적 위상이 높은 직업은 아니었다. 당시 결혼적령기에 있던 구술자들은 피디가 배우자 여성의 집안에서 그리 환영받는 직업은 아니었다고 했다. 텔레비전 출연이 화제가 되던 시절이어서 방송국에 근무한다는 것이 선망의 대상이기는 했지만 드라마, 쇼 피디로 상징되는 '딴따라'라는 부정적 의미가 강했기 때문이었다(A 1차 구술; G 구술; 김우룡, 1979).

이러한 대중 인식은 오랫동안 계속되었는데 중앙일보·동양방송 이사였던 홍두표는 TV 수상기가 350만 대에 이르고 있으나 "아직도 TV가 확고히 정착된 단계에 이르지 못하여 TV제작자를 다만 연예계 종사자로 혼동하는 경우를 많이 본다"고 지적했다. 외국에서 미래 유망산업으로 손꼽히고 있는 TV를 발전시키기 위해서는 전문제작자를 확보하고 육성하는 것이 시급하므로 이런 낙후된 인식이 개선되어야 한다는 것이었다(홍두표,

---

6) A의 구술에 따르면 중앙공채1기는 피디 10명, 기자 10명, 아나운서 대신 MC 2명, 엔지니어 10명을 선발했다. MC는 여자 하나 남자 하나였다. 1968년 11월경 시험 합격 발표 후 약 6개월 기간의 신입사원 연수를 거쳐 1969년 5월 1일 자로 발령을 받았다. KBS는 1973년 11월 5일, 공사1기로 프로듀서 20명, 방송기자10명, 아나운서 21명, 기술직 55명 등 총 106명을 공채했다(한국방송공사, 1975: 111).

1977.2: 32).

그러나 KBS 피디의 경제적 현실은 더욱 어려웠다. 중앙공채1기는 수습 과정에서야 자신들이 '임시직(촉탁직)'이라는 것을 알게 되었다. 봉급은 신문사 수습기자와 비교해 3분의 1에 불과한 수준이었다. A는 "정이 떨어지는" 정도의 실망감이 들었지만 당장은 옮길 데가 없어 우선은 있을 수밖에 없는 형편이었다고 했다. 그는 수습 시절 6개월간 봉급은 월 4,500원, 정식 발령을 받은 후 봉급은 5,000원이었다고 기억했다. TBC에 1973년 입사한 G가 3개월 수습을 마치고 받은 봉급이 40,000원이었고 이는 삼성그룹 내에서 가장 높은 봉급수준이었던 동방생명의 70% 수준이었다는 기억과 비교하면 KBS의 임금 수준은 매우 낮았다고 볼 수 있다. MBC-TV에서 1973년 한국방송공사로 역스카우트되어 사장직속 기획심의실장으로 발령받은 정순일의 봉급은 10만 원이었다. MBC에서 받은 봉급의 3분의 1도 안 되었다고 했다(정순일, 1991: 216). 공사화된 KBS가 대폭 봉급 수준을 높인 결과인데도 불구하고 상업방송과 비교할 수 없을 정도로 낮은 수준이었다. 임시직은 관료체계에서 일용직 청소원에 가까운 서열이었고, "봉급받는 날은 차별받는 날"이었다(C 1차 구술).

당시 공무원들의 봉급체계는 행정주사 몇 호봉 얼마, 서기 몇 호봉 얼마 하는 식이었어요. 그런데 임시직 PD들은 일용잡급직이라서 회계상 108이니 307로 분류되었지요. 청소아줌마들이 307이었고 우리들은 조금 더 나은 108이었지만 신분 보장이 안 되기는 마찬가지였어요. 수습교육 과정에 이를 알게 된 동기들이 집단적으로 항의했으나 어쩔 수 없다고 하는 거예요. 문공부 산하 일개 국에 불과한 중앙방송국에서 어떻게 정규 공무원을 뽑느냐는 거지요(A 1차 구술).

이러한 조건에서 임시직 AD를 벗어나기 위해 기자 시험과 공무원 시험을 쳐서 합격했던 A의 사례는 그가 공무원이 아닌 피디로 탄생하는 과정이라는 점에서 상징적이다. A는 이직을 결심하고 신문사 경력직 공채에 합격하게 되었고 이직 인사까지 마쳤으나 결국 KBS에 머무르기로 마음을 바꾸었다. 선배들이 당신같이 배경이 없는 사람은 가족 경영과 다름없는 신문사에서 크기 어렵고, 국영인 KBS가 공사화된다는 소식도 있으니 조금만 기다리면 된다면서 만류하는 말에 솔깃하기도 했고, 한편으로는 다른 직장에 가서 KBS의 신참으로서 겪어야 했던 "야만적이고 고통스런 통과의례를 새 직장에서 또 겪어야 한다는 것이 끔찍했다"고 했다. 그러나 A는 여러 가지 고통에도 불구하고 무엇보다 "프로그램을 제작한다는 일에 뿌리칠 수 없는 묘한 매력이 있어서였다는 것이 더 솔직한 설명이 될 것"이라며 신문사 기자를 포기했던 까닭을 술회했다(A 1차 구술).

그 후 A는 박봉 때문에 입주 가정교사로 '투 잡'까지 하며 AD 생활을 계속했으나 공사화는 소식이 없고 고민하던 차에 누군가의 권유로 국가 공무원 시험에 응시해 합격했다. A는 문화공보부(KBS) 임용을 원했고 즉각 행정주사보로 KBS로 발령을 받았다. 임시직에서 당시 4급 을 행정주사보로 계급이 상승하던 날, 서열에 따라 사무실 맨 끝자리 야간학교 다니던 사환과 마주 보던 책상도 사수였던 피디의 책상보다 앞자리로 배치되었다. AD 생활도 벗어나고 당당히 피디가 되었다(A 1차 구술). 임시직에서 벗어나려면 공채든 특채든 공무원이 되는 수밖에 없었다.

C와 D는 공보부 산하 방송문화조사연구실에 공채로 들어갔다가 라디오를 거쳐 텔레비전으로 스카우트되었다. 이들 역시 명문대 대학졸업자로서 방송문화조사연구실 임시직 직급으로 공무원 세계에서 어려움을 겪었다. 두 사람은 각각 KBS 라디오와 민간 라디오방송을 거쳐 대략 1971년경에 KBS 텔레비전에 주사 직급을 제안받아 제작1과(편성계, 영화계)로 들어왔다. D는 특히 "임시직으로 있던 게 한이 되어" 공무원 발령을 주장했고, 비록 동아방송에서 받던 수준의 절반도 안 되는 봉급이었지만 "텔레비전이

미래의 매체라는 생각에 꼭 하고 싶어서" 이직했다고 말했다. 집안의 반대도 있었지만 당장의 봉급보다는 이미 각광을 받고 있던 매체인 TV 방송에 대한 전망과 열정이 자신을 움직였다는 것이다(D 1차 구술). 동아방송에 있던 E 역시 라디오방송의 한계를 느끼던 중 퇴직하고 잠시 영상제작사업에 참여했다가 KBS-TV로 스카우트되어 왔다. E도 텔레비전을 미래 분야로 인식했다. C, D, E는 모두 경력직으로 공무원 직급을 받아 특채로 편입되었으므로 상대적으로 나은 형편이었으나 민간 방송인 출신으로 관료조직의 밖에 위치했다.

충무로 영화판이나 국립영화제작소에서 일하던 감독과 카메라맨이 방송국으로 들어오는 경우도 임시직이었다. 현장 경력을 바탕으로 방송에 들어온 영화 인력들은 방송국 내에서 대졸 공채사원과는 조금 다른 흐름을 구성했다.

이와 같은 경로 외에도 임시직은 여러 성격의 인력들이 방송에 진입하는 경로로 이용되었다. 윗선이나 알음알음의 취직 부탁으로 들어오는 '비공식' 인원도 많았다. 그러나 제작인력은 늘 부족했고, 다양한 진입경로만큼이나 구성원의 성격도 천차만별이었다. 피디로서의 직업의식이나 정체성을 가지기에는 아직 너무 혼란스럽고 불안한 위치에서 이들 임시직 방송요원들이나 경력직으로 들어온 민간 방송인들은 공무원 체계 내에서 자신들이 누구인지를 구분해야 하는 정체성의 문제를 겪고 있었을 것이다.[7]

---

7) 공사화가 되면서 다양한 경로로 들어오고 스카우트해온 사람들을 사내에서 해소하기 위해 공사1, 2기 사이에 특별 전형을 하기도 했다. KBS는 공사화 이후에도 오랫동안 청와대, 여당, 정부 각 기관의 줄을 통해 들어오는 관행이 계속되었다. 그리고 이렇게 들어온 이들을 해소하기 위해 올림픽 이전까지 오랫동안 공채를 하지 않았다(이는 거의 모든 구술자에게서 반복적으로 진술되었다). TV 방송 초기부터 고착화되어온 인적 자원의 내부 구성의 성격은 오랫동안 KBS의 제작 조직과 문화에 대부분 부정적으로 작용했다

2) 우리는 '방송을 하러 온 사람': 공무원과 구별짓기

임시직 공채는 텔레비전 개국 때부터 시작된 관행이었고[8] 공사화가 되어서야 비로소 일원화된 인사체계가 만들어졌다. 흔히 공사1기부터를 '새로운 세대'로 간주하지만, 공사1기인 F가 적절히 지적했듯이, 법률적·제도적 변화를 기준으로 새로운 세대의 경계선을 가르는 것은 역사의 흐름을 단절하는 시각이 될 위험이 있다.

잘 알려져 있듯이 KBS-TV는 국영이기는 하지만 최창봉을 중심으로 HLKZ-TV 출신 전문방송인들이 주축이 되어 개국했다. 최창봉은 개국 준비팀의 책임자로서 공채1기생을 선발하고 이들을 앞으로 KBS를 이끌어 갈 전문방송인으로 교육하고자 했다. 공채1기생들은 실무 기자재가 전혀 없이 열악한 환경에서 이루어진 신입사원 교육이었지만 모든 교육진이 자신들에게 창조적 문화예술 작업자로서 여기고 프로듀서의 자긍심과 정체성을 가질 것을 교육했다고 술회했다(백미숙·강명구·이성민, 2008).

그러나 개국 직후 직제개편을 통해 방송관리국과 라디오방송에 있던 공무원들이 모두 요직을 차지하게 됨에 따라 텔레비전 역시 관료체제로 전환되었다. 공보부 장관 오재경의 설득으로 방송국 설립을 실질적으로 지휘했던 최창봉과 개국준비팀은 촉탁직이었기 때문에 자연스럽게 퇴출되었다. 조직이 공무원 체계로 변화함에 따라 공채1기생들 역시 중앙방송국(라디오)에서 와서 일하는 '분'들의 분위기에 "민감하지 않을 수가 없고 동화하지 않을 수 없었다"(강명구·백미숙, 2008; 황정태 구술). 공채1기생들은 공무원 질서에 흡수되었고, 이들의 일부는 1964년 개국하는 TBC로 이동하기도

---

8) 공채 방식이 아니어도 임시직 제작인력은 라디오에서도 고착화된 관행이었으며, 공보부 내의 다른 부서에서도 촉탁직이 일상화된 인력사용 방식이었다.

했다.

중앙공채1기는 한동안 단절되었던 공채 인력 충원 방식이 중앙방송국으로의 통합을 계기로 다시 등장한 것으로 짐작된다. 중앙방송국 공채로 입사했다는 이유황[9]은 자신이 사령장을 받아들고 제작2과(드라마, 연예오락) 과장에게 신입인사를 드리자 과장이 공채생을 뽑았다는 말에 오히려 놀라서 소리치고 의자가 뒤로 넘어졌다는 일화를 남겼다(이유황, 2001: 349~350). 과장급의 공무원이 신입사원 공채를 몰랐다는 사실이 좀처럼 이해되지 않는 실화였다. 임시직의 관행에 사실상 '속아서' 입사했으나 중앙공채 세대는 공무원과는 구분되는 새로운 인적 자원의 흐름이 만들어지기 시작한 것을 의미했다.

중앙공채1기가 AD로 제작현장에 투입되었던 1969년으로부터 1973년 공사화에 이르는 시기 동안 KBS에는 새로운 성격의 인적 자원이 형성되는 두 차례의 계기가 있었다. 첫째는 1969년 10월의 3선 개헌과 1971년 4월 박정희 대통령의 대선 선거 홍보를 위해 영화와 라디오부터 민간 인력을 적극적으로 유입한 것이었다. 공보부가 문화공보부로 개편되고(1968년 7월 20일) 곧바로 통합 중앙방송국을 설치한 것 역시 "보도기능의 강화와 기사의 일원화를 기하기 위해" 시행된 것이었다(「공보부, 문화공보부로 발전적 개

---

9) 드라마 피디였던 이유황은 1969년 9월 KBS 공채1기 프로듀서 시험에 합격, 4주간의 오리엔테이션을 마치고 텔레비전 제작2과로 발령받았다고 회고했다(이유황, 2001: 349). A는 1968년 11월 공채 시험에 합격하여 1969년 5월 1일에 입사했다고 구술했다. A에 따르면 중앙공채1기는 별도의 입사동기 모임을 가지고 있다고 했다. 두 사람의 기억에 차이가 있는데 사실 확인을 할 수 있는 자료를 연구자가 아직 발견하지 못했다. 다만 이유황의 기억대로 중앙공채1기가 아니라도 1960년대 말에 입사한 것으로 추정할 수 있다. 『한국방송사』 별책에 1969년 8월 18일 '신규방송요원 교육 실시'라는 기록이 나타나고(한국방송공사, 1977a: 169) 있으나 피디 공채인지 기술이나 기자 등 다른 방송요원 공채인지는 확인할 수 없다.

편」, 1968.7: 10). 알음알음의 임시직 고용이 일상화되어 있던 KBS가 공채를 시행한 것은 이러한 공보정책을 반영한 것으로 짐작된다.[10]

둘째는 대통령 선거 이후인 1971년 8월 최창봉이 중앙방송국 국장으로 취임하게 된 것이었다. 신임 문공부장관 윤주영과 최창봉은 1971년 6월 윤 장관의 드라마 저속성 비판 담화문 발표 직후 서울 소재 방송국 책임자 모임에서 처음 만났다. 최창봉은 동아방송 국장으로 참석했다. 윤 장관의 당부이자 지시를 듣기 위해 모인 자리였으나 이 자리에서 최창봉이 KBS가 1971년 대선을 거치며 국민의 신뢰를 더욱 잃게 되었다고 정부 방송정책을 비판했고 윤 장관이 공감을 표했다. 윤 장관은 그날 바로 박 대통령의 재가를 받아 최창봉에게 중앙방송국 국장직을 맡아달라는 제안을 했다(강명구·백미숙, 2008; 최창봉 구술 참조). 이는 바로 직전 선거에서 야당 김대중 후보와의 득표 차이가 얼마 나지 않았던 정국에 대한 불안감이 반영된 정책 전환을 배경으로 한 것이었다. 최창봉은 취임과 함께 민간 방송 인력을 유입했고 공무원 조직과 제작 현장에서 전문 방송으로의 변화를 강하게 요구했다.

이 두 가지 요인은 방송공사로 수렴되는 인적 자원의 변화가 내부적으로 형성되는 흐름을 촉발했다. 민간 방송인들은 '우리는 방송을 하러 온 사람'

---

[10] 1968년 문공부로의 정부조직 개편은 1967년 박정희가 대통령으로 당선된 이후 공보정책의 체계 변화를 의미하고, 이로부터 국영방송을 보다 조직적으로 관리하기 위한 방안으로 문공부 외청으로 방송청을 설치하는 논의가 시작된 것으로 보인다. 공보정책의 변화는 보다 구체적으로 3선 개헌과 7대 대통령 선거로 이어지는 일련의 흐름 속에서 만들어진 것이었다. 1967년 6대 대통령 선거에서 윤보선 후보에게 간신히 이겨 재선된 박정희는 바로 이어진 7대 국회의원 선거에서 3선 개헌을 위한 의석수를 확보하고, 1969년 9월 국회 개헌안 통과, 10월 국민투표를 통해 개헌에 성공한다. 3선 개헌으로 박정희는 1971년 4월 27일 김대중 후보를 100만 표 정도의 차이로 물리치고 7대 대통령으로 당선된다.

으로 자신들을 공무원과 구분했다. "방송을 하러 온 사람이라는 자긍심으로 버텼다"는 C의 이야기는 대부분의 구술자들에게서 반복되었다. 이러한 자기 정체성은 당시 관료적이고 타성적인 공무원 조직의 행태로부터 자신들을 '구별 짓는' 삶의 방식이 되었던 것으로 해석할 수 있다.

국영방송 체제에서는 창경원, 박물관에서 근무하던 말단 공무원도 누구나 피디가 되었고, 공채 임시직은 그들의 AD가 되어 섭외에서부터 플로어 매니저까지 거의 모든 잡무를 담당했다. 제작현장에서 공무원 체계의 문제는 텔레비전의 생명인 종합적이고 협업적인 작업방식과 맞지 않는 것이었다. 임시직 AD가 기술부, 미술부 공무원을 움직이는 일은 프로그램 제작보다 더 어려운 일이었다고 했다. A의 구술은 임시직 AD가 제작 현장에서 겪는 일상의 좌절을 고스란히 드러내고 있다.

그때나 지금이나 프로그램을 만드는 것은 기술적 도구나 재료가 달라졌을 뿐 제작 중심에 피디가 위치하는 것은 똑같아요. 그런데 마땅히 기술적 도구나 환경, 재료를 공급 협력해야 하는 스태프들과는 매일 매일이 전쟁 같았어요. 알다시피 피디가 상대하고 조율해야 할 스태프의 수도 많고 분야도 다양하지 않아요? 스튜디오만 하더라도 세트 디자이너, 소품, 조명, 마이크, 카메라 1, 2, 3 등이 있고 부조정실에는 음향, 녹화, 기술 감독, 미술실의 자막제작 담당, 필름 인서트를 찍어 왔으면 현상실과 필름 편집실 담당, 영사실 담당 등등. 그 외에도 AD는 수도 없이 많은 스태프들의 협조를 얻는 일에 너무 속을 태워야만 했어요. 당시에는 같은 세트를 뜯었다가 다시 세우고 주1회마다 다시 세우고, 소품도 다른 자리에 가고, 없어지고, 다른 창문틀과 바뀌고, 벽지도 옮기는 과정에서 손상되고 …… 모두가 다 자기가 하고 싶은 대로 하는 거예요. 스튜디오는 몇 개 없고 하루에 프로그램을 몇 개 배정할 수밖에 없어요. 앞에 거가 끝나면 세트 철거하고 다시 새 세트 세워야 하는데 퇴근하려고 하고. AD만 죽도록 바쁜 거지요. 커피라도 사고 밥이라도 사고 술값이라도 주면 일시적으로 잘 돌아가고 이런 시절이었어요. 넉살이 안 좋으면 스트레스 많이 받고. 요즘 시각으로 보면 말도 안되는 빈곤한 후진국형 행태가 다른 데도 아닌 방송국에서 횡행하고 있었다면 누가 믿을까요? 프로그램을 만드는데 궁리를 다해 환심을 사야 하고, 때로는 멱살잡이에 주먹다짐도 일어나고 어쨌든 요즘 말로 을(乙)의 설움과 울분의 세월도 6개월쯤 지나면서 부조리에 휩쓸리는 요령도 생겼다고 할까요(A 1차 구술).

당시 공무원 체제에서 모든 일과는 기본적으로 9시에 출근해서 6시에 퇴근하는 것이었다. 지금의 공무원 문화와는 차이가 많았다. 지금이야 제작시설과 도구, 보조 스태프들을 얼마든지 활용할 수 있는 환경이지만 그때는 정해진 근무시간 내에 해결하지 못하면 엄청난 고통을 감수해야 했다는 것이다. A는 몇 개 안되는 남산 스튜디오, 열악한 시설과 도구들, 낮은 보수 등의 척박한 조건에서 이제 막 출발한지 얼마 안 되는 TV 제작진들에게 방송의 임무에 대한 전문가적 인식을 바라기는 어려웠던 시절이라고 했다. 그러면서도 이러한 토양에서 프로그램 제작을 완료해서 어떻게든 방송에 내보내야 하는 피디들이 짊어져야 하는 짐이 너무나 무거웠다고 토로했다.

비공식적이지만 일상적으로 일어나는 공무원들의 부정적인 행태 역시 이들의 자존감과 직업 정체성을 위협하는 것이었다. 텔레비전에 출연하는 것 자체가 화제가 되던 시절에 KBS는 인기 근무지였다. 월급도 제대로 나오지 않던 시절에 KBS는 "물이 좋은", "용돈이 많이 생기는" 근무지였다. 출연자들도 출연료를 받아가는 게 아니라 주고 가는 것을 당연히 여기며, 가짜 출연료 챙기기도 빈번히 일어났다. 고참들은 물이 좋은 프로그램을 서로 맡으려고 로비하고 경쟁했다. 이런 조직 속에서 임시직들은 "AD니까 그런 일에 상관도 없고, 주인을 바꾸어가며 몇 개씩 프로그램을 바꿔서 해야 하는" 위치였다. 이들은 스스로의 신세를 자조하기도 했지만, 동시에 공무원들과 자신들을 구분하여 '우리는 방송을 하러 온 사람'이라는 자존심으로 버텼다. 이들에게 공사화는 '그런 식'의 문화를 일신하는 강제적 변화의 힘이었고, "방송을 하기 위해 모인 사람들이 방송을 꾸려가는 기틀"을 제공하는 제도적 힘이 되었다(A 1차 구술).

공무원 시험에 합격한 후에도 KBS에 발령을 자원한 A의 결정은 그가 공무원이 아닌 피디로서 탄생하는 과정이라는 점에서 흥미롭다. A를 잘 본 사무관 한 사람이 이른바 노른자 부처라고 알려진 경제기획원 자리를 알아봐주겠다는 제의에도 그는 "공무원을 하고 싶지 않아서 그냥 KBS에 있겠다"고 결정했다. A는 스스로를 공무원과 구별했다. 공무원 직급으로 스카우트되었던 C, D, E 역시 스스로를 '방송하러 온 사람'으로 공무원과 차별화했다.

민간 방송인 최창봉이 방송관리국장보다 직급이 높은 중앙방송국장이 되었다는 것은 KBS 공무원 체계의 변화를 예고하는 매우 충격적인 사건이었다. 최창봉은 KBS를 관리하는 문화공보부의 방송관리국장(2급 갑 이사관)보다 한 직급 높은 '별정직 1급' 직급을 받았다. 최창봉이 1962년 직제개편에 의해 퇴출된 지 10년 만에 다시 KBS-TV 최고 총수인 국장으로 돌아왔다는 것은 그가 개국 초기 꿈꾸었던 방송 전문인 체계로의 재편을 예고하는 것이었다. 방송을 하러 온 사람들이나 공무원 모두에게 최창봉이 의미하는 바는 매우 컸다. D는 "윤주영 장관이 최창봉 선생 주장을 많이 공감을 했어요. 윤주영 장관은 뭔가 KBS를 바꿔야 국가가 잘된다고 생각했어요. 시청자의 신뢰를 받게 되고 그러면 자연적으로 국가정책도 국민들의 도움을 받을 것이다. KBS를 변화시키는 것이 중요하다고 느꼈지요."라고 구술했다. 당시의 기억인지 후에 만들어진 기억인지 알 수 없으나 적어도 당시 계장급에 있었던 D의 기억은 주변의 기억을 일정 정도 포괄한다고 볼 수 있다.

민간인 최창봉을 갑자기 1급 공무원으로 발령을 낸다는 것은 당시 KBS

의 관행에서는 파격적인 것이었고, "공무원들은 완전히 얼어서 이제 우리가 쫓겨나는 거 아니냐"라고 불안해했다. 최창봉 역시 "공무원들 하나도 쓸데없다 그랬고, 공무원들도 불만을 가지고 있었다"(D 2차 구술). 사실 여부와 상관없이 공무원들 사이에서는 최창봉이 자신의 사람들을 무더기로 데려와 요직을 독식한다는 소문이 돌았고, 변화에 저항하는 움직임이 형성되었다(김연진, 2001: 298~299). 불만을 가진 공무원들이 다수이기는 했으나 방송을 잘 해보려는 사무관급의 일부 공무원들도 호응을 했고, 그러면서 차츰 변화가 일어났다. D는 이 시기를 "방송에 대한 열의가 대단했던 시절"로 기억했다(D 1차 구술).

제작현장의 AD와 피디들은 최창봉에 의해 방송을 하러 온 사람이 중심이 되는 경험을 하게 되었다. 영화 조감독 경험과 시나리오 공모 당선 경력이 인정되지 않은 채 AD 잡무를 계속해야 했던 이유황은 드라마 피디로 입문하게 된 과정을 일대 혁신으로 회고했다.

> 지금까지 밥그릇 숫자만을 따져 AD를 PD로 진급시키던 연공서열 방식을 완전히 무시하고 전 AD를 대상으로 시험작품을 한편씩 연출케 하여 그 심사결과에 의해 입사연월일에 관계없이 3명의 AD를 PD로 선발한다는 충격적인 내용이었다. …… 그것은 틀림없이 변혁이자 용단이었으며 그때까지 관행적 도제식 수련의 결과로 연출자들의 의식에 알게 모르게 자리 잡은 무비판적이고 비창조적인 타성적 사고에 일대 반성을 촉구하는 경종이었다(이유황, 2001: 353~355).

공무원 체제에 익숙해 있던 고참 피디들 역시 '전문 방송인' 국장에 의해 방송이 무엇인지에 대해 새롭게 이해하게 되었다고 회고했다. 최창봉은 국장 취임 후 바로 다큐멘터리, 토크, 엔터테인먼트의 종합구성물로 광복 26주년 특집방송을 기획했고, 국장의 의도를 이해하지 못한 채 제작에 참여해 실패와 난관을 겪었던 고참 피디는 "비로소 방송 프로그램을 어떻게 기획하고 제작하며 PD가 갖추어야 할 요건이 무엇인가를" 알게 되는 경험을 했다. 국장이자 "대선배 PD"인 최창봉이 깨우쳐 주었다는 것이다(방원혁, 2001: 346).

중앙방송국 통합 이후 1970년을 전후하여 유입된 민간 인적 자원과 전문 방송인 국장의 취임 이후 들어오게 되는 새로운 인적 자원들은 '방송을 하러 온 사람들'이라는 정체성으로 공무원과의 구별 짓기를 했다. 이들은 느리지만 서서히 KBS 내에 새로운 변화의 흐름을 형성하면서 공사화라는 제도적 변화로부터 새로운 토양을 만들어가게 될 것이었다.

4. 편성계와 영화계의 교양 피디: TV 교양 피디와 필름 다큐멘터리 피디

1) 편성계의 교양: 미분화된 교양 피디의 위치

초기 텔레비전에서부터 드라마와 연예오락은 특화된 전문분야로 구분되었다. 반면 교양은 누구나 제작할 수 있는 정도의 프로그램으로 간주되었다. 대부분의 피디 지원자들은 교양보다는 방송의 꽃이었던 드라마, 쇼 피디를 하기 원했다.[11] 그러나 드라마나 연예오락 피디는 연극, 영화, 음악

---

11) 중앙공채1기 선발 방식은 매체 구분 없이 인력을 선발하고 교육 후에 배치하는 방식이었다. 1960년대 말이나 1970년대 초만 해도 라디오가 중요한 시기여서 회사에서는 신입사원 절반은 라디오에, 나머지 절반을 TV로 보내려고 했는데 신입들은 모두 TV를 지원했고, 또 모두가 드라마를 하겠다고 했다. 이에 총무처 담당자가 화가 나서 "텔레비전에 가서 며칠이나 있는지 두고 보자" 그랬다는 것이다(A 1차 구술). A 역시 드라마 피디

등 관련 분야에서 스카우트된 경력자들이 담당했고, 공채로 들어온 지원자들은 AD로 3~5년에 이르는 도제식 훈련기간을 거쳐야 했다. 구술자들은 드라마, 연예오락 연출은 외화 제작이나 교양 제작에 비해서 복잡하고 전문적 경험을 필요로 하기 때문에 처음에 들어가기도 어렵고 이후 다른 제작 부문으로 이동도 어려운 것으로 얘기했다. 교양, 영화, 편성은 별 구분 없이 교류가 가능했다. 제작에 아무 경험이 없는, 이제 막 창경원에서 부임한 서기보나 서기도 교양이나 편성 피디로 바로 진입했다. 실제 몇 사람의 연사를 초청해서 대담, 좌담 형식의 교양 프로그램을 제작하던 당시의 수준에서는 별다른 전문성이 필요하지도 않았다는 것이다.

> AD부터 시작, 인터컴 끼고 밑에서 큐나 주고 FD 역할, 그런 정도하고 서류나 하나 작성하고 제작기획서도 도식화된 것이고, <종교시간>은 우리 동기가 순복음교회 그런 거 하나하고 한갑수 선생 국어 고정적으로 나오고, 거기에 다양성이 있다거나 그런 것도 아니고 제작 재미도 없었어요(A 1차 구술).

A는 수습사원으로 6개월가량의 방송요원 교육을 받았는데, 그 기간 동안 제작 실무를 배우거나 피디 의식, 사명, 본질 등에 대한 교육은 전혀 없었다고 했다. 교수들이나 방송현업에서 온 사람들의 특강이 대부분이었고 서구 매스컴 이론이 반복적으로 소개되었다. 방송 철학이나 피디 의식, 사명, 사회 공정성, 표현의 자유 등은 거론되지도 않았다고 했다. 제작 현장에서 그런 문제들을 논의할 사례들도 없었고 필요성도 제기되지 않았던 시절이기 때문이었을 것이라고 회고했다(A 1차 구술).

를 원했으나 교양으로 배정이 되었다.

교양 AD들에게는 미술이나 기술 등 다른 부서와의 승강이가 더욱 힘들고 짜증나는 일이었다(A 1차 구술). 재미없고 단순한 교양방송이라는 인식은 오랫동안 계속되었다. 1970년대 중반에 열린 한 좌담회에서는 교양 피디조차도 교양방송은 사회 저명인사나 학자, 문화예술계 인사를 초청하여 적은 예산으로 쉽게 만드는 대담 형식의 프로그램으로 인식하고 있음을 고백하고 있다.[12)]

교양 제작의 미분화 상태는 조직기구에서도 그대로 나타났다. KBS는 중앙방송국으로 조직개편을 하며, 연예계와 나란히 제작과에 속해 있던 교양계를 폐지했다. 새로운 직제는 TV부 아래 제작1과, 제작2과를 설치하고, 1과에는 편성계, 영화계를, 2과에는 연예계와 무대계를 두었다. 편성계에서 교양 피디는 드라마, 예능 쇼, 외화를 제외한 편성표의 거의 모든 프로그램을 담당했다. 프로그램 안내나 예고 스폿(spot), 각종 캠페인, 어린이, 주부 대상 프로그램, 교육방송, 일반교양, 각종 계기특집과 선거개표 방송 등도 모두 교양 피디가 제작해야 했다. 편성계에서 주사 직급으로 편성계장 역할을 담당했던 C도 편성과 운행 일을 보며 SB(Station Break) 시간에 들어가는 캠페인 스폿을 필름으로 제작했다고 회고했다. 경제개발, 반공, 저축 등을 주제로 한 스폿은 동시녹음 촬영을 하지 못해 현장 소리 없이 음악을 깔고 내레이션을 넣어 만드는 수준이었다.

영화계는 외화 담당 피디와 필름 다큐멘터리 제작 피디가 속해 있었다. 외화 담당 영화 피디는 <명화극장>용 영화나 <형사 콜롬보> 같은 외화 시리즈물을 수입해서 우리말로 더빙하고 자막을 제작하는 프로덕션을 담당했다. 사실상 제작1과의 주축은 이들 영화 피디들이었다(A 2차 구술).

---

12) 전환점에 선 방송의 교양프로(1975.10.1.)라는 제목으로 열린 좌담회. 참석자 인운섭은 당시 한국방송공사TV 편성부 차장, 김우룡은 한국문화방송 TV 제작1부 피디였다 (1975: 79).

사회교양 프로그램 피디가 편성에 소속되는 것은 라디오 시대로부터의 유산이었다. 라디오 초기에 공개채용으로 선발된 방송요원은 아나운서와 기술인밖에 없었고, 프로그램 제작과 방송에 관련된 일을 하던 직책은 '문서계원'이라고 했다. 문서계원은 문서를 정리하면서 편성 일을 하던 작가였다(김성호, 2007; 이상길, 2010). 해방 후에는 이를 '편성원'이라고 했고 '프로듀서'라는 용어는 6·25 전까지는 잘 사용하지 않았다고 한다. 말하자면 '편성원'이 나중에 '프로듀서'라고 불리는 직책이 되었다는 것이다.

교양은 오랫동안 편성의 하부에 속해 있었다. 중앙방송국으로 통합된 이유가 보도 활동을 강화하기 위한 문공부 공보정책에 의한 것이었으나 아직 교양 프로그램은 분화될 필요가 있는 영역으로 고려되지는 않은 채였다.

2) 영화계의 교양: 외화 피디와 필름 다큐멘터리 피디

1970년대 교양 프로그램은 드라마 경쟁에 대한 비난 여론이 제기될 때마다 명분쌓기용 대안으로 편성되는 경향이 강했다. 매 편성마다 교양 강화를 발표했던 KBS는 청와대나 문공부의 '윗분들'의 지시가 느슨해지면 다시 연예오락을 강화하는 방식을 반복했다. KBS는 MBC 개국 직후인 1969년 5월 1일부터 광고방송을 전면폐지하고 사회교양 프로그램을 강화한다는 개편방침을 발표했으나 실제 별다른 변화나 성과를 만들지는 못했다. 광고폐지는 1969년 초 박정희 대통령의 문공부 초도순시에서 지시된 것이었다(한국방송공사, 1977a: 544).

초기 교양 프로그램이 스튜디오 좌담 수준에서 벗어나지 못했던 것은 다큐멘터리를 제작할 인적, 물적 자원과 기술 환경이 조성되어 있지 못한 탓이기도 했다. '동시 녹음을 할 수 있는 능력도 없고 재정도 되지 않아서'(A 1차, 2차 구술) 다큐멘터리는 대부분 외국 필름에 의존했다. KBS가 최초로 자체 제작한 필름 다큐멘터리는 1964년 8월 신설된 15분길이 <카메라의

초점>(프로듀서 김성수, 고성원, 밤 9:45-10:00)이었다(남성우, 1995: 117). 공보부 방송조사연구실(1966: 490)이 발간한 『방송연감』은 <카메라의 초점>을 "정부의 신뢰감 조성과 명랑한 사회분위기 조성을 위하여 정부 건설 사업과 사회의 미담, 기타 사회전반의 중요 활동 등을 필름으로 제작하여" 내보내는 "정부 PR 영화"로 기록하고 있다. 아마도 당시 USIS(미공보원)에서 제공하던 문화영화나 <리버티 뉴스>, <대한뉴스>와 같은 뉴스릴 프로그램을 모방한 초보적 형태였을 것으로 짐작된다.

다큐멘터리 제작의 변화 흐름은 교양 피디의 전문성 형성과 제작 직무의 분화를 보여준다. 다큐멘터리의 시작이라고 볼 수 있는 것은 1968년 겨울 개편에 신설했던 <인간승리>(기획 이상설 편성계장, 프로듀서 김홍태)와 <내 고장 만세>(프로듀서 이범경)이다. 이 프로그램들은 처음으로 필름촬영물이 주가 되고 좌담을 곁들이는 형식으로 제작되었다. <카메라의 초점>이 6개월 정도 지나 폐지되고, 이후 1967년에서야 좌담 형식에 필름촬영물을 삽입하는 수준으로 <잘살아보세>(프로듀서 유신박)를 제작했던 것이 전부였다. <인간승리>와 <내 고장 만세>는 필름 다큐멘터리에서 중요한 전환의 계기를 만든 프로그램으로 기록되고 있다. <인간승리>는 제작을 거듭하는 사이에 좌담이 빠진 휴먼 다큐멘터리 형식으로 정착되었고 각종 해외 필름상을 수상하는 KBS의 대표 교양 프로그램이 되었다(한국방송공사, 1977a: 539).

KBS는 1968년 7월 중앙방송국으로 통합되면서부터 다큐멘터리 제작에 관심을 가지기 시작한 것으로 보인다. 제작1과 영화계에는 촉무로 영화와 국립영화제작소의 영화감독, 카메라맨이 특채되어 들어오기 시작했다. 아마도 비슷한 무렵일 것으로 짐작되는 1968년 10월에는 교양과 연예부문의 피디들을 총괄한 '특별제작반'이 구성되었다. 특별제작반은 "미국식 프로듀서 시스템과 유사하게 '결재계통'을 밟지 않고" 제작기획 일체와 제작비까지 프로듀서 책임 아래 진행하는 체제를 실험한 것이었다. 특별제작반은

3개 반으로 편성되었는데, 드라마 피디 이남섭이 담당한 1반이 <건군 20년>이라는 1시간용 다큐멘터리로 호평을 받았으나 나머지 2개 반이 실패함에 따라 해체되고 말았다(한국방송공사, 1977a: 534~535). 드라마 피디를 포함하는 다큐멘터리 제작팀을 만들었다가 여의치 않자 대신 영화 인력을 영입한 것으로도 추정가능하다.

필름 다큐멘터리가 서서히 부상하는 흐름 속에서 영화감독 출신인 김동학, 김종래, 국립영화제작소의 백호빈이 특채로 영입되었고, 프로덕션에서 일하던 카메라맨들도 KBS에 와서 일하기 시작했다. 그뿐 아니라 독일제 동시녹음용 필름 카메라 2대를 2만 달러를 주고 구입해오는 등의 기술지원도 이루어졌다(B 구술).

김임룡 국장에 의해 KBS에 영입되었던 B는 김임룡이 박정희 대통령과 같은 포병에 있던 군인 출신이라고 했다. 국립영화제작소 소장이었던 그가 KBS에 부임한 것은 "대통령 선거[아마도 3선 개헌]를 앞두고 다큐멘터리로 정부시책을 홍보하기 위한 기반을 닦으러" 온 것이었다고 확신했다. "박정희 업적을 KBS가 좀 방송을 해야 한다 이거지"(B 구술). B가 스카우트되었을 당시 KBS는 <도약의 고동>이라는 10분길이 다큐멘터리를 만들고 있었고, 이미 <인간승리>를 몇 편 제작하고 있던 터였다. 영화계 인력이 유입되기 전에 시작되었던 <인간승리>는 처음에는 "방송 주사로 편성계를 보[던]" 이상원이 프로듀서를 담당했다. B의 구술에 의하면, 김임룡 국장은 NHK에서 이미 방송하고 있던 <진세이모이>(<인생의 모습>)라는 모범 인생을 다루는 다큐멘터리를 만들고 싶어 했다. 그러나 "국립영화제작소 사람들이 뉴스 찍듯이 찍어서 극화된 요소가 결여된" 채로 <인간승리>를 만들고 있었고 "깊이 있는 영상을 끄집어내지를 못하고" 있었다. B가 편집해서 대종상을 수상한 전쟁 다큐영화를 본 김임룡은 B에게 "1년만 해서 다큐멘터리를 좀 일으킵시다"라고 설득했다는 것이다(B 구술).

김임룡은 중앙방송국 2대 국장으로 6개월 정도 재임했고 그나마 병가로

3개월 자리를 비웠다는 기록으로 보아 애초의 의욕만큼 필름 다큐멘터리 제작을 추진하지는 못했을 것으로 추정된다. 김임룡은 1970년 9월 다시 중앙방송국으로 부임하여 후임 최창봉에게 자리를 넘겨주기까지 1년 정도 국장으로 재직했다.[13] 이때 김국장은 이범경 영화계장의 소개로 고교 후배이자 대학에서 영어를 전공한 D를 외화 수입 담당자로 영입했다. C도 1970년대 초 어느 때인가 KBS 라디오 기획조사실에서 텔레비전 편성과로 옮겨왔다.

영화에서 영입된 필름 감독들은 초기 KBS 다큐멘터리의 역사를 견인해 간 주요 인적 자원이었다. 아무런 교육 과정 없이 "갑자기 아무튼 하루에 다 이거 저거 해라 하는" 제작 환경에서 교양 피디들은 영화감독과 카메라맨에게 편집도 배우고 필름 촬영도 배웠다. D는 동아방송에서 KBS 영화계로 오자마자 주 업무인 외화 수입 외에 1971년 가을 신설된 필름 다큐 <카메라 순방>을 주 2회 20분길이로 직접 제작해야 했다. 필름 제작은 영화계 고참 피디의 직무의 하나였다. 연수나 사전 교육이 전혀 없이 바로 프로그램을 맡게 된 D는 촬영과 편집을 담당한 베테랑 카메라맨의 도움을 받아 제작을 마칠 수 있었다. 당시 필름 제작은 영상과 음향을 분리, 취재해야 하고 영상과 음향을 처리하는 편집과정도 매우 복잡하여 많은 경험을 필요로 하는 작업이었다. D는 이후 대형 계기 특집물의 연출자로, 기획자로 필름 제작에 참여했다. 영화 피디인 백호빈, 김동학, 김종래, 이상엽 등은 TV 교양 피디인 이상원, 방원혁, 강대영 등과 함께 <인간승리>, <내 고장 만세>, <한국의 미>, <내 강산 내 고장>, <카메라순방>, <실록 30년> <명작의 고향> 등 정기 다큐멘터리와 3·1절, 6·25, 8·15 등의 각종 기념

---

13) 3국통합 중앙방송국 국장은 이사관급으로 1대 김재연(68.7.25~68.12), 2대 김임룡 (69.1~69.7), 3대 홍경모(69.8.1.~11.10), 4대 김재연(69.11~70.8), 5대 김임룡(70.9~ 71.7), 6대 최창봉(71.8~73.2). 홍경모는 다시 한국방송공사시사장으로 취임했다.

특집 필름 다큐멘터리를 제작했다.

영화에 기반을 둔 영화감독들이 텔레비전 다큐멘터리 1세대들이라면 2세대는 이들로부터 영상언어와 필름 편집을 배운 TV 피디들이라고 할 수 있다. A 역시 <내 강산 내 고장> 같은 필름 다큐멘터리에 이상원, 방원혁 피디를 보조하는 AD로 참여했다. <내 강산 내 고장>은 "각 지방의 다양한 풍물과 역사 문화 등을 소개하면서 TV의 관심을 지역으로 확산했고" 인터뷰를 포함한 "구성의 폭이 넓어서 다큐멘터리 제작기법을 여러모로 실험해 볼 수 있는 무대가 되었다"고 했다(강대영, 1992: 8). 이러한 경험과 훈련을 거쳐 A는 이후 피디로서 당시 매우 성공적인 문예교양물로 호평받았던 <명작의 고향>을 제작했고 KBS의 각종 특집극과 대형기획 필름 다큐멘터리 피디로서 중요한 역할을 담당하게 되었다.

편집능력이 뛰어났던 B는 자신이 "<인간승리>를 한 단계 업그레이드시켰고", 자신이 새로운 연출과 편집 기술을 익히면 KBS의 다른 피디들이 자신의 작업을 전범으로 발전하게 되었다고 술회했다. B의 구술은 "직급이나 호봉 같은 것은 모르는 채 1년만 하기로" 하고 왔다가 영화로 돌아갈 기회를 놓치고 평피디로 일생을 지내온 사람의 자긍심이라고 할 수 있다. B의 자부심은 <실록 30년>(1971)으로 증명되었다. B는 최창봉 국장과 윤주영 장관이 TV로 광복 후의 역사를 다루는 필름을 "한번 해보라고 해서", "B감독이면 하지 왜 못하느냐고 해서" 매주 30분짜리 필름 다큐를 일 년이 넘도록 제작하게 되었다고 했다. 생생한 사진 이미지, 영상자료, 인터뷰 등으로 한국현대사를 구성한 <실록 30년>은 자료의 기근 속에서 새로운 자료를 발굴하고 현장감 넘치는 편집 구성을 통해 KBS 다큐멘터리를 진일보시킨 프로그램으로 지금까지 평가되고 있다(김균·전규찬, 2003: 107; 한국방송공사, 1977a: 549~553).

이 같은 과정을 거쳐 영화계 피디뿐 아니라 편성계 TV 교양 피디들의 필름 제작 경험이 축적되었고 KBS에는 교양 다큐멘터리 제작인력이 폭넓게 형성되기 시작한 것이었다. 그러나 영화 출신들과 공채 TV 교양 피디 사이에는 같은 필름 다큐멘터리 작업을 한다고 해도 방송국 내 역할과 위상에서 차이가 있었다. 영화 출신의 필름 다큐 피디들은 초기 KBS 장편 다큐멘터리 제작의 주요 인력들이었고 ABU(Asia-Pacific Broadcasting Union 아시아태평양방송연맹) 등 해외 경연에서 연달아 수상을 하는 성과를 거둔 다큐멘터리 1세대라고 할 수 있다. 그러나 이들은 필름만을 다뤘기 때문에 스튜디오나 중계차를 활용하는 데는 취약했다. 필름 다큐 피디들은 대부분 야외촬영 후에 필름 편집실을 이용했고, 내레이션, 음악, 효과, 그리고 타이틀 자막 등 최종 녹화를 위해 부조정실을 이용하는 정도였다. 반면, 편성계의 TV 교양 피디들은 기본적으로 스튜디오 좌담 프로그램 제작에서 출발했고 필름은 좌담 프로그램의 인서트에서 출발해 점점 그 활용 빈도를 넓혀 나간 것이었다. TV 교양 피디들은 스튜디오와 중계차, 그리고 필름이라는 세 가지 기술 도구를 다양하게 이용할 수 있었다. 영화 피디들이 대부분의 시간을 지방출장 촬영과 필름 편집실에서 보내며 혼자 작업을 하고 카메라맨이나 소수의 스태프들만으로 다큐를 만들었던 방식이라면, 교양 피디들은 스튜디오나 야외 중계차 등 많은 스태프들과 부딪히면서 일해야 했다. 이 같은 작업 방식의 차이에서 비롯된 것인지, 구술자 가운데는 TV 교양 피디는 '방송의 주류'에 속하고 영화계는 소외되는 경향이 있었다고 말하기도 했다. 교양은 아나운서나 엔지니어를 관리하면서 큐를 하고 연출을 하니까 상대적으로 규모가 크고 본격적인 방송의 역할을 하는 것 같아 보인다는 것이다(D 2차 구술). D는 자신이 외화 수입을 담당하고 스튜디오 프로그램이 아닌 필름 다큐를 제작했다는 점에서 교양 피디들이 자신을 "순수한 피디라고 하지 않을 수 있다"고 했다. 다른 영화계 피디들과 달리 D는 라디오 방송 경력이 있고 외화 수입 및 제작, 특집 다큐 제작 등을 거치며 영화, 편성, 교양, 드라마국 등에서 여러 간부직을 경유했다. 그는 지금도 영화계 피디 모임에 참석한다.

| 사진 7-2
1972년 〈정부와의 대화〉(주간 라디오-TV 방송프로그램)에 출연한 김종필 국무총리와 공장 기술자(최창봉 중앙방송국장 기획)

자료: KBS 1972년 발간 영문 팸플릿.

초기 필름 다큐 제작은 매우 복잡하고 힘든 일이었으나 그들의 전문성은 방송 제작 전문성이라기보다는 필름 테크닉으로 평가되는 경향도 있었다. 필름 다큐멘터리 제작이 아직은 내용 구성과 이야기 구조를 중심으로 협업 작업을 필요로 하는 수준에 이르지 못했고, 영상장면 위주의 작업 스타일, 장르 구분 없이 무조건 빨리 제작해내야 하는 주문 맞추기 제작 방식이 주가 되었기 때문일 것이다. 외화 편성이 많았던 1970년대 제작1과의 중심은 영화계 피디였고, 교양 피디들은 독립적인 부서조직조차 없이 편성계에 속해서 영화 인력으로부터 필름 다큐멘터리를 배웠다. 교양 피디들과 영화 피디들은 작업 방식에 차이가 많았고 이로 인해 '방송을 하러 온 사람'으로서의 유대감을 구축할 기회도 많지 않았다. 제작 장비와 기술의 발전, 수상기의 보급 확산, 그리고 무엇보다 교양 다큐멘터리 프로그램에 대한 정책적 수요가 증가하는 1970년대 중반에 이르러야 교양 피디들 역시 더 많은 제작 경험과 역량을 쌓아갈 기회를 가지게 될 것이었다.

5. '신기술'의 도입, 기구개편, 프로그램 '제작정신': 교양 피디 '전문성' 형성의 맹아

혼히 1970년대를 필름 다큐멘터리가 활성화되었던 시기로 꼽는다. 통치 이데올로기의 필요에 의해 각종 기념특집물이 제작되고 정책 프로그램 편성이 강제되었던 것이 일차적 요인이었다면, 실제 프로그램을 생산할 수 있었던 조건은 새로운 제작 장비의 도입과 기술이었다는 것이다(김규·전규찬, 2003, 146; 남성우, 1995; 한국방송개발원 편, 1998). 여기에는 '방송을 하러 온 사람들'이 촬영, 녹화, 편집 기술로 무엇을 어떻게 만들었는가, 이러한 경험이 시사하는 사회문화적 의미는 무엇인가의 설명이 누락되었다.

KBS는 1966년 녹화기(Video Tape Recorder)가 처음 도입되기 전까지 생방송체제였다. 편집기능이 있는 녹화기가 도입된 것은 1967년 말이었으나(한국방송공사, 1997: 456~457) 제작 현장에서 녹화와 편집이 보편화된 것은 1970년대 중반을 지나서였다(A 1차 구술). 편집이 되지 않아 피디가 제작할 수 있는 구성의 폭이 좁고 프로그램 길이도 제한될 수밖에 없었다. NG가 나면 처음부터 다시 촬영을 해야 했다.

필름 다큐멘터리의 도입은 좀 더 다양한 소재와 구성을 가능하게 하고 텔레비전이라는 영상매체의 특성을 반영할 수 있는 기회를 확장했다. 초기 텔레비전 다큐에 사용된 필름은 16밀리 흑백이고 동시녹음이 되지 않아 별도로 오디오를 녹음해서 갖다 붙이는 방식(일명 '아프더 레코, after recording', 후시 녹음)이었다. 제작 공정도 길고 손이 많이 가는 작업인 데다 필름 편집을 정석대로 하기가 어려워서 초기 필름 다큐의 질은 매우 낮을 수밖에 없었다.[14] 이러한 제작 조건에서도 KBS는 각종 기념 특집과 계기 특집 등의

---

14) 필름 편집과정에 대해서는 장한성(2001: 325~326) 참조.

필름 다큐멘터리 제작이 타 방송국보다 많았다. D는 KBS가 필름 다큐멘터리로 아시아 지역에서는 알아줄 정도였으며 ABU에서 상도 타고 NHK가 경계할 정도였다고 자부심을 표했다(D 1차 구술). 동시대 상업방송국 피디들이 초기 다큐멘터리는 KBS가 선도해왔다고 평가하는 이유이기도 하다. 실제 KBS는 ABU 멤버로 적극적으로 참여하고 NHK, BBC에 연수를 가는 등 국제교류를 활성화하면서 피디들에게 각종 국제 필름 경연대회를 고지하고 출품을 장려했다. 출품작에는 필름을 더 많이 공급해주고 제작과정에서 특혜를 부여했다.

일상 제작현장에서 촬영에 사용하는 필름 양은 엄격히 제한되었다. 필름을 외화로 구입해오기 때문이었다. 30분물을 만들 경우 45분길이의 필름이 제공되었다. 자칫 필름을 다 써버려서 "정해진 방송시간을 채우기가 어려울 때는 '생필름' 한 통을 더 타내기 위해 온갖 방법을 다 동원해야 했다"(장한성, 2001: 325; A 1차 구술). 필름 제작에서 매우 중요한 편집 장비도 열악한 수준이어서 일일이 손으로 불빛에 비추어서 필름을 자르고 테이프로 붙이는 방식에 의존했으며, 편집과정에서 필름에 줄이 가거나 녹음이 안 되는 사고도 빈번히 발생했다. A는 그나마 교양 피디가 편집기를 사용하기 위해서는 영화계 피디의 허락을 받아 짬짬이 이용하는 수밖에 없었다고 술회했다. 필름 외에도 조명이나 녹음 기술의 제약으로 프로그램의 질을 높이기 어려웠다.

비가 오는 것처럼 줄이 죽죽 생기게 될 위험이 있어도 네가를 그대로 사용한 것은 필름을 찍어와도 필름을 걸어서 틀어볼 프로젝트도 없었기 때문이었어요. 당시 필름 편집기로 무비올라를 사용하고 있었는데 스크래치가 많이 나요. 그래서 다들 편집기를 사용하지 않고 손으로 필름을 잡고 불빛에 비춰보면서 손으로 자르고 아세톤으로 붙이고, 나중에 나온 것이 스카치테이프인데 그걸로 붙여서 사용했고요. 그러다가 스틴벡(steenbeck)이라는

아리플렉스 카메라 1966년(좌) / 필모카메라(우)

자료: CHOI'S WORLD 블로그.

기계가 나왔는데 환상적이었어요. 영화 쪽에서 외화 시사와 편집 겸용으로
도입한 최신 기계였죠. 화면도 선명하고 스크래치도 안 나는 데다 시사 속
도를 조절할 수 있어 필름을 만지는 피디들에게는 선망의 대상이었죠. 편
집이 닥치면 그쪽부터 기웃거렸어요. 우선순위에서 밀리면서도 모처럼 자
리를 잡고 나서는 또 언제 비켜주게 될지 몰라 눈치를 많이 보면서 편집했
죠. 결국 핵심은 재정적 능력과 기술발전 그거예요(A 1차 구술).

필름 촬영에서 동시녹음이 가능해진 것은 아리플렉스(Ariflex) 카메라가
도입된 이후였다. 간단한 인터뷰에는 필모(Filmo) 카메라를 사용했고, 녹음
질을 향상시키기 위해서는 스위스제 음향장비인 나그라(Nagra)를 사용했
다. 필모는 동시녹음이 되지 않는 16밀리 필름 카메라로서 스프링모터로
회전하는 휴대용 카메라였다. 한번 스프링모터를 감아서 촬영할 수 있는
시간은 36초였고 이 카메라가 장착하는 필름의 양은 100피트로 2분 40초
길이로 제한되었다. 이보다 길게 찍으려면 촬영을 중단하고 다시 새 필름
을 장착해야 했으므로 제작 현장에서의 활동이 제한되기 마련이었다(장윤
택, 1992: 180). 교양 피디가 녹음장비 나그라를 사용하려면 영화피디가 사
용하고 난 후에야 가능했다. '필름자동인화기'가 도입된 것은 1973년 12월

에 이르러서였다. 자동인화기로 현상시간이 단축되었고 화면도 선명해졌다(한국방송공사, 1975: 137).

<인간승리>가 시작되었고 역사 다큐멘터리인 <실록 30년>을 비롯해 KBS를 대표하는 각종 프로그램들이 제작된 것은 모두 이러한 조건에서였다. 1975년에 이르면 6·25전쟁 25주년 특집극이 KBS와 MBC에서 각각 제작되어 총 10편의 시리즈가 공민영 합동으로 라디오, TV를 통해 방송되었다. 보도, 영화, 편성 피디들이 총동원되어 제작한 <광복 30주년 특집시리즈>도 총 12회에 걸쳐 방영되었다. 또한 미국과 유럽에 진출한 한국인과 한국기업을 취재한 장기기획시리즈 <KBS 해외취재>가 제작 방영되었다(한국방송공사, 1977a: 574~576).

이 가운데 여러 구술자들이 KBS 다큐멘터리 제작에 획기적인 전환을 가져온 작품으로 언급한 것이 1976년 제작, 방영된 <6·25 실록, 우리는 증언한다> 시리즈(1시간길이 5편)였다. B는 이 프로그램을 영국 BBC가 1969년 제작한 역사다큐멘터리 <문명(Civilization)> 시리즈[15]에 영향을 받아 만들었다고 했다. 역사학자가 직접 역사의 현장에 등장해 해설을 하는 형식에서 영감을 받았다는 것이다. 다큐멘터리 선진국의 프로그램에서 학습한 것을 어느 정도나마 실현해볼 수 있도록 해준 것이 그때 막 구입된 독일제 필름편집기 스틴벡이었다. A도 밝혔듯이, 스틴벡은 테이블식으로 되어 있어 사용이 편리하고 정지, 느리게 감기, 사운드 매치 등이 자유자재로 되었을

---

15) <문명>은 1970년대 초반에 KBS에서 방영되었다. 1969년 BBC가 제작하여 방송한 <문명>은 역사가인 케네스 클라크(Kenneth Clark)가 직접 출연하여 해설한 다큐멘터리이다. 영국 텔레비전 역사에서 영상예술을 대표하는 프로그램으로 간주되고 있으며, TV 시리즈와 함께 책으로도 출판되어 전 세계적으로 알려졌다. 이 다큐멘터리 시리즈는 2011년 HD로 재제작되어 BBC 채널로 다시 방송되었고 DVD로 책과 함께 출시되었다.

자료: 암펙스 사에서 보도자료로 배포한 1967년 자료.

뿐 아니라 무엇보다 깨끗한 편집화면이 장점이었다(장한성, 2001: 328). KBS 는 이 특집극으로 대한민국방송상 대통령상을 수상했다.

D는 자신이 <우리는 증언한다>를 직접 연출은 하지 않고 기획부터 예산 조달까지를 책임지는 '프로듀서' 역할을 했다고 술회했다. 연출진은 강대영, 최종국, 강병우, 최재만 등이었고 편집은 카메라맨이 담당했다. D는 작품이 커지면서 자연히 피디의 역할이 커지고 달라졌다고 했다. 군소 프로그램은 옛날식으로 하고 <한국 30년> 등의 대작들은 요샛말로 프로듀서 시스템으로 제작하게 되었다는 것이다(D 1차 구술).

필름의 시대로부터 마그네틱테이프의 시대로의 전환이 시작된 것은 녹화기 VR-3000에 의해서였다. 카메라와 연결하여 사용하는 이 녹화기는 최초의 휴대용 테이프 레코더로서 스튜디오 외부 녹화가 가능했다. 영상 품질이 필름보다 낮기는 했지만 테이프 편집은 필름에 비해 시간도 훨씬 적게 들고 간편했다. KBS에는 대략 1975년 4월경에 처음 도입되었는데 너무

무거워서 서양인들처럼 등에 메고 사용하지는 못하고 자동차에 장착하여 사용했다. VR-3000이 처음 사용된 것은 그해 5월 현충일 특집극의 군부대 야외촬영에서였는데 중계차를 대신하는 소형 녹화차의 용도로 이용되었다(현호천, 1977: 580~582). 그해 8월에는 탄광 막장 안을 녹화하는 데 사용되었다. 녹화기와 카메라를 차에서 떼어내어 케이블을 끌고 들어가 처음으로 갱내에서의 현장 녹화를 할 수 있었다(이창호, 1977: 563~564). 공사1기생 F 역시 이즈음에 교양 프로그램에 '인서트'로 들어갈 야외촬영을 위해 VR-3000을 사용했다. "지금의 SUV형 차에다 카메라 한 대 싣고 케이블 100미터짜리를 세 개까지 연결하면 300미터가 되고 그걸 죽 끌고 가고 거기 가서 VTR로 녹화"하는 방식으로 취재의 현장성과 이동성을 높였다(F 구술). 그나마도 교양 피디에게는 차례가 오지 않았다고 했다. 아리플렉스와 나그라를 영화계에서 눈치 보며 빌려 썼듯이 VR-3000을 사용하려면 보도국에서 겨우 빌려야 가능했다. 새로운 장비가 도입되고 피디들이 제작현장에서 스스로 사용법을 익히고 제작의 폭을 넓혀가는 실험적 과정이었다.

아리플렉스 16밀리 촬영기와 VR-3000이 같이 사용되던 가운데 피디들에게 가장 획기적인 제작 장비로 손꼽힌 것은 U-matic(U매틱) 포터블 카메라였다. 대략 1978년경 도입된 U매틱은 ENG(Electronic News Gathering)의 시초라고 할 수 있는 카메라였다. 흔히 4분의 3인치 U매틱으로 불리었던 초기 방송용 U매틱(Broadcast Video U-matic)은 촬영, 녹화, 편집 기능을 하나의 장치에 결합한 모델로서 CBS는 세계 최초로 이를 ENG 방식으로 사용했다.16)

---

16) U는 테이프를 데크에 로딩할 때 U자형이 되기 때문에 붙여진 이름이다. 편집을 전제로 한 비디오 제작형이다. 소니는 1971년 처음으로 데스크형 유매틱 비디오 레코더를 출시한 후 1974년에는 최초로 '포터블 U-매틱 카세트'(VTR VC-3900)를 발표했다(민병록, 2001: 268). 1976년에는 미국 방송사인 CBS의 요청에 따라 문제점을 개선하여 방송업

F는 처음에 보도국으로 U매틱이 들어왔던 시기를 똑똑히 기억했다. 그는 U매틱 이전과 이후 시대를 구분할 정도로 U매틱을 하나의 '사건'이라고 불렀다. "현장에 나갈 수 있게 되었다"는 점에서 방송 제작에 미친 영향이 이전과 비교 불가능할 정도라는 주장이었다. 이전에 현장에 나가려면 영화부에 '따리' 붙여서 녹음되는 아리플렉스 하나 겨우 얻어내고 나그라 녹음기를 주지 않아서 나중에 소리를 합성하면서 제작하던 방식과 비교해서 혁명적 전환이 일어난 것이라고 했다(F 구술). U매틱은 1975년 12월 처음 MBC에 들어왔고, TBC에는 1976년 여름, KBS에는 1978년경 들어왔지만 보편화된 것은 1980년대부터였다. 교양 피디는 보도국 기자가 사용하고 난 후에야 빌려서 쓸 수 있었다(F 구술). 눈치를 봐가면서라도 새로운 기재로 좋은 프로그램을 만들어 보고자 하는 정신이 이들을 움직였을 것이다.

U매틱이 도입되었다고는 해도 1970년대부터 1980년대 초반까지는 여전히 필름 다큐멘터리의 시대였다. 필름 편집기술과 음향 기재의 발달, 장기기획과 대작 프로그램이 증가하며 프로그램의 질이 높아지고, 피디들의 제작 역량이 쌓이던 기간이기도 했다. A의 구술처럼 "창경원에서 순환근무 발령을 받아온 사람은 프로그램 제작 능력이 없어서 피디로 행세하는 것이 불가능한 조건"이 시작된 것이다(A 1차 구술).

기술 발전에 의한 피디 전문화의 흐름은 1970년대 중반 조직개편에서 시작된 흐름과 궤를 같이한다. 두 차례의 기구개편을 통해 교양 제작 직무는 특화되고 세분화된 영역으로 독립했다. 첫째, 1976년 4월 개편은 제작과 편성을 분리했고, 텔레비전국에 교양부, 연예부, 미술부의 3개 부서를 설치하여 제작을 담당하게 했다. 영화는 편성국(편성부, 운행부, 지원부)에서 담당했다(한국방송공사, 1977b). D는 "녹화기가 들어오면서" 다큐멘터리는

무용 U-매틱 BV(Broadcasting Video) 시리즈를 개발했다.

교양부에서 하고 영화는 외화 수입과 더빙 프로덕션을 담당하는 것으로 나뉘었다고 했다(D 1차 구술). 필름으로부터 마그네틱테이프로의 전환이 이루어짐에 따라 다큐멘터리는 이제 영화 인력이 아니라 TV 교양 피디가 중심이 되는 직무 성격을 띠기 시작한 것이었다. 영상기술, 영상미, 편집 기술보다 프로그램의 기획, 아이템, 구성의 중요성이 더욱 커지는 변화를 의미하는 것이었다.

둘째, 교양 피디의 직무 변화가 더욱 뚜렷하게 나타난 것은 1977년 6월 기구개편에서였다. 개편의 핵심은 '제작반제' 신설이었다. 제작반제는 '방송 제작이라는 창조적 업무'를 지원하기 위한 체제이자 이른바 피디를 중심으로 한 '프로덕트·매니지먼트 시스템'을 의미했다. 제작현장에 자율성과 기동성을 부여하여 제작의 효율화를 기하고자 하는 취지였다(한국방송공사, 1997b: 528; 정순일, 1977.9; 이수열, 1977.9).[17] 텔레비전국 아래 제작관리부, 미술부, 그리고 12개 제작반이 설치되었다. 12개 제작반 중 교양은 일반교양반(반장 강대영), 특집교양반(반장 정창기), 가정교양반(김영희)의 3개 반으로 분화되었고 반장은 대략 차장급이었다.

---

17) 제작반 체제를 설명하는 기고문에서 당시 KBS 연구실장이었던 정순일(1977: 61~62)은 프로듀서 시스템이란 일본 방송계가 기존 관료조직과 구분하기 위해 작명한 용어를 KBS가 유사한 목적에서 차용한 것이며 '大프로듀서'에게 권한과 책임을 부여하는 조직 구성으로의 전환을 의미한다고 했다. (大)프로듀서(P)인 제작반장은 "기획을 담당하거나 기획결정에 참여하고 대본, 출연자, 제작스텝, 제작비에 책임을 지는 분리조직상의 프로덕트 매니저 역할을 담당"한다는 것이다. 반장을 중심으로 한 팀(제작반)은 D와 A(AD)로 구성되는데 D는 프로를 완성시키는 연출자가 되고, 이에 따라 "라디오 단일시대의 유물인 PD(프로그램·디렉터=프로그램 제작담당자)는 사라지[는]" 변화를 가져온다고 설명하고 있다. 여기서 제작반장은 프로듀서(일본에서는 Chief Producer=CP, 미국에서는 Executive Producer로 통한다)의 독립성과 지위를 강화하기 위한 조치라고 설명하고 있다. 즉, 제작반장인 P는 기획과 진행을 담당하는 프로듀서(Producer)이고, 연출자가 D(Director), 조연출이 A(Assistant Director)로 구분된 것이다.

제작반제는 연임을 하게 된 홍경모 사장이 여의도센터로 옮겨오며 주도한 야심찬 계획이었던 것으로 짐작되나 당시 차장급으로 '반장'을 담당했던 구술자들은 제작반제를 전혀 기억하지 못했다. 1968년 특별제작반제에 이어 10년 후 피디 중심의 전문제작체계를 만들려는 제도적 노력이 다시 실패한 셈이었다. 정치적 홍보나 정책공보의 필요에 따라 긴급하게 각종 다큐멘터리 특집극을 만들어내라는 '오더' 체제에서 제작의 자율성과 효율성이 만들어지기는 어려운 일이었다. 그러나 제작반제의 실패와는 별도로 교양이 일반교양, 특집교양, 가정교양으로 영역이 구분되었다는 것과 TV 교양 피디들이 교양 제작반의 반장을 맡으며 방송국 내에서의 위상과 정체성이 분명해졌다는 변화가 확인되었다.

대부분의 구술자들에게 더욱 중요한 기억으로 회상되었던 것은 스틴벡 편집기, VR-3000, U매틱 포터블카메라 등의 기술이었다. 현장으로 들어가는 것이 가능했던 ENG가 제작에 패러다임적 전환을 가져왔다는 것이다. 피디로서의 자부심이나 자존심이 만들어지기 시작한 것도 제작 인프라가 갖추어지고 새로운 기술이 도입되며 활동 영역이 넓어지고 자유로워지면서부터라고 했다. 열악한 제작 환경으로 악전고투하는 가운데서는 자긍심보다 자조, 자학이 더 많았다는 것이다(A 1차 구술).

TV 교양 피디의 기억에서 1970년대 필름 다큐의 시대는 아직 초보적이고 원시적인 기술의 시대로 남아 있었다. 그러나 다큐멘터리가 무엇인지 가르쳐주는 사람이 없던 시절, 영화제작의 기법을 배우면서 프로그램을 하는 사람의 정신을 만들어간 것은 교양 피디 자신들이었다. A는 무엇보다 '오더'로 '떨어지는 일은 뭐든지 다해야' 했던 조건 속에서 '방송하러 온 사람들'은 젊은 시절의 꿈과 열정이 "프로그램을 하는 정신"의 바탕이 되었다고 했다.

어떻게 보면 오히려 그럴 때 우리가 빨리 클 수 있지 않았나, 힘들고 궂은 일은 우리가 할 수밖에 없었고, 쉽고 편하고 생색나는 것은 그런 분들[공무원]이 하고. 뭐가 떨어지면 저희가 하게 되는 …… 6·25가 되면 특집을 해야 하는데 재료도 없고 할 수도 없고, 그런데도 6·25다, 8·15다, 연말특집이다, 다 우리가 하는 거지요. 그런 속에서 프로그램을 하면서 몸속에 DNA가, 프로그램을 하면서 프로그램을 하는 정신이 자라지 않았나(A 1차 구술).

A는 교양 프로그램은 드라마와 달리 "특별히 피디의 어떤 선생, 선배, 사부 이런 것보다도 출발 자체가 굉장히 복잡하고 카오스적인 것에서" 시작되고 진행되어갔다고 술회했다. 교양 피디들은 외화로 방영된 NHK <실크로드>나 BBC의 <제2차 세계대전>, <격동의 세기> 같은 다큐멘터리를 보면서, 중국집이나 막걸리집 술자리에서 "우리는 저런 것 언제 해보나" 그런 이야기로 한숨 쉬며 보냈다고 했다. 교양 피디들은 이런 시간 속에서 외국 다큐멘터리를 보며 스스로를 훈련했다. 또한 G가 말했듯이 AD도 하고 MD도 하고 자료조사도 하고 내레이션도 직접 쓰면서 '하드 트레이닝'을 이겨내는 가운데, 필름 붙이는 기능은 약하지만 방송에서의 자산은 기술이 아니라 기획과 아이템이라는 것을 깨달으면서 제작현장을 지켜온 힘이 바로 '제작 정신'이 되었을 것이었다.

앞서 논의된 바와 같이 1970년대 필름 다큐멘터리 제작은 정치적 헤게모니 구축이라는 외부적 요인에 의해 촉발되었고 새로운 기자재와 기술의 도입으로 가능하게 되었던 것이 사실이다. 그러나 교양 제작의 관점에서는 필름에서 녹화테이프로의 기술 발전이 교양을 편성이나 영화로부터 분리하여 독립된 기구로 분화시키는 계기로 작용했다는 것에 더 커다란 방송사적 의미를 부여할 수 있다. 이후 교양은 일반교양, 특집교양, 가정교양 등으로 조직 편제상으로 더욱 세분화되었고 이러한 변화의 주체는 교양 피디들의 방송에 대한 꿈과 열정, 즉 '프로그램을 만드는 DNA'와 '정신'이었다. 이러한 프로그램 정신은 자신의 직업에 주체적인 참여의식을 가지고, 경제적 보상보다는 내면적 보상을 기반으로 하는 직업적 의무감 같은 전문직업의 태도적 속성(Gross, 1958; Hall, 1961; 강명구, 1993: 24에서 재인용)이라고도 할 수 있다.

교양 제작이라는 직무가 조직 내에서 독립되고 구체적인 영역으로 자리잡을 수 있었던 것은 교양 피디들의 제작 정신이 기술과 접합되어서 비로소 가능해진 것이었다. 프로그램이 대형화하고 장기기획물이 생기면서 자연히 프로듀서의 역할이 달라지고 커졌으며, 방송 조직 역시 피디의 자질이 향상되어야 프로그램의 질이 높아질 수 있다는 자각을 하기 시작했다. 이 모든 변화는 연속된 우연의 집합이 아니라 다큐멘터리 피디들의 프로그램 정신이 절합된 필연으로 설명하는 것이 타당할 것이다.

6. 한국방송공사로의 전환과 전근대적 관행의 지속: 자율성과 공공성의 기억

교양 피디들이 제작 정신과 역량을 키워가던 흐름 속에는 한국방송공사의 창립이라는 제도적 변화도 한 축으로 작용하고 있었다. KBS가 국영방송에서 한국방송공사로 창립되었다는 역사적 사실은 그동안 한국 방송사 연구에서 의도적으로 방치되어온 경향이 있다. 한국방송공사가 유신정권이 필요로 하는 공보선전 역할을 좀 더 체계적으로 수행하기 위한 체제의 산물이라는 시각에서이다. KBS를 공사라는 이름 그대로 '공영방송'으로 인정하고 그 의의를 논의하는 것은 이미 그 자체로서 역사를 왜곡하는 것일 수도 있기 때문이다.

그러나 '방송을 하러 온 사람들'이 국영이 아닌 공사의 구성원으로서 신분이 전환되었다는 구체적 사실이 과연 방송 제작현장에 어떤 변화를 만들어내고 어떤 조건으로 작용했는가의 질문은 중요하다. 역사적 조건의 한계

내에서도 일상적인 직무 수행이라는 실천행위는 자기 정체성을 구축해가는 과정이기도 했다.

공사화는 임시직 교양 피디들에게 정상적인 위상을 부여했고, 일원화된 인사체계로 급여수준도 대폭 개선했다. 이들에게 공사화는 방송을 하기 위해 모인 사람들이 방송을 꾸려가는 기틀을 제공하는 매우 중요한 제도적 힘이 되었다(A 1차 구술; 2차 구술; D 2차 구술). 새로운 시대를 만들어갈 자원으로 공사1기생이 선발되었다. 그러나 국영방송의 공무원들이 거의 그대로 한국방송공사의 구성원으로 남았다는 점에서 인적 자원의 쇄신이 있었던 것은 아니었다. 최창봉 국장은 공사화 과정에서 KBS 공무원들을 그들이 원하는 정부 행정부서로 인사이동을 해주는 것으로 정부와 모든 협의를 마쳤었다. 그러나 홍경모 문공차관이 사장으로 오면서 실행계획은 백지화되었다(강명구·백미숙, 2008; 최창봉, 2010). 공사화 이후에도 비효율적, 지시형의 제작 체계와 공무원 관행은 쉽게 변화되지 않았다. 이미 역사적 사실로 알려져 있듯이, 문공부 방송관리국 담당자나 KBS 편성 담당자 모두에게 "편성안을 가지고 오라고 해서 이거 빼라 저거 빼라" 하는 일은 그저 일상의 업무일 뿐이었다(D 2차 구술).

> 정부의 홍보정책은 항상 고정적으로 내려와요. 개편 전에 경제개발에 대해서 등 모든 방송국에 다 내려가는 거지요. 가이드라인으로 내려오는데 문서로도 오고 편성책임자 불러다가 직접 말로도 하고, 프로그램을 없애라 하는 것은 청와대에서 대통령이 보고 여자들이 싸우고 그러는 거 왜 하느냐 그러면 공보부 장관이 지시하고 그래서 프로그램을 처리하라 그러면 드라마 등 문서로 오는 게 아니고 불러서, 가면 가이드라인 주고. [모든 방송사를] 일체 다 부른다(D 2차 구술).

문화공보부의 공보정책과 긴밀한 관계 속에서 프로그램의 기획과 편성이 이루어지고 프로그램 제작 주문이 임의적으로 내려오는 일도 여전히 일상적으로 계속되었다. 혹은 다큐멘터리에 대한 정책적 수요 증가와 더불어 임의적 주문이 더 많아졌을 것이었다. 피디 한 사람이 한 주에 2~3개 프로그램을 맡는 것은 다반사이고, 장르를 불문하고 지시에 따라 닥치는 대로 제작해야 했다(방원혁, 2001: 344). 이는 방송이 공보정책의 하부 체계일 뿐 아니라 주먹구구식 운영에서 벗어나지 못하고 있음을 방증하는 것이었다. B는 언제나 시간에 촉박하게 '떨어지는' 프로그램을 만들어야 했다. 심지어는 아침에 프로그램 제작을 주문하고 그날 저녁에 방송하도록 하는 일까지 일어났다. 그는 복잡한 심경이 담긴 어조와 표정으로 그때를 회상했다.

때가 되면 특집을 해야 돼요. 6·25, 3·1절, 각종 사건 특집, 그럴 때마다 내가 하던 일을 다른 사람에게 넘기고 그런 일을 맡아야 하는 어려움이 많았다구. 이후락이 북한에 다녀와서 7·4공동성명하고 …… 갑자기 걔네들이 [대남방송을] 시작했어. 어느 날 나갔더니 오늘 1시간짜리 프로그램을 만들어서 방송해야 한다는 거야. 아침 10시부터 [만들기] 시작하는 거지. <도발의 역사> 그런 거. 우리도 뭐 그런 식이지. 빨라도 3~4일 걸리는데 오늘 하루에 해라. 후반에는 정리가 아직 안 되었는데 방송 시작까지 반밖에 못 했어. 그럼 이건 생방이다. …… 방송 나가면서 만들다가 이제는 생방을 하는 거야. 마지막에 끝냈어. 음악도 전자악기 하나 갖다놓고 슬픈 음악 꽝~ 나가고. 그날 KBS에서 내려오면 남산 그 앞에 돼지껍데기 파는 집이 있다고. 거기서 일차하고 …… 그거에 소주 한 병 먹고 명동에 가서 맥주마시고 그날 많이 마셨어(B 구술).

편성에서 결정한 프로그램을 제작하는 것은 조직의 구성원이 수용해야 할 직무 조건이다. 그러나 열악한 제작 환경에서 '만들라는 명령'과 '시키는 일을 할 수밖에 없는' 현실은 관료주의 경직성으로 전문적 작업의 특성을 고사시키는 것이었다.

지시와 주문이 일상화된 조직에서는 또한 여러 경로로 개인 청탁이나 누군가의 뜻이 전달되기 마련이었다. 사장의 메모지시나 간접적 지시가 있는 경우, 방송이 될 만한 이야기가 아니라고 생각되어도 제작해야 했다. 제작하지 않겠다는 후배 피디에게는 "KBS라는 조직이 있으니 해야 하는 것 아니냐?", "그렇다면 내가 사표를 쓸 수밖에 없다"는 강요를 할 수밖에 없던 경험도 있었다(E 구술).

민중사의 관점에서 만들어진 좋은 프로그램으로 이야기되는 <교양국사>(1977~1978) 역시 방송이사 중 한 사람이 어느 날 "책을 한 권 던져주면서" 만들어보라는 뜻에 의해 시작된 프로그램이었다. E는 이 프로그램 역시도 '아마' 방송사 밖의 윗분 중 누군가가 그 책을 보았거나, 그 책에 대한 얘기를 듣고서는 한번 제작해보라는 뜻이 전달되어왔을 것이라고 했다. 어떠한 의도에서이든 어떤 형태로든 지시와 주문이 자연스럽고 당연하게 받아들여졌던 KBS의 현실을 상징해주는 사례들이다.

당시 제작현장의 일상 속에 매몰되었던 초년 피디들은 자율성이라는 생각조차 해볼 겨를이 없었다고 했다. F는 "뭐가 어떻게 돌아가는지 모르고, 편성이야 뭐 높은 훌륭한 사람들이 아는 일이지 편성을 어떻게 하든 우리가 알 바 아니죠. 우리는 우리가 하는 프로그램밖에 몰랐어요. 우리가 알 필요도 없고, 경황도 없고 매일매일이……" 전쟁처럼 지나갔다고 했다. 현장의 교양 피디들에게는 내 프로그램을 제 시간 내에 만들어낼 수 있는 기사재와 필름 사용, 제작 및 편집 시간, 인적 자원의 배분이 더 큰 관심사였을 것이었다.

교양 피디들이 부딪쳐야 했던 공무원 관행은 취재와 촬영 현장에서 여러 가지 전근대적 형태로 나타났다. 새마을 프로그램을 만들 때면 우선 군청, 시청, 읍면에 먼저 연락하고 안내받아서 차 타고 가는 방식이었다. 새마을 프로그램 제작은 사실 KBS나 상업방송이나 할 것 없이 모두 관공서의 안내를 받아 제작되었다. 그러나 기업현장 취재에서는 방송국 간에 차이가 났다. KBS는 여전히 공장 책임자의 안내를 받아 공장 시설, 사장 인터뷰를 촬영했다. 반면, TBC는 공장 현장과 현장의 장인을 중심으로 촬영했다. G는 이를 '기본 멘탈'이 다르다고 표현했다.

촬영지에서 촌지를 받던 공무원 관행도 계속되었다. KBS가 봉급이 적고 취재비도 적은 것을 이유로 공무원들은 취재처나 군청공보실에서 '촌지'를 받았고 이 촌지는 상납 구조에 의해 배분되었다. F는 외근 촬영을 다녀오면 아무것도 없냐는 식으로 데스크에서 '꼬나보는' 눈길이 따가웠다고 기억했다. KBS에서 새마을 프로그램 제작이 인기 있던 이면에는 이른바 물이 좋았다는 풍문도 있었다.

1970년대 교양 피디들의 주요 직무는 곧 군사독재 정권의 공보, 선전 정책에 따라 새마을운동 프로그램과 각종 정책, 정치 계몽 프로그램을 제작하는 일이었다. 이 시기 평피디로서 제작의 일선에 있었던 구술자들 대부분은 새마을운동이 빈곤한 시대가 필요로 했던 경제 근대화 운동이라고 말했다. 이들은 유신체제에서 대통령의 독재를 위한 정치적 동원은 사회 전 영역에 강압되었던 것으로서 "무조건 할 수밖에 없는" 일이었고, 새마을은 정치와는 구분되는 것이었다고 했다. 새마을은 정부의 제1과제로서 KBS나 상업방송이나 할 것 없이 방송사 사장이 적극 지원하는 제작물이었고 새마을을 편성한 실적을 보고해야 했다(G 구술; H 구술). 물론 KBS가 가장 적극적이었다. 새마을운동방송본부를 설치하고 새마을 특집에는 필름을 더 많이 배정해주었으며 전속차량도 배당했다. 최창봉 역시도 KBS 제작진들이 신이 나서 "정말 열심히" 했고 청와대 격려금도 많았다고 회고했다(강명구·백미숙, 2008; 최창봉, 2010). 반면, TBC는 AD일을 해가며 이제 막 자신의 프로그램을 만들기 시작한 신참 피디인 G에게 새마을 정책 프로그램을 할당했다. 이런 가운데 KBS에서는 1968년 시작해 여러 번 프로그램 성격을 바꾸었던 <인간승리>가 새마을운동을 대표하는 휴먼다큐멘터리 프로그램으로 되었고, TBC에서는 <인간만세>가 대표적 새마을 휴먼 다큐 프로그램이 되었다.

MBC 보도제작국에서 새마을 프로그램을 만들었던 H도 "지금 와서 정권홍보지. 그때 당시는 절박한 현실이었고 그건 하나의 길이었기 때문에 저항이 없었고" 당시 제작진들은 모두 자부심을 가지고 만들었다고 했다. 새마을운동이 성공할 수 있었던 것도 "국민들에게 전해주고 카메라로 보여주고 했기 때문"(H)이라고 긍지를 보였다. 사회통합과 근대화 계몽의 교육자로서의 텔레비전 역할을 주문했던 통치 헤게모니에 많은 교양 피디들이 적극적으로 동의했다는 것이다.

> 어디에서 참모를 했는지 모르지만 그건 그 시기에 아주 잘 맞춘 국정계획이었던 것 같아. 그것이 노골화된 건 유신 이후고 새마을만 해도 아주 순수했어. 그걸 대통령과 연관시키고 그러지 않았어요. 유신 이후 대통령 홍보가 많았고 새마을이 대통령과 연관되지는 않았어. 새마을 한 사람이 자신 있게 소신 있게 얘기한 것도 아마 그래서일 거고. 새마을 만든 사람이 강압받아서 했다는 것은 들어본 적이 없어요. 그거 매도된 게 나중에 유신 이후야. 그렇게 핍박당했다고 볼 수도 없어요(H 구술).

새마을운동은 1972년 10월 유신 체제에서 가장 핵심이 되는 조국근대화 이데올로기를 구현하는 계몽 프로그램이었다. 그럼에도 구술자들은 모두 새마을 운동이 유신보다 먼저 일어난 역사라고 기억했고 유신과는 분리해서 기억했다. 1976년의 강제 편성정책은 유신체제에서의 억압 정책이었고 새마을 프로그램 제작은 유신 이전에 자신들이 자발적 동의해서 만든 것이라고 했다. 이러한 혼란은 8시 정책시간대 편성 강제가 방송에 미쳤던 막대한 영향력이 압도적 기억으로 남아 있다는 것을 반영하는 것일 수 있다. 혹은 1970년대 텔레비전이 정권홍보의 도구로서 비판받는 것에 대해 새마을 경제근대화에 기여한 자신들의 역할이 정당하다는 것을 방어하는 기억장치로 인한 것일 수도 있다. 어쩌면 구술자들이 실제 당대에 가졌던 생각일 수도 있다.

구술자들은 정책시간대 교양 계몽 프로그램과 새마을 특집 등에 모든 자원이 우선됨으로써 필름 다큐멘터리 제작이 양적으로 늘어나자 질적인 경쟁이 불가피해졌다고 했다. 동일한 정책시간대에 요일별 지정 주제로 제작을 하다 보니 3개 방송사 피디들은 서로 상대 방송사의 새마을 프로그램과 비교하여 더 나은 프로그램을 만들기 위해 아이디어, 소재와 구성, 제작 기법 등의 모든 것에서 경쟁을 했다는 것이다.

> 그 경쟁은 어떤 경쟁보다 치열했어요, 당시. 경쟁은 아이디어, 구성을 어떻게 하느냐, 소재를 어떻게 찾느냐. 새마을 주인공이라 하면 우리가 알 수 없으니 농수산부나 어디에 추천해달라고 할 것 아닙니까? 비슷한 건 노! 더 새로운 사람! 더 극적인 사람! 드라마틱한 사람을 자꾸 찾아내고 구성에 있어서도 평범한 것, 글 써서 그림을 만드는 것은 안 먹히고, 호소력도 없고. 현장 사운드를 넣어서 인터뷰를 넣어서 어떻게 감동적인 프로그램을 만들 것인가를 가지고 피나는 경쟁을 했는데, 아까 그런 시각으로 보면, 이건 대통령에게 충성하려고 했다고 볼 수도 있지만, 제작 측면에서는 그랬어요 (H 구술).

피디들에게는 이 경쟁에서 누가 이겼는가가 중요했다. G는 TBC <인간만세>가 동시간대 시청률을 압도해서 <인간승리>를 이겼다고 했다. G는 "작품은 <인간승리>가 좋은 게 있어요. 그래도 전체적인 것은 우리가 기획이 빠르기 때문에 우리가 이겼어요. 그게 맞을 거예요!"라고 누가 더 프로그램을 잘 만들었는가, 혹은 누가 수용자 획득에서(혹은 시청률에서) 이겼는가를 더 중요하게 기억했다.

텔레비전 삼국시대에 G와 H가 말한 프로그램 경쟁은 이해할 만하다. 각종 기념 특집물 제작에서도 유사한 경쟁이 있었을 것이고 이러한 경쟁이 A가 <명작의 고향>으로 문예 다큐멘터리의 질을 한 단계의 높이고, B를 비롯한 피디들이 <우리는 증언한다> 5부작 시리즈를 만들며 다큐멘터리 제작의 전환점을 만드는 힘으로 되었을 것이다. 새마을 프로그램이나 각종 정책 특집물 제작이 교양 피디의 주된 직무였다는 점에서 피디 개개인이 프로그램 제작에 쏟았던 노력과 정신, 치열한 경쟁을 정치적 부역으로 단순히 평가할 수는 없을 것이다. 한국 사회의 전 영역이 그러했기 때문이다.

그러나 당대의 경험과 기억을 불러오는 과정에는 현재가 끊임없이 개입하고 있었다. 구술과정에서 1970년대 교양 피디들은 전문방송인으로서 자신이 수행했던 사회적 역할과 책임에 대해 적극적으로 설명하고자 했다. G는 프로그램 질 경쟁을 이야기하며 자신은 새마을 프로그램을 만들면서도 사회적 변화의 메시지를 담고자 했다고 강조했다. 남들과 다른 아이템, 차별적 구성으로 새마을 프로그램을 만들기 위해 G는 예를 들어 <인간만세>에서 <철마 달려 100만 키로>는 100만 킬로미터를 운전한 기관사의 정년 문제를 제기했다. 또 다른 사례로, G는 기능올림픽에서 우승한 재소자 이야기를 구성한 <어느 복역수의 영광>으로 1978년 새마을 부문 작품상을 수상했다. 이 프로그램은 법무부 오더 프로그램이었다. 이 프로그램이 방송된 후 당시 황산덕 법무장관이 재소자의 재범률을 줄이기 위한 방안으로 교육비 예산을 10배로 늘리고 기능사 자격을 딴 사람에게는 가석방을 허용하는 정책을 만들었다. G는 이런 변화를 통해 프로그램에 대한 확신과 보람을 느꼈다고 했다. 또한 당시 차장이던 데스크가 "어쨌든 살인자로 판결 받아 복역하는 장기수인데 대상을 너무 미화했다"고 지적한 코멘트를 듣고는 피디의 책임이나 데스크의 게이트 키핑의 중요성을 배웠다고 했다. G의 구술은 그가 이후 오랫동안 시사고발 프로그램 제작에 투신하게 되는 소양이 진작부터 있었음을 말해주는 것이기도 했고, 국가 동원 프로그램을 만들었던 당대의 경쟁을 의미하는 것이기도 했을 것이다.

D는 KBS가 그 시대의 조건에서 나름대로 공영방송으로서의 '자율성'과 공공성을 지키고자 했음을 가장 적극적으로 강조했다. KBS가 모든 프로그램을 정부 홍보를 위해서 한 것은 아니며, 정부 홍보는 보도특집, 뉴스 등 일부만 해당하는 것이고 나머지 일반 프로그램은 자발적 결정에 의해 '순수하게' 시청자를 위한 공공적, 공익적 방송을 하겠다는 의지가 강했다고 했다.

> 특집도 있었지만 새마을 캠페인, 대통령 말씀 등 KBS 자체 기획으로 하는 겁니다. 개편 전에 정부가 그런 방향을 제시하면 KBS가 구미에 맞게 편성하기는 하지만요. KBS 편성국장이나 본부장은 수익보다 공영방송이라는 KBS 정체성을 지켜나가고 발전시키는 데 책임이 있는 거지요. 전체적인 방향은 공영방송으로서의 이상이나 정체성에 무게를 두고 하고요(D 2차 구술).

또한 D는 1970년대 KBS가 정부에 순응적이기는 했지만 그것은 어쩔 수 없는 조건이었고 나름대로는 시청자가 관심을 가지는 프로그램을 만들려고 노력했다고 했다. 정부가 편성에서 드라마를 빼라, 오락을 빼라고 하면 뺄 수밖에 없지만, 제목을 조금 바꾸거나, 규제가 느슨해지면 다시 드라마를 해야지 하는 독자적인 방식이 있었다는 것이다(D 1차 구술). D는 당시 신문비평이 드라마 경쟁이나 상업방송 시청률 경쟁을 비판했듯이, 정부의 연예오락 프로그램 규제가 어느 정도는 "일리가 있었다"고 주장했다. 여기에는 상업방송과 대별하여 KBS의 공공성을 강조하고자 하는 태도가 강하게 투사되었다. 상업방송이 이윤추구를 위해 "저게 방송이냐 할 정도"였던 것에 반해 KBS는 "순수하고 방송 본연의 공공성을 중시"했다는 것이다(D 1차 구술).

A는 국가가 방송을 '지도'하던 시절에 방송은 어쩔 수 없었다고 했다. 그럼에도 자신들은 국가가 주인이 아닌 공영방송의 이상적 모델을 꿈꾸었다고 설명했다.

지금 잣대로 자꾸 옛날이야기를 한다는 것이 자칫 흘러간 노병의 푸념으로 들릴까 조심스럽네요. 분명한 것은 그때 KBS는 국영이었다는 것, 나라에서 직접 방송했다는 것, 국가 공무원의 범주에서 방송이 갈 수밖에 없는 시기였죠. MBC, TBC 같은 민간방송도 나라의 지도를 벗어날 수 없었죠. 문화공보부 방송지도과가 있었고 그 속에서 우리나라 방송이 자라기 시작했으니까. 그만큼 우리 방송이 후진적이라면 후진적이었다고 할까. 그럼에도 불구하고 방송의 목표랄까 이상이라고 하는 것은 항상 BBC나 NHK 같은 공영 모델을 향하고 있었죠. 국영에서 공영으로, 흑백에서 칼라로 오랜 세월을 거치는 동안 수많은 방송인들이 NHK, BBC를 탐방했죠. 방송의 신사 유람단이랄까. 그러나 방송이 하루아침에 변하지는 않지요. 누군가 이런 말을 한 적이 있죠. 그 나라 방송의 수준은 그 나라 국민 수준 이상도 이하도 아니다. 그렇다면 오늘의 우리 방송의 수준에 대한 평가에 어느 정도 실마리를 제공해주지 않을까요(A 2차 구술).

사회 변화의 메시지나 공영방송의 이상이 당대에 확고하게 구축되었던 것이 아닐지 몰라도 스스로를 설명하는 직업 정신의 하나로서 구술자들의 기억 속에 구축되어 있는 것은 분명하다. 특히 D와 A의 구술에서 부분적으로 읽혀지듯이, KBS 피디들에게는 1970년대를 설명해야 하는 '마음의 부담'이 있다(F 구술). 더욱이 5공은 더욱 가혹한 현실이었고 '원죄'라고도 했다. F는 "그 시대에 KBS에 있던 사람들은 누구나 그림자가 있는데" 역사를 어떻게 평가할 것인가는 쉽지 않은 일이라고 했다.

KBS 교양 피디들이 당대의 맥락에서 국가와 사회 공공성을 구분해서 사고하기는 어려웠을 것으로 짐작된다. 현대사 연구에서도 밝혀졌듯이 새마을운동과 같은 국가 헤게모니에 자발적인 동의가 형성되어 있기도 했다. G가 사회의 변화를 자신이 만드는 프로그램의 사회적 효과와 역할로 인식하고 있었다면, D와 A는 BBC와 NHK와 같은 모델을 통해 상업방송의 이윤 추구와는 구분되는 사회적 책임, 방송과 국가가 분리되는 공영방송의 모델을 인식하고는 있었다. KBS 피디들은 상업방송 피디들과는 달리 ABU, NHK 등의 국제필름행사에 적극적으로 참여했고 외국의 공영방송을 다양한 경로로 접촉했던 경험이 있다. 그러나 현실과 괴리가 큰 이념형의 모델은 순수하고 공영적인 프로그램을 시청자에게 제공한다는 추상적인 지향성으로 환치되었다. 방송전문인으로서의 자율적이고 공공서비스 지향적인 직업 정체성을 구체화하기에 아직은 빈약한 인식 수준일 수밖에 없었다. 이들은 지시와 오더에 의해 기획되는 프로그램을 제작하는 관행 속에서 훈련되었고, 아직 전문방송인으로서 사회적 책임과 대중적 신뢰를 직업정신의 근간으로 삼지는 못했다. 이들이 자신들의 정체성을 찾는 방식은 관공서 취재를 답습하고 촌지를 받는 이른바 공무원 관행과 스스로를 구별 짓고, 질 높은 프로그램을 만들기 위한 경쟁과 노력, 제작 정신을 만드는 것이었다.

7. 나가며: 교양 피디의 전문성과 직업 정체성, 그리고 남아 있는 역사의 평가

이제는 은퇴한 원로 피디는 느린 목소리로 길게 말했다. 배고픈 시절에 아무것도 없는 데서 오늘의 KBS 피디를 만든 건 우리인데, 관영방송에서 그렇게밖에 할 수 없었는데, 우리를 모두 부정하는 것에 분노와 섭섭함의 복잡한 감정이 있다고.

우선 생존 그게 먼저인 시절이었고, 새로운 세대가 들어와서 방송의 주류가 되고 …… 우리 의식 속에는 복잡한 감정들이 많이 있을 겁니다. 그건 서로가 서로에 대한 이해 없이는 분노와 섭섭함, 서로가 배타적으로 얘기할 수밖에 없는 그런 구조이고. …… 솔직히 이야기해서 KBS에 들어오는 것이 큰 벼슬은 아니었어요. 지금은 언론고시가 되었고 이제 몇백 대 일의 관문을 뚫고 들어오는 선망받는 직장이 된 거지요. …… 우리 시대에는 [권력의] 4부란 말도 안 되고 3부에 속한 관영매체 그런 것도 못 되고 …… 역사의 맥락에서 볼 때는 밑에서 켜켜이 올라온 지금의 방송이 있는데 이걸 부정하고 가면 자기도 부정당할 수밖에 없는 …… 선배들이 생존을 위해서 해온 터인데 옛날 사람들이 한 건 관영방송에서 그렇게 할 수밖에 없었던 거지. …… 이제 피디가 월급도 많이 받고 역량을 발휘할 수도 있게 되고 그랬는데 그거 너희 힘으로 된 거냐! 우리가 고생고생하면서 여태까지 왔는데 '이제 다 물러나라' 그러면 너희들은 무임승차 아니냐!

1970년대 텔레비전 피디는 당대의 고학력 직업이었지만 경제적 보상도 높지 않았고 사회문화적으로 선망받는 직업도 아니었다. 한국방송공사로의 전환은 봉급수준의 향상, 인사체계 합리화에 의한 조직 내 위상 확보, 공사의 구성원으로서 신분 향상을 가져왔으나 방송전문인으로서 피디의 사회적 직업 정체성은 여전히 취약한 채였다. '방송을 하러 온 사람'이라는 구별 짓기는 공무원 관행으로부터 자신들의 직업적 자존심과 자긍심을 지키기 위한 자기 정체성의 확인이었다.

초기 텔레비전에서부터 교양은 교육이나 스승이 없는 채로, 미처 체계도 세워지지 않은 주먹구구식 제작 현장에서 가장 비전문적이고 비가시적인 부문으로 시작해 오랫동안 편성과 영화의 주변부에서 성장했다. 정책 계몽 홍보 프로그램의 제작 수요와 새로운 기술 도입은 교양 영역이 활성화될 수 있는 일차적 토양이 되었다. 제작인프라와 기술은 교양 피디들에게 프로그램 제작 활동의 영역을 확대시켜주었고 이는 피디로서의 자부심이나 자존심이 만들어지는 것을 의미했다. 그러나 모든 변화의 흐름에서 실천적 주체는 교양 피디들이었다. 교양 피디들은 수입 다큐멘터리를 보면서, 그리고 영화 피디들의 필름 다큐멘터리 제작을 보조하면서 필름 기술과 제작 기법을 학습했다. 지식체계와 기술은 여전히 초보적인 수준에 있었으나 곧 다가올 1980년대의 기술사용의 주체로서 스스로를 전문가로 훈련하는 과정이었다.

더욱 주목해야 할 것은 교양 피디들이 필름으로부터 마그네틱테이프 레코더 시대로의 전환 과정에서 제작 역량과 제작 정신의 실천을 통해 교양을 조직 편제에서 그리고 직무의 내용에서 독립적이고 특화된 전문 영역으로 만들어냈다는 것이다. 교양은 이제 영화로부터 독립하여 연예부와 나란히 텔레비전제작국의 주체로 자리 잡았으며, 교양 피디들은 일반교양, 특집교양, 가정교양으로 세분화된 제작반 체계에서 '반장'으로 성장했다. 열악한 제작현장에서 교양 직무의 변화를 만들어낸 것은 경제적 보상보다 내면적 보상을 기반으로 하는 전문직업인 의식과 태도가 기반이 되었을 것이었다. 교양 피디들의 정체성을 형성하고 직무의 전문성을 키워갈 수 있는 가장 큰 힘은 고단한 환경에서 '잔뼈가 굵어가며' 키워왔던 "프로그램을 만드는 DNA와 정신"이었다.

그러나 1970년대 교양 피디들은 압도적 국가의 헤게모니 안에서 실질적으로는 정부의 외청으로 존립했던 KBS조직에 기술과 제작의 '전문성'을 공급하는 도구적인 위치에 있었다. 한국 사회의 전 영역이 그러했듯이 피디집단 역시 체제의 지시와 오더에 의해 주어진 역할을 수행하는 수밖에 없었고, 프로그램을 더 잘 만들기 위해 노력하고 경쟁하는 것이 유일한 실천이었다. 또한 일찍부터 BBC, NHK를 모델로 삼아 국가로부터 독립되어 있고 시청자에게 질 높은 교양 다큐멘터리를 제공하는 공영방송을 지향했으나, 현실에서 피디들은 강력한 조국 근대화의 헤게모니 속에서 국가와 사회 공공성을 등식화하고 자발적인 동의를 형성하고 있었다. 정책 계몽 프로그램은 상업방송의 이윤추구에 대비해 '순수하고 공영적인' 프로그램을 제공하는 공공서비스가 되었고 한국방송공사의 구성원으로서 공적 정체성을 확인해주었다.

정리하면, KBS 교양 피디들은 여전히 공무원 질서와 관행이 지배하고 있는 KBS 조직 내에서 공무원과의 구별짓기, 그리고 방송공사의 구성원으로서의 상업방송과의 구별짓기라는 두 가지 전략 안에서 전문방송인으로서의 자기 정체성을 만들고 있었다. 전문 직업인으로서의 윤리적 실천 규범은 개인의 도덕성 수준에서 실현되고 있었으며 공공 서비스 지향성은 상업방송과 대비한 소극적인 정당화에 그치고 있었다.

유신체제는 KBS 교양 피디들에게 전문방송인으로서 자율적 의사결정과 내적 신념, 사회적 기여와 역할을 허용하지 않았을 뿐 아니라 한국 사회 역시 그러한 역할을 기대하고 인정하며 그에 상응하는 사회적 지위를 부여하지도 않았다. 기계와 기술이 발전하고 '프로듀서제'가 분화하고 있었지만 방송 역시 아직 전문적 지식체계를 만들어갈 경험과 지식의 축적이 빈약한 상태였다. 1970년대 말 MBC 교양 피디였던 김우룡은 TV가 왜 필요하고 무엇을 어떻게 해낼 것인가의 근본적인 문제에 답하지 못하는 한 피디의 자기세계는 초라할 수밖에 없다고 고백한 바 있다(김우룡, 1979, 78~79).

이러한 시절을 기억으로 불러오는 구술자들에게는 역사에 대한 '마음의 부담'이 크게 자리하고 있었다. 1980년대에 그들이 맞이했던 정치 현실은 더욱 가혹한 것이었고 더 큰 그림자를 남겼다고 했다. 그럼에도 이들은 전문방송인으로서 제작현장에서 잔뼈가 굵으며 프로그램을 만들어왔던 자신들의 경험과 정신을 KBS의 오늘을 만든 과거로서, '인정'되어야 할 역사로 주장했다(호네트, 1996 참조). 1970년대 KBS 교양 피디를 통해 본 한국방송의 역사는 좀 더 많은 세밀한 이야기와 비판적 성찰을 필요로 하고 있었다.

참고문헌

강대영. 1992.12.「한국 TV 다큐멘터리와 변천」. ≪방송개발≫, 12월호(창간호), 6~21쪽.

강명구. 1993.『한국언론전문직의 사회학』. 서울: 나남.

강명구·백미숙. 2008.『해방 이후 한국방송의 형성에 관한 구술자료』. 방송문화진흥회
　　보고서. 최창봉 구술; 황정태 구술.

강명구·백미숙·최이숙. 2007.「문화적 냉전과 한국 최초의 텔레비전 HLKZ」. ≪한국
　　언론학보≫, 제51권 5호, 5~33쪽.

「공보부, 문화공보부로 발전적 개편」. 1968.7. ≪방송문화≫, 7월호, 102쪽.

공보부 방송조사연구실 편. 1966.『방송연감 '65』. 방송연감편집위원회.

김균·전규찬. 2003.『다큐멘터리와 역사: 한국TV 다큐멘터리의 형성』. 방송문화진흥
　　총서50. 서울: 한울.

김병관. 1997. "X-PD를 위한 길라잡이: 알기 쉬운 방송기술 7, VTR(Video Tape
　　Recorder) 기술." ≪PD저널≫, 8월 21일. 한국PD연합회, www.pdjournal.com

김수정. 2007.「1970년대 텔레비전 드라마에 대한 신문담론과 헤게모니 구성」. 한신대
　　학교인문학연구소 편.『1960~70년대 한국문학과 지배-저항 이념의 헤게모니』.
　　서울: 역락, 207~275쪽.

김연진. 2001.「KBS 파도, 그리고 대동강」. 한국TV방송50년 위원회 편.『한국의 방송
　　인: 체험적 현장 기록 한국방송, 1956~2001』. 커뮤니케이션북스, 295~ 301쪽.

김영찬. 2011.「1970년대 외화시리즈 수용의 문화적 의미」. 한국방송학회 엮음.『한국
　　방송의 사회문화사: 일제강점기부터 1980년대까지』. 파주: 한울, 333~ 372쪽.

김우룡. 1979.『TV 프로듀서』. 서울: 다락원.

김종희·김영찬. 2006.「여성들의 초기 텔레비전 수용 경험에 관한 민속학적 연구」.
　　≪프로그램/텍스트≫, 14호, 91~127쪽.

남성우. 1995.「TV 다큐멘터리: 그 논의를 위한 사적(史的) 고찰(考察) (3)」. ≪방송시
　　대≫. 한국프로듀서연합회, 114~123쪽.

문시형. 1971.「중앙방송국 경영형태에 관한 소고」. ≪한국언론학보≫, 제4호, 39~60쪽.

민경록. 2001.『세계영화영상기술발달사』. 서울: 문지사.

박용규. 2007.「1970년대 텔레비전과 대중음악: 청소년 대상 대중음악 프로그램을 중
　　심으로」. ≪한국언론학보≫, 51권 2호, 5~29쪽.

백미숙. 2009.「한국방송사 연구에서 구술사 방법론의 활용과 사료의 비판적 사용에

관해」. ≪한국언론학보≫, 53-5호, 102~128쪽.

백미숙·강명구. 2007. 「'순결한 가정'과 건전한 성윤리: 텔레비전 드라마 성표현 규제
　　에 대한 문화사적 접근」. ≪한국방송학보≫, 21권 1호, 138~181쪽.

백미숙·강명구·이성민. 2008. 「서울텔레비전(KBS-TV) 초기 방송 조직문화 형성: 구술
　　사를 통한 대안적 방송사 쓰기」. ≪한국방송학보≫, 22권 6호, 189~229쪽.

방원혁. 2001. 「감사된 감사」. 한국TV방송50년위원회 편. 『한국의 방송인: 체험적 현
　　장 기록 한국방송, 1956~2001』. 커뮤니케이션북스, 341~348쪽.

이상길. 2010. 「1920~1930년대 경성의 미디어 공간과 인텔리겐치아: 최승일의 경
　　우」. ≪언론정보연구≫, 47권 1호. 서울대학교 언론정보연구소, 121~169쪽.

이수열. 1977.9. 「프로듀서는 왕이다」. ≪신문과 방송≫, 9월호, 64~67쪽.

이유황. 2001. 「나의 방송 30년」. 한국TV방송50년위원회 편. 『한국의 방송인: 체험적
　　현장 기록 한국방송, 1956~2001』, 커뮤니케이션북스, 349~355쪽.

이창호. 1977. 「최초의 막장녹화」. 『한국방송사』, 563~564쪽.

임종수. 2003. 『1970년대 한국 텔레비전의 일상화와 근대문화의 일상성』. 한양대학교
　　대학원 박사논문.

_____. 2008. 「1970년대 텔레비전, 문화와 비문화의 양가성」. ≪언론과 사회≫, 16권
　　1호, 49~85쪽.

장윤택. 1992. 「체험으로 얘기하는 다큐멘터리: 현장 영상의 발견과정을 중심으로」.
　　≪방송시대≫, 봄(통권 2호), 178~201쪽.

장한성. 2001. 「필름 다큐멘터리 제작 시절」. 한국TV방송50년위원회 편. 『한국의 방송
　　인: 체험적 현장 기록 한국방송, 1956~2001』. 커뮤니케이션북스, 321~330쪽.

정순일. 1991. 『한국방송의 어제와 오늘: 체험적 방송현대사』. 서울: 나남.

_____. 1977.9. "KBS의 조직개편". ≪신문과 방송≫, 9월호, 60~63쪽.

"전환점에 선 방송의 교양프로." 1975.10. ≪신문과 방송≫, 10월호, 78~80쪽.

주창윤. 2007. 「1975년 전후 한국 당대문화의 지형과 형성과정」. ≪한국언론학보≫,
　　51권 4호, 5~31쪽.

조항제. 2003. 『한국 방송의 역사와 전망』. 서울: 한울.

_____. 2005. 「한국방송의 근대적 드라마의 기원에 관한 연구: <청실홍실>을 중심으
　　로」. ≪언론과 사회≫, 13권 1호, 6~45쪽.

_____. 2010. 「한국텔레비전의 초기 멜로드라마의 성격: TBC-TV <화요연속극>을
　　중심으로」. ≪한국방송학보≫, 24권 2호, 235~275쪽.

_____. 2011. 「1970년대 신문의 텔레비전 드라마 비판」. 한국방송학회 엮음. 『한국 방송의 사회문화사: 일제강점기부터 1980년대까지』. 파주: 한울, 373~410쪽.

최창봉. 2010. 『방송과 나: 영원한 PD 최창봉의 방송인생 다큐멘터리』. 서울: 동아일보사.

한국방송개발원 편. 1998. 텔레비전 다큐멘터리의 정착화 방안 연구 보고서.

한국방송공사. 1975. 『KBS연지 '73.3~'75.2』.

_____. 1977a. 『한국방송사』.

_____. 1977b. 『KBS연감 1976』.

_____. 1987. 『한국방송60년사』.

_____. 1997. 『한국방송70년사』.

현호천. 1977. 「녹화차 위해 고사지내」. 『한국방송사』, 580~582쪽.

홍경수. 2012. 「공영방송사 제작체계 변화가 피디 전문직주의에 미치는 영향: 2008년 이후 KBS를 중심으로」. 서울대학교 대학원 언론정보학과 박사학위논문.

홍두표. 1977.2. "현대사회와 텔레비전." ≪신문과 방송≫, 2월호, 28~32쪽.

할린·맨치니(Daniel C. Hallin and Paolo Manchini). 2009. 『미디어시스템 형성과 진화: 정치-미디어 3모델』. 김수정·정준희·송현주·백미숙 역. 한국언론재단. 커뮤니케이션북스.

호네트, 악셀(Axel Honneth). 1996. 『인정투쟁: 사회적 갈등의 도덕적 형식론』. 문성훈·이현재 공역. 서울: 동녘.

사이드만, 어빙(Irving Seidman). 2009. 『질적연구방법으로서의 면담: 교육학과 사회과학 분야의 연구자를 위한 안내서』. 박혜준·이승연 공역. 서울: 학지사.

Hall, R. H. 1968. "Professionalization and bureaucratization." *American Sociological Review*, 33(1), pp. 92~104.

제8장

'편집권/편성권'에 갇혀버린 '내적 편집의 자유'

「일본신문협회 편집권 성명」의 국내 도입에 관한 역사적 고찰을 중심으로

정수영

서울대학교 아시아연구소 선임연구원

1. 들어가며

21세기 한국 방송을 설명하는 수많은 양적 지표와 외형적 성과들은 한국 방송의 기술적 근대화와 발전을 이야기하지만, 한쪽에서는 이와 상반된 평가를 내리고 있다. 한국 방송의 역사는 일제 치하 탄생한 경성방송, 해방 이후의 국영화, 새로운 방송의 허가, 언론통폐합 등의 과정을 거치면서 권위주의적 정치권력에 의해 동원과 지배의 기제로 도구화되었다는 것이다. 그리고 민주화 이후에는 정치권력과 시장권력의 조합에 의해 방송의 독립성과 자율성이 발전하고 정착할 수 있는 기회와 노력들이 가로막혀왔으며, 언론 자유를 위한 각종 제도적 장치들 역시 무력화되고 말았다는 평가이다 (조항제, 2012; 박흥원, 2011).

후자와 같은 역사적 관점과 비판적 평가는 2012년 한국 방송계의 가장 큰 화두 중 하나였던 방송사 파업 현실과도 맞닿아 있다. 2012년 1월 25일, MBC 기자들은 낙하산 사장 퇴진, 불공정 보도 시정, 공정방송 쟁취 등을

기치로 내걸고 뉴스 제작을 거부했고, 이는 KBS, YTN, 연합뉴스 등의 파업으로 확산되었다. 방송사 파업은 수 개월 만에 막을 내리면서 진정 국면에 들어선 것처럼 보였다. KBS 노조는 당초 목표였던 사장 퇴진에는 실패했지만 징계 최소화, 대선 공정방송위원회 구성, 탐사보도팀 부활, 폐지됐던 일일 시사프로그램 부활, 대통령 주례 라디오 연설 폐지 등에 노사가 합의하고, 파업 94일 만인 6월 8일 업무에 복귀했다. 23년 만에 파업에 들어갔던 연합뉴스 노조는 보도 공정성 제고, 합리적 인사, 뉴스통신 경쟁력 강화, 근로여건 개선, 사내 민주화 제고, 지역취재본부 시스템 개선 및 차별 해소, 중간평가를 받는 편집총국장 제도(가칭) 도입, 공정보도 책임평가제 실시 등에 관한 사측과의 합의안을 통과시키고 파업 100일 만인 6월 25일 업무에 복귀했다. 그리고 MBC 노조는 7월 18일, MBC 사상 최장 파업 기간인 170일 만에 총파업을 잠정 중단했다. MBC 노조는 복귀 뒤 부당지시 신고센터 운영과 보도 민주언론실천위원회 기능을 대폭 강화해 불공정, 편파보도를 방지할 방침이라고 밝혔다(≪기자협회보≫, 2012.6.8; ≪오마이뉴스≫, 2012.6.23).

하지만 방송사 내부의 관료적 성격이나 낙하산 사장에 의해 훼손되었다고 비판받아온 방송의 공정성, 독립성과 자율성을 얼마만큼 회복해갈 수 있을지는 앞으로 해결해야 할 숙제로 남았다. 퇴진 요구를 받던 방송사 사장들은 여전히 강력한 인사권을 행사하며 파업 참여 노조원들에 대한 징계 방침을 공공연히 밝히고 있기 때문이다. 뉴스 아이템 선정에 대한 친정부적 경향, 비판적 시사 프로그램의 존폐 여부, 일방적인 방송사 조직 개편 등을 둘러싼 논란과 함께(≪미디어오늘≫, 2012.7.16, 2012.7.18, 2012.8.17), KBS 노사 합의로 폐지한다고 알려졌던 대통령 주례 라디오연설 역시 계속되었다.

이처럼 방송을 둘러싼 첨예한 논쟁과 사회적 갈등이 계속되고 있지만, 민주적 여론 형성이나 공론장 구축을 위한 핵심적 가치가 방송의 독립성과 자율성에 있다는 것에 이의를 제기하거나 부인하는 사람은 없어 보인다. 문제는 '누구로부터의' 독립이며 '누구의' 자율성인가, 독립과 자율의 '내용'은 무엇이며, '어떻게' 지켜나갈 것인가라는 질문에 대한 관점과 이해관계의 상충에 있다. 그리고 이러한 질문에 대한 해답을 찾아가는 과정에서 늘 등장하는 것이 '편집권' 또는 '편성권'이다.[1] 그동안 방송의 '편집권' 또는 '편성권' 독립을 위한 적지 않은 논의가 있어왔고, 이를 위한 시민사회와 일선 기자 및 방송사 노조들에 의한 실천적 노력 역시 계속되어왔다. 그러나 '편집권'이라는 용어의 사용과 개념 해석은 여전히 혼란스럽다.

국내에서 통용되고 있는 '편집권'이라는 용어의 기원은 제2차 세계대전 이후, 연합군 점령하 일본신문협회의 「신문편집권 확보에 관한 성명(新聞編集権の確保に関する声明)」으로 거슬러 올라간다. 이 성명에서는 '편집권'을 사주나 경영 관리자가 행사하는 배타적 권리로 규정하고 있다. 그리고 국내에서 '편집권'에 관한 논의가 시작된 것은 1960년대이다. 임근수(1964)가 일본에서 통용되던 '편집권'이라는 용어와 개념을 국내에 소개한 것이 시초로 알려져 있다. 이후, 국내 방송법에서도 방송 편성의 자유를 보장하는 조항을 두고 있으며, '편성권'이라는 용어가 함께 사용되고 있다.

반면, 영미권에서는 이와 유사한 개념을 편집의 독립(editorial independence), 편집의 자유(edition freedom), 저널리즘의 자유(journalistic freedom), 편집의 자율성(editorial autonomy), 언론의 내적 자유(internal freedom of the press)

---

[1] 이 글에서는 '편집권'과 '편성권'이라는 용어를 혼용하여 사용할 것이다. 신문의 '편집권'과 방송의 '편성권'은 매체적·제도적 속성 등의 차이에 근거하여 보다 차별적으로 해석하고 적용해야 하지만, 방송 '편성권'의 기본 개념을 구성하는 내용과 담론은 신문의 '편집권'에서 출발하고 있기 때문이다. 또한 '편집권'은 「일본신문협회의 편집권 성명」에서 출발한 신조어로서 한국과 일본에서만 사용되는 독특한 용어이자 개념이다. 그 개념 속에 내재하고 있는 담론 역시 독특하다. 이 글은 해당 용어와 담론을 해체해야 한다는 관점에서 출발했기 때문에, ' '를 사용하여 표기한다.

등의 용어로 사용하고 있으며, '내적 편집의 자유'라는 측면에 초점을 맞추고 있다(박홍원, 2011). '내적 편집의 자유'는 미디어 내부에 있는 개개인의 저널리스트가 편집방침이나 경영방침에 대해 비판할 자유, 사회적 책임에 반하는 보도·제작활동을 거부할 수 있는 양심의 자유, 직종 선택이나 직능 교육 등을 요구할 권리 등을 포괄하는 자유를 의미한다(石村善治, 1979). 즉, '편집권'은 한국과 일본에서만 찾아볼 수 있는 '독특한' 용어일 뿐 아니라, 그 속에 담겨 있는 개념과 의미 역시 '독특하다'고 볼 수 있다.

국내의 대표적 근대신문 ≪조선일보≫, ≪시대일보≫, ≪동아일보≫는 1920년대에 창간되었다. 국내 최초의 방송국인 경성방송국은 1927년에 첫 방송을 시작했다. 모두 일제강점기 식민지 전략에 의해 설립되어 국내 저널리즘은 물론 사회 문화 영역에 큰 영향을 미쳐왔다. 특히 경성방송국은 일본의 도쿄, 오사카, 나고야에 이은 네 번째 방송국이라는 위상을 지니고 탄생했다는 '슬픈' 역사를 지니고 있다(이연, 2011). 1956년에는 HLKZ-TV가 개국했지만 냉전 시대의 권위주의적인 정치권력에서 자유로울 수 없었다. 취재장비의 부족과 방송기술의 한계 때문에 신문과 라디오의 그림자에서도 벗어나지 못했다. 초창기 국내 TV 뉴스 프로그램은 신문사나 통신사에서 제공받은 기사나 취재기자가 쓴 기사를 읽고, 그 요점을 화면 하단에 도표나 그림으로 삽입하는 방식으로 제작되어 "라디오적인 것에 신문의 사진을 덧입힌 것"에 불과했다(최이숙, 2011). 무엇보다, 미군정이 해방 후 경성방송국의 기존 인력을 존속시킴으로써, 한국 방송의 역사적 경험은 인력뿐 아니라 방송의 선전과 공보 기능, 편성과 장르 구축, 법 제도적 현실 등에 깊이 내재되어 있는 '일본적인 것'은 청산하지 못했다. 이후, 한국 방송의 역사는 기존의 일본 방식에 미국식 상업주의 시스템이 접목되는 양상으로 전개되어왔으며, 이러한 태생적 한계는 미디어 환경의 변화 속에서도 크게 달라지지 않았다는 평가이다(임종수, 2004; 최영묵, 2010).

아직까지도 청산되지 못한 일본의 흔적 중 하나가 '편집권'의 독립이라는 용어와 개념, 그 속에 담겨져 있는 '배타적 권리'로서의 담론이다. 국내 신문 저널리즘 영역에서 혼종적으로 해석되고 있는 '편집권'에 관한 인식의 기저에는 1960년대 일본 신문계에서 도입된 '편집권' 담론이 내재하고 있으며, 이는 다시 방송 영역에도 도입되어 방송의 자유와 독립을 둘러싼 사회적 갈등의 원인 중 하나로 작용하고 있음을 조심스럽게 추정할 수 있다.

한 나라의 방송과 방송제도는 그 나라의 역사적 경험과 특수성을 반영한다. 따라서 한국 방송의 현재는 지난 50년간의 역사로부터 자유로울 수 없다. 그렇다면 좀처럼 해결의 실마리를 찾기 어려운 현재의 방송 관련 제반 이슈를 진단함에 있어 과거 역사를 통해 우회적으로 고찰하는 방법론은 매우 유용하다(김영희, 2011; 마동훈, 2011). 본 연구에서는 현재 국내에서 전개되고 있는 '편집권'을 둘러싼 논쟁과 갈등, 현재의 관련 제도와 실천 속에 내재되어 있는 담론과 그 속에 담겨져 있는 근본적인 한계와 위험성, 그리고 변화 가능성을 모색하기 위해(이상길, 2008), '편집권'이라는 용어와 개념이 어떻게 출발했으며, 관련 논의 속에서 어떤 가치와 담론이 충돌해 왔는지를 역사적 관점에서 고찰하고자 한다.

이를 위해 이 글은 다음과 같이 구성되었다. 첫째, '편집권' 개념과 그 속에 내재되어 있는 담론의 출발점이라 할 수 있는 「일본신문협회의 편집권 성명」의 내용과 국내에서 통용되고 있는 '편집권'의 일반적 개념 정의를 통해 주요 쟁점을 살펴볼 것이다.[2] 둘째, 「일본신문협회의 편집권 성명」의 등장 배경, 일본 내에서의 역사적 평가 및 관련 쟁점 등에 관해 비판적으로 검토할 것이다. 셋째, 태생적 한계 속에서 탄생한 일본의 '편집권' 개념이 1960년대에 국내에 도입된 배경과 맥락, 그리고 이를 둘러싼 논쟁의 전개

---

[2] 1948년 발표 당시의 정확한 명칭은 「신문편집권 확보에 관한 성명(新聞編集権の確保に関する声明)」이지만, 통상적으로 「일본신문협회의 편집권 성명(日本新聞協会の編集権声明)」이라는 명칭으로 사용하고 있다.

과정과 현행 방송법상 관련 조항의 해석을 토대로 성과와 한계를 살펴볼 것이다. 마지막으로 '편집권'이라는 동일 용어와 개념이 한국과 일본 양국의 정치 사회 문화적 특수성 하에서 어떤 공통점과 차별성을 보이며 적용되고 해석되어왔는지를 살펴보고 시사점을 제시할 것이다.

2. '편집권' 개념의 정의 및 주요 쟁점

1) 일본신문협회의 편집권 성명

일본에서 '편집권'이 문제가 된 것은 제2차 세계대전 이후 연합군(GHQ) 점령기이다. 패전을 맞이한 일본에서는 전쟁에 동원되거나 또는 적극 협력한 언론사 및 언론인의 전쟁 책임을 묻고 언론 민주화를 쟁취한다는 목적으로 언론 노조 쟁의가 있었다. 이 과정에서 등장한 것이 '편집권'이라는 용어이다. 1946년 6월에 시작된 제2차 요미우리 쟁의에 맞서기 위해 요미우리신문사 측에서 처음으로 '편집권'이라는 용어를 제시한 것이다. 그리고 일본신문협회가 1948년 3월 16일에 발표한 것이 「신문편집권 확보에 관한 성명(新聞編集権の確保に関する声明)」이다. 성명의 전문은 다음과 같다.

「신문편집권 확보에 관한 성명」

일본신문협회
1948.3.16

신문의 자유는 헌법에 의해 보장되는 권리이며, 법률에 의해 금지되는 경우를 제외하고 일체의 문제에 관하여, 공정한 평론, 사실에 근거한 보도를 행할 자유를 말한다.

이 자유는 모든 자유권의 기초이며, 민주사회의 유지발전에 빠뜨릴 수 없는 것이다. 또한

이 자유가 확보되었을 때 비로소 책임 있는 신문이 가능하기 때문에 이것을 확립하고 유지하는 것은 신문인에게 부여된 중대한 책임이다. 편집권은 이러한 책임을 수행하기 위해서 그 누구라도 인정해야 할 특수한 권능이다.

1. 편집권 내용
편집권이란 신문의 편집방침을 결정하고 시행하여 보도의 진실성, 평론의 공정성, 그리고 공표방법의 적정성을 유지하는 등 신문 편집에 필요한 일체의 관리를 실시할 권능이다. 편집방침이란 기본적으로 편집강령 이외에 상시적으로 발생하는 뉴스의 취급에 관한 개별적이고 구체적인 방침을 포함한다. 보도의 진실성, 평론의 공정성, 공표방법의 적정성 기준 등은 일본신문협회가 정한 신문윤리강령에 의한다.

2. 편집권 행사자
편집내용에 대한 최종적인 책임은 경영, 편집 관리자에게 귀속되는 것이기 때문에, 편집권을 행사하는 자는 경영 관리자 및 그 위탁을 받은 편집 관리자에 한한다. 신문기업이 법인조직인 경우에는 이사회 등이 경영 관리자로서 편집권 행사의 주체가 된다.

3. 편집권 확보
신문의 경영, 편집 관리자는 상시적으로 편집권을 행사하기 위해 필요한 수단을 강구함과 동시에 개인, 단체, 외부, 내부를 막론하고 그 누구에 대해서도 편집권을 수호할 의무가 있다. 외부로부터의 침해에 대해서는 철저하게 이를 거부한다. 또한 내부에서도 고의로 보도, 평론의 진실성과 공정성, 공표방법의 적정성을 침해하거나 정해진 편집 방침에 따르지 않는 자는 그 누구라도 편집권을 침해하는 것으로 보고 이를 배제한다. 편집내용을 이유로 인쇄, 배포를 방해하는 행위는 편집권의 침해이다.

이 성명에서 규정하고 있는 '편집권'은 "신문의 편집방침을 결정하고 시행하여 보도의 진실성과 평론의 공정성, 공표방법의 적정성을 유지하는 등 신문 편집에 필요한 일체의 관리"를 실시할 수 있는 '책임'이자 '권능'을 의미한다. 편집권을 행사할 수 있는 주체는 "경영 관리자 및 그 위탁을 받은 편집 관리자"로 한정하고 있으며, "신문의 경영 및 편집 관리자"가 "상시적으로 편집권을 확보하기 위해 필요한 수단을 강구하는 동시에, …… 외부로부터의 침해에 대해서는 철저히 이를 거부한다. 내부에서도 …… 그 누구라고 해도 편집권을 침해하는 자를 배제한다. 편집 내용을 이유로 인쇄, 배포를 방해하는 행위는 편집권 침해"라고 규정했다. 또한 "법인 조직의 경우에는 이사회 등이 경영 관리자"로서 '편집권'에 관한 전권(권능)을 부여받았다. '편집권'은 신문의 자유를 확보하고 보도 내용을 자유롭게 결정하는 권한이라고 표방하면서도, 그 권한은 스스로의 자금과 스스로의 의사에 의해 뉴스 선택과 편집 업무를 실시하는 자가 행사하는 것이며, 언론인이나 신문노동자가 편집에 관여할 여지를 철저하게 배제하고자 한 것이다.

이러한 의미의 '편집권' 조항은 연합군 총사령부의 지지와 지도하에 각 신문사의 노동규약이나 취업규정에 포함되었다. 편집방침은 신문사 측만이 유일하게 결정할 수 있는 '배타적 권리'였으며, 편집방침에 따르지 않는 자는 그 누구라도 '편집권'을 침해하는 것으로 해석되었다. '편집권' 침해에 대한 징계를 구제할 수 있는 규정도 없었다. 노동규약 안에서 '편집권' 침해를 이유로 해고나 징계가 일방적으로 이루어질 수 있을 뿐 아니라, 편집 방침에 대한 비판이나 '편집권' 조항 개정 시도 그 자체도 '편집권' 침해로 해석되었다(右崎正博, 1974).

이후 편집권 성명은 '신문의 주장이나 지면의 내용, 보도 등의 개별 기사에 대한 비판의 자유'를 일체 인정하지 않으면서, 언론 기업 내에서의 정당한 노조활동과 쟁의 등을 억압하기 위한 경영자 측의 이론적·법적 무기로 활용되었다. 그 결과 제작 및 편집 과정에서 언론 노동자들의 자유로운 사상이나 표현 활동을 기업조직의 이익이나 의사에 종속시키는 일종의 사내 통제의 성격으로 작용하여, 언론 노동자가 소속해 있는 언론 기업 조직에 충성할 수밖에 없는 상황을 만들어냈다(石村善治編, 1979; 塚本三夫, 1998). 그리고 「일본신문협회의 편집권 성명」에 담겨져 있는 '편집권'의 주체와 내용에 관한 주장과 담론은 현재도 신문과 방송을 포괄하여 일본 언론 전체를 규율하는 핵심 규범으로 인식되고 있다.

2) 국내 '편집권' 개념의 정의 및 쟁점

앞서 살펴본 「일본신문협회의 편집권 성명」과 마찬가지로 국내에서의 '편집권'이라는 용어와 개념 역시 신문 저널리즘 영역에서 출발했다. 그리고 신문이나 잡지 등 인쇄 매체의 편집 방침이나 내적 외적 자유와의 관계 속에서 주로 논의되어왔다. 한국언론재단의 「미디어 가온 매스컴 용어사전」에서는 '편집권'을 다음과 같이 정의하고 있다.

> 편집권(編輯權, editorial right)[3]
>
> ① 신문·잡지의 편집에 관한 일체의 권리. 편집권은 활자 매체의 경우 뉴스 보도의 취사선택의 의미가 강하나, 라디오와 텔레비전의 편성권은 뉴스룸 뿐 아니라 편성행위를 포함하는 포괄적인 권리를 뜻한다. 편집이란 신문·잡지·서적 등의 출판물이나 방송·영화 등에 있어서 정보의 질서적인 생산물로 정리하고 구성하는 작업을 말한다. 방송의 경우에 있어서는 어떤 내용을 언제 어떤 형식으로 방송하는가를 결정하는 편집행위를 편성이라고 하며, 신문의 편집권에 상당하는 것으로서 편성권이 있다. 독일에서는 신문사나 방송국의 종사자가 편집이나 편성에 대하여 발언하는 권리를 내부적 자유로 인정하고 있다. ② 신문사의 신문편집에 필요한 일체의 관리를 행하는 기능. 즉, 신문의 편집방침을 결정하고, 이를 실행하여 보도의 진실을 확보하며, 논평의 공정성을 꾀하고, 적정하게 공표한다는 신문으로서의 공공적 목적을 달성하는 데 필요한 일체의 관리적 기능을 말한다. 일반적으로 편집권을 행사하는 권리는 경영 관리자, 또는 그 위임을 받은 편집 관

---

3) http://www.mediagaon.or.kr/jsp/mdata/masscom/masslanguage_search_view.jsp?seq_no=M ASS013355

리자에게 있는 것으로 본다(한국언론재단 미디어가온 매스컴 용어 사전).

위의 정의에서도 알 수 있듯이, '편집권'은 "경영 관리자 또는 그 위임을 받은 편집 관리자"가 행사하는 '권리'로 정의하고 있으며, 독일의 '내부적 자유'와는 구별되는 용어와 개념으로 제시하고 있다. 또한 방송의 경우 "신문의 편집권에 상당하는 것으로서 편성권"이 있다고 설명하고 있다.

방송은 오락 매체로 출발했다. 시청자들 역시 주로 흥미, 오락, 휴식을 위해 텔레비전을 시청하는 경향을 보인다. 가장 중요한 광고 채널이기도 하다. 하지만 현대 사회에서 방송은 정치나 사회의 권력 중심과 연관되어 있으며, 뉴스와 정보의 가장 중요한 원천이라는 지위를 차지하고 있다. 인쇄 매체와는 달리 기술적 필요에 의해 제도적 규제하에 놓이게 된 방송은 지금도 민주적 선택이나 경제적 편이성, 혹은 조직적 관심에 의해 공적 통제, 허가, 규제가 불가피하다. 이 때문에 인쇄 매체가 누리는 표현의 자유나 정치적 독립의 수준에 미치지 못한다고 지적되지만(McQuail, 2000/2002), 방송에 대한 제도적 규제는 방송이야말로 신뢰할 수 있는 매체라는 이미지 구축의 원동력으로 작동하기도 한다.[4] 그리고 신문과는 다른 방송의 매체적

---

4) 인터넷포털사이트나 인터넷신문 등은 물론 SNS(Social Network Service)까지 가세하여 각종 뉴스를 전달하고 유포하는 통로로 기능하고 있지만 여전히 텔레비전은 가장 대중적이며 신뢰할 수 있는 매체이다. 방송통신위원회의 "2011년 방송매체 이용행태 조사" 결과에 의하면, 응답자들이 가장 자주 이용하는 매체는 TV로 주 5일 이상 이용 비율이 82%에 이르러, 인터넷(44%), 신문(17%), 라디오(15%)와 큰 격차를 보였다. 매체 이용시간에서도 이용시간이 가장 많은 매체는 TV(하루 평균 187분)였으며, 인터넷(98분)과 라디오(71분) 순으로 나타났다. 일상생활에서 없어서는 안 될 가장 중요한 매체는 TV(60%), 인터넷(33%) 순이며 신문(2%)과 서적(2%), 라디오(1%) 비율은 낮았다. 또한, 주요 관심사에 대한 정보 습득 경로로는 TV가 뉴스(67.0%), 스포츠(63.6%), 오락/연예(72.3%), 교육·문화예술(31.5%), 지역정보(42.9%) 등에서 다른 매체 이용보다 압도적으로 높았다(방송통신위원회, 2012).

성격이나 사회적 위상, 제도적 특성을 고려하여 국내 방송법에서는 방송 편성의 자유를 보장하는 조항을 두고 있다. 편집권과는 별도로 '편성권'이라는 용어가 병용되기도 한다. 한국언론재단의 「미디어 가온 매스컴 용어 사전」에서는 '편집권'과는 별도로 방송의 '편성권'을 다음과 같이 정의하고 있다.

편성권(編成權)[5]

방송국이 어느 시간대에 어떤 프로그램을 방송하느냐 하는 것에 대한 업무 결정의 자율권. 전달자가 피전달자인 독자나 시청자를 위해서 정보와 자료를 수집하고 가공하여 이를 전달매체를 통하여 전달하는 과정에서 행사하는 권리와 권한을 편집권 혹은 편성권이라고 규정한다. 이러한 과정은 각 매체의 기술적 특성 때문에 반드시 통일한 형식으로 이루어지지 않으므로 경우에 따라 편집권 혹은 편성권이라고 부르기도 하지만 편의상, 혹은 통념상 이 두 개념의 상위 개념으로서 편집권이라는 개념을 흔히 사용하고 있다. 방송매체의 편성권 독립에 관한 논의는 편집권 독립에 포함시켜 함께 논의할 수도 있으나 매체구조가 서로 다르기 때문에 동일한 차원으로 취급하기에는 무리가 있다. 그동안 논의되어온 편성권 독립문제는 주로 정치제도권의 영향으로부터 독립하기 위한 방법론에 초점을 맞추었고 방송사 내부 영향으로부터의 독립에 관해서는 별다른 관심을 돌리지 않았다. 언론법 개정, 방송제도의 정비, 방송에 대한 사회적 인식의 변화가 새로운 시대적 요청 등으로 편성권 독립에 영향을 줄 수 있는 방송 외적인 여건과 상황은 괄목할 만큼 변화됐다. 자본주의 사회에서의 언론에 대한 영향력

---

5) http://www.mediagaon.or.kr/jsp/mdata/masscom/masslanguage_search_view.jsp?seq_no=M ASS013345

행사는 제도권 차원에서 이루어지기 때문에 이들의 영향력 행사를 제도적으로 억제하지 않는다면 새로운 형태의 언론 독재를 탄생시키고 방조하는 결과를 낳게 될 것이다. 따라서 편성권 독립도 이러한 관점에서 논의되어야 할 것이다. 우선 편성권 독립은 경영의 안정성을 필요로 한다. 경영의 안정성은 반드시 방송사에 의한 직접 경영을 의미하는 것은 아니다. 안정된 재원을 바탕으로 하여 독자적인 제작과 편성을 해낼 수 있는 여건 조성을 뜻한다. 만일 방송사가 편성권 독립을 핑계로 시청료 징수와 광고사업이나 수익사업에 직접 참여한다면 편성권에 대한 내적 간섭을 스스로 불러들이는 현상을 가져올 것이다. 방송이 시청자와 광고주에 영합하고 이윤추구에 지나치게 몰두하는 행위는 편성권의 독자성을 약화시키는 요인이 되기 때문에 방송사는 가능한 한 수익의 사업이나 영업업무에 직접 참여하지 않는 것이 바람직스럽다. 방송사 경영의 목적과 방법은 당연히 편성권의 자율성 확립과 보장을 대전제로 해야 하기 때문에 편성인의 경영권 참여는 마땅히 보장돼야 한다. 그러나 참여의 규모와 방법은 방송사가 처한 시대적·사회적 상황과 방송의 시대적·사회적 역할에 따라야 한다. 오늘날 우리나라의 방송사들은 무한정으로 영리추구를 하는 개인기업이 아니고 공공성을 추구하는 비영리 기업의 성격을 지닌 기관으로 존재한다. 따라서 방송사 경영에 참여할 수 있는 주체는 반드시 방송사에 종사하는 사람들로 제한되어서는 안 된다. 신문사는 사주의 개인소유 형태를 지니고 있으므로 분명히 다른 차원에서 경영권 참여문제가 논의되고 실행되어야 한다. 명분상 혹은 법률상 아무리 훌륭한 경영제도라도 국민의 참여 없는 경영은 편성권 독립에 별다른 이바지를 하지 못한다. 국민의 경영권 참여를 위한 대표성 기구의 설정방법은 이미 시행되고 있는 사례들이 많이 있기 때문에 크게 문제시되지 않는다. 다만 특정사회단체나 노조를 중심으로 한 방송실무자들만 경영권에 참여하는 일은 지양되어야 한다. 편성이 자본과 경영과 영업으로부터 분리되지 않는 한 진정한 편성권 독립은 불가능하다.

위의 개념 정의에서 전제하고 있는 것처럼, 신문과 방송은 "매체구조가 서로 다르기 때문에 동일한 차원으로 취급하기에는 무리"가 있다. 따라서 신문 저널리즘 영역에서 도입되고 논의되어온 '편집권'이라는 용어와 그 속에 함축되어 있는 의미에 방송이라는 제도적·매체적 속성을 고려한 것이 '편성권'이다. 매체 환경의 변화 속에서 방송의 위상은 물론 방송 저널리즘의 형식과 내용도 함께 변화 발전했고, 이제 신문 저널리즘에서의 '편집권' 독립뿐 아니라 방송의 자유와 독립을 위한 '편성권' 역시 중요한 가치 중 하나로 자리매김했다.

하지만 신문의 '편집권'과 마찬가지로 '편성권'에 관한 논의에서도 결국 경영과 편집의 주체는 누구이며 그 둘 간의 관계 설정을 어찌해야 하는가가 주된 쟁점으로 제시되고 있다. 특히 "편성이 자본과 경영과 영업으로부터 분리되지 않는 한 진정한 편성권 독립은 불가능하다"고 정의하고 있지만, 자본주의 사회에서의 "새로운 형태의 언론독재"나 "시청자와 광고주에 영합하고 이윤추구에 지나치게 몰두하는 행위는 '편성권'의 독자성을 약화시키는 요인"이기 때문에 "안정된 재원을 바탕으로 하여 독자적인 제작과 편성을 해낼 수 있는" 경영 여건 조성 및 '편집인'이나 '국민'이 '경영에 참여'함으로써 '편성권'의 독립을 도모할 수 있다고 해설하고 있다. 결국 '편성권'을 경영권의 일부로 해석하는 시각을 읽을 수 있다.

실제로 방송 '편성권'은 방송사업자의 경영권 중 일부로 해석되기도 한다.[6] 한편에서는 방송사 내 최고의사결정기구이자 관리 감독 기구의 정당

---

[6] "최근 SO들은 지상파 재송신 유료화를 거부하고 재송신 전면 중단 절차를 밟겠다는 입장을 밝힌 가운데 광고 송출 중단을 선언하여 그 법적 정당성에 대한 공방이 치열하다. 광고 중단이 편성권 등 침해에 해당될 가능성, 재물손괴죄에 해당될 가능성 등이 언급된다는 언론보도가 있었다"("지상파 재전송 핫 이슈: 방송광고와 편성권", ≪디지털타임스≫, 2010.10.14). "현행법은 시청자를 대상으로 방송의 종류나 내용, 분량, 시각, 배열을

한 업무 영역에 '편집권' 및 '편성권' 행사가 해당되는지 여부가 쟁점이 되기도 한다.[7] 방송사 경영의 최고 책임자가 '편성권'이라는 권리를 행사하고 이에 따르는 법적·도의적 책임까지 감수해야 한다는 의견도 있다.[8] "편성권은 경영진의 전유물이 아니다"라는 주장에서는 이미 '편성권'에 대한 주류 담론이 '경영진이 행사하는 것'이라는 전제에서 출발하고 있음을 읽을 수 있으며, 외부 압력으로부터 방송의 독립을 지켜야 한다는 목적과 명분하에 경영진의 '편성권' 행사가 정당화된다는 논리도 발견할 수 있다.[9] 여기에 '연출권'이라는 새로운 용어까지 등장했다. KBS의 <스타 골든벨>이라는 프로그램에서 MC 김제동이 교체된 것을 두고 정치적 외압 의혹이 제기된 와중에 KBS는 '연출권'이라는 배타적 권리의 정당한 행사라는 입

정하는 방송편성의 권한은 PP만이 갖도록 돼 있다. 이와 관련 방송중단 고지를 송출대행사가 낸 것을 두고 PP의 고유권한인 방송편성권을 침해했다는 것이 메디코프 측 주장의 요지다"("개별PP-송출 대행사, 방송편성권 침해 여부 갈등", ≪디지털타임스≫, 2011.3.31).

7) "12일 국회 문화체육관광방송통신위원회의 방송문화진흥회(이하 방문진) 국정감사에서 방문진의 업무영역논란과 관련한 야당 의원과 김우룡 방문진 이사장의 설전이 벌어졌다. 김우룡 이사장은 "경영(감독)에 MBC의 편성과 편집이 포함된다"고 말해 '실정법을 어기는 발언'이라는 야당 의원들의 질타를 받았다"("방문진의 MBC 편집·편성권 침해 논란 설전", ≪미디어스≫, 2009.10.12).

8) "편성권은 결국 권리와 책임의 문제다. 우리나라에서는 경영진이 편성권을 행사해도 최종적인 결과에 대해 책임지지 않는다. 몇 해 전 일본의 한 방송사에서 프로그램의 데이터 조작이 문제가 됐는데 당시 최종 편성 책임자인 사장이 책임을 졌다. 그러나 우리나라는 그렇지 않다. 본인이 책임까지 지겠다고 하면 편성권을 가져갈 수 있다. 편성권이 정권의 개입을 막자는 의미를 내포하고 있기 때문이다"("낙하산 사장 편성권 행사, 공영방송 위기 초래", ≪PD저널≫, 2010.10.5).

9) "편성권은 '방송사'가 권력과 자본 등 각종 외부의 '압력'으로부터 독립적으로 행사될 권리여야 하며, 방송사의 경영진은 방송을 둘러싼 각종 외압을 막아내고, 일선 제작진들이 국민과 시청자를 위한 양질의 프로그램들을 만들 수 있도록 방송사의 편성을 독립적으로 유지할 의무가 있다"("편성권은 경영진의 전유물이 아니다", ≪PD저널≫, 2010.9.15).

장을 밝혔다.[10)]

즉, '편집권' 행사의 '주체'에 대해서는 편집권의 소유와 행사가 경영진의 것이라는 주장, 편집국 종사자들의 자율적이고 독립적 영역이라는 주장, 경영진과 편집진이 공유하는 것이라는 주장 등이 제기되고 있다. '편집권'의 '목적'과 '내용'으로는 외부로부터의 부당한 간섭과 개입을 막을 수 있는 장치라는 관점과 언론사 내부의 내적 자유로 파악하는 관점 등이 혼재하고 있다(이승선, 2000, 2009). 방송을 구성하는 요소 및 속성들, 방송이 사회와 맺는 관계와 기능들, 그리고 속성이나 기능들이 시간의 흐름과 함께 변화되는 방향성이나 지향점 등에 따라서(조항제, 2012), '편집권'의 주체, 목적이나 내용 등을 각기 상이하게 해석하고 있으며, 스스로 '편집권' 행사의 주체라고 주장하는 측에서는 이를 '배타적 권리'로 인식하고 있음을 알 수 있다.

3. 일본에서의 '편집권' 관련 논의

「일본신문협회의 편집권 성명」에 담겨져 있는 '편집권'의 주체와 내용에 관한 주장과 담론은 현재도 일본 언론계의 핵심 규범으로 인식되고 있다. 또한 앞에서 살펴본 것처럼 국내의 '편집권' 또는 '편성권'에 대한 논의 역시 「일본신문협회의 편집권 성명」에서 제시하고 있는 주장에서 자유롭지 못하다. 현재 언론의 모습이 긴 역사 속에서 배양되어온 결과라면, 「편

---

10) "KBS가 김제동 <스타골든벨> MC를 마지막 녹화 사흘 전 기습 교체 통보한 것과 관련, 제작 관리책임을 맡고 있는 KBS 간부가 정치적 외압 의혹에 대해 12일 "(특정) 연예인을 지지하는 팬들의 의사도 존중해야 하지만 제작진의 연출권도 존중해야 한다"고 주장했다"("KBS제작본부장, '제작진 연출권도 존중해야'", ≪미디어오늘≫, 2009.10.12).

집권 성명」이 등장하게 된 배경과 과정, 그 맥락과 함의를 먼저 이해할 필요가 있다.

1) '편집권'의 등장 배경 및 전개

일본과 독일의 전후 처리 및 전쟁 책임에 대한 태도가 종종 비교되는데, 그 차이는 연합군에 의한 점령 형태의 차이에서 비롯된다. 독일의 경우 연합군에 의한 직접 통치였다. 전체주의 일소라는 시대적 요구에 의해 전쟁 이전의 독일 내 통치기구는 모두 개편되었다. 언론 역시 마찬가지였다. 전쟁 전 독일 내에서 발행되고 있던 모든 신문의 발행이 정지되었고, 동일 제호하에 신문을 발행하는 것도 금지되었다. 실질적인 폐간이었다. 일본 역시 연합군에 의한 점령기를 거쳤다. 하지만 연합군 총사령관이었던 맥아더는 전쟁 전 일본의 중앙집권적 통치기구를 최대한 온존시키면서 그것을 유용하게 활용했다. 군부나 일부 관련 조직들의 해체를 제외하고 관료조직이나 의회조직의 대부분을 존속시키면서 일부 수정만 가했을 뿐이다. 원칙적으로 총사령부가 일본 정부에 지령 또는 권고를 내리면 일본 정부가 이를 대신 시행하는 미군 단독에 의한 간접 통치 형태가 채용된 것이다. 언론 역시 마찬가지였다. 자신의 통치 전략을 실현하기 위해 언론의 협조가 필요했던 맥아더 사령관은 전쟁 이전부터 일본인의 생활 영역에 깊숙이 침투하여 신뢰받아온 주류 언론을 이용하고자 했다. 전쟁 이전부터 유력 언론이었으며 전쟁 중에는 군부의 전쟁 수행을 위한 도구 역할을 충실히 수행한 대부분의 언론사가 전후에도 그대로 존속되었다. ≪요미우리신문(読売新聞)≫, ≪아사히신문(朝日新聞)≫, ≪마이니치신문(毎日新聞)≫ 등 주요 일간 신문은 전후에도 동일 제호하에 계속 발행되었다.[11] 민주화라는 이름하에 일부 간부를 추방하거나 부분적인 조직 개편만 실행했을 뿐이다. 공영방송 NHK 역시 '사단법인'에서 '특수법인'으로 법인 형태만 변경했을 뿐, NHK

라는 이름하에 방송을 계속할 수 있었다(石川旺, 2004).

이러한 배경하에서 실시된 전후 연합군의 일본 내 언론 정책의 핵심은 크게 세 가지이다. 첫째, 프레스 코드(プレス·コード)를 통한 검열, 둘째, '편집권'의 성립과 경영진에 의한 배타적 장악, 셋째, 적색분자 추방(red purge)이라는 이름하에 이루어진 언론 노동자 탄압이 바로 그것이다(石崎正博, 1974). 「일본신문협회의 편집권 성명」은 이 세 가지 언론 정책의 역사적 맥락과 관계 속에서 이해할 필요가 있다.

(1) 프레스 코드에 의한 검열과 자율규제

일본에서 언론 자유라는 개념은 포츠담 선언(1945.7.26) 제10조에서 출발한다. "일본 정부는 민주주의 부활 및 강화를 가로막는 모든 장애물을 일본 국민들 속에서 제거해야 한다. 언론, 종교 및 사상의 자유, 그리고 기본적 인권 존중을 확립해야 한다"고 규정했다. 전쟁에서 패한 일본 정부는 포츠담 선언을 무조건 이행해야 할 의무가 부과되었다. '민주주의 부활 및 언론의 자유'를 전면에 내세운 연합군의 언론 정책은 두 가지 성격을 지닌다.

첫째, 민주화를 위한 장치이다. 전시통제체제가 해체되고 제거되었으며, 언론·사상·종교·결사 등에 대한 권력의 통제를 폐기하는 작업이 시작되었다. 1945년 9월 「정부로부터 신문을 분리시키는 건(政府から新聞を分離する件)」이라는 각서가 발표되어 일본신문공사, 동맹통신사 등이 해체되었으며 신문과 통신의 독점 체제가 무너졌다. 같은 해 9월에는 30여 개에 이르던 전시 언론통제법령을 폐지하는 등 다수의 민주화 조치가 이루어졌다. 이러한 일련의 장치들은 「연합군 합의에 의한 반파시즘 제원칙(連合軍

---

11) ≪요미우리신문≫은 1874년, ≪아사히신문≫은 1879년, ≪마이니치신문≫은 1872년에 각각 창간되었다.

の合意にもとづいた反ファシズムの諸原則)」하에 일본의 전시 통제 체제를 해체하고 제거함으로써 군국주의를 일소하고 민주화를 지향한다는 명목으로 이루어졌다.

둘째, 점령을 위한 장치이다. 연합군은 일본 정부에 대해서는 언론의 자유 확립을 지령하면서 스스로는 언론 보도에 대해 사전검열을 비롯하여 규제를 가했다. 1945년 발표한 「일본관리방침에 관한 성명(日本管理方針に関する声明)」에서 "일본의 군국주의 및 군국적 국가주의의 근절은 전후 제일의 목적이었으나, 연합군의 목적 중 하나는 자유주의적 경향을 장려하는 것이다. 언론·신문·종교 및 집회의 자유는 연합군의 군사적 안전을 유지하기 위해 필요할 때에 제한된다"고 밝히며 언론 통제의 의도와 방향성을 시사했다. 그리고 같은 해 「일본 신문에 부여하는 준칙: 프레스 코드(日本に与うる新聞遵則: プレスコード[Press Code])」를 발표했다. 그 속에서 "자유로운 신문이 지니는 책임과 그 의미를 일본 신문에 도입"하기 위해(전문), 연합군이 언론에 대한 관리 및 통제를 직접 주도하여 실시하겠다는 입장을 밝힌 것이다.[12] 프레스 코드를 위반하면 발행 금지, 업무 정지 등의 조치를 취하

---

12) 프레스코드에서는 10개 조항을 제시했으며, 이는 "신문 뉴스, 사설, 광고는 물론 기타 일본에서 인쇄되는 모든 간행물에 적용된다"고 명기되어 있다. 10개 조항은 다음과 같다. ① 뉴스는 엄격하게 진실에 부합해야 한다. ② 직접 및 간접을 불문하고 공공의 안녕을 해치는 사실을 게재해서는 안 된다. ③ 연합군에 관해 허위 또는 파괴적 비판을 해서는 안 된다. ④ 연합군점령군에 대해 파괴적 비판을 가하거나 점령군에 대한 불신 혹은 원한을 초래할 만한 사항을 게재해서는 안 된다. ⑤ 연합군부대의 동정에 관해서 공식적으로 발표하지 않는 한 발표 또는 논의해서는 안 된다. ⑥ 뉴스는 사실대로 기재하는 동시에, 편집상의 의견은 완전히 불식해야 한다. ⑦ 뉴스는 선전을 위해 각색해서는 안 된다. ⑧ 뉴스는 선전의 기획을 강조하거나 침소봉대하여 취급해서는 안 된다. ⑨ 뉴스는 중요사실 또는 세부사항을 생략하여 왜곡해서는 안 된다. ⑩ 신문편집에 있어서 뉴스는 선전의도를 북돋우거나 전개하기 위해서, 특히 어떤 사항을 부당하게 현저하게 노출해서는 안 된다.

겠다고 밝히고 있기 때문에, 당시 각 신문사는 사내에서 <검열주보>를 발행하며 연합군의 검열에 걸리지 않도록 최대한 주의했던 것으로 알려져 있다. 결국, 현재 일본 언론계를 지탱하고 있는 자율규제의 원칙이자 토대는 연합군 사령부의 프레스 코드에 의한 사전검열과 통제로 거슬러 올라갈 수 있다(石崎正博, 1974).

(2) '편집권'의 성립과 경영진에 의한 배타적 장악

1945년 패전 직후, 일본 신문계에서는 신문민주화 운동이 급속하게 고조되었다. 당시 신문민주화 운동의 특징 중 하나는 신문 노동자가 신문 제작의 주도권을 지니고 민중의 편에 서야 한다는 것을 명확하게 주장했다는 점이다(山本文雄·時野谷浩·山田実, 1998). ≪아사히신문≫은 1945년 8월 13일 사설 "스스로를 벌하는 변(自らを罪するの弁)"을 통해 전쟁 책임에 대해 국민에게 사죄하고 "언론 자유에 대한 책임은 신문 제작방침을 신문 종업원의 손으로 확보하는 것뿐"이라고 서술했다. 전쟁 책임을 묻기 위해 사장 및 국장급 이상 간부의 총사퇴를 요구하여 종업원들이 선택한 중역에게 경영 실권이 양도되었다. 같은 해 11월 7일 발표한 선언「국민과 함께 일어난다(国民と共に起たん)」에서는 "앞으로 아사히신문은 전 종업원의 총의를 기조로 운영해야 하며, 언제나 국민과 함께 일어나고 그 목소리를 전해야 할 것이다. 일본 민주주의 확립 과정에서 발생하게 될 모든 곤란에 대해서 아사히신문은 철저히 국민의 기관이 될 것을 여기에 선언한다"고 천명했다. ≪마이니치신문≫ 역시 최고 간부가 사임하고 편집진 역시 대거 퇴진하면서 새로운 체제를 수립했다. 편집국 대회에서는 전쟁 책임을 묻고 재건 체제를 완비하기 위해 회장 이하 전 직원이 그 직위와 신분 대우 사퇴를 결의하여 주주총회에서 새로운 임원을 선출했다. ≪요미우리신문≫에서는 두 차례의 쟁의가 있었다. 사내기구 민주화, 편집제일주의 확립을 요구하면서 제1차 요미우리 쟁의를 일으켜서 종업원조합이 편집 및 공무를 포함한 일

체의 경영을 관리한다는 요구를 거의 완전하게 획득했다. 1945년 12월 12
일 자 사설 "요미우리 쟁의의 해결(読売争議の解決)"에서 "오늘 이후 요미
우리신문은 진정한 민중의 친구가 되고 영원히 인민의 기관지가 될 것을
여기에 선언한다 …… 우리는 앞으로 민주적 편집과 발행이라는 정신을 깊
이 간직하고 일본 인민 대중과 손을 잡고 진정한 인민의 힘을 꽃피우며, 인
민이 확실한 주권자가 될 때까지 민주주의 혁명을 완수하기 위한 자신감을
획득한 것이다"라고 서술했다.

이러한 신문 민주화 운동은 전후 급속히 성장한 노동운동과 호응하여 정
치과정에까지 등장했다. 이는 점령 정책이라는 큰 틀 안에서 민주화를 수
행하기 위해, 언론 정책을 반소 반공 정책의 일환으로 편입시키고자 했던
연합군의 방침과 충돌했다. 이에 대해 맥아더 사령관은 신문 민주화 운동
이 연합군의 근본적인 목적과 안전을 위협한다고 경고했다. 그리고 기자회
견을 통해 "정확한 뉴스를 보도할 책임은 사주, 사장, 편집국장에 있으며, 결
코 다른 자에게 맡겨서는 안 된다"고 발표했다. 이러한 취지의 성명서는 연
합군의 언론 정책 책임자들에 의해 반복적으로 발표되었다(石崎正博, 1974).
그리고 1946년 7월 연합군은 일본신문협회의 설립을 주도하여 신문사 경영
진의 권한을 다시 강화시켰다. 일본 신문사 사주들을 중심축으로 한 일본신
문협회는 연합군 총사령부의 지지하에 「신문윤리강령(新聞倫理綱領)」(1946.
7.23)을 제정하여 발표했는데,[13] 이는 연합군의 언론 정책을 그대로 수용하
고 연합군에 의한 언론 보도 통제를 대신하여 자율규제, 즉 스스로에 의한
검열을 천명한 것이기도 하다.[14]

---

13) 1946년 제정된 신문윤리강령의 기본 정신을 계승하고 21세기 사회 및 미디어 상황에 맞
추어 2000년에 「新신문윤리강령」이 제정되었다.
14) 일본신문협회가 제정 발표한 「신문윤리강령(新聞倫理綱領)」(1946.7.23)의 전문에서 "일
본을 민주적 평화국가로 재건하기 위해 신문은 높은 수준의 윤리의식을 지니고 직업적

한편 1946년 6월에 시작된 제2차 요미우리 쟁의에 맞서기 위해 요미우리신문사 측에서 처음으로 제시한 '편집권'이라는 용어와 개념은 신문 민주화를 지향하는 노동 쟁의를 거치면서 점차 확장되었고 그 개념도 명확해졌다. 그 중심에 연합군 및 신문사 경영자 측이 있었다. 대표적으로 1947년 12월 ≪니시니혼신문(西日本新聞)≫ 노조에 의한 쟁의에 대해 연합군 총사령부는 '편집권' 침해를 이유로 노조 책임자 5명을 해고하도록 경영자에게 권고했다. ≪니시니혼신문≫의 사측은 연합군 총사령부의 권고에 부응하여 "취재, 정리, 인쇄, 발송 등 신문 제작 및 발행에 직접 관계가 있는 모든 공정 및 여기에 관계하는 기구 인사를 포괄"하는 것으로 '편집권' 범위를 규정했다.

이러한 맥락 속에서 1948년 3월 16일 등장한 것이 「일본신문협회의 편집권 성명」이다. 「편집권 성명」은 군부 세력에 편승하여 전쟁 선전 기관 및 도구 역할을 충실히 수행하며 군부 세력과 공동보조를 취해왔던, 그래서 신문 민주화 운동에 의해 척결 대상이었던 일본의 신문사 사주 및 경영자들이 연합군 총사령부의 지지와 지원 속에서 발표한 것이다. 연합군 총사령부가 신문사 사주 및 경영자에게 편집의 주도권을 되돌려준 것이다. 언론기관의 민주적 운영이나 수용자 대중과의 교류 기회를 제도적으로 배제하고 신문 민주화 운동을 억압하기 위함이었다. 여기에 더하여, 연합군 총사령부는 '편집권' 침해에 대한 경영자의 처벌권까지 인정하면서 노동자가 노동법상으로 보호받을 수 없음도 명확히 했다. '편집권'이 노동법에 우선하는 것으로 자리매김한 것이다(石崎正博, 1974). 결국 일본의 언론 노동자들은 언론사 사주 및 경영자의 전쟁 책임을 묻고 '외부로부터의 언론 자유 침

권위를 높이며, 그 기능을 완전히 발휘해야 한다"고 서술하면서 객관주의 보도 원칙이라는 입장을 선명하게 밝혔다.

해'에 대항하기 위해 노조 쟁의와 신문 민주화 운동을 벌였으며 제1차 요미우리 쟁의 등을 통해서 적지 않은 성과를 거두기도 했지만, 결국 '내부로부터의 침해'에 대항한다는 개념에 초점을 맞춘 「편집권 성명」에 의해 좌절하고 말았다.

(3) 적색분자 추방과 언론노동자 탄압

'편집권' 개념이 성립함으로써 연합군 사령부와 언론사 사주들은 편집 방침 결정에서 노동자를 배제하여 신문 지면에서 그 영향력을 약화시키는 데 성공했다. 그리고 더 나아가 언론 노동계의 지도적 위치에 있었던 노동자들을 언론기관에서 영구히 추방하고 그들의 영향력을 불식시키기 위해 적색 분자 추방, 즉 레드 퍼지(レッド·パージ; red purge)를 강행했다. 한국전쟁이 발발한 1950년 6월부터 9월에 걸쳐 '공산주의자 또는 그 동조자'라는 딱지를 붙여 그들을 언론계에서 해고한 것이다.

일본 노동성 자료에 의하면, 그 수는 신문, 통신, 방송사만으로 50개 사 704명에 이르렀다. 공영방송 NHK에서도 119명이 해고되었다. 인쇄 출판업계 13사 160명, 영화계 3사 113명이 해고되는 등, 그 수가 총 1만 2천여 명에 달했다. 레드 퍼지의 시작이 신문, 통신, 방송 등 언론 영역이었으며 언론 분야에서의 해고자 수가 전체 종사자 수의 2.3%에 달했다. 다른 산업 영역에서의 평균 0.38%에 비하면 상당히 높다. 즉, 레드 퍼지의 핵심 목표는 언론계였던 것으로 알려져 있다(石崎正博, 1974; 松田浩, 2005).

일본 헌법은 '언론, 출판 기타 모든 표현의 자유'를 보장하고 있으며(21조), 또한 "부단한 노력에 의해 그것을 유지해야 한다"고 규정하고 있다(12조).[15] 그러나 신문, 통신, 방송사의 경영자들은 '부단한 노력'을 방기했을

---

15) 일본 헌법 제3장(국민의 권리 및 의무) 제21조에서 표현의 자유, 언론의 자유를 보장하

뿐 아니라, 스스로가 언론의 자유를 왜곡하고 압살하는 결과를 불러왔다. 당시 맥아더 사령관을 중심으로 한 연합군은 각 언론기관의 레드 퍼지에 절대적인 찬의를 표명하면서도, 언론사 소유자 및 경영자의 자발적인 의지에 의한 것이라고 포장했다(石崎正博, 1974). 오늘날 일본 언론 환경에서 전쟁 전과 같은 국가 권력의 직접 개입이나 공적 권위에 의한 법제도적 규제는 찾아보기 어렵다. 하지만 연합군 사령부의 간접 통치에 의한 억압 기제는 이후, 일본의 언론사 내부에서 자율규제(自主規制; 자주규제)라는 형태로 지속되고 있을 뿐 아니라 일본의 시민 사회에서도 깊숙이 내재화되어왔다.

2) 일본 방송과 '편집권'

일본신문협회의 성명서에서 공식화된 '편집권'이라는 용어와 그 내용은 일종의 정치적 개념으로 신문계와 방송계에 정착했다. 그렇다면 방송 영역에서 '편집권'은 어떻게 해석되고 적용되어왔는가.

'편집권'은 경영자에게 있다는 「일본신문협회의 편집권 성명」과 이후 민주화 운동의 활동가에 대한 적색분자 추방의 광풍 속에서 방송계 역시 자유롭지 못했다. 공영방송 NHK에서는 119명이 해고당했다. '방송기자는 결국 좌익이 된다'는 이유로 1947년부터 1950년까지 기자 채용도 하지 않았다. 그 결과 NHK의 취재 현장에서 생긴 공백은 신문 자본을 등에 업고 개국한 민방과의 취재 경쟁에서 심각한 타격을 받았다. 더욱이 '좌익'이라는 딱지 하나만으로 신분 보장을 위한 수단을 모두 빼앗기거나 지방으로 좌천될 수밖에 없었던 당시 상황은 NHK의 내부 분위기마저 바꾸어버렸

고 있다. 제21조의 내용은 다음과 같다. ① 집회, 결사 및 언론, 출판 기타 일체의 표현의 자유를 보장한다. ② 검열을 해서는 안 된다. 통신의 비밀날 침해해서는 안 된다.

다. 보도 및 제작 현장은 위축되었고 비판적인 저널리즘 정신은 급속히 훼손되었다(松田浩, 2005).

이처럼 전후 연합군에 의한 통제와 규제하에 놓여 있던 일본 방송 역시 「일본에 부여하는 방송준칙(日本に与うる放送遵則 : ラジオ・コード[Radio Code])」에 의해 검열 및 통제를 받았다. 하지만 1949년에는 방송 프로그램 검열 폐지와 더불어 방송의 사회적 책임 이행을 위해 프로그램 편성 기준과 한계를 규정한 「일본방송협회 방송준칙(日本放送協会放送準則)」이 제정되었다. 프로그램 기획 방침, 프로그램 내용 심의를 위한 부서 내 프로그램 기획위원회가 구성되면서 방송 프로그램 편성의 자율성 회복을 위한 장치가 마련되었다(山本文雄・時野谷浩・山田実, 1998). 이후 1950년 제정 및 공포된 방송법에는 편성의 자유 조항이 포함되었다. 현재 일본 방송법에서는 "제2장 방송프로그램의 편집 등에 관한 통칙", "제3조 방송프로그램 편집의 자유 조항"에서 방송 프로그램 편집의 자유를 보장하고 있다. 이 조항은 1950년 방송법이 제정된 이후 지금까지 수차례의 개정을 거쳐 오면서도 방송법의 핵심 조항으로 자리매김하면서 지금에 이르고 있다.

제3조
방송프로그램은 법률에 정하는 권한에 근거하지 않는 한, 그 누구로부터도 간섭받거나 규율되지 않는다.

또한 방송법 제4조에서는 '방송사업자는 국내 방송 및 국외 방송의 방송 프로그램 편집에 있어, ① 공안 및 선량한 풍속을 침해하지 않을 것, ② 정치적으로 공평할 것, ③ 보도는 사실을 왜곡하지 말 것, ④ 의견이 대립되는 문제에 대해서는 가능한 한 많은 각도의 논점을 제시하도록 규정하고 있다. 제5조에서는 방송프로그램의 적정성을 도모하기 위해 방송프로그램심의기관을 설치하여, 방송사업자의 자문에 응하거나 심의를 하도록 했으며,

방송사업자는 프로그램 기준 및 편집에 관한 기본 계획을 정하여 심의기관의 자문을 받도록 했다. 그리고 그 내용을 총무성령에 의해 공표하도록 했다.

즉, 제3조에서 규정하고 있는 방송 프로그램 편집의 자유를 행사하는 주체는 방송사업자라는 해석이 가능하다.[16] 방송법 제3조에서 "그 누구로부터도 간섭받거나 규율받지 않는다"고 규정하고 있는 프로그램 편집 권한은 각 방송사를 대표하는 방송사업자에게 "법률에 정하는 권한"으로 부여된 것이다. NHK의 경우, NHK 회장은 최고 의사 결정기구라고 할 수 있는 경영위원회의 관리 감독하에 놓여 있지만, NHK를 대표하고 업무를 총괄하는 회장이 편집 권한의 주체가 되는 것이다.

한편, 일본의 방송 역사 속에서 방송의 독립성이나 편집의 자유를 침해하는 사건을 다수 발견할 수 있다.[17] 방송에 대한 외압 주체들은 정부와 정당, 스폰서, 지방자치단체, 노동조합, 시민단체, 재일본 외국 대사관, 각종 이익 집단 등 다양하다. 방송에 압력을 가하고자 했던 외부 기관이나 단체는 각 시기별로 자신들의 이해관계에 부응하는 다양한 방송관을 여실히 드

---

16) 방송법 제3장에서는 공영방송 NHK를 별도로 규정하고 있다. 제1절과 제2절에서 NHK의 목적과 업무를, 제3절에서는 경영위원회의 권한을 규정했다. 12인으로 구성되는 경영위원회는 국회의 동의를 얻어 총무대신이 임명하며, NHK의 사업 계획을 포괄하는 재무 경영, 회장 임명, 프로그램 기준 및 편성 계획, 수신계약 조항 및 수신료 면제 기준 등을 포괄하여 NHK 업무를 총괄하고 감독하는 권한을 부여하고 있다. 제5절에서는 회장을 포함하는 이사회의 구성 및 업무 등을 규정하고 있는데, 제51조에 의하면 회장은 NHK를 대표하고 경영위원회의 결정에 따라서 업무를 총괄하도록 하고 있다.

17) 2005년 일본의 미디어종합연구소(メディア総合研究所)에서 편찬한 『방송중지사건 50년: 텔레비전은 무엇을 전달하는 것을 거부했는가(放送中止事件50年—テレビは何を伝えることを拒んだか)』에서는 1953년 일본에서 텔레비전 방송이 시작된 이후, 기획되거나 제작되었음에도 불구하고 전파를 타지 못한 방송 프로그램과 그 배경 및 경위를 수집하여 발표했다.

러냈다. 외압은 '개입이나 탄압'에서 '조작'으로, '현재화'에서 '잠재화'로 그 양태가 변화해왔음도 관찰되었다(メディア総合研究所, 2005). 그럼에도 불구하고 일본 내에서 외압에 의한 방송 중지 사건이 '편집권' 또는 편집의 자유를 둘러싼 범사회적 논쟁을 불러일으키거나 법적 쟁점으로 부상하지 못했던 이유는 앞에서 소개한 전후 연합군에 의한 통치 전략에서 기인한 것으로 볼 수 있다. 이시자키(石崎正博, 1974)는 일본의 민주화를 도모한다는 명목하에 실시된 통치전략에 의해 외부로부터의 직접적 억압이 매스미디어 내부에서의 '자율규제'라는 기제로 변화했으며, 이러한 기제가 시민사회 내부에까지 침투하고 있기 때문이라고 분석했다.

물론 배타적 권리로서의 '편집권' 개념에 대한 비판이 일본 내에서도 제기되고 있지만(美ノ谷和成, 1998; 浜田純一, 1993; 松田浩, 2012), NHK와 일본의 주요 민방들은 대부분 일본신문협회 회원사이다. 그리고 「일본신문협회의 편집권 성명」과 '편집권' 개념은 신문과 방송의 매체적 속성이나 제도적 특성의 차이에도 불구하고 방송법 제3조 등에 포함되어 일본 방송의 법제도적 현실에서 핵심 규범이자 핵심 가치로 통용되고 있다.

4. 국내에서의 '편집권' 관련 논의

1) '편집권' 개념의 국내 도입과 전개: 1960~1980년대를 중심으로

(1) 1960년대

일본의 '편집권' 개념이 국내에 도입된 것은 1960년대 임근수의 연구인 것으로 알려져 있다. 임근수는 '편집권' 개념이 구미를 비롯한 선진국에서 불문율적인 관행으로 지켜져 내려왔으며 1948년 3월 일본신문협회가 발표한 편집권 성명이 그 "제도적 완성의 세계적 효시"라고 평가하면서, 편집권을 다음과 같이 정의했다.

> 신문의 편집방침(상시로 발생하는 뉴스의 취급에 관한 개별적 구체적 방침
> 까지 포함)을 결정하여 이를 시행, 집행하고, 뿐만 아니라 보도의 진실, 논
> 평의 공정 및 그 공표방법의 적정성을 유지하는 등에 속하는 신문 편집에
> 필요한 일체의 관리를 행사하는 권능을 말한다(임근수, 1964).

임근수(1964)는 "이론상으로는 편집권의 본래의 소유자 또는 최고권자
는 그 신문의 자본주이나, 신문의 오랫동안의 관행과 사회적 공기로서의
본질상 요구에 따라서 그 권능의 실제적 행사자는 경영관리인 및 그 위임
을 받은 편집관리인이며, 경영관리인은 자본주 자신이 직접 이를 담당할
수도 있고 혹은 유능하고 책임있는 신문 경험자를 선임 임명하여 이를 담
당하게 할 수 있다"고 주장했다. 또한 "편집권의 완전한 독립이란 자본과
완전히 분리된 신문 경영권 아래에서 이를 침해할 우려가 있는 모든 내부
적 요소까지도 예방 방지할 수 있는 경영원칙 제도를 확립하여 부당한 인
사권 발동 같은 것을 못하도록 하는 하나의 내부적 제도화에 있다"고 주장
하며 '내부적 제도화'를 위한 여섯 가지 방안을 다음과 같이 제시했다.

> 첫째, 대신문은 반드시 주식회사와 같은 법인조직이라야 한다. 둘째, 그 자
> 본 구성이 순수한 민간경영자본이라야 한다. 셋째, 자본과 경영을 완전히
> 분리하되, 넷째, 경영층의 구성조직은 편집/업무/공무 출신의 유능하고 경
> 험있는 자를 망라한다. 다섯째, 편집권에 대하여는 주주라 하여도 개입할
> 수 없도록 제도화한다. 여섯째, 경영관리인 및 편집관리인과 관련되는 일
> 체의 인사권은 경영층 회의의 의결사항으로 제도화한다(임근수, 1964).

이러한 논지의 주장에 대하여 정진석(1988)은 당시 국내의 많은 언론기

업이 주식회사 법인이 되지 않았고 개인기업 형태로서 언론인의 신분 보장이 되어 있지 않았으며, 경영층의 인사권에 대한 전횡, 신문자본의 경영 참여 등의 내부적 원인으로 말미암아 주필이나 편집국장 등의 편집관리인들이 직업적 가치관에 따라 신문을 제작하기 어려운 상황이었기 때문으로 해석했다. 즉, 당시 상황에서 '편집권'의 독립이란 '편집권' 행사자인 발행인 또는 편집인 및 그 위임을 받은 편집관리인이 일치해서 외부 개입을 막자는 것에 핵심이 있다고 분석했다.

'편집권' 개념은 도입되었지만, 아직은 이에 대한 논의가 활성화되기 이전인 1966년 삼성 재벌의 사카린 밀수 사건이 발생했다. 당시 ≪중앙일보≫가 삼성재벌의 사카린 원료 밀수사건을 비호했다는 비판이 일었고 한국신문윤리위원회는 ≪중앙일보≫의 일부 보도 및 논평이 특정 업체를 비호하고 부당한 이익에 영합하는 보도를 함으로써 신문윤리강령 및 동 실천요강의 해당 항목을 위반했으므로 지면을 통해 4단 이상으로 사과하고 위원회 결정 전문을 게재하도록 통고했다(≪동아일보≫, 1966.10.24). 그리고 이 사건을 계기로 재벌과 언론을 분리하도록 조처하라는 대통령 지시에 의해 같은 해 11월 법제처는 언론공익보장법 시안을 발표했다(≪동아일보≫, 1966.11.14).

이 법안은 ① 신문, 라디오, 통신, TV 등을 분리 운영하도록 하고, ② 언론기관에 특정인이 집중 출자할 수 없도록 하는 한편, ③ 특정 산업에 과도한 경제력을 가진 자는 언론기관의 임원이 될 수 없게 했다. 특히 모든 언론사는 3인 이상의 편집인으로 구성되는 편집인회를 이사회 선임으로 설치하도록 했다. 그리고 편집인회의 운영에 관한 사항은 정관에서 정하도록 했다. 무엇보다도 '편집의 독립'이라는 항목이 별도로 제시되었다는 것을 주목할 필요가 있다. 이 항목에서는 ① 언론기관은 편집인에 대해 그 자유로운 언론의 편집을 최대한으로 보장해야 한다. ② 언론기관의 출연자, 출자자, 이사, 업무 집행사원 또는 감사는 그 어떤 방법으로도 보도와 평론의 내용, 기타 편집에 관하여 편집인 또는 그 보조자에게 강요하거나 간섭하거나 영향을 주어서는 안 된다는 규정이 포함되어 있다(정진석, 1988).

하지만 법안에 대해서 당시 여당이었던 공화당은 원칙적으로 찬성하나 경영자 또는 특정인의 간섭 없이 신문이 제작될 수 있도록 검토하겠다는 입장을 보였으며, 야당이었던 민중당과 신한당에서는 "자유로운 언론을 법률로 규정하는 것은 옳지 않다", "언론 공익성을 빙자한 정부의 언론 탄압이다"라는 입장을 밝히며 반대했다(≪경향신문≫, 1966.11.15). 언론계에서도 반대의 목소리가 높았다. ≪동아일보≫는 사설에서 다음과 같이 주장하면서 동 법안을 반대했다.

이 법안에 나타난 바와 같이 언론업은 신문, 통신, 라디오, 텔레비전 중의 일개 분야만을 경영할 수 있다고 한 것이라든지, 언론기관에 대한 출연 또는 출자를 여러모로 제한하고 출자의 비율이 특정인에게 집중되지 못하도록 한다고 한 것이라든지, 무엇보다도 헌법에 규정된 언론 출판의 자유나 개인의 경제상의 자유와 창의를 존중하는 원칙에 정면으로 위배될 염려는 없는 것인가. 일정한 시설 기준만 갖추면 누구든지 자유롭게 언론활동을 할 수 있는 것이 우리나라 언론의 대경이요, 신문이 여력만 있으면 라디오, 텔레비전을 겸영하는 것은 다른 많은 민주국가에서 얼마든지 볼 수 있는 관행인 것이다(≪동아일보≫, 1966.11.14).

또한 1966년 11월 16일 한국신문연구소 주최로 개최된 "신문, 66년 회고 좌담회 ─ 편집권 문제를 중심으로"에서도 동 법안에 대한 부정적인 입장이 지배적이었다. '편집권'의 독립을 입법으로 제도화하기보다 각 언론사의 자율에 맡기는 것이 바람직하다는 시각이 제기되었다. 또한 소유와 경영을 분리하여 '편집권'을 논의할 수 있는 것인지에 대한 문제에 대해서 '편집권'이라는 것이 "누구에게나 지배받지 않는 신문을 제작한다"는 의미에서 언론의 자유를 떠나서는 생각할 수 없는 문제이지만, 그것이 "기업주에게 있느냐 혹은 편집자에게 있느냐 하는 것은 우리나라의 모든 여건을 볼 때 말하기 어렵다"는 것이었다. 특히 "어떤 신문을 발행하고 있다는 것은 신문사를 설립하고 경영하고 소유하는 경영자의 재량"에 있으며, 더 나아가서 "그 사람이 편집권까지 행사하고 있다"고 보는 시각이 지배적이었다(이규현, 1966; 한국언론재단 편집부, 1975). 결국 야당과 ≪동아일보≫(1966.11.12), ≪중앙일보≫(1966.11.14) 등 일부 유력 언론의 반대, 그리고 신문 발행인들의 로비에 의하여 언론공익법안은 폐기되었다.

동 법안은 삼성 재벌의 사카린 밀수를 비호한 언론사의 일탈을 빌미로 하여 정부 권력에 의해 만들어진 법률안이었다. 하지만 법안의 핵심이 편집의 독립에 있다는 것은 획기적이고 선진적인 내용이라는 평가와 함께, 한국신문편집인협회나 일부 언론인들로부터 긍정적인 반응을 얻었다.[18] 그럼에도 불구하고 동 법안에 대한 반대의 목소리 속에서 관련 논의가 진전되지 못했던 것은, 정부가 입법화하려는 데에 대한 언론계 전반의 불신과 신문사업의 기업화 정책에 따라 발언권을 강화해온 경영인들이 편집에

---

18) 한국신문편집인협회는 1896년 4월 7일 우리나라 최초의 민간신문으로 창간된 ≪독립신문≫의 정신을 이어받아, 창간 61주년을 맞이한 1957년 4월 7일 관훈클럽의 젊은 기자들에 의해 창립되었다. 전국 각 신문사와 통신사 소속 간부언론인, 당시 유일한 언론인 전문 교육기관인 서울신문학원 대표 곽복산 교수 등 50명이 참석한 가운데 창립총회를 개최하고, 임시 의장에 이관구(당시 경향신문 주필)를 선출하여 회의를 진행, 초대 회장에 이관구가 선출되었으며 운영위원(위원장 홍종인) 11명, 심의위원(위원장 성긴기) 5명, 감사 2명을 각각 선출했다. 1961년 7월 30일에는 '신문윤리실천요강'을 채택하여 한국신문윤리위원회 창설의 바탕을 마련했으며, 신문의 날(4월 7일)과 신문주간 제정, 신문회관 건립, 한국신문연구소 창설 등을 주도했다. 동 협회는 1996년 1월 23일 한국프레스센터에서 제44회 임시대의원총회를 열고 '한국신문방송편집인협회'로 명칭을 변경, 오늘에 이르고 있다. 이상, 한국신문방송편집인협회 인터넷 홈페이지 참조. http://www.editor.or.kr

대한 관여를 심화하고 있었기 때문이었다(우승용, 2001).

이후, 한국 언론의 구조적인 문제점과 편집의 자주성 확보를 위한 방안 마련 등 구체적인 노력 속에서 1969년 1월 25일 한국신문편집인협회는 제16회 임시총회를 열고 자유언론 수호와 신장을 위해 편집의 자주성 쟁취를 다짐하는 결의문을 만장일치로 채택했다. 결의문의 전문은 다음과 같다.

> 한국신문편집인협회는 변전무상한 정세에 대처할 군건한 체제의 개혁을 이룩하고 자유언론의 수호와 신장을 위한 새로운 전열을 가다듬은 제16회 임시총회에서 막중한 시대적 사명에 투철하고 국민의 여망에 부응하기 위한 불퇴전의 결의를 거듭 천명한다.
>
> 오늘날 자유언론에 몰아치는 안밖으로부터의 도전은 심각하고 또 집요하다.
>
> 우리는 현존하거나 잠재하는 그 어떤 불법부당한 힘의 작용도 의연히 박차고 연면히 흐르는 한국 언론의 찬안한 전통을 욕되게 하지 않을 각오를 새로이 다짐한다.
>
> 그것은 오직 한 덩어리로 뭉친 신문인의 힘과 양식과 사명감으로 든든히 담보될 것이다.
>
> 또한 우리는 신문에의 불신과 불만의 요소가 상존하고 있음을 동감하면서 스스로 냉혹한 반성을 게을리하지 않고 보다 자유롭고 책임 있는 공정한 신문 제작을 위한 최선의 노력을 다하는 동시에 그 궁극적인 목표로서 명실상부하는 편집의 자주성을 찾기 위한 멀고 험한 약정에의 줄기찬 전진을 멈추지 않을 것을 전국 편집인의 한결 같은 뜻을 모아 이에 엄숙히 결의한다(≪경향신문≫, 1969.1.27).

결의문에서 주목할 부분은 '편집권'의 독립이라는 용어 대신 '편집의 자주성'이라는 표현을 사용하고 있다는 점이다. 또한 '안팎으로부터의 도전'

과 '그 어떤 불법부당한 힘의 작용'으로부터 편집인의 자유와 자주성을 결의했다는 점이다. 이는 앞에서 살펴본 것처럼 일본에서 유래한 '편집권' 개념을 토대로 '편집권'은 경영권의 일부라는 주장이 지배적이었던 당시 상황에서, 신문인과 편집인의 '내적 편집의 자유'를 지향한다는 의지의 표명으로 해석할 수 있다.

(2) 1970년대

1970년대에 들어서는 유신헌법 선포 등 정치적 환경의 변화 속에서 언론에 대한 학생들과 야당의 불신이 높아졌다. 특히 1960년대 후반부터는 학생과 재야 세력에 의한 언론인 비판이 거세졌다. 3선개헌(1969), 유신헌법(1972) 등을 반대하는 데모가 번지며 어수선해진 사회정세 속에서 언론 불신의 구호가 자주 등장했던 것이다. 그리고 이 무렵 편집진과 경영진 사이에 갈등이 생기기 시작했다. 일선 기자들은 노조 결성을 시도하면서 자유언론수호운동을 벌였다. 하지만 ≪동아일보≫와 ≪한국일보≫에서 벌어진 기자노조결성운동은 결실을 보지 못한 채 '파동'으로 끝을 맺었다. 이는 '동아 한국 기자 노조파동'으로 불렸다. 한국 언론의 타성을 바로잡고 민주 언론의 새로운 길을 모색한다는 목적으로 1971년(제1차), 1973년(제2차), 1974년(제3차)에 자유언론수호운동이 있었지만, 이 역시 파동으로 끝나고 말았다(한국방송신문편집인협회, 2007).

특히 1974년 10월 24일 ≪동아일보≫와 동아방송 기자들이 발표한 「자유언론실천선언」에서는 "우리는 자유언론에 역행하는 어떠한 압력에도 굴하지 않고 자유민주사회 존립의 기본요건인 자유언론 실천에 모든 노력을 다할 것을 선언"했다. 긴급조치라는 강제명령에 의한 부당한 간섭과 탄압에 맞서 언론 자유를 되찾겠다는 의지를 ≪동아일보≫ 기자 명의로 발표한 것이다. 선언문에서는 다음의 세 가지 결의 사항이 발표되었다.

1974년 1월 8일 선포된 대통령 긴급조치 1, 2호로 인해 유신헌법을 반대, 부정, 비방하는 모든 행위를 보도할 수 없게 되자, 그해 10월 24일 ≪동아일보≫ 기자 180여 명이 동아일보사 사옥에 모여 「자유언론실천선언」을 결의했다. 이는 언론인 스스로가 문서, 신문, 방송, 잡지에 대한 어떠한 외부 간섭도 강력히 배제하고 언론인의 불법연행 일체를 거부한다는 내용이었다.

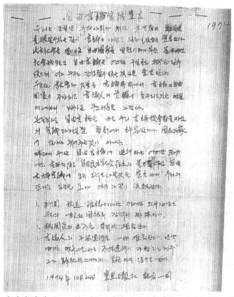

자료: 민주화운동 기념사업회, http://archives.kdemo.or.kr/View?pRegNo=00879861&QU=자유언론실천선언

1. 신문, 방송, 잡지에 대한 어떠한 외부간섭도 우리의 일치된 단결로 강력히 배제한다.

1. 기관원의 출입을 엄격히 거부한다.

1. 언론인의 불법연행을 일절 거부한다. 만약 어떠한 명목으로라도 불법연행이 자행되는 경우 그가 귀사할 때까지 퇴근하지 않기로 한다(자유언론실천선언, 1974.10.24).

선언문에서 '편집권'이라는 용어는 사용하지 않았다. 대신, 자유 언론의 주체와 대상이 명확하게 제시되어 있다. 주체는 성명서를 발표한 '우리', 즉 ≪동아일보≫ 기자이며, 대상은 '어떠한 외부 간섭'과 '기관원'이다. 「일본신문협회 편집권 성명」에서 제시하고 있는 '편집권'의 주체 및 내용과 상이함을 알 수 있다.

≪동아일보≫ 기자들의 「자유언론실천선언」은 논설위원들의 호응을 얻어 ≪동아일보≫는 물론 ≪조선일보≫와 ≪중앙일보≫에서도 사설로 기자들의 자유언론선언운동을 지지했으며, 전국의 신문·방송·통신 기자들에게도 확산되었다. 심지어 관영 방송과 정부 기관지 및 여당계 신문과 방송 기자들까지도 이에 동참했다(박지동, 2000). 한국신문편집인협회 역시 기자들의 입장을 지지했다. 그러나 당시 군사독재정권은 광고탄압이라는 방법으로 동아일보사 경영진에 압력을 가했다. ≪동아일보≫ 기자들의 자유언론 실천운동에 대한 정부 압력에 의해 사상 초유의 무더기 광고 해약 사태가 발생하자, 한국신문편집인협회는 1975년 1월 15일 ≪동아일보≫에 대한 광고압력의 즉각 시정을 촉구하는 성명을 발표하고 외적 요인의 제거를 위해 다음과 같은 결의를 밝혔다.

하나, 최근 일선기자들에 의해 고조되고 있는 자유언론수호운동을 편집인들은 전체 언론계를 위한 자구운동으로 인정한다.

하나, ≪동아일보≫의 광고해약사태는 즉각 시정되어야 하며 언론기업의 존립 자체마저 위협하는 이러한 압력사태가 재발되지 않도록 촉구한다.

하나, 우리는 언론의 기능을 오도하는 어떠한 통제나 간섭에도 굴하지 않을 것을 다짐하며 독립적이며 자율적으로 언론의 책임과 사명을 완수한다.

하나, 편집인들은 언론계가 직면하고 있는 중대 위국에 처해서 종으로는 발행인, 편집인, 일선기자가, 횡으로는 동업의 각사가 언론자유의 수

≪동아일보≫는 박정희 정권의 광고 탄압 사태를 계기로 1974년 12월 30일 광고란에 당시 광고국장이 "대광고주들의 큰 광고가 중단됨으로 인하여 광고인으로서 직책에 충실하기 위하여 부득이 개인 정당 사회단체의 의견 광고, 그리고 본보를 격려하는 협찬광고와 연하광고를 적극적으로 모집하오니 적극적인 성원을 바란다"는 격려광고 모집 광고를 실었다. 이에 여러 사람들이 정부의 광고 탄압에 반발해 ≪동아일보≫와 동아방송에 격려 광고와 성금을 냈다. 1975년 5월까지 격려광고는 총 1만 352건이 실렸고, 최초의 격려광고 게재자는 김대중 전 대통령이었던 것으로 밝혀졌다.

자료: 민주화운동 기념사업회, http://archives.kdemo.or.kr/View?pRegNo=00327101

호를 위해 공동운명체라는 인식 아래 일치단결할 것을 호소한다.

_≪동아일보≫, 1975.1.15

한국신문편집인협회의 성명에서는 발행인과 편집인, 일선기자, 언론 각사가 공동운명체로서 독립적이고 자율적으로 언론의 책임과 사명을 완수하기 위해 일치단결할 것을 호소했다. 그러나 당시 상황에 대해 ≪동아일보≫ 경영진은 "회사의 인사·편집 및 편집 방침 등에 대한 집단적인 항의, 항명으로 인한 위계 질서의 문란과 외부의 광고 탄압으로 인한 경영 위기"로 인식하고 있었다. 그리고 결국 "소수 과격분자들"에 의한 "집단적 폭력 행위"에 의해서 "발행인으로부터 위임받은 편집인(주필)의 신문·출판·방송의 제작·편집·편성에 관한 권한"을 침해받았다는 이유로 자유언론 실천에 앞장섰던 기자, PD, 아나운서 등 150여 명을 대량 해고하면서 권력에 굴복했다(박지동, 2000). 신문사 경영진의 배타적 권리를 주장하는 일본식 '편집

■ 사진 8-3
정부 압력으로 인해 발생한 ≪동아일보≫의 무더기 광고 해약과 백지 광고 사태는 1974
년 12월 27일 해외 언론에서도 크게 보도되었다. 일본의 ≪마이니치신문≫은 "한국의
≪동아일보≫, 결국 광고란 백지로", "해약, 정부의 압력", ≪요미우리신문≫은 "텅 빈 광
고란에 대해 게재 방해 비난", ≪아사히신문≫은 "동아일보에 지원 계속 돼―개인광고와
구독 운동" 등의 제목으로 관련 기사를 게재했다.

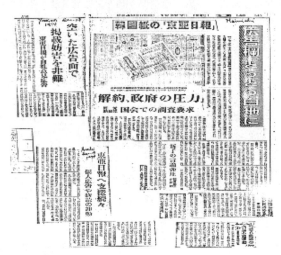

자료: 민주화운동 기념사업회, http://archives.kdemo.or.kr/View?pRegNo=00484457&QU=백
지광고

권' 개념이 그대로 이용된 것이다.

하지만 1970년대 말, 편집의 자율성과 독립성 확보를 위한 일선 기자들
의 요구와 농성이 계속되었다. 1978년 6월 7일, ≪중앙일보≫와 동양방송
사원들은 "삼성그룹의 영향으로부터 벗어나 편집 및 제작의 자율성을 확보
하는 등 언론 본연의 임무에 매진"해야 하며, "편집 제작과 경영의 독립성을
유지하기 위해서 협업 체제를 구축해야 한다"고 주장했다. 1979년 6월 19
일에는 ≪경향신문≫ 편집국 기자들이 "유린된 편집권의 자율성을 되찾을
것"과 "일치단결하여 언론 정도 구현에 앞장설 것"을 결의하며 편집국에서
농성을 시작했다. 이에 대해 ≪경향신문≫의 편집국장단은 5개 항의 '국
장·부장단 결의' 및 이를 이행하기 위한 2개 항의 '제도적 장치'를 발표하

여 '편집권의 자율적 확보를 위해서 노력'하겠다고 다짐하기도 했다(박지동, 2000).

그러나 정부 권력은 언론 경영주들에게 기업 확장이라는 당근을 베풀어 언론인으로서의 시각보다는 기업인으로서의 이윤에 눈을 돌리게 함으로써 언론사 내부에 경영권과 '편집권'이 반목하게 되는 계기를 만들었다. 그리고 여러 가지 특혜로 급성장한 언론기업의 경영자와 편집자의 이해관계는 점차 틈이 벌어졌다(우병동, 1994). 신문들은 철저히 유신체제 안에서 안주하면서 권력의 시녀 역할을 하게 되었다. 비판적 논조가 사라진 것은 물론 유신체제의 정당성을 적극 홍보하기까지 했다. 당시 언론은 '권언복합체' 또는 '제도언론'이라는 거센 비판에 직면했다(박지동, 2000; 박용규, 2011). 이러한 과정을 거치면서, 1960년대 '편집권'에 대한 인식은 물론 '편집권' 행사의 주체에 대한 입장 차이가 드러나기 시작했다. 언론사 측에서는 '편집권'이 발행인의 위임을 받은 제작 책임자에게 있으며, 기자들이 관여해서는 안 된다는 것이었다. 반면, 기자들은 편집 간부가 언론사 외부로부터 어떤 간섭을 받지 않을 경우에 '편집권'이 회사의 권한임에 동의하지만, 언론사가 외부 압력으로 '편집권'을 제대로 지키지 못할 때는 기자들이 '편집권' 수호를 위한 의무와 권리를 함께 수행해야 한다는 입장이었다.

(3) 1980년대

1980년대는 한국 언론의 말살기이자 암흑기였다. 1980년 7월 언론인 대량 강제 해직과 보안사의 강압에 의한 언론 통폐합으로 권력 탈취의 기반을 닦은 전두환 군부가 언론을 통제하고 통치 수단화했기 때문이다. 동시에 언론사들은 권력과 야합하여 거대 기업으로 성장하는 모순의 시기이기도 했다. 1980년 7월 초, 각 언론사에 파견된 보안사와 중앙정보부, 치안본부 요원 등을 통해서 검열 거부자, 제작 거부자, 포고령 위반자 등 해직 언론인 살생부가 작성되어 전두환 군부의 언론인 숙청 계획이 시작되었다.

여기에 한국신문협회(1980.7.29)와 한국방송협회(1980.7.31)는 '군부의 강요에 의해서가 아니라 자율적으로 언론인 숙청을 추진'하는 형식을 빌려「자율 정화 결의문」을 발표했다. 그리고 이른바 '반국가 언론인'에 대한 대대적인 언론인 숙청이 시작되었다. 이제 언론계에서는 "권력에 대한 저항의 싹은 흔적도 찾아볼 수 없게 되었다". 전두환 군부는 언론 통폐합을 시행했으며,「언론기본법」을 만들었고, 보도지침을 통해 언론 통제와 조작을 일상화했다. 타율적인 언론 통제가 일상화되고 장기화되면서 기자들의 체질도 변화했다. 자기 검열에 익숙한 체제 순응형 기자들을 양산시킨 것이다. 보도지침이 필요 없을 정도로 권력의 입맛을 체득하게 되었고, 치열한 비판 정신 대신 무책임과 현실 안주 풍토가 자리 잡았다. 하지만 1980년대 중반에 들어서면서 민중의 소리를 대변하여 제도언론이 외면하고 왜곡했던 진실을 보도하고 논평하는 새로운 언론 매체가 등장하기 시작했다. 그 중심에는 1970년대와 1980년대 초에 해직되었던 기자들이 있었다. 그리고 1987년 6월 항쟁 이후 언론을 통제하던 정치권력이 후퇴하면서 언론을 둘러싼 지형이 전환되었다(윤덕한, 2000).

1987년 10월 ≪한국일보≫ 기자들이 노동조합을 결성한 뒤 각 언론사마다 노동조합 결성이 줄을 이었다. 1988년 3월부터는 ≪동아일보≫, ≪한국일보≫를 시작으로 단체교섭 또는 단체 행동이 활발하게 진행되었다. 그 과정에서 언론 노조 전체 구성원의 핵심적인 요구로 등장한 것이 '편집권' 독립에 관한 요구였다. 신문의 직접적인 생산주체인 기자들에게 신문 경영주와 정부권력의 과도한 개입이 있었고, 그것이 언론 자유의 실현을 가로막는 커다란 제약이었다는 인식에서 비롯된 것이었다.

하지만 줄곧 애매하게 혼재되어 있던 '편집권' 주체에 대한 관점의 차이는 1988년 ≪부산일보≫ 쟁의에서 명확하게 드러났다. 당시 ≪부산일보≫는 공무국 사원까지 포함하여 신문사 전면 파업에 돌입했으며, 쟁의의 핵심 쟁점은 편집국장 추천제로 상징되는 '편집권' 독립 문제였다. 노조 측에

| 사진 8-4

1988년 7월 《부산일보》의 파업을 지지하는 전국언론노동조합협의회 회원들의 지원 시위가 있었다. 이들은 '편집권 독립'과 '민주, 자유언론'을 요구하며 시위를 벌였다.

자료: 민주화운동기념사업회, http://archives.kdemo.or.kr/PhotoView?pPhotoId=00756058

서는 '편집권'을 '국민에게 올바른 정보를 제공하고 국민의 의견을 충분히 반영하기 위해 언론인들에게 위임된 권리'라는 관점에서 법적·제도적 보장을 요구한 반면(강명구, 1993), 한국 신문 발행인의 모임인 한국신문협회는 성명을 발표하고 "편집권이 편집의 방침 결정, 시행 및 보도와 논평의 적정성 유지 등 편집 제작에 관련된 일체의 권능이라고 본다면, 이러한 권능의 행사와 책임은 최종적으로 신문 발행인 및 이사회, 구체적으로는 편집을 위임받은 편집인에게 마땅히 귀속되어야 한다"고 주장했다. 그리고 신문 기업이 법인체의 경우, 이사회가 편집권 행사의 주체가 된다고 못박았다(《한겨레》, 1988.7.15).[19]

---

19) 한국신문협회는 일간신문과 통신사 발행인들이 신문경영의 발전과 공동의 이익을 도모하기 위해 만든 단체이다. 1962년 10월 13일 한국신문발행인협회로 발족했으며, 1966년 10월 13일부터 현재의 명칭으로 바뀌었다. 한국신문협회 인터넷 홈페이지 http://www.presskorea.or.kr 참조.

이에 대해 ≪기자협회보≫는 40년 전에 나온 일본신문협회의 「신문 편집권 확보에 관한 성명」을 그대로 도용하고 표절한 것이라고 비판했다(≪한겨레≫, 1988.7.17). 국내에서의 '편집권'이라는 용어와 개념 도입의 목적, 그리고 전개 과정에서의 정치 사회 문화적 특수성과 언론 자유 실천 선언 등을 통한 언론 개혁 움직임이 있었음에도 불구하고, 여전히 일본신문협회의 '편집권' 개념이 논의의 한 축을 담당하고 있음을 알 수 있다. 여기에 1980년대 한국 언론 상황은 정치권력에 의한 언론 통제와 탄압뿐 아니라, 한국신문협회나 한국방송협회, 그리고 일부 유력 언론사 사주들에 의한 '자율정화'라는 이름하에 체제 순응적 체질까지 만연했다. 그리고 '편집권'에 대한 논의는 합의점을 찾지 못한 채 지금에 이르고 있다.

2) 방송법과 '편집권' 또는 '편성권'

방송법은 방송이라는 사회적 커뮤니케이션에 대한 질서와 운용 원칙을 명시한 성문화된 규칙으로, 방송과 방송산업을 규율하는 근거이자 정부 방송정책의 뼈대이다. 국내에서 처음 방송법이 제정된 것은 1963년 5·16 군사정권에 의해서이다. 하지만 「언론윤리위원회법」(1964), 「언론기본법」(1980) 등이 언론 전반을 통합규제했기 때문에 최초의 방송법은 실효성을 갖지 못했다. 1987년 민주화에 따른 사회적 요구에 따라 방송법이 분리 제정되고, 2000년에 방송관련법을 묶어 통합방송법이 새로이 제정되었다(최영묵, 2010). 민주적인 방송법 제정을 위해 사회 각계 각층에서 다양한 논의가 진행되어왔지만, 여기에서는 방송 편성의 자유에 관한 조항을 중심으로 살펴보도록 하겠다.

1987년의 시민항쟁 이후 고조된 민주화 분위기 속에서 언론기본법이 폐지되고 제정된 새로운 방송법은 '방송의 자유와 공적 기능을 보장함으로써 민주적 여론형성과 국민문화의 향상을 도모하고 공공복지의 증진에 기여함을 목적'으로 제정되었다고 천명하고 있지만(제1조), 과거 언론기본법 중 방송과 관련된 조항들을 거의 그대로 승계했다. 다만 방송위원회의 권한이 강화되었고 언론인 결격사유 조항이 방송사의 장이나 편성 책임자의 결격 사유로 그 대상이 축소되었으며(최영묵, 2010), 방송편성의 자유를 규정하는 조항이 신설되었다.

제3조(방송편성의 자유 등)
① 방송편성의 자유는 보장된다.
② 방송순서의 편성·제작이나 방송국의 운영에 관하여 누구든지 이 법 또는 다른 법률이 정하는 바에 의하지 아니하고는 어떠한 규제나 간섭을 할 수 없다.

하지만 이 조항만으로는 방송편성의 자유를 행사할 수 있는 주체가 누구인지 명확해 보이지 않는다. 동 방송법 제2조 및 제32조에 의하면 편성책임자와 광고 책임자는 '방송국의 장이 선임한 자'로서 '방송순서의 편성' 및 '광고방송'에 관하여 책임을 지도록 규정하고 있다. 그렇다면 방송국의 장 및 방송국의 장이 선임한 자가 방송 편성의 자유에 관한 권리와 책임을 부여받은 것이라는 해석이 가능하다.

무엇보다 동 조항은「일본신문협회의 편집권 성명」을 토대로 제정된 것으로 알려져 있는 일본 방송법의 제3조 "방송프로그램은 법률에 정하는 권한에 근거하지 않는 한, 그 누구로부터도 간섭받거나 규율되지 않는다"는 조항과 유사해 보인다. 또한 이 조항을 뒤집어 보면, '방송법 또는 다른 법률이 정하는 권한에 근거하여 방송순서의 편성·제작이나 방송국의 운영을 간섭하거나 규율할 수 있다'는 의미로 해석할 수 있는 여지를 남기고 있다.

2000년에는 통합방송법이 제정되었다. 1998년 출범한 국민의 정부가 대통령 직속 방송개혁위원회를 만들어 1999년 2월「방송 개혁의 방향과 과

제」라는 최종 보고서를 제출했는데, 이것이 2000년 「통합방송법」의 토대가 되었다(최영묵, 2010). 「통합방송법」의 특징 중의 하나는 방송의 자유와 독립을 보장하고 시청자의 권익을 보호한다는 목적이 추가되었다는 것과 방송편성의 자유에 관한 조항이 보강되었다는 것이다.[20]

제4조(방송편성의 자유와 독립)

① 방송편성의 자유와 독립은 보장된다.

② 누구든지 방송편성에 관하여 이 법 또는 다른 법률에 의하지 아니하고는 어떠한 규제나 간섭도 할 수 없다.

③ 방송사업자는 방송편성책임자를 선임하고, 그 성명을 방송시간 내에 매일 1회 이상 공표하여야 하며, 방송편성책임자의 자율적인 방송편성을 보장하여야 한다.

④ 종합편성 또는 보도에 관한 전문편성을 행하는 방송사업자는 방송프로그램 제작의 자율성을 보장하기 위하여 취재 및 제작 종사자의 의견을 들어 방송편성규약을 제정하고 이를 공표하여야 한다.

제1항과 제2항은 1987년에 제정된 제2기 방송법의 관련 조항과 동일하다. 방송 편성의 자유는 여전히 배타적인 권리임을 명시하고 있으며, '방송법 또는 다른 법률에 의해서' 방송 편성을 규제하거나 간섭할 수 있다는 한계 역시 변함없다. 여기에 제3항과 제4항을 추가하여 방송편성책임자의 자율적인 방송편성을 보장하기 위해 방송편성규약의 제정을 의무화했지만, 방송편성책임자를 선임하는 주체는 여전히 방송사업자이다. 또한 방송프

---

20) 제1조에서 '이 법은 방송의 자유와 독립을 보장하고 방송의 공적 책임을 높임으로써 시청자의 권익 보호와 민주적 여론 형성 및 국민문화의 향상을 도모하고 방송의 발전과 공공복리의 증진에 이바지함을 목적으로 한다'고 천명했다.

로그램 편성에 관해서는 방송사업의 운영 등을 규정한 제5장의 제69조에서 다음과 같이 규정함으로써 방송프로그램 편성의 권한과 책임이 방송사업자에게 있음을 명시했다.

제69조(방송프로그램의 편성 등)

① 방송사업자는 방송프로그램을 편성함에 있어 공정성·공공성·다양성·균형성·사실성 등에 적합하도록 하여야 한다.

② 종합편성을 행하는 방송사업자는 정치·경제·사회·문화 등 각 분야의 사항이 균형 있게 표현될 수 있도록 하여야 한다.

③ 종합편성을 행하는 방송사업자는 방송프로그램의 편성에 있어서 대통령령이 정하는 기준에 따라 보도·교양 및 오락에 관한 방송프로그램을 포함하여야 하고, 그 방송프로그램 상호 간에 조화를 이루도록 편성해야 한다. 이 경우 대통령령이 정하는 주 시청시간대에는 특정방송분야의 방송프로그램이 편중되어서는 안 된다.

④ 전문편성을 행하는 방송사업자는 허가를 받거나 승인을 얻거나 등록을 한 주된 방송분야가 충분히 반영될 수 있도록 대통령령이 정하는 기준에 따라서 방송프로그램을 편성하여야 한다.

제71조(국내 방송프로그램의 편성), 제72조(외주제작 방송프로그램의 편성), 제73조(방송 광고 등), 제74조(협찬고지), 제75조(재난방송), 제76조(방송프로그램의 공급 및 보편적 시청권 등), 제76조 3(보편적 시청권 보장을 위한 조치 등), 제76조 5(중계방송의 순차편성권고 등) 등 각 조항의 주체 역시 방송사업자이다. 시청자의 권익보호(제6장)를 위한 자체심의(제86조) 및 시청자위원회(제87조) 관련 조항에서도 해당 권한과 책임 주체는 방송사업자이다.[21]

한국방송공사에 대해 규정하고 있는 제4장에서는 그 주체가 좀 더 명확하게 드러난다. 한국방송공사는 '공사의 독립성과 공공성을 보장하기 위하여 공사 경영에 관한 최고의결기관으로 이사회'를 두도록 하고(제46조), 이사회의 제청을 거쳐 공사의 사장을 대통령이 임명하도록 규정했다(제50조). 그리고 사장은 '공사를 대표하고, 공사의 업무를 총괄하며, 경영성과에 대하여 책임'을 지며, '정관이 정하는 바에 의하여 직원 중에서 공사의 업무에 관한 모든 재판상 또는 재판 외의 행위를 할 수 있는 권한을 가진 대리인을 선임'할 수 있으며(제51조), '공사의 직원은 정관이 정하는 바에 따라서 사장이 임명'한다(52조).

  '편집권'을 둘러싸고 일본과 국내 논의에서 핵심 쟁점으로 제기되어온 것 중의 하나가 '편집권'을 행사할 수 있는 주체, 즉 귀속의 문제이다. 「일본신문협회의 편집권 성명」에 의하면 '편집권'은 경영진 혹은 경영진의 위임을 받은 편집진에 의한 '배타적 권리'라는 것을 전제로 한다. '편집권'은 경영진과 편집진이 공유하는 것이라는 주장도 있지만, 이 역시 권리 주체가 다소 확장되었을지언정, 누군가에 의한 배타적 권리라는 근본적인 속성은 변하지 않는다. 이러한 속성은 국내 방송법 관련 조항에서도 그대로 드러난다.

---

21) 방송법 제86조와 제87조에서는 다음과 같이 규정하고 있다. "제86조(자체심의) ① 방송사업자는 자체적으로 방송프로그램을 심의할 수 있는 기구를 두고, 방송프로그램(보도에 관한 방송프로그램을 제외한다)이 방송되기 전에 이를 심의하여야 한다. 다만, 공동체라디오방송사업자의 경우에는 방송권역 청취자가 참여하는 방송평가회를 연 1회 이상 실시하여야 한다. ② 방송사업자는 허위, 과장 등 시청자가 오인할 수 있는 내용이 담긴 방송광고를 방송하여서는 아니된다. ③ 방송사업자는 방송광고가 방송되기 전에 자체적으로 심의하거나 방송통신위원회에 신고한 방송 관련 기관 또는 단체에 위탁하여 심의할 수 있다", "제87조(시청자위원회) ① 종합편성 또는 보도전문편성을 행하는 방송사업자는 시청자의 권익을 보호하기 위하여 시청자위원회를 두어야 한다. ② 제1항의 규정에 의한 방송사업자는 각계의 시청자를 대표할 수 있는 자 중에서 방송통신위원회 규칙이 정하는 단체의 추천을 받아 시청자위원회의 위원을 위촉한다. ③ 시청자위원회의 구성 및 운영에 관하여 필요한 사항은 대통령령으로 정한다."

헌법 제21조 1항에서 "모든 국민은 언론·출판의 자유를 가진다"고 규정하고 있고 언론의 자유, 방송의 자유가 국민의 자유라는 원론적 해석은 가능하겠지만, 현행 방송법 안에서는 다양한 직능과 역할에 따라서 방송인의 자유, 방송실무자의 자유, 편성책임자의 자유, 방송사업자의 자유, 그리고 시청자의 자유 등이 충돌할 여지가 남아 있다(박형상, 1994). 특히 방송은 개개인에 의한 표현 활동이 아니라 조직적으로 이루어지는 활동이자 결과이다. 방송의 자유와 독립, 그리고 편집의 자유는 그 내부에서 구조화되어 나타나기 때문에 내부에서 실질적으로 누가 행사하는가라는 질문과 중첩될 수밖에 없다. 더욱이 방송 산업 내부에는 노동의 성격이나 사회적 위치에서 서로 동일하지 않은 다양한 개인과 집단이 존재한다. 그들은 모두 노동자라는 점에서는 공통점이 있지만, 노동 과정에서 일어나는 경험이나 사회적 위치, 담당해야 할 역할과 책임에는 큰 차이가 있다. 따라서 '편집권' 독립이라는 추상적이고 애매한 문구만으로는 단체협약 등을 통해서 '편집권' 독립을 명시하고 편집 책임자 인선에 방송 노동자들의 참여가 보장된다고 하더라도, 실질적인 가치 달성의 내용이 채워지기는 어려우며, 각 직능이나 역할 등에 따라서 대립이 발생할 여지도 남아 있다(강명구·한창록, 1988).

그동안 민주적 방송법 제정을 위한 시도와 노력을 통해 2000년 통합방송법에서 방송의 독립과 자유를 위해 방송프로그램 편성의 자유를 보장하기 위한 조항 및 시청자위원회 설치 관련 조항, 이와 관련된 주요 업무를 새로이 규정하는 등의 성과를 거둔 것은 긍정적으로 평가할 수 있다. 하지만 결국 관련 조항에 대한 권한과 책임 주체는 방송사업자로 수렴되고 있으며 경영자, 즉 방송사업자에게 '편집권' 또는 '편성권'의 배타적 권리가 부여된다는 일본식 '편집권' 개념과 그 속에 내재되어 있는 담론에서 결코 자유롭지 못하다는 한계를 노출하고 있다.

5. 주요 쟁점에 관한 고찰

1) 소극적 자유와 적극적 자유

편집의 자유라는 문제는 외부로부터의 자유와 독립, 그리고 내부에서의 자유라는 두 가지 속성을 지닌다. 그리고 언론의 자유라는 개념은 외부, 특히 정부의 억압과 강제로부터의 자유를 의미하는 '소극적 자유'에서 방송이 열린 공론의 장으로서 다양성과 민주주의에 기여하고 국민의 '알 권리'라는 기본권 신장 및 권리 강화에 기여하기 위한 자유라는 의미의 '적극적 자유'로 발전해왔다(조항제, 2008). 하지만 일본과 국내에서 사용되고 있는 방송의 '편집권' 또는 '편성권'이라는 용어와 개념 속에서 '외부로부터의 자유와 독립'과 '내부에서의 자유', 즉, '소극적 자유'와 '적극적 자유'라는 두 가지 관점의 충돌을 발견할 수 있다.

16~17세기, 종교권력과 정치권력은 언론 출판 활동에 대한 탄압을 가했다. 종교개혁 및 시민혁명으로 검열제도가 철폐되어 권력으로부터 자유를 쟁취한 언론은 이윤을 추구하는 기업화된 대중 신문 발달로 이어졌고, 19세기 말에서 20세기 초에 걸쳐 신문 기업의 집중화와 독점화와 함께 가속된 여론의 왜곡, 상업주의와 선정주의 경향은 황색 저널리즘(Yellow Journalism)으로 비판받는 지경에 이르렀다(박용규, 2011). 이러한 당시 사회적 배경에서 등장한 것이 적극적 자유라는 개념이다.

언론의 소극적 자유에서 적극적 자유로의 이행을 권고한 「허친스 보고서(Hutchins Report, 1947)」는 언론이 외부의 통제와 규제로부터의 자유(freedom from)뿐 아니라, 가치 있는 사상을 공중에게 알리고, 공공의 장(public arena)과 공적 토론(public discussion)을 성립시키기 위한 자유(freedom for)를 추구해야 한다고 권고했다(Hutchins Report, 1947: 117~119, 128~131).[22] 이와 동시에 언론에 의한 자율심의 혹은 자율규제 역시 실천적 측면에서 한계를 지닐 수밖에 없다는 것을 지적했다(Hutchins Report, 1947: 69~76). 소극적 자유, 즉 외부로부터의 자유에만 치중했을 때 이는 자율규제라는 이름하에서 은밀하게 자행되는 자기검열 또는 위축효과를 불러오거나 단지 보여주기식의 형식적인 심의에 그치기 쉽기 때문이다.

따라서 방송의 자유와 독립이라는 가치는 배타적 권리로서의 '편집권' 논의에서 벗어나, 소극적 자유와 적극적 자유, 외부로부터와 자유와 내적 자유의 조화라는 차원에서 논의할 필요가 있다. 「일본신문협회의 편집권 성명」은 '누구로부터의 독립인가'라는 측면에서 일본 내에서도 끊임없이 비판받아왔다. 언론의 자유가 법적으로 보장되어 있다고 하더라도, '편집권'이 미디어 기업의 경영권에 종속되어 자본과 경영의 논리가 보도나 평론 활동을 총괄하는 상황에서는 보도 및 평론의 자유와 '편집권'의 독립은 동일할 수 없기 때문이다. 따라서 보도 및 평론의 자유가 보장되기 위해서는 정치·행정 권력 등과 같은 외부로부터의 개입을 배제하는 기반뿐 아니

---

22) 1943년 12월 매스미디어 자유의 현황과 장래를 전망하고 예측하기 위한 연구를 위해 시카고 대학 학장인 로버트 허친스(Robert M. Hutchins)를 위원장으로 하고 당시 미국의 일류 지식인들이 위원으로 참가하는 허친스 위원회(The Commission on Freedom of the Press; 약칭, Hutchins Commission)가 구성되었다. 타임사가 20만 달러를, 엔싸이클로피디어 브리태니커(Encyclopaedia Britannica)가 1만 5천 달러를 제공하여 4년여의 연구조사가 이루어졌고, 1947년 2월 시카고 대학 출판부에서 허친스 보고서가 출간되었다. 보고서 원제는 "A FREE AND RESPONSIBLE PRESS: A General Report on Mass Communication: Newspapers, Radio, Motion Pictures, Magazines, and Books, The University of Chicago press"이다. '업계 내부자에 의한 업계 비판은 불가능하다'는 허친스 위원장의 생각이 반영되어, 위원회에 미디어 업계의 참가는 없었으며, 미디어 관행이나 실적 등에 대한 조사도 실시하지 않았다. 매스미디어 각계로부터의 증언이나 문서를 학문적이고 이론적인 입장에서 검토하여 작성되었다. 하지만 당시 미디어 업계의 입장은 '정부로부터의 자유', 즉 소극적 자유를 표방하는 고전적 자유론의 틀 위에 서 있었기 때문에, 적극적 자유를 주장하는 허친스 보고서는 언론계의 심한 반발과 비판을 받았다(정수영, 2010).

라, 미디어 기업 내부에서의 자유를 보장하기 위한 기반을 구축해야 한다. 이는 '표현 내용 및 양태의 자유와 함께 표현 수단의 자유'를 함께 의미하는 것이며, 미디어의 '소유와 경영의 분리', '경영과 편집의 분리'라는 문제와도 깊이 연계되어 있다(立山紘毅, 1998; 美ノ谷和成, 1998). '사회적·공적 성격'과 '시장경제원리에 지배된 상품으로서의 성격'이라는 양면성을 지닌 매스미디어가 그 공공성을 담보하기 위해서는 '기업 내부의 편집 과정에서 전문직으로서의 언론인의 자유와 독립이 확보'되어야 하며, 언론의 자유를 소유권 내에 위치지우거나 소유권의 지배적인 힘을 일방적으로 강조하는 '배타적 권리'로서의 '편집권' 논의에서 탈피하여, 언론 자유와의 관계 속에서 해결하는 관점이 필요하다(浜田純一, 1993; 박홍원, 2011).

2) '편집권'과 내적 편집의 자유

제2차 세계대전 이후, 미디어에 내재되어 있는 '자본의 논리'와 '저널리즘 또는 공공성의 논리'의 상충에서 기인하는 모순 해결 방법으로 부상하기 시작한 것이 프랑스나 독일을 중심으로 한 언론인의 '편집 참가' 또는 '양심 조항', '내적 자유' 등을 보장하는 장치이다(山口功二ほか編, 2001). '양심 조항'은 프랑스의 노동법상의 조항이다. 기업에 근무하는 직업 언론인의 정신적 자유(내적 자유)를 보장하는 것으로, 편집방침 변경에 항의하여 해고수당을 받고 퇴직할 수 있도록 법률로 인정한 것이다(山田健太, 2004). '내적 자유'란 대외적인 언론의 자유에 대응하여 기업 내에서 편집자에게 부여된 자유를 의미한다. 현장에서 자유롭게 논의할 수 있는 장을 보장하는 자유인 동시에 언론인 개인의 내적 자유, 자기 양심이라는 의미를 포함한다(日本放送労働組合, 1999; 浜田純一, 1993).[23] 앞에서 소개한 것처럼, '편집권' 개념이 구미를 비롯한 선진국에서 불문율적인 관행으로 지켜져 내려왔으며 1948년 일본신문협회가 발표한 편집권 성명이 그 '제도적 완성의 세계적 효시'라는 임근수(1964)의 평가와는 전혀 다르다는 것을 알 수 있다.

영국에서도 편집의 독립은 내적 자유라는 속성을 강하게 내포하고 있다. 영국 정부는 칙허장(Royal Chart) 및 협정서(Agreement)의 갱신·개정에 의해 BBC의 조직 형태나 운영·재원·인사 결정, 긴급 사태 발생 시 정부 고지사항 방송이나 방송 정지 명령 권한 등을 가지고 있다. 따라서 BBC는 정부의 규제나 관리를 받기 쉬운 구조이다. 하지만 영국 BBC는 공영방송의 메카로 알려져 있으며, BBC가 정부나 정치권력에 종속되어 있다고 보는 시각은 많지 않다. 영국 정부는 프로그램이나 공공 서비스 제공과 그 내용은 BBC의 책임이라고 규정하고, '편집의 독립(Editorial independence)'을 정부 정책의 주요 목적 중 하나임을 명확히 해왔기 때문이다. 1977년 발간된 애넌위원회 보고서(Annan Report)는 좋은 방송(good broadcasting)이라는 궁극의

---

23) 대표적인 사례로 들 수 있는 것이 편집에 대한 언론인의 권한을 보장하기 위하여 독일에서 각 조직별로 설치된 '편집강령'이다. 특히 1985년 서부독일방송협회(WDR)에 관해 개정된 법률에서는 제30조 "프로그램 제작자(프로그램 노동자)의 대표기관 설치와 조정위원회에 관한 규정"에 의거하여, "기자 및 프로그램 제작자(일괄하여 프로그램 노동자로 칭함)의 대표기관 설치와 조정위원회에 관한 규정을 제정하고 프로그램 노동자는 스스로의 대표기관을 선출 및 설립하며, 이 기관은 편집강령에 의거하여 프로그램 노동자와 조직 내 상급자 사이에서 발생하는 프로그램 제작상의 분쟁을 조정한다. 여기에서 분쟁이 해결되지 않을 때는 조정위원회가 소집되어 조정을 실시한다"고 규정했다. 또한 제31조에는 "방송협회장과 프로그램 노동자의 대표기관은 합의에 의해 편집강령을 정한다. 이 편집강령은 방송위원회의 동의를 필요로 한다"고 규정했다. 방송협회 내부에서 프로그램 노동자의 역할 및 책임, 그 기능적 자율성에 대해서는 제32조에서 "프로그램 노동자의 임무란, 계약상의 권리 및 의무 내에서 방송법이 정하는 역할 수행에 협조하는 것이다. 개개의 프로그램 노동자는 부여받은 프로그램상의 임무를 방송협회의 전체적인 책임 내에서 한 사람의 언론인으로서의 책임하에 수행한다. 상급자의 지시권 및 계약상의 결정은 그 규정에 의해서 영향을 받지 않는다"고 규정하고 있다. 동법은 전문직으로서의 프로그램 제작자의 자율성을 확대하기 위하여 프로그램 노동자의 대표기관의 활동근거를 실정법상에서 처음으로 규정했다고 평가받고 있다(石川明, 1987).

책임(Responsibility)을 이행하기 위한 핵심 요소로 유연성(Flexibility), 다양성(Diversity), 편집의 독립(Editorial independence), 어카운터빌리티(Accountability) 등 네 개를 제시했다(Annan Report, 1977).[24] 그리고 애넌위원회는 '공중', '경영위원회', '전문인으로서의 방송인', '의회'라는 4주체 간의 순환관계 속에서, '편집의 독립과 어카운터빌리티의 조화로운 관계'를 상정했다. 공영방송의 목적은 '좋은 방송'을 제작 편성 방송하는 것이며, 공익 추구를 위한 각종 활동과 공적 서비스가 여기에 해당한다. 정부 권력으로부터의 독립 및 방송인에 의한 편집의 독립을 보장하는 것 역시 BBC의 책임이다. 여기에서 '편집의 독립'은 전문인으로서의 방송인에 의한 자유로운 방송 활동을 의미한다. 즉, 주체는 경영위원회가 아니라 방송인이다. 애넌 보고서는 정부로부터의 독립(Independent of Government)을 BBC, 즉 경영위원회의 배타적이고 독점적인 '권리'가 아니라 공영방송으로서 수행해야 할 '책임'으로 상정하고 있다. 그리고 '편집의 독립'이라는 문제는 BBC 내부에서의 자유, 즉 '내적 편집의 자유' 또는 '언론의 내적 자유'라는 측면에 초점을 맞추고 있다(Annan Report, 1977; 정수영, 2012). 정부 권력으로부터의 독립이라는 소극적 자유와 양질의 방송 프로그램을 제작하고 민주주의 여론 형성을 위한 적극적 자유의 조화를 추구하고 있으며, 전문인으로서의 방송인이 내적 편집의 자유를 보장받았을 때 소극적 자유와 적극적 자유의 조화로운 완성이 가능하다는 신념을 읽을 수 있다.

국내에서도 1980년대 들어 내적 편집의 자유에 관한 논의가 시작되었

---

24) 영국에서는 칙허장과 상업방송의 면허만료일이 다가오거나 새로운 방송정책이 필요해지면 방송조사위원회 를 설치하여 BBC의 역할과 재원조달방식, 향후 방송의 정체성 등에 대해 폭넓게 검토하여 영국 방송의 미래와 정책을 권고해왔다. 1923년 처음 설치된 이후 7번째로 설치된 방송조사위원회가 애넌위원회이다. 애넌위원회 보고서의 원제는 *Report of the committee on the future of broadcasting* 이다(정수영, 2012).

다. 특히 독일의 내적 언론자유 개념이 도입된 이후, 일본식 '편집권'에서 벗어난 개념 및 이론에 대한 논의가 이루어졌다. 내적 언론 자유를 지켜나가기 위해서 독일의 많은 유력 일간지에서 편집 자율성 보호를 규정하는 편집규약과 편집자 총회, 기자 대의원위원회 등을 두고 있다는 사례 등이 소개되었다(방정배, 1988, 2003; 유일상, 1988). 이는 편집의 자율성 확보를 위한 새로운 이론적 근거를 제시하고, 실제로 유럽 언론에서 편집의 자율성 확보를 위해 실시하고 있는 제도적 장치를 실증적으로 소개함으로써 새로운 지평을 열었다는 데에서 중요한 함의를 지닌다. 그러나 한국 공영방송 종사자의 '편집권' 및 '편성권' 의식에 관한 실증 연구에 의하면, 공영방송이라는 동일 집단에 소속된 성원들은 연령대와 직위별로 '편집권'과 '편성권'에 관한 의식의 차이를 드러내고 있다(유일상, 1993). '편집권'에 관한 기존 논의와 현실 속에서 여전히 주류 담론을 형성하고 있는 일본식 '편집권' 개념에서 벗어나지 않는 한, 방송의 자유 독립에 관한 새로운 이론이나 몇 가지 실증적 사례의 도입만으로는 한계가 있음을 알 수 있다.

6. 나가며

'편집권'의 독립을 둘러싼 국내 관련 논의나 법적 판단에서 그 개념과 귀속 문제는 여전히 논쟁 중이다. '편집권' 독립의 제도화를 위하여 대부분의 언론사에서는 노조의 단체협약에 '편집권' 독립에 관한 조항을 두고 있지만, 여전히 '편집권'에 대한 정확한 정의와 귀속 주체에 대해서는 명확한 규정을 내리지 못한 실정이다. '편집권'의 귀속 주체에 대해서는 "회사와 조합이 함께 편집권을 존중하며 외부로부터의 간섭을 배제한다"는 조항이 가장 일반적이다(강명구, 1993; 우승용, 2001). 이는 언론사 측과 노조 측 간의 타협의 산물이라고 볼 수 있으며, 언론사 측이 '편집권'을 경영권의 일부라는 인식을 여전히 고수하고 있음을 반증한다. 또한 대외적인 언론의 자유만을 강조하고 있을 뿐, 양쪽 모두 내적 언론자유에 대해서는 언급을 자제하고 있는 것으로도 해석할 수 있다(우승용, 2001).

'편집권'의 법규화에 대해서도 찬반 의견이 팽팽하다. '편집권'이라는 것이 법적 개념보다 훨씬 광범위하기 때문이다(이승선, 2009). 현행 방송법에서 방송사업자 및 방송사업자가 임명한 편성 책임자에게 편성 책임을 부여하는 메커니즘의 한계 역시 부인할 수 없다. 경영권과 인사권을 부여받은 방송사업자가 방송편성 책임자를 임명하고, 방송편성규약을 제정하도록 하고 있는 이상(방송법 제4조), 내적 편집의 자유를 주장하는 것은 경영권과 인사권을 침해하는 것으로 해석될 가능성이 내재되어 있다. 방송편성규약 제정을 위해 취재 및 제작 종사자의 의견을 들어야 한다는 조항 역시 그 유효성이 의심받고 있는 이유이기도 하다.

국내에서 사용되는 '편집권' 개념은 정치권력의 억압에 대한 언론 조직의 자율성과 언론 조직 내부에서 자행되는 경영 부문의 부당한 간섭에 대한 저널리스트의 자율성을 핵심 내용으로 하고 있기 때문에 일본에서의 '편집권' 개념과는 접근방향이나 내용에서 근본적인 차이가 있다고 평가되기도 한다(미디어공공성포럼 엮음, 2009; 김영욱, 2001). 한국에서 '편집권' 개념이 정치권력을 포함한 외부세력에 대한 언론조직의 자율성과 언론조직 내부에서 자행되는 경영부문의 부당한 간섭에 대한 편집종사자들의 자율성을 의미하는 것으로 사용되어왔다는 것이다(박홍원, 2011).

하지만 언어는 현실을 규정하며, 인간의 사고를 규정하고 제한하기도 한다. 어떤 대상을 어떤 언어로 어떻게 표현하느냐에 따라서 현실 세계의 구성요소들과 그들 사이의 관계가 정의된다. 좁게는 각 계층의 성격과 계층들 사이의 관계에 대한 인식에, 넓게는 현실세계 전반에 대한 인식에까지 영향을 미치기 때문에 이데올로기를 조련하는 기능을 하기도 한다(임태섭, 1999).

‘편집권’이라는 용어에는 이미 ‘배타적 권리’로서의 의미가 뿌리 깊이 내재되어 있다. 앞서 살펴본 것처럼 일본 내에서 ‘편집권’ 개념이 등장한 배경 및 핵심 개념을 보면 연합군과 신문사 경영자 측에 의해 기자 및 언론 노동자들에 의한 신문 민주화 운동을 억압하기 위한 목적으로 만들어진 것임을 알 수 있다. 「일본신문협회의 편집권 성명」과 이를 지지한 연합군의 언론 정책이 일본 내 언론 민주화와 정부권력으로부터의 언론 자유와 독립을 지향한다고 표명하고 있음에도 불구하고, 그 형성 과정에서는 정치권력과 경영권력에 의해 언론 자유와 독립을 말살하고 억압하는 기제가 강하게 담겨져 있다.

　그리고 ‘편집권’ 또는 ‘편성권’을 둘러싼 국내에서의 주요 쟁점, 특히 ‘편집권’ 행사의 주체, ‘편집권’과 경영권과의 관계성, 그리고 배타적 권리라는 근본적 속성 등은 「일본신문협회의 편집권 성명」에서 제기하고 있는 핵심개념이나 주장과 거의 일치한다. 무엇보다 ‘편집권’이라는 용어와 그 속에 내재되어 있는 담론은 한국과 일본 양국에서 언론 민주화를 위한 실천과 권력 비판적 언론을 억압하고 탄압하기 위한 근거로 활용되어왔다. 그리고 권력과 언론사 경영자 측의 암묵적 동의하에 자기 검열 기제를 자율 규제라는 이름으로 포장하면서 방송의 독립성과 자율성 제고를 위한 각종 논의와 제도적 실천을 무력화시켜왔다는 역사적 경험도 공유하게 만들었다.

　국내에서 ‘편집권’이라는 용어를 언론 자유와 독립을 지향한다는 목적으로 사용한다고 하더라도, 그 속에 뿌리깊이 내재되어 있는 이데올로기와의 관계성, 즉 편집의 자유와 독립을 억압할 수 있는 배타적 권리라는 속성에서 여전히 자유롭지 못하다. 국내 언론 노조나 시민사회, 그리고 연구자들도 언론의 내적 편집의 자유를 주장하면서 ‘편집권’의 독립을 이야기하지만, 내적 편집의 자유나 독립에 부정적인 경영진의 관점과 주장을 뒷받침하는 논리로 활용되어온 것 역시 ‘편집권’의 독립이기 때문이다. ‘편집권’이라는 하나의 용어 속에서 서로 상반된 두 가지 시각과 담론이 충돌하고 있으며 각기 동상이몽을 하고 있는 형국이다. 그리고 그 과정에서 일본식 '편집권'을 고수하고 있는 경영진이 주도권을 쥐고 있으며, 편집의 내적 자유를 주장하는 목소리는 '편집권'이라는 개념과 담론 속에 갇혀버렸다. 서두에서 소개한 것처럼 여전히 해결되지 못한 2012년 방송사 파업 현실 속에서도 이러한 한계와 모순을 발견할 수 있다.

현재는 과거의 산물이며, 그 연장선상에 있다. 과거에서 현재에 이르는 역사 과정 속에서 어떤 역학 관계가 작동하고 있으며, 그 역학 관계에 의해 구축된 구조가 현재 발생하고 있는 사회적 갈등을 어떻게 양산하고 있는지를 비판적으로 고찰하지 않는다면, 현실을 변화시키고 현재의 갈등을 해소할 수 있는 힘과 해결을 위한 단초를 이끌어낼 수 없다(松田浩, 2005).

'편집권' 개념의 해석과 적용을 둘러싼 다양한 관점들이 혼재한 가운데 사회적 논쟁과 첨예한 갈등이 계속되고 있는 근본적인 원인은 태생적 한계를 안고 등장한 일본 신문계의 '편집권' 개념과 그 안에 내재되어 있는 담론으로부터 결코 자유로울 수 없다는 데에서 찾을 수 있을 듯하다. 그렇다면 편집의 내적 자유를 주장하면서 '편집권'의 독립이나 '편집권'의 존중이라는 표현을 쓰는 것은 '편집권'의 형성 과정과 용어 속에 뿌리 깊이 내재되어 있는 본질에 대한 무관심과 오해라는 김정기(1989)의 주장을 곱씹어 볼 필요가 있다(우승용, 2001 재인용).

그리고 우리나라 최초로 '편집권' 독립에 관한 논의를 시작한 임근수(1964)가 단지 일본의 「편집권 성명」과 '편집권'이라는 용어의 정의를 차용만 한 것이 아니라는 점에 주목할 필요가 있다. "편집권의 완전한 독립이란 자본과 완전히 분리된 신문 경영권 아래에서 이를 침해할 우려가 있는 모든 내부적 요소까지도 예방 방지할 수 있는 경영 원칙 제도를 확립하여 부당한 인사권 발동 같은 것을 못 하도록 하는 하나의 내부적 제도화에 있다"는 제언을 함께 제시한 것이다. 그의 제언은 오늘의 한국 언론 환경을 돌아봤을 때 선구적이었다고 평가할 수 있다. 그의 제언들이 지니는 함의와 맥락을 토대로 하여, 언론의 자유와 독립이라는 추상적인 용어 속에서 충돌하고 있는 다양한 가치와 담론들은 무엇이며, '편집권'의 독립이라는 용어와 담론 속에 담겨져 있는 태생적 모순과 한계, 즉 수직적이고 비민주적인 권력관계와 억압적 기제가 한국 방송 환경에서 어떻게 내재화되었는지에 대한 보다 구체적인 분석과 성찰이 요구된다.

참고문헌

강명구·한창록. 1988. 「언론사 노조의 생성과 전개: 노사 협약서에 나타난 편집권 등을 중심으로」. ≪신문과 방송≫, 1월호, 6~18쪽.

강명구. 1993. 『한국언론전문직의 사회학』. 서울: 나남신서.

김영욱. 2001. 「기자들이 부당한 간섭을 방어하도록 법규 제정해야: 편집권 개념 정리와 조정방안」. ≪저널리즘 비평≫, 제32호, 246~234쪽.

김영희. 2011. 「한국사회와 텔레비전 방송 50년」. 한국언론학회 엮음. 『한국텔레비전 방송 50년』. 서울: 커뮤니케이션북스.

마동훈. 2011. 「한국 텔레비전 방송 시청자의 형성과 성격: 1962~1964년의 '국민', '공민', 그리고 '소비자의 경험」. 한국언론학회 엮음. 『한국텔레비전 방송 50년』. 서울: 커뮤니케이션북스.

맥퀘일, D.(McQuail, D.). 2002. 『매스커뮤니케이션이론』. 양승찬·강미은·도준호 공역. 서울: 나남.

미디어공공성포럼 편. 2009. 『미디어 공공성』. 서울: 커뮤니케이션북스.

박용규. 1995. 「한국기자들의 직업적 특성과 활동의 변천과정」. ≪한국언론정보학보≫, 제6호, 141~174쪽.

_____. 2011. 「미디어의 발달과 사회의 변화」. 한국언론정보학회 편. 『현대사회와 매스커뮤니케이션』. 파주: 한울아카데미.

박지동. 2000. 「1970년대 유신 독재와 민주 언론의 말살」. 송건호 외. 『한국언론 바로보기 100년』. 서울: 다섯수레.

박형상. 1994. 「현행 방송법의 문제」. ≪방송학연구≫, 통권5호, 97~118쪽.

박홍원. 2011. 「편집권 독립과 언론의 자유」. ≪언론과학연구≫, 제11권 1호, 123~156쪽.

박홍수. 1989. 「편집권 논의의 배경과 전망」. ≪신문과 방송≫, 9월호, 6~15쪽.

방정배. 1988. 「편집권 독립의 이상과 현실」. ≪신문과 방송≫, 11월호, 126~127쪽.

_____. 2003. 「편집권 독립과 언론인의 신분보장: 노무현시대 언론개혁정책의 관점에서」. 『편집권 독립과 언론인 신분보장』. 동아자유언론수호투쟁위원회 제28주년 기념 세미나 자료집(2003.3.17).

송건호. 2000. 「박정희 정권하의 언론」. 송건호 외. 『한국언론 바로보기 100년』. 서울: 다섯수레.

야마모토 후미오·토키노 타니히로·야마다 미노루(山本文雄·時野谷浩·山田実). 2000. 『일본매스커뮤니케이션사』. 김재홍 옮김. 서울: 커뮤니케이션북스.

우병동. 1994.「경영권과 편집권의 갈등」. ≪신문과 방송≫, 8월호, 110~111쪽.

우승용. 2011.『편집권의 독립』. 서울: 한국언론재단(연구서 2011-12).

유일상. 1988.「편집권 귀속에 관한 구미 각국 언론의 사례」. ≪신문과 방송≫, 9월호, 20~26쪽.

_____. 1993.「한국 공영방송 종사자의 편집·편성권 의식에 관한 연구」. ≪한국방송학보≫, 통권 제4호, 33~67쪽.

이규현. 1966.「신문, 66년 회고 좌담회: 편집권의 독립」. ≪신문과 방송≫, 제20호, 36~48쪽.

이대혁. 2007.「편집권 두고 노사 대립 팽팽, 진실공방으로 갈등만 깊어져」. ≪신문과 방송≫, 3월호, 36~40쪽.

이승선. 2000.「명예훼손 손해배상 소송에 있어서 언론 종사자 책임에 관한 연구」. ≪언론과 사회≫, 통권 제27호, 82~133쪽.

_____. 2009.「편집권에 대한 법적논의의 특성 및 한계」. ≪사회과학연구≫, 제20권 1호, 143~166쪽.

임근수. 1964.「신문의 공정의 실제: 편집권의 옹호와 독립」. ≪신문과 방송≫, 5월호, 17~19쪽.

임종수. 2004.「한국방송의 기원: 초기 라디오방송에서 제도 형성과 진화」. ≪한국언론학보≫, 제48-6호, 370~396호.

임태섭. 1999.「보도·교양 언어의 문제와 개선방안」. 한국방송학회 주최 토론회 방송언어의 문제점과 개선방안 발표문.

오상석. 1999.『일본의 신문·방송과 언론노동운동』. 서울: 전국언론노동조합연맹(언노련총서 011).

우승용. 2001.『편집권 독립, 반세기의 고민: 인식, 쟁점, 제도화 방안』. 서울: 한국언론재단(연구서 2001-12).

윤덕한. 2000.「전두환 정권하의 언론」. 송건호 외.『한국언론 바로보기 100년』. 서울: 다섯수레.

정수영. 2009.「매스미디어의 사회적 책임과 어카운터빌리티: 허친스보고서(1947)의 재고찰 및 규범이론으로의 변천과정을 통해 본 현재적 의의와 과제」. ≪한국언론정보학보≫, 통권47호, 23~49쪽.

정수영. 2012. 「공영방송과 어카운터빌리티에 대한 규범론적 고찰: 애년보고서(1977) 와 영국 BBC에 대한 논의를 중심으로」. ≪한국방송학보≫, 제26-1호, 198~237쪽.

정진석. 1988. 「편집권 논의의 전개과정」. ≪신문과 방송≫, 9월호, 16~196쪽.

조항제. 2008. 「한국방송사의 관점들: 관점별 특징과 문제제기」. ≪언론과 사회≫, 제 16권 1호, 2~48쪽.

주동황. 2001. 「소재의 문제보다 자율운용이 관건: 편집권 독립의 제도화 방안」. ≪신문 과 방송≫, 10월호, 102~105쪽.

최이숙. 2011. 「TV방송 50년의 자화상: 한국 TV 저널리즘의 변천」. 한국언론학회 엮 음. 『한국텔레비전 방송 50년』. 서울: 커뮤니케이션북스.

최영묵. 2010. 『한국방송정책론: 역사와 전망』. 서울: 논형.

한국방송학회 엮음. 2011. 『한국방송의 사회문화사』. 파주: 한울아카데미.

한국신문방송편집인협회. 2007. 『한국신문방송편집인협회 50년사: 1957-2007』. 파주: 한울아카데미.

한국신문방송편집인협회 인터넷 홈페이지 http://www.editor.or.kr

한국신문협회 인터넷 홈페이지 http://www.presskorea.or.kr

한국언론재단 편집부. 1975. 「대동소이하나 편집권으로 인식해 가는 세계의 추세」. ≪신문과 방송≫, 1월호, 49~53쪽.

한국언론재단 미디어가온 매스컴 용어사전. http://www.mediagaon.or.kr/jsp/search/Sear chMasscomCondition.jsp

石川明. 1987. 「文献紹介/M·シュトック著―メディアの統合·モデルと公共 放送」. ≪NHK放送研究≫, 11月号.

_____. 2004. 『パロティングが招く危機』. 東京: りベルタ出版.

右崎正博. 1974. 「占領軍による言論政策と言論の自由」. ≪早稲田法学会誌≫, 24号, pp. 471~502.

石村善治編. 1979. 『開かれたマスコミとは何か』. 東京: 時事通信社.

河合準雄·鶴見俊輔編集. 1997. 『倫理と道徳』. 東京: 岩波書店.

片岡俊夫. 1990. 『増補改訂·放送概論―制度の背景を探る』. 東京: 日本放送出 版協会.

塚本三夫. 1998. 「新聞を規制するもの―編集権. 稲葉三千男·新井直之編. 『新 版·新聞学』. 東京: 日本評論社.

立山紘毅. 1998. 「'編集権'とジャーナリストの権利」. 田島泰彦・右崎正博・服部孝章編. 『現代メディアと法』. 東京: 三省堂.

前坂俊之. 2004. 「兵は凶器なり②−15年戦争と新聞 1926〜1935」. http://maechan.sakura.ne.jp/war/data/hhkn/02.pdf#search='自らを罪するの弁'

松田浩. 2005. 『NHK: 問われる公共放送』. 東京: 岩波親書

＿＿＿＿. 2012. 「'ひとりっ子'放送中止五〇年: いま何を学ぶべきか」. ≪放送レポート≫. 238号, pp. 28〜32.

美ノ谷和成. 1998. 『放送メディアの送り手研究』. 東京: 学文社.

メディア総合研究所編. 2005. 『放送中止事件50年:テレビは何を伝えることを拒んだのか』. 東京: 花伝社.

日本新聞協会. 1948.3.16. 「新聞編集権の確保に関する声明」.

日本放送労働組合. 1999. 『公共放送ルネサンス99:デジタル世紀: 市民とともに歩むために』. 東京: NIPPORPO文庫.

浜田純一. 1993. 『情報法』. 東京: 有斐閣.

花田達朗. 1999. 『メディアと公共圏のポリティックス』. 東京: 東京大学出版会.

山口功二ほか編. 2001. 『メディア学の現在』. 京都: 世界思想社.

山田健太. 2004. 「海外報道評議会事情(4)：新しい制度作りを目指して−良心条項と反論権オンブズマン導入も」. http://www.shinbunroren.or.jp/hyoug1.htm

山本文雄・時野谷浩・山田実. 1998. 『日本マス・コミュニケーション史: 増補』. 東京: 東海大学出版会.

Report of the committee on the future of broadcasting[*Annan Report*]. 1977. Chairman Lord Annan, London: Her Majesty's Stationery Office, Cmnd; 6753. Annan Report.

The commission on Freedom of the press[Hutchins Report]. 1947. *A free and responsible press, A general report on mass communication: Newspapers, radio, motion pictures, magazines, and books*. Chicago, Illinois: The University of Chicago Press.

김주언. 2012.4.4. "'프레스 프렌들리'가 만든 '언론지옥'과 '좀비TV': 이명박 정부 4년, 무엇이 남았나, 언론분야." ≪미디어스≫.

≪기자협회보≫. 2012.6.8. "KBS 새노조 94일간의 파업 종료: 대의원대회 조합원 총회

서 추인."

≪경향신문≫. 1966.11.15. "제작자유보장 되도록=여, 법제정은 언론의 탄압=야."
≪경향신문≫. 1969.1.27. "편집권 자주성 쟁취."
≪동아일보≫. 1966.10.24. "밀수비호의 사과 중앙일보에 통고."
≪동아일보≫. 1966.11.12. "언론 공익보장법 성안 특정인 집중 투자 금지."
≪동아일보≫. 1966.11.14. "언론공익보장법의 시안."
≪동아일보≫. 1975.1.15. "편집인협회 성명 '동아' 광고압력 즉각 시정 촉구."
≪디지털타임스≫. 2011.3.31. "개별PP-송출 대행사, 방송편성권 침해 여부 갈등."
≪매일경제≫. 1988.7.12. "신문협회 '편집권 수호' 성명."
≪미디어스≫. 2009.10.12. "방문진의 MBC 편집·편성권 침해 논란 설전."
≪미디어오늘≫. 2009.10.12. "KBS제작본부장 '제작진 연출권도 존중해야'."
≪미디어오늘≫. 2012.7.16. "파업 복귀한 KBS 기자들, '이렇게밖에 못 하나'."
≪미디어오늘≫. 2012.7.18. "복귀 첫날 김재철, '조직 분열 행위 엄단' 경고."
≪미디어오늘≫. 2012.8.17. "MBC 영상부서 공중분해, 외주화로 가나."
≪오마이뉴스≫. 2012.6.23. "연합뉴스 노조, 100일 만에 파업 종료."
≪파업채널M−MBC노동조합 저화질 공정방송≫. 2012.7. "대국민 선언문: 국민의 품으
    로 돌아가겠습니다!" http://mbcunion.wordpress.com/2012/07/17/%EB%8C%80%E
    A%B5%AD%EB%AF%BC-%EC%84%A0%EC%96%B8%EB%AC%B8-%EA%B
    5%AD%EB%AF%BC%EC%9D%98-%ED%92%88%EC%9C%BC%EB%A1%9C
    -%EB%8F%8C%EC%95%84%EA%B0%80%EA%B2%A0%EC%8A%B5%EB%8
    B%88%EB%8B%A4/
≪PD저널≫. 2010.9.15. "편성권은 경영진의 전유물이 아니다."
≪PD저널≫. 2010.10.5. "낙하산 사장 편성권 행사, 공영방송 위기초래."
≪한겨레≫. 1988.7.15. "'편집권 독립' 공방 2회전 돌입."
≪한겨레≫. 1988.7.17. "신문협회 편집권 성명은 40년 전 일본 것 표절."
≪한겨레≫. 2009.12.10. "보도 편성권 장악 노려−MBC 코드방송 임박."

「방송법」(제2기: 1987-2000).
「방송법」(2000~).
「放送法」(1950年制定, 2012年最終改正).

제9장

북한 라디오방송의 역사적 기원[*]

고바야시 소메이(小林聡明)

East West Center in Washington 연구원

1. 들어가는 말

　조선민주주의인민공화국(북한) 방송사는 '혁명사'이다. 방송은 '위대한 김일성 수령의 교시(敎示)'와 '빛나는 투쟁의 역사' 안에서 형성되어왔다. 현재 북한의 공식 설명에 따르면, 김일성이 1947년 5월 29일의 북조선로동 당중앙위원회 상임위원회에서 행한 연설 "방송 사업을 개선·강화하기 위하여" 이래 100번 이상에 걸쳐 이루어진 교시에 따라 방송이 나아가야 할 길이 제시되고 발전해왔다고 한다.¹⁾ 무엇보다 북한방송사가 김일성의 투쟁사에 엮여 있는 것은 북한 방송의 출발점이 어떻게 규정되어 있는지를 보아도 명확하게 알 수 있다.

---

* 이 글에서는 기본적으로 1945년 8월부터 조선민주주의인민공화국이 성립한 1948년 9월 까지의 기간을 북조선으로 부르고 그 이후는 북한으로 칭함.

1) 『백과전서』(평양: 과학백과사전출판사, 1983).

1945년 10월 14일, 소련 땅에서 평양으로 귀환한 김일성은 북조선 지역 주민 앞에 처음 등장했다. 여기서 김일성이 한 연설은 라디오에서 실황 방송되었다. 북한 방송 공식사(公式史)는 여기에 라디오방송의 출발점을 두고 있다. 이러한 출발점이 명확해진 것은 1970년대로 거슬러 올라간다.

1970년 10월 14일, 조선민주주의인민공화국 최고인민회의 상임위원회는 "당과 수령에게 한없이 충실한 방송 일군의 업적을 기념하기 위하여, 경애하는 수령 김일성 동지의 역사적 조국개선연설(祖國凱旋演說)로부터 우리 방송이 시작된 의미 깊은 날"[2]이라 하여, 매년 10월 14일을 '방송절(放送節)'로 삼을 것을 결정했다. 북한 방송은 "영광된 항일무장전쟁시기에 이룬 혁명적 선동활동의 눈부신 전통"을 계승한 "조선로동당의 위력 있는 선전수단"으로 자리매김했다.[3]

1970년대 전반, 북한에서의 라디오방송은 1945년 10월 14일에 출발점이 있다는 점, 그리고 조선로동당의 '눈부신 혁명사' 속에 북한 방송의 역사가 존재하고 있음이 명확해졌다. 이 시기에 방송이 다시금 각광을 받게된 배경에는 1960년대 말부터 텔레비전방송이 본격적인 운용이 시작되었다는 것과 김정일이 조선로동당 선전선동부문에서 역량을 강화하기 시작했던 것 등이 작용했다(고바야시 소메이, 2012).

이렇듯 북한 라디오방송의 출발은 소련군에 의한 점령하에서였다. 하지만 북한 방송에 대한 북한쪽 공식 설명에는 소련군에 대해 전혀 언급되어 있지 않다. 소련군 점령기라는 시대적 맥락이 있음에도 불구하고 북한 라디오방송의 역사적 전개에 소련은 전혀 관계가 없었을까? 도대체 해방 후 북한의 라디오방송은 어떠한 상황 속에서 시작되고 전개되어온 것일까? 이

---

2) "조선민주주의인민공화국 중앙인민위원회 정령 조선 중앙방송위원회에 국기훈장 제1급을 수여함에 대하여", ≪로동신문≫, 1975년 11월 11일 자.

3) "조선민주주의인민공화국 방송절을 제정함에 대하여", ≪로동신문≫, 1970년 10월 14일 자.

러한 중요한 의문에 대해 아직 충분히 해명이 이루어졌다고는 생각되지 않는다. 이 글은 주로 일본 식민지 지배로부터의 해방 이후, 조선민주주의인민공화국이 성립되는 1948년 9월까지의 3년에 걸친 소련 점령기에 초점을 맞추어, 북한 라디오방송이 어떻게 형성되었는가에 대한 고찰을 시도하려는 것이다. 그럼으로써 '혁명사'로서 서술되어왔기 때문에 불가시화되어버린 북한 라디오방송사의 역사적 기원의 일단을 해명하려고 한다.

지금까지 북한 미디어에 관한 연구는 역사학과 정치학 분야에서는 본격적인 고찰 대상으로 삼아오지 않았다. 언론학 분야 이외의 통일부와 국방부 등의 정부기관에 의한 조사·분석으로 연구되어온 것이 고작이었다. 특히 북한 미디어의 역사에 관한 연구는 1차 사료를 입수하기 곤란하다는 점도 영향을 미쳐, 저조한 수준에 머물러 있다. 게다가 이와 같은 연구업적 가운데에는 북한의 문헌을 충분한 사료비판 없이 분석사료로 사용하고 있는 것들도 있다. 북한 사료의 특성이라고도 할 수 있는 '선전'과 '실태'의 괴리에 주의를 기울이지 않는 한 북한의 '공식사'의 틀에서 벗어나지 못하며, 연구로서는 간과할 수 없는 한계를 가질 수밖에 없다.[4]

이러한 한계를 극복하기 위해서는 가능한 한 다양한 사료를 섭렵하고 엄밀한 사료비판을 거치는 것이 필요하다. 이 글은 북한 사료뿐만 아니라 미국의 사료도 활용하여 이를 서로 대조하면서 멀티아카이벌(multi-archival)한 분석을 시도함으로써 북한 라디오방송이 가지고 있는 '실태'에 대하여 역사적 관점에서 접근해보려 한다.

이러한 목적을 가진 이 글은 정사사(政事史) 혹은 거시사로서의 성격을 강하게 띠는 북한 라디오방송사 연구라고 할 수 있다. 방송의 사회문화사라는 것이 '맥락 속의 행위주체'를 강조하면서 연구 대상과 사료의 범위를 확

---

4) '선전'과 '실태'의 괴리에 대해서는 고바야시 소메이(2012) 참조.

정하는 해석적인 미시사의 경향을 띠는 것(이상길, 2011)이라고 한다면, 이 글은 그것과는 거리가 있을 수도 있다. 방송의 사회문화사적인 연구는 발굴된 사료와 기초적인 연구의 축적을 필수 전제로 한다. 앞에서 언급했듯이 연구 축적도 충분하지 않고 사료도 지극히 부족한 상황에서 사회문화사적인 접근으로 북한 방송의 역사 연구를 수행하기에는 어려움이 있다. 그런 의미에서 이 글은 북한 방송의 사회문화사 연구를 진행시키기 위한 연구 축적에 공헌하고 장래의 연구의 기초가 되는 것을 목적으로 한다. 이 글은 북한 방송의 사회문화사적 연구에서 초보적 단계의 것으로 자리매김할 수 있다.

마지막으로 이 글에서 북한 라디오방송의 역사분석을 실시하는 의미에 대해서 언급하고자 한다. 지금까지 북한 미디어에 대한 역사연구는 한국의 언론사연구의 틀에서 제외된 채 충분한 고찰 대상이 되어오지 못했다. 말할 나위도 없이 남한과 북한의 미디어는 상호 관련하에 전개되어왔다. 하지만 한국언론사 연구는 북한언론사를 제외시킴으로써 본래 있었을 역사적 상호연관을 간과해왔다. 한국언론사연구 가운데 '남북분단'이 존재했었다고 해도 과언이 아니다. 이 글은 이러한 '남북분단'을 극복하기 위한 하나의 시도라고 할 수 있을 것이다. 여기에는 한국언론사연구를 일국사(一國史)적 미디어사에서 38도선을 넘어 동아시아 미디어사연구로 전개해나가기 위한 문제제기라는 의미를 포함하고 있다.

2. 북한 라디오방송의 출범

1) 8월 15일 · 소련군 · 라디오 방송

일본의 패전은 미디어에 의해 전해졌다. 1945년 8월 15일 정오, 도쿄에서 송출된 옥음방송(玉音放送)은 한반도에도 전해졌다. 옥음방송 종료 후, 조선인 아나운서는 조선어로 번역된 옥음방송을 읽어 내려갔다. 그것은 경성방송 제2방송을 통해 한반도 전역을 향해 반복해서 방송되었다(津川泉, 1993). 북조선 지역에서도 잡음이 섞이기는 했으나 옥음방송을 청취할 수가 있었다. 후루카와 가네히데(古川兼秀) 평안남도 지사는 도청간부와 헌병대장과 함께 눈물을 흘리며 옥음방송을 들었다. 황해도 사리원에서는 옥음방송을 통해 패전을 안 일본인들이 비탄에 빠져 지내는 모습이 목격되었다(古川兼秀, 2002). 말할 것도 없이 일본 패전을 전한 라디오방송에 대한 조선인의 반응은 일본인과는 상대적이었다. 15일 오후, 평양의 거리에는 태극기가 넘쳐나고 사람들은 만세를 외치며 시위행진을 시작했다. 같은 날 밤에는 평양신사가, 그 며칠 후에는 황해도 사리원신사가 불탔다(古川兼秀, 2002). 16일, 서울에서는 조선인 자치조직인 건국준비위원회가 결성되어 안재홍(安在鴻) 부위원장이 라디오 연설을 했다. 연설은 북조선 지역에서도 3회에 걸쳐 반복 방송되었고, 통치 권력이 일본인으로부터 조선인으로 이행된 것을 북조선 지역의 주민에게도 확신을 가지게 했다. 일본의 패전이 조선의 해방을 의미하는 것임을 안 서울 사람들은 해방을 축하하는 대규모 시위행진을 벌였다. 함경남도 함흥에서는 안재홍의 라디오연설과 서울에서의 시위에 관한 뉴스가 사람들의 해방의 기쁨을 더욱 자극했다(森田芳夫, 1964).

한편, 오랜 기간 증오의 대상이며 극복의 대상, 그리고 살아가기 위한 협력 대상이기도 했던 일본의 패전에 당혹해하는 남조선 주민도 있었다. 원용진은 조선인에 의한 미디어가 일본패전=조선해방의 사태에 충분히 대응하지 못했기 때문에 남조선 사람들이 가진 해방에 대한 인식이 균질적이지 않았다고 지적한다(元容鎭, 2007). 이러한 상황이 북조선에도 퍼져 있었을 것은 쉽게 추측할 수 있다. 그러나 정치는 남북 양쪽에서 확실히 걸어 나가기 시작하고 있었다.

남조선 지역에서 새 국가 건설을 향한 조선인의 민족적 태동이 시작되고 있었듯이, 북조선 지역에서도 8월 15일 직후부터 자치조직의 결성을 위한 움직임이 본격화되고 있었다. 16일, 평안남도 건국준비위원회(평남건준)가 발족하고 조만식(曺晚植)이 위원장에 추임된 것 이외에, 함경남도 인민위원회 조직준비위원회와 신의주시임시자치위원회 등도 결성되었다(류문화, 1949). 17일에는 조선공산당평남지구위원회와 황해도인민위원회준비위원회가 결성되었고, 18일에는 북조선 각지에서 치안유지회가 조직되었다. 북조선 지역에서는 국내의 민족주의자와 공산주의자들이 새 국가 건설을 향해 중심적인 역할을 담당했다.

조선인에 의한 자치기관이 각지에서 결성되어가는 가운데, 소련군이 남하하는 발소리는 확실히 강해지고 있었다. 소련군은 8월 8일 오전 0시에 대일선전포고를 하고, 일본군과 교전상태에 돌입했다. 10일, 소련군은 만주와 조선의 국경을 넘었고, 11일부터 15일 사이에 함경북도의 웅기, 나진, 청진을 차례차례 점령했다. 북조선에 주둔한 소련군은 '조선인민에게'라는 말로 시작되는 포고를 발표했다. 연합군이 일본의 식민지 지배로부터 조선을 해방시킴으로써 조선인은 자유와 독립을 손에 넣었다고 선전했다.[5]

소련군은 남하를 계속했다. 21일에는 원산에 도착했으며, 24일에는 치스차코프(Ivan Chistiakov)를 사령관으로 하는 소련군 제25군 본대가 함흥에 도착했다. 처음 치스차코프는 치안유지와 행정권을 함경남도의 일본인 지사에게 위양할 생각이었다. 그러나 함흥에는 이미 공산당의 색채가 강한 조선인 자치조직이 활동을 개시하고 있었기 때문에 그들에게 행정을 맡기기로 방침을 전환했다. 25일, 소련군은 함경남도 지사에게 3일 이내에 도정의 모든 권한과 교통, 운수, 통신, 산업 각 기관을 조선민족함남집행위원회

---

5) "소련군 포고"가 공포된 날짜에 대해서는 여러 설이 있다. 이 점에 대해서는 小林聡明, 2008)을 참조.

에 넘길 것을 명령했다.[6] 치스차코프는 포고를 통해 함남집행위원회를 중심으로 하는 조선인에 의한 자치를 인정하는 방침을 분명히 했다.[7]

8월 24일 저녁, 소련군의 일부 부대가 수많은 적기(赤旗)의 영접을 받으며 평양으로 들어왔다. 다음날인 25일 밤에는 청년학도와 학동들이 악대를 선두로 하여 적기와 태극기를 손에 들고 소련군을 환영하기 위한 시위행진을 벌였다. 소련군 숙사가 된 평양의 철도호텔 앞에는 조선인들의 만세 소리가 밤늦게까지 계속되었다(村常男, 2002). 당시 진남포에 있던 일본인에 의하면 26일에 평양의 라디오방송이 "소련군의 지도에 의해 평안남도 인민정치위원회 결성, 일본 정권은 오늘로 종료"라고 보도했다고 한다.[8] 북조선 지역에서는 식민지가 끝난 8월 15일을 지나도 라디오방송이 이루어지고 있었고 적어도 8월 26일까지 계속되고 있었다.

8월 29일 치스차코프는 북조선 지역에서 행정기관으로 활용할 목적으로 평남건준과 평안남도 공산당위원회를 대등하게 결합시켜 조만식을 위원장으로 하는 평안남도 인민정치위원회를 발족시킴으로써 사실상 북조선에서의 중앙정권의 역할을 담당하게 하고 소련군으로부터 행정권을 위양했다. 같은 날 정오, 소련군 본대가 평양역 앞에 모인 수만 명의 "소련군 만세", "조선독립 만세"라는 환호성을 들으며 막 발족한 평안남도 인민정치위원회의 영접을 받고 평양에 진주(進駐)했다.[9]

---

6) 「朝鮮内ノ状況, 樺太ノ状況」. 本館-2A-029-04·昭57総00128100(東京: アジア歴史資料センター).

7) 「치스차코프 포고」 1945년 8월 24일 추정(東京: 東洋文庫所蔵).

8) 『よみがえる鎮南浦 − 鎮南浦終戦の記録 −』(東京: 鎮南浦会, 1984).

9) ≪인민신문≫, 1945년 8월 30일 자. 당시, ≪아사히신문≫ 평양지국장인 무라 쓰네오(村常男)는 소련군 평양 진주 상황에 대해서 이렇게 기술하고 있다. "항간은 깃발행렬의 환호로 떠들썩했는데 그것은 소련 샤닌소장이 평양에 왔기 때문이었다. 제국주의 일본으로부터 해방시켜준 구세주로 조선인의 소련에 대해 열광하는 모습은 날마다 높아져만 갔

소련군은 점령통치를 실시함에 있어 거의 구체적인 계획을 가지고 있지 않았다. 북조선에서의 소련군의 대응은 즉흥적이었다. 그러한 상황에서 1945년 9월 20일, 소련 최고지도자 스탈린(Joseph Stalin)은 바실레프스키(Aleksandr Mikhaylovich Vasilevsky) 장군, 연해주군관구군사평의회(沿海州軍管區軍事評議會), 제25군군사평의회에 북조선점령에 관한 최초의 지령을 내렸다. 그것은 북조선 영토 내에 소비에트 질서를 도입하지 않는 한편, 북조선에 반일적인 민주주의정당·조직의 광범위한 블록(연합)을 기초로 한 부르주아 민주주의정권의 수립을 지시하는 것이었다. 스탈린은 북조선에 친소(親蘇)적 정부수립을 목적으로 하는 동구형(東歐型) 점령정책을 실시할 것을 상정하고 있었다.

'스탈린지령' 이후 소련군의 북조선통치의 움직임은 단숨에 활발해졌다. 10월 3일 소련군 제25군 산하에 민정부(民政部)가 창설되었다. 소련 민정부는 조선인 측에 위양한 행정권에 대해서 최종적인 정책결정권을 가지는 점령통치의 최고기관으로 자리매김했다. 또한 '스탈린지령'의 실행으로서 10월 8일부터는 북조선 5도대회가 평양에서 개최되었고, 각 도의 인민위원회를 통괄하는 기관으로 5도행정국의 설립이 결정되었다. 이어 10월 10일부터는 조선공산당 서북 5도 당책임자 및 열성자(熱誠者) 대회가 개최되었다. 거기서 조선공산당 북부조선분국이 조직되었다.

10월 14일, 평양 공설운동장에서는 소련군과 함께 해방을 축하하기 위해 평양시 군중대회가 개최되었다. 거기서 김일성은 처음으로 사람들 앞에 모습을 나타내었고, 대회에 운집한 10만 명 앞에서 '조국개선연설'을 했다(김일성, 1979a).[10] 이 연설은 라디오로 실황 중계되었고, 이때의 라디오방

다. 그와 함께 시정에 관한 공산주의적 색채가 가속도적으로 가해져 간다."

10) 김일성, 「모든 힘을 조국의 통일 독립과 공화국 북반부에서의 사회주의 건설을 위하여」, 『김일성 저작집』 1(평양: 조선로동당출판사, 1979).

송은 평양방송이라 명명되었다.[11] 북한의 공식사는 바로 여기에 라디오방송의 역사적 기원을 두고 있다.

그러나 이때의 라디오방송의 규모와 범위는 극히 한정적이었을 것이라 추측할 수 있다. 1945년 12월에 작성된 미군의 첩보기록에는 북조선에서는 라디오방송국이 거의 운용되고 있지 않다고 되어 있다. 운용되고 있던 것도 지방 프로그램을 보낼 정도였고 해외의 뉴스는 단파방송에 의해서만 얻을 수 있었는데 단파방송수신기는 몰수당했다고 기록하고 있다.[12]

1945년 12월의 이러한 상황을 생각해보면 김일성의 연설을 실황 중계했던 10월 단계에서 라디오방송이 북조선의 모두 지역에서 청취 가능했다고 단언하기는 어렵다. 북조선의 당과 정부, 그리고 소련군이 라디오방송에 대한 구체적인 정책이나 방침을 세우고 방송을 강화하려 하는 움직임은 1946년 봄에야 볼 수 있게 된다.

2) 공산당에 의한 선전선동활동과 라디오방송

북조선 지역에서는 라디오방송이 저조했던 것과는 달리 인쇄 미디어는 8월 15일 직후부터 활발한 움직임을 보였다. 북조선의 정당과 정권 조직이 선전선동 수단으로 음성 미디어인 라디오방송보다 인쇄 미디어에 주목한 것은 당연한 일이었다.

1945년 8월 18일 일본인이 발행하던 ≪황해일보≫는 조선인에게 인수되어 ≪황해특보≫로 명칭이 바뀌었다.[13] 또한 신의주에서도 이날로부터

---

11) 『백과전서』(평양: 과학백과사전출판사, 1983).

12) "Intelligence Summary North Korea", December 1, 1945, RG554, NARA.

13) 9월 초에 ≪자유 황해일보≫로 게재되고 나서 9월 17일부터 ≪일간 자유황해≫로서 발행되었다(森田芳夫, 1964).

≪압강일보≫가 자치위원회의 기관지가 되었고 모든 신문이 제1면에 조선어를 쓰게 되었다(森田芳夫, 1964). 8월 말부터 9월 초에 걸쳐 함흥에서는 ≪해방일보≫와 ≪인민일보≫[14]가, 원산에서는 ≪동해일보≫[15]가 발행된 것 외에도, ≪평북민보≫(류문화, 1949)와 ≪인민통신≫[16]도 유통되어 볼 수 있었다. 평안남도에서는 ≪평양신문≫만 발행되고 있었는데,[17] 소련군이 공식 기관지를 발행하기 전까지 소련군의 허가 없이 신문을 발행하는 것을 금지하는 포고가 있었던 것이 그 이유로 지적되고 있다.[18]

1945년 10월 중순에는 평안남도 인민위원회의 기관지 ≪평양민보≫와 조선공산당 북부조선분국의 기관지 ≪정로(正路)≫, 조선신민당의 기관지 ≪전진≫이 발행을 개시하고 있었다. 북조선의 정당과 행정기관은 선전선동활동의 일환으로 잇달아 활자미디어를 성립시켰다. 이 가운데 조선공산당 평안남도위원회는 해방으로부터 약 4개월 동안 선전선동활동으로 116종류 129,497부의 출판물을 발행했다.[19] 그러나 공산당 스스로는 선전선동활동이 충분하지 않다고 인식했다. 12월 17일, 조선공산당 북부조선분국 제3차 확대집행위원회가 개최되었다. 여기서 책임비서에 취임함으로써 공산당의 정상 자리에 앉았던 김일성은 당의 조직적 결함을 지적하고 선전선동활동의 불충분함을 비판했다.[20] 김일성의 비판을 받아들여 집행위원회

---

14) "No. 337", XXIV Corps, Historical Section, Box96, RG554, NARA.

15) "No. 385", XXIV Corps, Historical Section, Box96, RG554, NARA.

16) 東京: 東洋文庫所藏.

17) "Intelligence Summary North Korea", December 1, 1945, RG554, NARA.

18) "XXIV Corps G-2 Weekly Summary, #103", RG554, NARA.

19) 「공산당 평남도 제一차 대표자대회 보고연설」, 조선공산당 평안남도위원회, 1945년 12월 26일.

20) 김일성, 「북부조선 당공작의 착오(錯誤)와 결점(缺點)에 대하여: 조공(朝共) 북조선분국 중앙 제3차 확대집행위원회에서 보고」, 『당의 정치노선 급(及) 당사업 총결과 결정 당

는 '출판물선동선전사업'이 사실상 조직되어 있지 않고, 신문은 정기적으로 출판하지 못하고 있고 부수도 적으며 이론적 수준도 낮다는 반성에서, 출판물에 의한 선전선동사업을 강화할 필요성을 제기했다. "신문은 선전자이며, 선동자일 뿐만 아니라 조직자가 되어야 한다"는 레닌의 사상을 답습하여, 집행위원회에서는 신문과 당의 출판물은 선동자, 선전원, 대중의 조직자가 되어야 한다는 방침을 내렸다. 그것을 바탕으로 ≪정로≫ 직원의 보충과 일간 10만 부의 발행이 지시되었다.[21)]

공산당이 선전선동활동의 강화방침을 취한 배경에는 북조선 지역에서 공산당에 대한 비판과 저항에 직면해 있었다는 것을 생각할 수 있다. 1945년 11월 하순, 신의주반공학생사건이 발생했다. 소련의 의향에 따르는 공산주의세력의 확대에 대한 민중의 항의를 대변한 것으로, 소련군의 시책에 대한 간접적인 비판이기도 했다. 김일성은 직접 현지로 가서 스스로 공산주의자임을 밝히고 학생들에게 설득공작을 했다. 신의주반공학생사건을 수습하는 과정에서 김일성은 선전선동활동을 강화할 필요성을 강하게 인식했을 것이다.

그러나 공산당의 선전선동활동은 여전히 불충분한 수준에 머물러 있었다. 1946년 2월 15일, 조선공산당 북부조선분국 제4차 확대집행위원회가 열려 윤상남(尹相南) 선전부장이 강한 비판을 받았다. 종파의식이 있고 사보타주를 하고 있었기 때문에 구체적인 계획 없이 선전선동활동을 하고 있다는 것이 비판의 이유였다. 집행위원회는 "현재 우리 당의 가장 연약한 환경 중 하나는 선전공작 부문이다"라고 지적하며 레닌주의·스탈린주의에 관한

문헌집』(평양: 정로사 출판부, 1946).

21) 「북부조선 당공작의 착오(錯誤)와 결점(缺點)에 대한 결정서: 조공(朝共) 북조선分局중앙 제3차 확대집행의원회에서 결정」, 『당의 정치노선 급(及) 당사업 총결과 결정 당 문헌집』(평양: 정로사 출판부, 1946).

사상교육의 강화를 목적으로 하는 공산당 선전부의 개조를 결행했다. 그럼으로써 선전부에 새로운 간부가 배치되었고 《정로》는 공산당 비서부에 직속되었다.[22] 그 이후, 선전부장은 윤상남에서 김창만(金昌滿)으로 교체된 것으로 보인다.

선전부장 교체 이후, 공산당의 선전선동활동은 크게 개선되었다. 1946년 4월, 김창만은 공산당 영도하에 있는 각 도당(道黨)의 선전선동활동이 "선전간부들의 노력과 붉은 군대 동무들의 성의 있는 직접적 지도와 도움"에 의해 북조선인민에게 당 정치노선의 정확한 방향을 알리는 데 큰 역할과 성과를 얻었다고 평가했다.[23] 소련군에 의한 공산당의 선전선동활동에 대한 지원이 명확하게 언급되고 있는 점이 주목된다.

1946년 5월 상순, 조선공산당 북부조선분국은 서울중앙과는 독립된 형태를 취하는 북조선공산당으로 재조직되었다. 스스로의 권력기반을 착실히 다져가던 김일성은 북조선에서 일어나고 있는 것은 무장투쟁이 아니라 정치투쟁이며, 선전전, 문화전이라고 인식했다.[24] 김일성은 대중을 조직화하기 위한 선전활동의 역할을 한층 강하게 의식하고 있었다. 선전선동활동의 강화가 착실히 진행되는 가운데, 1946년 5월 29일에 개최된 북조선 공산당 중앙상무위원회에서는 '라디오방송이 갖는 임무 수행을 보장하기 위

---

22) 「목전(目前) 당내 정세와 당면과업」에 관한 결정서: 조공(朝共) 북조선分局 중앙 제4차 확대집행위원회서 결정」, 『당의 정치노선 급(及) 당사업 총결과 결정 당 문헌집』(평양: 정로사 출판부, 1946).

23) 김창만(金昌滿), 「북조선공상당중앙의원회 제2차 각도선전부장회의 총결보고 요지, 1946년 4월」, 『당의 정치노선 급(及) 당사업 총결과 결정 당 문헌집』(평양: 정로사 출판부, 1946).

24) 김일성, 「문화인들은 문화전선의 투사가 되야 한다: 북조선 각 도인민위원회, 정당, 사회단체 선전원, 문화인, 예술인대회에서 한 연설」, 『김일성 저작집』 2(평양: 조선로동당출판사, 1979).

한 결정'이 내려졌다.[25] 현시점에서 구체적인 내용을 나타내는 자료는 발견할 수 없었지만 선전선동의 효과를 높이기 위하여 라디오방송에 대한 한 단계 높은 강화방침이 나왔을 것으로 추측할 수 있다. 이 결정은 북조선의 공산당이 사실상 처음으로 라디오방송에 대해 언급한 것이라 해도 좋을 것이다.

3. 북조선 라디오방송의 강화

1) 청취자의 통제와 북조선 임시인민위원회

공산당이 라디오방송에 대해 언급하기 시작할 즈음, 북조선 지역에서는 실질적인 정부에 해당하는 북조선 임시인민위원회도 라디오방송에 관한 구체적인 방침을 내세우기 시작했다. 라디오방송의 강화는 방송의 기술적인 기반 정비와 청취자의 통제라는 두 가지 모멘트 안에서 실시되는 특징을 가지고 있었다.

1946년 2월 8일, 북조선 임시인민위원회가 발족되었다. 5도행정국의 강화와 북조선에서의 정치지도의 중앙의 필요성, 그리고 서울의 민주주의민족전선에 대항하는 의미를 가진 사실상의 정부 기관이 성립되었다. 김일성은 임시인민위원회 위원장에 취임했고 당과 정부의 정상 자리에 앉았다. 그리고 평양방송이 임시인민위원회 산하로 편입됨으로써 북조선의 라디오방송은 정부의 미디어로서의 성격을 명확히 했다. 하지만 이 시점에서는

---

25) 「평양중앙방송국 내 당단체의 방송 사업 강화에 대하여」, 『북조선로동당 중앙검열위원회 결정서』, 1947년 10월 29일, Enemy Captured Records, RG242, NARA.

임시인민위원회에 의한 라디오방송에 관한 구체적 방침이나 지시는 보이지 않았다.[26)]

1946년 봄이 되자 김일성은 정부 정상의 입장에서 라디오방송에 관한 지시를 계속해서 발표하기 시작했다. 4월 8일, 임시인민위원회 제6회 회의가 개최되었고 거기서 연설한 김일성은 국가건설의 수행과 인민의 일상생활에 편의를 도모한다는 관점에서 5월 1일까지 체신국의 활동을 전면적으로 검토하여 우편, 전신, 전화, 방송을 정비할 것을 지시했다. 이 연설에서는 라디오방송에 관한 구체적인 지시도 확인할 수 있었다.[27)] 김일성은 라디오방송이 "인민정권의 올바른 시책과 새로운 조국의 건설로 인민이 거둔 성과를 내외에 널리 선전"하기 위해서 라디오방송을 강화시키고 방송설비를 정비 및 보강하며 방송출력을 높일 것을 지시했다. 두 번째 지시는 라디오수신기의 소유 상황을 조사하는 것이었다. 김일성은 체신국에 대해서 개인과 기관 소유의 라디오를 조사해서 이를 장악하고, 단파방송수신기를 전부 등록하게 하여 엄격히 통제할 것을 지시했다. 이러한 라디오 수신기는 모두 외국 제품이었다. 대부분이 일본제이며 나머지는 소련에서 반입된 소련제였다.[28)]

김일성의 지시는 바로 실행에 옮겨졌다. 4월 16일, 체신국은 조영렬(趙永烈) 국장의 이름으로 포고 2호를 공포했다. 라디오 소유자는 개인·단체를 막론하고 1946년 4월까지, 방송국 소재지에서는 각 방송국, 그 외 지역에

---

26) 김일성, 「목전 조선정치정세와 북조선 임시인민위원회의 조직에 관하여」, 1946년 2월 8일, 『김일성 저작집』 2(평양: 조선로동당출판사, 1979).

27) 「체신사업을 개선할데 대하여: 북조선림시인민의원회 제6차 회의에서 한 결론」, 『김일성 저작집』 2(평양: 조선로동당출판사, 1979).

28) "Radio Listening and Opinions of south Korean Program", Central Intelligence Agency, August 29, 1958, Entry203, Box 190, RG306, NARA.

454 제3부 방송의 전문성, 독립성

서는 각 우편국을 경유하여 체신국에 등록할 것이 의무화되었다. 등록하지 않을 경우에는 벌금형에 처해졌다. 통상의 라디오방송기기의 경우, 벌금액은 300원 이하였지만, 단파수신기의 경우는 500원 이하의 벌금이 부과되었다.[29] 청취자 통제라는 관점에서 본 경우, 북조선 임시인민위원회는 중파방송보다 단파방송을 더욱 중요시하고 있었다.

북조선임시인민위원회는 방송의 기술적인 기반을 정비하면서 라디오 수신기 등록을 통해서 청취자를 통제함으로써 라디오방송을 강화하려고 했다. 거기에는 라디오방송의 보급을 추진하는 것과 동시에 라디오방송을 듣는 행위를 관리함으로써 선전선동활동의 효과를 높이려는 의도가 숨겨져 있었다. 그러나 실제로는 북조선 주민의 '귀'에 대한 통제에는 '구멍'이 뚫려 있었다.

미군 첩보기록에 따르면 5월에는 북조선 전 지역에서 라디오 수신기의 개인 소유를 금지하는 조치가 발표되었다고 한다. 그것은 체신국 포고로 의무화된 라디오 수신기의 등록을 실제로는 금지로 해석하여 적용한 가능성을 나타내고 있다. 그러나 이 첩보 기록에서는 이 조치가 도시부에서만 엄격히 적용되었을 뿐, 지방에서는 몰래 소지한 라디오수신기로 금지되어 있던 일본과 남조선의 라디오 프로그램을 청취하고 있었다.[30] 5월 1일에는 평양방송이 평양중앙방송으로 개칭되었고 평양에서 제작된 라디오 프로그램은 지방국을 통해 전국 각지로 중계 방송되었다.[31] 그러나 평양중앙방송의 수신 상태가 나빠 남조선의 방송을 들을 수밖에 없었던 지역도 존재했다.[32]

---

29) 「체신국 포고 제2호」, 1946년 4월 16일, 평양.

30) "XXIV Corps G-2 Weekly Summary, #122", RG554, NARA.

31) ≪자유 황해≫, 1946년 5월 14일 자, XXIV Corps, Historical Section, Box96, RG554, NARA.

통제의 '구멍'을 메우기 위해 라디오방송설비의 정비가 한층 더 추진되었다. 1946년 6월, 평양중앙방송국은 방송출력을 500와트에서 3킬로와트로 증강했다. 게다가 각 중계국 간의 네트워크도 정비되어 뉴스의 교환이 원활히 이루어지게 되었다.[33] 강원도에서는 오전 6시부터 오후 11시 30분까지, 17시간 30분에 걸쳐 방송실시가 가능하게 되었다.[34]

북조선 임시인민위원회 발족은 북조선 라디오방송이 발전하는 데에 하나의 커다란 계기가 되었다. 거기에는 방송의 기술적인 기반을 정비하면서 북조선 주민의 '귀'를 관리한다고 하는 중층적인 모멘트가 작동하고 있었다.

1946년 8월 30일, 북조선공산당이 조선신민당과 합당하여 북조선로동당이 됨으로써 미디어에도 재편의 움직임이 나타났다. 9월 1일, 북조선공산당의 기관지 ≪정로≫와 조선신민당의 기관지 ≪전진≫이 합동하여 북조선로동당의 기관지 ≪로동신문≫을 창간했다. 또한 지방의 당기관에서 발행하고 있던 기관지도 모두 ≪당로동신문≫이라 개칭되었다. 1946년 가을에 북조선에서는 신문과 라디오방송이 궤도에 오르기 시작했다. 미디어 환경의 충실은 거기에 제공되는 뉴스 생산의 중요성을 부각시켰다. 1946년 10월 북조선기자동맹이 결성되었고 민주주의 건설 사업에 대해서 신문과 잡지, 통신, 방송 등의 보도기관이 갖는 역할과 사명의 중대성이 확인되었다. 보도기관은 민주주의건설사업의 교사이며, 친구로서 군중에 대한 선전·선동 및 조직사업을 강력하게 전개함으로써 민주주의조선의 건설에 공

---

32) "XXIV Corps G-2 Weekly Summary, #122", RG554, NARA.

33) ≪민주조선≫, 1946년 6월 13일 자, XXIV Corps, Historical Section, Box96, RG554, NARA.

34) ≪강원인민보≫, 1946년 6월 16일 자, XXIV Corps, Historical Section, Box96, RG554, NARA.

헌하는 것으로 자리매김했다.[35] 더구나 1946년 12월, 북조선 임시인민위원회 산하에 북조선통신사가 설립되었다.[36] 김일성은 북조선통신사를 '인민정권의 대변기관'이라 규정하며 조선 내외의 모든 뉴스를 관리·선별하고, 국내의 신문사와 라디오방송국에 뉴스를 제공하도록 지시했다.[37] 북조선의 신문과 라디오방송에 제공되는 뉴스 내용은 정부에 의해 통제되었고 정부의 의지가 반영되는 미디어로서의 성격을 규정했다.

1946년 9월, 북조선 임시인민위원회의 기관지 ≪민주조선≫은 북조선의 라디오방송이 직면하고 있었던 여러 물질적·기술적인 어려움을 극복하여 운용이 궤도에 오르기 시작했다고 평했다.[38] 하지만 이 시점에서는 북조선로동당의 의지를 반영시키는 회로는 충분히 열려 있지 않았다. 후술하듯 북한 라디오방송이 본격적인 모습을 갖춘 것은 1947년에 들어와서부터라고 할 수 있다.

2) 가속화되는 북한 라디오방송의 정비

1946년 9월, 북조선 임시인민위원회 선전부는 각 정당, 사회단체, 선전일군을 모아 연석회의를 열었다. 거기서 11월에 실시되는 도·시·군(道市郡)인민위원회 선거를 앞두고 선전대강(宣傳大綱)이 작성되었고, 라디오방송은 선전공작의 심장이자 동맥이라 지적하며 선전선동활동에서 라디오방송의

---

35) "북조선 기자동맹에 대한 보고", ≪로동신문≫, 1946년 10월 13일 자.

36) 『백과전서』(평양: 과학백과사전출판사, 1983).

37) 김일성, 「북조선통신사창설에 대하여: 북조선림시인민위원회 상무회에서 한 연설」, 『김일성 저작집』 2(평양: 과학백과사전출판사, 1983).

38) ≪민주조선≫, 1946년 10월 11일 자, XXIV Corps, Historical Section, Box96, RG554, NARA.

중요성을 언급했다.[39] 1946년 11월, 도시군인민위원회 대표가 선거를 통해서 선출되었고 이듬해 2월 17일에 도시군인민위원회대회가 개최되었다. 이 대회에서 북조선 임시인민위원회를 대신하는 정식 정부로 북조선인민위원회의 창설이 결정되었다. 여기서 김일성은 위원장에 취임함으로써 북조선에서의 수반의 위치를 공고히 했다. 그리고 이 시기 북조선에서는 도시군인민위원회, 당, 정부, 사회단체 이외에서 발행되던 독립계통의 출판물과 정기간행물 등의 인쇄 미디어는 완전히 모습을 감추었다.[40] 당과 정부는 인쇄 미디어를 수중(手中)에 넣었으나 한편 라디오방송에 대해서는 충분히 장악하지 못하고 있었다. 오히려 방송국 안에서는 당이나 정부에 대한 반발이 야기되고 있었다.

1947년 8월 15일, 해방 2주년을 축하하는 김일성의 연설을 중계하던 평양중앙방송이 4분간에 걸쳐 중단되었다. 북조선로동당중앙검열위원회는 바로 이 방송 '사고'에 대한 조사에 착수했고 10월 29일에 조사보고서를 완성했다. 보고서는 평양중앙방송 내의 방송원 간에 대립이 발생했고 한쪽 방송원을 음해하기 위해 고의로 방송을 중단시켰다고 지적했다. 방송국 내에서는 파벌분자와 파괴분자에 의한 음모와 당파싸움이 일어나고 있었고 이 방송 '사고'도 '반동적 행동'의 결과로 결론이 내려졌다. 중앙검열위원회는 방송 중단이 내외의 광범위한 청취자에게 혼란을 야기하고, 나아가서는 북조선 라디오방송이 갖는 위신을 실추시켰다고 하여 강하게 비판했다. 방송 중단에 관련된 인물에 대해서 당적 박탈과 엄중 경고 등을 포함한 엄한 처분을 내렸다. 방송국 내부에서 심각해지는 대립은 라디오방송 사업에 커다란 지장을 줄 정도로까지 번져 있었다.

---

39) "북조선임시인민위원회의 선거규정에 대한 선전대강: 북조선임시인민위원회 선전부", ≪로동신문≫, 1946년 9월 13일 자.

40) "North Korea Today", G-2 Periodic Report, RG554, NARA.

중앙검열위원회에 의한 조사보고서는 평양중앙방송의 프로그램의 내용에 대해서도 언급했다. 평양중앙방송의 주요 간부와 당에서 파견된 책임 간부가 책무를 다하고 있지 않기 때문에 방송 내용이 소시민적이고 향락적이라고 비판했다. 이러한 문제를 극복하기 위해서 중앙검열위원회는 평양중앙방송국 내의 북조선로동당원에 대해서 자기비판과 상호비판을 가차 없이 전개시켜 정치교양사업을 강화하고, 견고한 사상통일을 위한 적극적인 투쟁을 명령했다. 그리고 인민위원회선전부의 지도와 북조선로동당 중앙위원회 선전선동부의 도움을 얻어 라디오방송을 실시하도록 평양중앙방송국장에게 지시했다.

이러한 방송 '사고'의 처리 과정을 통해서 당은 방송국의 인사와 방송 내용, 운영에 대해 영향력을 급속히 확대해갔다. 그것은 정부의 미디어였던 라디오방송에 당의 의사를 반영할 수 있는 채널이 열렸다는 것을 의미한다. 방송 '사고'는 북조선의 라디오가 정부의 미디어임과 동시에 당의 미디어라는 이중의 성격을 띠게 되는 하나의 계기가 되었다.

당/정부의 미디어로서의 성격이 규정된 북조선 라디오방송은 1947년에 들어와 급속히 정비가 진행되었다고 할 수 있다. 1948년 8월, 주황섭(朱晃燮) 북조선인민위원회 체신국장은 '1948년도 인민경제계획실행에 있어 새로운 경험과 새로운 과업'으로서 체신 부문에 관한 보고를 했고 그 안에는 아래와 같은 언급이 있었다.

해방 직후 북조선의 우편, 전신, 전화, 방송 등의 체신시설은 조선 인민의 손으로 옮겨져 일제의 침략과 착취의 수단에서 조선 인민의 이익과 편의를 조장·발전시키기 위해 필요한 문화적, 평화적 시설로 전환되었다. 그러나 해방 당시부터 1946년까지는 패망한 일제의 최후의 발악과 폭행에 의해 크게 파괴된 체신시설을 복구하는 데에 주력할 수밖에 없었다. 그 때문에 체신 사업의 발전과 건설을 제시한 것은 1947년에 들어서부터였다(주황섭, 1948).

1947년 4월 1일부터 1개월간 방송기계의 고장을 줄이고 기술을 향상시키기 위한 '총돌격운동'이 전개되었다. 그 결과 1월부터 3월까지의 기간과 비교해 4월부터 6월까지의 기간에 발생한 방송기기의 고장 건수가 42.2%로 감소했고, 수리 시간도 57.5%로 단축되었다. '총돌격운동'은 북조선의 방송시설을 강화시키고 인민의 문화향상에 크게 기여했다. 1947년에 들어서 라디오방송이 얼마나 발전했는가가 강조되고 있다.

라디오방송의 강화는 더욱 속도를 냈다. 1947년 12월 평양중앙방송은 북조선인민위원회선전부에서 격상된 선전국의 직속이 되었고 이듬해에는 선전부가 선전국으로 격상되기로 결정되었다. 김일성은 평양중앙방송을 남조선과 그 밖의 해외지역을 포함한 광범위한 지역에서도 청취할 수 있도록 출력증강을 지시했다.[41] 1948년 2월에는 평양중앙방송은 북조선중앙방송으로 명칭을 변경하고, 선전선동부문과 기술부문으로 구성되었다. 이러한 일련의 조치는 라디오방송이 갖는 선전선동의 기능을 강화하는 방침에 따라 행해진 것이었다.[42]

북조선의 라디오방송은 1946년에 들어설 무렵부터 당/정부의 미디어로서의 성격이 형성되었고, 선전선동활동의 수단으로서의 색채를 더해가며 1947년에 이르러 라디오방송의 기술적·제도적인 기반이 더 견고해졌다고 볼 수 있다. 이러한 일련의 전개과정에서 당과 정부가 중요한 역할을 담당했다는 것은 말할 필요도 없다. 그러나 시대가 소련군에 의해 점령 통치되었다는 것을 고려하면 소련의 역할을 간과할 수 없다. 앞에서 살펴본 바와 같이 '붉은군대 동무들'이 북조선에서 선전선동활동을 지원하고 있었다. 북조선 라디오방송이 정비되고 라디오의 존재가 북조선 주민에 인지되어

---

41) "Intelligence Summary North Korea, #50", RG554, NARA.

42) "Intelligence Summary North Korea, #130", RG554, NARA.

가는 가운데 소련의 존재는 음으로 양으로 나타나 있었다. 북조선 주민에게 소련은 매우 당연한 존재가 되어 있었다. 그러나 북한 방송사가 혁명사로서 서술되는 한 당과 정부, 김일성의 역할을 강조하는 일은 있어도 소련의 지원과 협력에 대해 언급하는 일은 거의 없다. 특히 1950년대 중반에 조소관계가 악화되자 북한의 문헌에서는 소련의 지원이나 협력에 대한 감사표현이 사라졌다(小林聰明, 2007a). 다음 장에서는 이제까지 거의 해명되지 않았던 북조선 라디오방송의 정비, 발전 과정에 내포되는 소련의 존재에 대해서 검토하기로 한다.

4. 북조선 라디오방송에서의 소련

1) 정보 유통의 통제 · 관리와 소련인 · 소련계 조선인 방송국원

1946년 2월에 북조선 임시인민위원회가 발족한 후, 소련 민정부는 성명을 발표하여 북조선에서의 소련의 임무는 달성되었기 때문에 민정부의 역할은 고문적인 기능에 국한한다고 표명했다(Lankov, 2002). 그럼에도 불구하고 소련은 북조선의 미디어에 대해서 여러 방식을 통해서 계속 커다란 영향을 주었다.

첫 번째 방식은 북조선에서의 인쇄 미디어에 대한 검열을 통해서 정보유통을 통제하는 것이었다. 소련 민정부출판검열국(Press Inspection Bureau)은 목사에 의한 설교와 북조선의 좌파적 작가의 문장에 이르기까지 모든 기사에 대해 검열을 실시했다. 검열 작업은 소련 공산당의 노선을 따르고 있는지를 기준으로, 소련군과 함께 북조선으로 들어온 소련계 조선인에 의해 이루어졌다. 그들은 식민지기의 일본인보다도 엄격히, 그리고 진중히 검열을 실시했다. 검열은 1948년 9월에 조선민주주의인민공화국이 성립될 때까지 이어졌다(와다 하루키, 1991).

두 번째로는 뉴스 생산을 통한 정보유통을 관리하는 것이었다. 민정부 정보국(Information Bureau)은 출판검열국과 연계하여 신문기사를 검열했다. 이에 더해 내외의 뉴스를 수집하고, 그것을 심사·선별한 다음 북조선의 각 신문사에 뉴스도 제공했다. 이들 뉴스는 모스크바의 소련군 참모본부정보총국과 남조선의 신문, 미군지 *The Stars and Stripes* 등을 정보원으로 하고 있었으며, 그중에서도 특히 남조선의 좌익지의 보도가 주시되었다.[43]

세 번째로, 북조선 라디오방송국에 소련인과 소련계 조선인 요원이 파견되어 라디오방송의 운영에 관여한 것이다. 1946년 10월 10일, 평양중앙방송국 및 각 지방방송국의 관계자가 평양제4여자고등학교 강당에 모여 방송관계자에 의한 최초의 회의가 개최되었다. 회의에서는 먼저 스탈린과 김일성이 지도자로 추대되었다. 그리고 소련군 소좌 블라디미로프(Major Vladimirov)의 평양중앙방송국 고문 취임이 결정되고, 각 지방방송국의 국장 17명이 선출되었다.[44] 블라디미로프와 같은 소련인 고문은 북조선인민위원회의 각 부국에 배치되었다. 그들은 신분은 고문이었지만 실제로는 각종 결정사항에 최종적인 판단을 내리는 역할을 담당하고 있었다. 소련인 고문은 평양중앙방송국의 직속 상부기관인 북조선인민위원회 선전국에도 배치되어 조선인이 시행하는 정책의 입안·수행을 지원했다.[45] 1948년 2월, 평양중앙방송이 조선중앙방송으로 개칭되었을 때 방송국장에 박석정이 취임했다. 부국장에는 소련계 조선인 조남일이 기용되었다. 그는 검열과장을 겸임했고 40세 전후의 박석정보다 열 살 정도 나이가 많았다. 기술부장에는 35세의 최종이 취임하여 기술적인 업무를 담당했다. 검열과에서

---

43) "XXIV Corps G-2 Weekly Summary, #103", RG554, NARA.

44) ≪민주조선≫, 1946년 10월 11일 자.

45) "Intelligence Summary North Korea, #130", RG554, NARA.

는 30세 전후의 소련계 조선인 김광이 검열 임무에 종사했다. 북조선중앙 방송은 65명의 국원으로 구성되었는데, 거기에는 많은 소련인과 중국인이 포함되어 있었다. 그중에서도 소련계 조선인은 언어능력이라는 점에서 소련군에 중용되었다. 그들에게는 소련군의 정책을 조선인 측에 전달하는 통역의 역할이 주어졌다. 그러나 실제로 소련계 조선인은 점령통치에 있어 통역의 차원을 넘는 절대적 힘을 발휘하기에 이르렀다(林隱, 1982).

관리직이었던 박석정, 조남일, 최종 세 사람은 소련군 대좌급의 방송국 고문 이외의 다음 세 인물과 정기적으로 연락을 취하고 있었다. 한 사람은 북조선중앙방송에 가장 영향력이 있는 28세의 소련공산당원이었다. 또 한 사람은 기술고문으로 파견되어온 38세의 소련군 기술자이고, 나머지 한 사람은 북조선중앙방송에서 중국어방송에 종사하고 있던 연령 미상의 소련인이었다. 이러한 인물과의 정기적인 접촉은 북조선의 라디오방송에 소련군의 의향을 반영하는 채널이 놓여 있었음을 보여주는 것이다. 이때 국장과 기술부장 이외의 책임 있는 자리는 모두 소련인 혹은 소련계 조선인에 의해 독점되었다.

소련은 점령 3년간을 통해서 검열과 뉴스 생산에 의한 정보유통의 통제, 관리뿐만 아니라 소련인, 소련계 조선인을 방송국으로 배치함으로써 북조선 미디어에 관여하기 위한 채널을 가동하고 있었다.

2) 지원이라는 관여 방식

소련은 정보유통의 통제와 관리뿐만 아니라 지원이라는 방식으로도 북조선 라디오방송에 관여하고 있었다. 첫 번째의 지원 방식은 방송 기재의 제공이었다. 해방 이후 라디오방송 기재는 매우 부족한 상황이었다. 소련군은 심각한 방송기재 부족 상황을 타개하기 위해서 북조선에 라디오 송신기의 제공을 개시했다. 1946년 1월 28일, 소련군은 송신기가 부족하여 라디오방송에 지장을 초래하고 있던 평양중앙방송국에 단파송신기를 설치하기로 결정했다. 소련 민정부는 15킬로와트의 송신기를 설치하여 같은 해 12월 15일부터의 운용을 목표로 본국으로부터 기술자를 초청했다.[46] 그 후에도 평양의 방송국에 대한 소련군의 송신기 제공이 이어졌다. 또한 강계, 회령, 철원의 방송국 개설도 지원했다. 이후 북조선 전토에 9개소의 방송국이 탄생하는 등, 북조선의 라디오 네트워크는 소련에 의한 기재 제공이라는 지원을 기반으로 하면서 착실히 확대되어갔다. 그러나 이러한 지원은 완전무상원조로 이루어진 것이 아니었다. 소련은 북조선에 송신기의 구입대금을 청구했었다. 실제로 북조선인민위원회는 1947년 10월에 소련제 중고 송신기 한 대를 구입하기 위해 소련에 1,900만 원을 지불했다.[47] 거기에서는 정치적인 이익과 동시에 경제적 이익을 추구한 소련의 냉철한 계산을 들여다볼 수 있다.

두 번째 지원 방식은 방송 프로그램의 제공이었다. 북조선 지역에서 라디오방송이 개시될 무렵, 수신기나 송신기 등의 방송설비뿐만 아니라 방송하는 프로그램도 부족했다. 소련은 프로그램을 공급함으로써 하드웨어 면뿐만 아니라 소프트웨어 면에서도 북조선에 라디오를 지원했다. 현재 북한의 ≪로동신문≫에는 TV 라디오방송 편성표가 없다. 그러나 소련군 점령하에서 발행되던 ≪로동신문≫에는, 필자가 파악한 바로는 적어도 1947년 9월의 ≪로동신문≫ 지면에는 라디오방송 편성표가 있었다(사진 9-1). 여기서 주목해야 할 점은 '모스크바방송중계'와 '중국어방송', '소련 소개시간' 등 외국사정을 전하는 프로그램이 보인다는 것이다. 그중에서 '소련 소개시간'은 전소련대외문화교류협회(Soviet All Union Society for Cultural Relations

46) ≪민주조선≫, 1946년 10월 27일 자.

47) "Intelligence Summary North Korea, #130", RG554, NARA.

라디오 방송 편성표

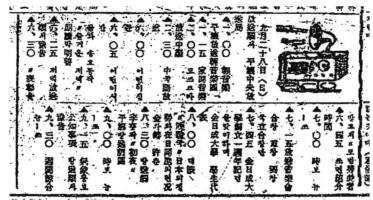

자료: ≪로동신문≫, 1947년 9월 28일 자.

with Foreign Countries: Voks)나 '조쏘문화협회'에 의해 제작되었다고 생각할
수 있다. 1945년 11월 11일에 북조선에서 Voks지부로 설립된 '조쏘문화협
회'는 조선과 소련 양 국민 간의 친선을 더욱 강화하여 '세계 평화와 자유
의 성벽'인 '위대한 소비에트연맹'과의 문화교류의 발전을 목적으로, 소련
서적의 수입·번역, 강연회, 강좌, 라디오, 영화 등을 통해 북조선 주민에 대
한 군중문화선전사업을 전개했다(조쏘문화협회 중앙본부, 1947).

≪로동신문≫ 라디오방송 편성표에는 하나의 채널밖에 게재되어 있지
않았다. 그러나 미군의 첩보기록에 따르면 1948년에 들어설 무렵에는 평양
에 3개의 채널이 존재했다(표 9-1). 소련군 및 조선인을 상대로 하는 중파(中
波) 2국과, 신문사로 뉴스를 전송(電送)하는 것을 목적으로 하는 단파 1국으
로 구성되어 있었다. 평양의 방송국 규모는 지방방송국에 비해 압도적이
었다.

여기서 1948년 봄 평양에서의 전형적인 방송편성표를 제시하고자 한다
(표 9-2).[48] 우선 방송시간이 1947년 9월 시점보다도 대폭 확대되어 있음을
알 수 있다. 그것은 북조선의 라디오방송이 1946년부터 1947년에 걸쳐 순

| 표 9-1
방송시설 현황

구분	식민지 시기		소련점령기(1948년 3월)	
소재지	주파수 (Khz)	출력 (Kw)	주파수 (Khz)	출력 (Kw)
청진	1010	0.3	850	N/A
철원			N/A	N/A
해주	800	0.05	600	N/A
함흥	1050 780	0.25 0.25	1000	0.25
회령			N/A	N/A
강계			N/A	N/A
평양	1090 820	0.5 0.5	820 1050 4400	0.5 10 4
신의주	900	0.05	660	0.25
송진	1000 1000	0.05 0.05	N/A	N/A
원산	660 600	0.05 0.05	N/A	N/A

자료: "Intelligence Summary North Korea, #130", RG554, NARA.

조롭게 정비되었다는 것을 증명하고 있었다. 또한 북조선 라디오방송 안에
서 소련이 매우 큰 존재가 되어 있었던 것을 확인할 수 있다. 제1송신기에
서 송출되는 라디오방송은 중계나 녹화 형식으로 모두 소련에서 제공되었
고 가장 큰 출력을 가지는 제2송신기에서도 모스크바에서 제작된 프로그
램이 방송되고 있었다.

　라디오에서 들려오는 미국제 프로그램이 한국과 일본 등 많은 지역에 사

---

48) "Intelligence Summary North Korea, #130", RG554, NARA.

방송편성표

제1송신기: 820Khz, 0.5Kw 출력	
방송시간	방송프로
7:30	러시아어 프로(모스크바에서의 중계)
8:00	러시아어 프로(평양)
8:45	정파
11:30	러시아어 프로(블라디보스토크에서의 중계)
13:00	정파
21:00	소련제작프로(평양)
23:00	정파
제2송신기: 1050Khz, 10Kw 출력	
방송시간	방송프로
6:30	조선어 프로(모스크바에서의 중계)
7:00	조선어 프로(평양)
8:30	정파
12:00	조선어 프로(평양)
13:30	정파
17:00	조선어 프로
17:30	중국어 프로
18:00	조선어 프로
23:00	남조선을 대상으로 한 프로
제3송신기: 4400Khz, 4Kw 출력	
방송시간	방송프로
6:30	조선어 프로(평양)
8:30	정파
9:30	북조선 국내신문사를 대상으로 한 음성에 의한 기사 송신
11:30	정파
12:00	조선어 프로(평양)
13:30	정파
13:40	북조선 국내신문사를 대상으로 한 암호 방송
15:30	정파
16:00	남조선을 대상으로 한 프로
22:30	남조선을 대상으로 한 특별 프로
23:00	정파

자료: "Intelligence Summary North Korea, #130", RG554, NARA.

유선 라디오방송을 듣는 북한 주민들, 1948년 4월

자료: NARA 소장.

는 사람들에게 미국에 대한 매력을 불러일으켜 그들의 세계관에 큰 영향을
미쳤다는 것은 널리 알려져 있다. 북조선에서도 같은 상황이었으리라 상상
할 수 있다. 해외 정보에 대한 접근이 엄격하게 제한되는 가운데 외부세계
의 분위기를 느낄 수 있는 소련제 라디오 프로그램은 비록 이데올로기의
영향을 강하게 받은 것이라고 하더라도 북조선 주민에게 소련에 대한 매력
을 야기하기에 충분한 힘을 내포한 것이었다고 한다.[49] 이러한 매력이 북
조선 주민에 대해서 '강제로 듣는 것'인 라디오를 듣기 위한 하나의 동기를
제공하고 있었다(사진 9-2).

　이렇듯 북조선 라디오방송의 출발점에는 소련의 존재가 깊이 각인되어
있다. 하지만 북조선 라디오방송사를 '혁명사'로 파악하는 한 소련이 북조
선 라디오방송에 관여한 역사적 사실은 완전히 망각되어버린다. 북조선 라
디오방송은 김일성과 당, 정부에 의한 지도뿐만 아니라 소련의 강한 관여
안에서 형성되어왔던 것이었다.

---

49) 북한 사회에 소련이 미친 영향과 그 의미에 대해서는 Armstrong(2002) 참조.

5. 맺음말

소련군의 점령기가 종료될 무렵, 북조선의 라디오방송은 공간적인 확대를 보이고 있었다. 남조선의 서울에서는 오후 10시 30분 이후에 라디오방송이 중단되었다. 북조선의 라디오방송은 서울의 라디오국과 근접한 주파수로 송신을 하고 있었다. 그 때문에 서울에서는 라디오 수신기의 스위치를 끄지 않는 한, 남조선 사람들은 평양으로부터 송출되는 라디오방송을 쉽게 청취할 수가 있었다. 북조선의 라디오방송은 남조선에도 충분히 도달되었다. 북조선 라디오방송은 북조선 지역 내에 머무르지 않는 월경적 확대성을 가지고 있었고, 동아시아에서 유명한 프로파간다 방송이 되어 있었다.[50]

소련군 점령통치하의 북조선에서 라디오방송은 당과 정부에 의해 선전선동활동을 위한 미디어로 간주되었고, 그것을 선전선동활동에 최대한으로 활용할 의도 아래 성립되었다. 그 과정에서 행해진 라디오 청취자의 통제는 선전선동의 효과를 높이는 한 전략이었다. 또한 북조선 라디오방송이 정비·강화되는 가운데 소련은 정보유통의 통제와 관리, 소련인 및 소련계 조선인 요원의 방송국으로의 파견, 그리고 프로그램 공급이라는 방식을 통해서 라디오방송에 깊이 관여했다. 여기서 주의해야 하는 것은 이러한 관여가 소련에 의해 강제적으로만 행해진 것은 아니었고 북조선 스스로도 그러한 관여를 필요로 하고 있었다는 점이다. 북조선에서는 방송 기재나 프로그램 제작의 노하우, 인재가 부족한 가운데 라디오방송을 개시할 수밖에 없어 소련의 관여는 북조선으로서도 필요 불가결한 것이었다. 한편, 소련도 북조선에서의 점령정책의 원활한 수행과 친소적 성격을 가지는 국가를

---

50) "XXIV Corps G-2 Weekly Summary, #139", RG554, NARA.

탄생시키기 위한 선전선동활동의 실시라는 관점에서 북조선 라디오방송에 관여할 필요가 있었다. 북조선 라디오방송은 당, 정부, 김일성, 소련의 각각의 여러 의도를 받아들이며 형성되어갔다.

북한 건국 후, 라디오방송은 순조롭게 발전해가는 것처럼 보였다. 그러나 한국전쟁이 발발하여 북한 라디오 네트워크는 미국에 의한 중요 공격대상이 되었고 철저하게 파괴되었다. 북조선은 방송 복구에 위한 활로를 외국에 구했다. 미국 중앙정보부(CIA)의 보고서는 한국전쟁 후 북한 문화선전성이 무역성을 통해 헝가리제 라디오 '오리온(Orion)'을 대량으로 수입해서 정부, 당, 군 간부들에게 배급하여 사용되었을 뿐만 아니라 소련제 라디오 '라트비아(Latvia)'나 '즈베스다(Zvezda)' 등도 널리 사용되었다고 기록한다.51) 또 프랑스 외교문서에 포함되어 있는 미 극동군 보고서는 전쟁에서 큰 피해를 입은 북한 라디오방송이 소련과 중화인민공화국에서 운영되고 있었던 유선방송을 주체로 하는 라디오방송 방식을 채용하고 소련뿐만 아니라 동독으로부터도 방송 기재의 제공과 기술 원조를 받으며 부흥을 이루어나가고 있었다는 양상을 부각하고 있다.52)

이 글은 소련군 점령기를 중심으로 북조선 라디오방송의 역사적 전개를 분석하여 당과 정부, 김일성이 가지는 라디오방송에 대한 전략과 인식을 해명하면서 이제까지 말해지지 않았던 북조선 라디오방송에 대한 소련의 강한 관여를 부각시켰다. 또한 북조선 라디오방송이 소련의 강한 관여 아래 형성되었다는 구도는 소련군 점령기뿐만 아니라 적어도 한국전쟁 휴전

---

51) "Radio Listening and Opinions of South Korean Program," Central Intelligence Agency, August 29, 1958, Entry203, Box 190, RG306, NARA.

52) "Asie Océanie, Coree du Nord Periode 1956-1967", Série 11, Presse et Radio, Carton 11-3-7, vol.2(2), Presse et Radio: Radio et Télévision, Archives du Ministère des Affaires étrangères de Paris.

협정이 체결된 1950년대 중반에까지도 확인할 수 있다는 것을 밝혔다. 말할 나위 없이 이 글은 몇 가지 과제를 안고 있다. 마지막으로 앞으로의 과제를 제시하며 이 글은 마무리 지으려 한다.

첫째, 북한에서의 '소련화(Sovietnism)'의 문제이다. 해방 후 북한에서 출판물과 영화, 예술 등 모든 분야에서 소련의 영향을 찾아볼 수가 있다. 소련군 점령은 북한의 문화생산에 결정적인 의미를 가지고 있다(Armstrong, 2002). 특히 조쏘문화협회의 활동은 신문과 잡지, 방송 등 북한의 모든 미디어와 깊게 관련되어 있었다는 점에서 주목을 해야 할 것이다. 이 글에서는 라디오방송과 소련군과의 관계에 대해서만 개괄적으로 언급했다. 향후 북한 미디어의 존재양식에 보이는 소련의 영향을 자세히 살펴봄으로써 미디어의 관점에서 북한 사회의 '소비에트'적 요소에 대해서 생각해보고자 한다. 이러한 소련화의 문제는 해방 후의 한국 이외의 다른 동아시아 지역에서 나타나는 미국화(Americanism)의 문제와 표리일체의 관계에 있다. 이것은 냉전기와 탈식민지주의의 과정에서 문화와 권력의 존재양상을 분명히 밝히기 위해서도 반드시 풀어야 할 과제이다.[53]

둘째, 북한 미디어와 남한 미디어의 차이에 대해서 검토하는 것이다. 일본의 식민지 지배가 종언을 맞이하기까지 한반도 전역에서는 조선방송협회에 의한 통일적인 라디오방송이 실시되고 있었다. 1948년 여름에 남북한의 분단체제가 수립되기까지의 3년 동안 남북한 쌍방에서 서로 다른 성격과 형식을 가진 라디오방송이 성립되었다. 그것은 라디오라고 하는 미디어 차원에서도 발생한 남북분단이었다고 할 수 있을 것이다. 남북 간의 미디어가 갖는 차이(= 분단)는 지금도 또한 계속되는 남북분단의 구조적인 측면

---

53) 이러한 맥락에서 진행된 연구 성과로 허은(2008), 기시 도시히코·쓰치야 유카(2012), 土屋由香·吉見俊哉編(2012) 등이 있다.

을 보여주는 것이다. 이러한 차이에 대한 검토는 다양한 영역에서 일어나고 있는 남북한의 분단을 둘러싼 논의에 일석(一石)을 던지는 것이 될 것이다.

셋째, 조선인 미디어가 갖고 있던 월경성에 대해서 검토할 필요성을 지적하고 싶다. 이 글에서는 북조선의 라디오가 경계를 넘는 월경성을 띠고 있었음을 지적했다. 여기서는 충분히 언급할 수 없었지만 북한의 라디오방송은 남한 사람들과 재일조선인들과의 연결고리를 가지고 있었다(小林聰明, 2007). 이러한 월경적인 미디어에 대해 그 역사과정을 포함해서 검토하는 것은 일국사적인 미디어의 역사를 해체하고, 동아시아에서의 미디어역사 서술을 위한 새로운 단서를 제공할 것이다.

넷째, 라디오를 듣는다는 행위의 문제이다. 지금까지 논해왔듯이 북조선에서 실시되었던 선전선동활동은 청취자를 관리하고 듣는 행위를 통제함으로써 완성되어왔다. 소련점령하의 북조선에서는 라디오 보급률이 낮아 유선방송을 위한 가두 스피커의 설치가 추진되었다. 이것은 라디오방송을 듣는 행위를 개인적인 것에서 집단적인 것으로 변화시킬 기능성을 내포하고 있었다.[54] 또한 이 시기에 북조선에서는 듣고자 하는 라디오 프로그램의 선택은 사실상 불가능했다. 그것은 사람들에게 라디오가 자발적으로 '듣는 것'이 아닌 강제적으로 '듣는 것'이라는 의식의 변화를 초래했을 가능성도 지적할 수 있다. 또한 소련의 '매력'을 매개로 강제하에서 생겨난 자발적으로 방송을 듣는 행의주체의 존재도 간과할 수 없다. 이러한 청취행위의 의미와 그것을 둘러싼 사회구조의 변화에 대해서 프로파간다 연구의 축적을 활용해 분석할 필요가 있을 것이다. 그것은 프로파간다 연구에 공헌할 뿐만 아니라 북한 사회에서 지금도 작동 중인 동원의 통제와 거기서의 미디어의 역할을 해명하기 위해 도움이 될 것이다.

---

54) 한국에서의 유선방송의 기능과 정치적 성격에 대해서는 윤상길(2011).

마지막으로 이 글은 소련 측의 자료를 검토하지 않아 그러한 의미에서 문제가 있다고 할 수 있다. 필자는 이미 러시아 국립 사회정치사 문서관 (Российский государственный архив социально-политической истории (РГАСПИ))에서 1950년대에 작성된 북한 라디오방송에 관한 기록이 보관되어 있는 사실을 파악하고 있다. 그러나 아직도 공개되지 않고 있어 연구를 제한하고 있다. 이러한 사료적인 한계를 극복함으로써 북한에서의 미디어에 대해 더욱 깊이 있는 역사서술을 지향해가고 싶다.

　북한 미디어의 역사 연구는 단지 사실(史實)을 밝히는 것에 그치지 않는다. 위에서 지적한 과제의 해명 등, 여러 가능성과 의의가 내포되어 있다. 지금까지의 동아시아에서의 미디어연구사의 공백을 메우고 일국사가 아닌 미디어의 역사서술을 가능케 하는 새로운 문법의 필요성을 다시 확인할 수 있다.

참고문헌

남한 자료

기시 도시히코·쓰치야 유카 편. 2012. 『문화냉전과 아시아 냉전 연구를 탈중심화하기』. 김려실 옮김. 서울: 소명.

고바야시 소메이. 2012. 「북한 텔레비전 방송의 역사적 전개: 1950~1970년대를 중심으로」. ≪언론과 사회≫, 제20권 제2호(여름호).

이상길. 2011. 「방송, 역사, 문화」. 한국방송학회 엮음. 『한국 방송의 사회문화사: 일제강점기부터 1980년대까지』. 파주: 도서출판 한울.

윤상길. 2011. 「1960년대 초 한국 유선라디오 방송제도의 성립과 발전: 공보부와 체신부 간의 대립을 중심으로」. ≪한국방송학보≫, 통권 제25권 1호.

허은. 2008. 『미국의 헤게모니와 한국 민족주의: 냉전시대(1945-1965) 문화적 경계의 구축과 균열의 동반』. 서울: 고려대학교 민족문화연구소.

와다 하루키. 1991. 「북한에서의 소련군정과 공산주의자」. 방선주 편. 『한국현대사와 미 군정』. 춘천: 한림대학교출판부.

북한 자료

김일성. 1979. 『김일성 저작집』 1. 평양: 조선로동당출판사.

_____. 1979. 『김일성 저작집』 2. 평양: 조선로동당출판사.

『당의 정치노선 급(及) 당사업 총결과 결정 당 문헌집』. 1946. 평양: 정로사.

류문화(柳文華). 1949. 『해방 후 4년간의 국내외 중요일지』 증보판. 평양: 민주조선사.

「목전 조선정치정세와 북조선 림시인민위원회의 조직에 관하여」. 1946년 2월 8일.

『백과전서』. 1983. 평양: 과학백과사전출판사.

『북조선로동당 중앙검열의원회 결정서』, 1947년 10월 29일.

주황섭. 1948. 「1948년도 인민경제계획 실행에 있어서의 세경험과 새과업」. ≪인민≫, 8월호, 제3권 제3호.

조선공산당 평양남도위원회. 1945. 「공산당 평남도 제1차 대표자대회 보고연설」.

조쏘문화협회 중앙본부. 1947. 「조쏘문화협회 사업총결」. ≪조쏘문화≫, 제8집. 평양: 조쏘문화협회 중앙본부.

「치스차코프 포고」. 1945년 8월 24일 추정.

「체신국 포고 제2호」, 1946년 4월 16일.

≪민주조선≫.
≪로동신문≫.
≪인민신문≫.

미국 자료

"XXIV Corps G-2 Weekly Summary, #103", RG554, NARA.

"XXIV Corps G-2 Weekly Summary, #122", RG554, NARA

"XXIV Corps G-2 Weekly Summary, #139", RG554, NARA.

"North Korea Today", G-2 Periodic Report, RG554, NARA.

"Intelligence Summary North Korea, #50", RG554, NARA.

"Intelligence Summary North Korea, #130", RG554, NARA.

"No. 337", XXIV Corps, Historical Section, Box96, RG554, NARA.

"No. 385", XXIV Corps, Historical Section, Box96, RG554, NARA.

"Radio Listening and Opinions of South Korean Program", Central Intelligence Agency, August 29, 1958, Entry203, Box 190, RG306, NARA.

≪자유황해≫, 1946년 5월 14일 자, XXIV Corps, Historical Section, Box96, RG554, NARA.

≪민주조선≫, 1946년 6월 13일 자, XXIV Corps, Historical Section, Box96, RG554, NARA.

≪강원인민보≫, 1946년 6월 16일 자, XXIV Corps, Historical Section, Box96, RG554, NARA.

≪민주조선≫, 1946년 10월 11일 자, XXIV Corps, Historical Section, Box96, RG554, NARA.

Lankov, Andrei. 2002. *From Stalin to Kim Il Sung: The Formation of North Korea, 1945-1960*. New Brunswick, N. J.: Rutgers University Press.

Armstrong, Charles K. 2002. *The North Korean Revolution, 1945-1950*. Ithaca, N. Y.: Cornell University Press.

일본 자료

林隱. 1982.『北朝鮮王朝成立秘史―金日成正伝』. 東京: 自由社.

元容鎭. 2007.「朝鮮における「解放」ニュースの伝播と記憶」. 佐藤卓己・孫安石

編.『東アジアの終戦記念日―敗北と勝利のあいだ』. 東京: 筑摩書房.

小林聡明(고바야시 소메이). 2008.「北朝鮮の8月15日」. 川島真・貴志俊彦編.『資料で読む世界の8月15日』. 東京: 山川出版社.

_____. 2007a.「ソ連軍占領期北朝鮮における解放イベント」. 佐藤卓己・孫安石編.『東アジアの終戦記念日―敗北と勝利のあいだ』. 東京: 筑摩書房.

_____. 2007b.『在日朝鮮人のメディア空間―GHQ占領期における新聞発行とそのダイナミズム』. 東京: 風響社.

津川泉. 1993.『JODK 消えたコールサイン』. 東京: 白水社.

土屋由香・吉見俊哉編. 2012.『占領する眼・占領する声―CIE／USIS映画とVOAラジオ』. 東京: 東京大学出版会.

古川兼秀. 2002.「終戦当時平安南道知事として」.『終戦後朝鮮における日本人の状況および引揚』(三). 海外引揚関係史料集成. 東京: ゆまに書房.

村常男. 2002.「ソ連軍入壊後の一週間」.『解放後朝鮮における日本人の状況および引揚』. 朝鮮編二. 東京: ゆまに書房.

森田芳夫. 1964.『朝鮮終戦の記録―米ソ両軍の進駐と日本人の引揚』. 東京: 巌南堂書店.

『よみがえる鎮南浦―鎮南浦終戦の記録―』. 1984. 東京: 鎮南浦会.

「朝鮮内ノ状況, 樺太ノ状況」. 東京: アジア歴史資料センター.

프랑스 자료

"Asie Océanie, Coree du Nord Periode 1956-1967", Série 11, Presse et Radio, Carton 11-3-7, vol.2(2), Presse et Radio: Radio et Télévision, Archives du Ministère des Affaires étrangères de Paris.

지은이 소개(게재순)

조항제
서울대학교 언론정보학과 대학원 박사
부산대학교 신문방송학과 교수
주요 저서: 『한국의 민주화와 미디어 권력』(2003), 『한국방송의 이론과 역사』(2009),
『한국 방송의 사회문화사』(공저, 2011) 등

김수정
미국 캘리포니아 대학교(샌디에고 소재) 박사,
충남대 언론정보학과 부교수
주요 논문: "Interpreting transnational cultural practices: social discourses on a Korean
drama in East Asian countries"(2009), 「리얼리티 쇼의 정서구조와 문화정
치학」(2011), 「동남아시아에서의 한류수용과 문화취향의 초국가적 형성」
(2012) 등

정영희
고려대학교 언론학 박사
고려대학교 정보문화연구소 연구원
주요 저서: 『한국사회의 변화와 텔레비전 드라마』(2005), 『텔레비전 프로그램과 시청
자』(공저, 2010), Pop Culture Formations across East Asia(공저, 2010), 『생활세
계와 인문학』(공저, 2012)
주요 논문: 「한국 텔레비전 드라마의 동시대 지형과 역사성」(2009), 「방송프로그램의
언어 건전성 평가를 위한 측정도구 개발에 관한 연구」(공저, 2012), 「한국
텔레비전 드라마의 소구요인 분석: 재한 동아시아 유학생을 중심으로」(공
저, 2012) 등

이종숙

고려대학교 대학원 언론학 박사

고려대학교 미디어학부 강사

주요 저서: 『한국 방송의 사회문화사』(공저, 2011)

주요 역서: 『문화연구사전』(공역, 2009)

주요 논문: 「한국 신문의 전문화: 한국 저널리즘의 근대성에 대한 비판적 고찰」(2004), 「뉴스에 대한 새로운 접근을 위한 시론」(2009), 「초등학교 인터넷 교육에서의 미디어 개념에 대한 비판적 고찰」(2010) 등

원용진

University of Wisconsin-Madison 박사

서강대학교 신문방송학과 교수

주요 저서: 『신화의 추락, 국익의 유령』(공저, 2006), 『PD저널리즘』(공저, 2007), 『아메리카나이제이션』(공저, 2008), 『광고비평방법』(공저, 2009), 『대중문화의 패러다임』(2010), 『한국 텔레비전 방송 50년』(공저, 2011), 『백남준을 말하다』(공저, 2012)

주요 논문: 「화폐 읽기」(2008), 「식민지적 공공성과 8·15 해방 공간」(2009), 「인터넷 공론장의 현실적 기술(記述)을 위한 이론적 제안」(2010), 「지역방송 연구의 경향성에 대한 비판적 고찰」(2011)

박진우

프랑스 파리5대학 사회과학부 박사(언론학 전공)

한국언론진흥재단 선임연구위원

주요 저서: 『프랑스 방송: 구조·정책·프로그램』(공저, 2004), 『디지털 시대의 읽기문화』(공저, 2011) 등

주요 논문: 「증언과 미디어: 집합적 기억의 언술 형식에 대한 고찰」(2010), 「유연성, 창의성, 불안정성: 미디어 노동 연구의 새로운 문제설정」(2011) 등

백미숙

아이오와 대학교 박사

서울대학교 기초교육원 전임대우강의교수

주요 저서: 『한국의 미디어사회문화사』(공저, 2007), 『한국 텔레비전 방송 50년』(공저, 2011), 『한국 방송의 사회문화사』(공저, 2011)

주요 논문: 「문화적 냉전과 최초의 텔레비전 HLKZ」(2007), 「한국방송사 연구에서 구술사방법론의 활용과 사료의 비판적 사용에 관해」(2009), 「한국 언론학에서 '여성주의/젠더 연구'의 지식생산」(2011)

정수영

일본 죠치(上智)대학 박사

서울대학교 아시아연구소 선임연구원

주요 저서: 『공영방송정책』(2010), 『대중의 말과 공공성: 매개의 공간에서 이루어지는 말들의 풍경』(2012)

주요 논문: 「매스미디어의 사회적 책임과 어카운터빌리티: 허친스 보고서(1947)의 재고찰을 통해 본 현재적 의의 및 과제」(2009), 「공영방송과 어카운터빌리티에 대한 규범론적 고찰」(2012) 등

고바야시 소메이(小林聡明)

일본 히토쓰바시(一橋)대학 대학원 사회학 박사

East West Center in Washington 연구원

주요 저서: 『재일 조선인의 미디어 공간』(2007)

주요 논문: 「제국 일본의 대외선전활동과 식민지 조선」(2010), 「한국 통신검열체제의 기원」(2011), 「북한 텔레비전 방송의 역사적 전개」(2012) 등

한울아카데미 1506

관점이 있는 한국 방송의 사회문화사

ⓒ 한국방송학회, 2012

엮은이 | 한국방송학회
지은이 | 조항제 · 김수정 · 정영희 · 이종숙 · 원용진 · 박진우 · 백미숙 · 정수영 · 고바야시 소메이
펴낸이 | 김종수
펴낸곳 | 도서출판 한울
편집책임 | 박록희

초판 1쇄 인쇄 | 2012년 11월 14일
초판 1쇄 발행 | 2012년 11월 30일

주소 | 413-756 경기도 파주시 파주출판도시 광인사길 153 한울시소빌딩 도서출판 한울(문발동 507-14)
전화 | 031-955-0655
팩스 | 031-955-0656
홈페이지 | www.hanulbooks.co.kr
등록번호 | 제406-2003-000051호

Printed in Korea.
ISBN (양   장) 978-89-460-5506-3 93070
         (학생판) 978-89-460-4646-7 93070

* 책값은 겉표지에 표시되어 있습니다.
* 이 도서는 강의를 위한 학생판 교재를 따로 준비했습니다.
  강의 교재로 사용하실 때에는 본사로 연락해주십시오.